Günther Anders · Ketzereien

GÜNTHER ANDERS

KETZEREIEN

VERLAG C.H.BECK MÜNCHEN

CIP-Titelaufnahme der Deutschen Bibliothek

Anders, Günther:
Ketzereien / Günther Anders. – Durch ein Reg. erg.
Aufl. – München : Beck, 1991
ISBN 3 406 35344 4

ISBN 3 406 35344 4

Durch ein Register ergänzte Auflage. 1991

Satz und Druck: Hieronymus Mühlberger KG, Augsburg
Printed in Germany

VORWORT

Wenn ich die nachstehenden Glossen „*Ketzereien*“ nenne, so nicht allein deshalb, weil das griechische Wort, dessen Verdeutschung das Wort „Ketzerei“ ist: nämlich αἵρεσις, *Wahl*, also *Selbständigkeit* meint, mithin als Ehrenwort verwendet werden darf. Sondern auch deshalb, weil die Glaubensabweichungen, die seit dem Ende des 4. Jahrhunderts – in unheimlicher Vorahnung der politischen Exkommunikationen unseres Jahrhunderts – „Ketzereien“ genannt und als solche von Kaisern als Provokationen der säkularen Macht mit den drastischsten Mitteln unterdrückt oder geahndet worden sind. Zwar liegt mir nichts ferner als masochistische Lust auf oder an Märtyrertum (es sei denn, man verstünde das Wort in seinem ursprünglichen Sinne von „Zeuge“), aber mit dem Titel „Ketzereien“ möchte ich doch anzeigen, daß ich nicht wünsche, als Verfasser von unverbindlichen, mehr oder minder unüblichen Beobachtungen oder von mehr oder minder genau geschliffenen Glossen klassifiziert zu werden – mich mit solcher Klassifizierung zu bescheiden, bin ich zu stolz –, vielmehr als Vertreter von Kampfthesen, der es *mindestens verdienen würde, attackiert zu werden* – eine Ehre, die man meinen früheren Schriften niemals zugebilligt hat, da man sie, statt sie zu verfolgen, preisgekrönt und dadurch entkräftet hat.

Ein weiterer Grund für die Wahl meines Titels besteht natürlich darin, daß wir Heutigen mindestens seit einem halben Jahrhundert, und zwar im Westen nicht minder als im Osten, in einer Welt des teils angebotenen, teils gebotenen, durch Angebote gebotenen und unentrinnbaren *Konformismus* (um nicht zu sagen: „Kongruismus“) leben und als Kongruisten nicht zur *Orthodoxie*, sondern zur „*Orthopraxie*“ genötigt sind. (Siehe „Die Antiquiertheit des Menschen“ Bd. 2, S. 148 ff.)

Die durch kongruistisches Glauben und Leben entstandene Welt habe ich im zweiten Band meiner „Antiquiertheit des Menschen“ dargestellt. Wenn ich nun meine Beobachtungen und Thesen, von denen ich behaupte, daß ich sie unabhängig von allen orthodoxen oder „orthopraxen“ Schablonen konzipiert und formuliert habe, *„Ketzereien“* nenne, so ist das nur logisch – denn *das Wort ist das Gegenwort gegen die Wörter „Konformismus“, „Orthodoxie“ und „Orthopraxie“.*

Es mag überraschen, daß ein Mensch sich selbst als „Ketzer“ bezeichnet, denn abgesehen von den wenigen wirklich Folgerichtigen, die, wie Nietzsche, bereits das Glauben comme tel als Falschglauben beargwöhnten und denunzierten, also die Wortzusammenstellung „wahrer Glaube“ bereits als contradictio in adjecto ansahen – abgesehen von den Wenigen haben sich ja die Ketzer niemals gegen das Glauben als solches gewendet, sich selbst vielmehr als die Rechtgläubigen verstanden. Der Terminus „Ketzer“ war ausnahmslos als Invektive verstanden worden; zumeist von den Repräsentanten der offiziellen orthodoxen Herrschaft oder Majorität, die durch ihn die „Sektierer“ diskriminierten und als für die Scheiterhaufen reif markierten.

Aber man kann den Spieß auch umdrehen. Und das tue ich hier. Wenn ich das klassische Schimpfwort adoptiere und mich selbst als „Ketzer“ vorstelle, so auch deshalb, weil, wer (das Verleumdet-werden durch die offizielle Majorität gewissermaßen vorwegnehmend) sich selbst als „Ketzer“ präsentiert, dadurch die Rechtgläubigen ins Unrecht setzt, nämlich nun diese in Ketzer umfunktioniert. Denn *Orthodoxie ist stets Ketzerei gegen die Wahrhaftigkeit; und um so ketzerischer, für je wahrer sie ihr Glaubenssystem hält.*

„Daß Du betteln kannst", sprach ich zu ihm, „das brauchst Du mir nicht zu beweisen. Seit wir Deine Ahnen so degeneriert haben, daß Ihr nicht mehr jagen könnt oder zu jagen keine Lust mehr habt, seid Ihr überhaupt nichts anderes mehr als Bettler. – Aber hast Du schon einmal *gebetet?*"

Er kroch unter den Stuhl, um seinen Rücken zu scheuern. Denn er litt unter einem juckenden Ekzem.

„Du tust mir schrecklich leid", sprach ich. „Aber Dein Scheuern ist keine Antwort. Hast Du schon einmal um Heilung von Deinem Ekzem gebetet?"

„Ge . . . was?" Er scheuerte sich weiter, womit er deutlich bewies, daß er der „Hilf-dir-selbst-Maxime" mehr vertraute.

„Wenn nicht einmal *Du* mir mit Deinen Salben helfen kannst", antwortete er schließlich vorwurfsvoll und blickte mich mit seinen viel zu großen Augen an, „Du, der Du mich schließlich verstehst und der Du schließlich weißt, wo ich gekrault oder gestreichelt zu werden liebe – warum sollte das denn einem, wie war das Wort?"

„Gott", antwortete ich kleinmütig.

„Einem Gott gelingen? Dem ich überdies nie begegnet bin? Und der – sofern es ihn überhaupt gibt – nichts von mir weiß?"

„Immer sachte!" rief ich, „immerhin hat er Dich geschaffen."

„Ge . . . was?"

„Geschaffen."

„Davon weiß ich nichts. Ich erinnere mich an keine Zeit, in der ich nicht dagewesen wäre."

„Aber es gibt Millionen, die zu ihm beten."

„Auch unsereins?"

„Unsereins jedenfalls. Hunderte von Millionen sogar."

Er kratzte sich über dem Ohr. „Meinst Du das ernstlich? Beweist die Anzahl die Wahrheit?"

„Ein schöner Demokrat bist Du mir!"

Dieser Vorwurf schien ihn, sofern er ihn verstand, nicht weiter zu stören. Statt dessen fragte er: „Was tun sie eigentlich, wenn sie . . ., wie hieß das Wort?"

„Beten."

„Und was tun sie, wenn sie so beten?"

„Sie wünschen sich etwas inständigst. Und reden sich ein, die Existenz und die Inständigkeit dieses Wunsches beweise die Existenz eines Ohres. Und hoffen, den Eigentümer des inexistenten Ohres dazu zu motivieren, ihren Wunsch zu erfüllen."

„Und der inexistente Eigentümer des inexistenten Ohres tut das?"

„Nicht gerade sehr häufig" – gab ich kleinmütig zu.

Da legte er mir die Pfoten auf die Knie und meinte: „Sehr solide klingt das nicht gerade. Letztlich sogar ziemlich kindisch. Und *mir* wagst Du so etwas zuzumuten?" Ich schämte mich.

Er schüttelte den Kopf. „Nein, von Dir hätte ich so etwas nicht erwartet!" Und mit den Worten: „Nicht einmal *Du* bist mein . . ., wie war das Wort?"

„Gott."

„Nicht einmal *Du* bist mein Gott." Nach diesem refus warf er sich auf den Rücken, teils um sich am Boden zu scheuern, teils um sich an der Gurgel kraulen zu lassen. Danach drehte er sich wieder um, schlief plötzlich ein, vergaß sofort das Religionsgespräch und überließ mich meiner theologischen Verwirrung.

Im Zugabteil

Wie viele „völlig normale" Menschen es gibt, mit denen man vernünftig (zwar nicht über Gott und die Welt, aber doch) über die Welt reden kann und die nichtsdestoweniger fest glauben, sogar zu *wissen glauben, daß sie glauben.* Dies oder jenes; und daß sie *gar nicht nicht-glauben können;* und daß Nichtglauben überhaupt nicht möglich sei.

Mir gegenüber saß ein Geistlicher, wie sich herausstellte: Im Nebenberuf Organist. Als aus dem portable des Mitreisenden eine salondämonische Klaviermusik à la Rachmaninow kam, gerieten wir aufs angenehmste in ein Gespräch darüber, ob diese fünfzig Jahre zu spät komponierte Lisztiade in *cis* oder in *des* stünde oder ob diese Unterscheidung bei Tastenmusik überhaupt noch sinnvoll sei. Leider stritten wir gar nicht, da er wie ich diese Frage verneinte. Danach fragte er übergangslos, und wohl überzeugt davon, daß so völlige Einigkeit über *einen* Punkt Einigkeit in jeder anderen Hinsicht automatisch verbürge, ob ich *glaube*.

Auf diese von ihm wohl nicht einmal indiskret gemeinte Frage – den

Begriff der „Diskretion" gibt es vermutlich in keinem Klerus – antwortete ich erst einmal nicht. Dann ausdruckslos mit der Gegenfrage: „*Was verstehen Sie unter Glauben?*"

Er blickte mich ungläubig an. „Das dürfte wohl jeder wissen."

„Dürfte vielleicht jeder zu wissen glauben. Ich nicht."

„Das glaube ich Ihnen nicht."

„Warum nicht? Glauben Sie mir: man kann ausgezeichnet leben ohne Glauben."

„Sie wollen doch nicht andeuten ..."

„Ich habe nie in meinem Leben etwas nur angedeutet."

„Also Sie wollen doch nicht behaupten ..."

„Genau das. Glauben definiert nicht den Menschen. – Obwohl es vielleicht gar keine so abwegige Idee wäre, Leichtgläubigkeit als ein Criterium hominis in Betracht zu ziehen."

Er schüttelte den Kopf.

„Oder sollte es Sie etwa stören, daß etwas, dessen wirkliche oder angebliche Existenz die Grundlage Ihres Lebens ausmacht – ich meine natürlich nicht die materielle –, auf sein ‚was' abgefragt werden kann? Oder darf?" Die Bosheit meiner Unterstellung schien er entweder zu überhören oder nicht aufzufassen.

„Sie glauben wirklich nichts?" wiederholte er ganz ehrlich.

„So weit kann ich Ihnen nicht entgegenkommen", erwiderte ich.

„Wie bitte?"

„Wenn ich zugäbe, ich glaubte nichts oder an nichts, dann würde ich ja lediglich die *Gegenstände* des Glaubens in Zweifel ziehen; nicht den *Akt* oder den *Zustand* (oder wie immer Sie das nennen wollen) des Glaubens. Aber gerade *den* bezweifle ich. *Ich glaube nicht, daß es Glauben gibt.*"

„Was meinen Sie damit?" flüsterte er.

„Daß ich nicht weiß (vermutlich genauso wenig wie Sie), was mit dieser Vokabel gemeint ist, gemeint sein könnte – nur eben mit dem Unterschied, daß ich weiß, daß ich das nicht weiß. Sie dagegen nicht die Courage haben, die Courage nicht haben dürfen zu wissen, daß Sie es nicht wissen." Obwohl wir schon so weit vorgestoßen waren, spürte er doch noch nicht, daß er mit Schablonenwörtern nicht weiterkommen würde.

„Sie sind halt ein *Rationalist*!" meinte er.

Ich schämte mich für ihn.

„Und Sie glauben, daß der Glaube vom Wissen besiegt werden könnte; oder bereits besiegt sei."

Ich gähnte. „Mit solchen Schablonenwörtern kann ich leider, oder wohl gottlob, nichts anfangen. Aber wenn Sie mich deshalb den ‚Rationalisten' zuzählen würden, weil ich nicht weiß, was mit dem Wort ‚glauben' gemeint sein könnte, dann würden Sie sich bei allen denkenden Menschen lächerlich machen."

Diese so gar nicht klassifizierbare Antwort verwirrte ihn nun heftig. „Ja, *was sind Sie denn dann*?"

„*Was verstehen Sie unter ‚was'?*"

„Ja, irgendeiner Gruppe oder Denkschule müssen Sie doch zugehören."

„Warum muß ich? Ich habe Besseres zu tun, als meiner Position einen Namen zu geben."

Das desorientierte ihn vollends. Unbenanntes und Unbenennbares waren ihm unheimlich.

„Aber wenn Sie mir den Glauben unterstellen, daß das Wissen den Glauben besiegt habe, oder gar, daß ich mich der Gruppe der angeblich sieghaften Wissenden zuzähle, dann sind Sie auf dem Holzwege."

„Ja, was glauben Sie denn dann?"

„Nicht, daß das Glauben besiegt ist, sondern daß die Trivialalternative ‚Glauben oder Wissen' besiegt ist. Die Inhalte, gleich ob ‚schwarze Löcher' oder ‚permissive Gesellschaft', die uns alle durch die Massenmedien TV oder Illustrierte oder dergleichen erreichen, werden von uns *weder geglaubt noch gewußt.*"

„Sondern?"

„Konsumiert. Bis sie, zumeist völlig unverdaut, wieder ausgeschieden werden. Die Alternative als ganze ist ‚überwunden', oder wohl richtiger: ‚*unterwunden*' – womit ich meine, daß uns die Inhalte als Vorurteile erreichen, die wir ‚weder glauben noch wissen'..."

„Sondern?"

„Dafür fehlt bisher das Wort. Gleichviel: Neunundneunzig Prozent dessen, was wir konsumieren (oder nicht zu konsumieren unfähig sind) und vorübergehend irgendwie ‚haben', ist weder ‚gewußt' noch ‚geglaubt'. Die beste Bezeichnung wäre noch das griechische Wort Doxa, das Sie ja aus dem Staat von Plato kennen."

„Aber die *glaubt* man doch", widersprach er.

„Richtig. Aber ist dieses Glauben, das von denen, die nicht nur glauben, sondern wissen, daß unser Glauben für sie profitabel ist, systematisch hergestellt wird, – ist dieses Glauben etwa identisch mit dem, was Sie anfangs als Glauben verteidigt hatten? Und ohne das wir angeblich nicht leben dürfen oder können? Muß ein professionell Ungläubiger einen Geistlichen an den Unterschied zwischen credere und putare erinnern?"

Da fuhren wir ein.

Brief aus Paderborn

Erhielt einen auf der ersten Seite schmeichelhaften Brief eines Religionslehrers über den Band II der „Antiquiertheit". Sein einleitendes Lob stellte sich freilich als bloßer Zuckerguß heraus: denn was ihn zum Schreiben veranlaßt hatte, war seine Gekränktheit, nein: seine Indignation über meine Bemerkung über die *Kontingenz des Vorkommens des Menschen.* (S. 414 ff.) Meine Behauptung, daß auch unser Dasein eine nur empirische Tatsache sei, nicht anders als das Dasein von Millionen anderer Spezies; daß wir also, wie kränkend das auch sein mag, nur *„auch daseien" und nicht „philosophiewürdiger" seien als anderes Seiendes* (z. B. als Quallen oder Brennesseln); und daß wir *den Mut zu dieser betrüblichen Einsicht aufbringen* müßten; und daß unser Glaube an unsere größere Philosophiewürdigkeit und das Insistieren darauf letztlich auf *metaphysischer Feigheit* oder auf Egozentrik oder auf Selbstbespiegelung hinauslaufe; und daß letztlich auch der Ebenbildglaube dazugehöre – diese Behauptungen brachten ihn in Harnisch. Der Schluß seines Briefes lautete: „*Sie* mögen vielleicht kontingent sein – das stelle ich Ihnen frei – *ich* bin es jedenfalls nicht!" Und nicht nur als „irreligiös" beschimpfte er mich – das habe ihm „schon immer geschwant" – sondern sogar – und das hätte er nun freilich nach meinen Briefen an Eatherly nicht erwartet – als *„zutiefst inhuman"*.

Nun, zu Herzen nehme ich mir diese, wie gesagt: dem Mangel an metaphysischer Zivilcourage entspringenden Invektiven nicht. Aber nachdenklich gemacht haben sie mich, und zwar deshalb, weil *der Gedanke der Kontingenz des menschlichen Daseins* wirklich *kaum je von einem Philosophen expressis verbis beklagt* oder zugegeben oder mit Aplomb vertreten worden ist. Auch der Darwinismus behandelt unser Dasein nicht eigentlich als ein Zufälliges unter anderen: denn in seinen Augen beweisen wir ja, da wir den Kampf ums Dasein durch

Überleben bestanden, nein: durch Herrschaft gewonnen haben, unser „*Recht auf Dasein*" – und was sich als „berechtigt" herausstellt, das beweist damit ja nachträglich seine *Nicht-Kontingenz*.

Selbst die mechanistischsten Materialisten haben sich mit der Zufälligkeit des Daseins des Menschengeschlechts nicht eigentlich abgefunden, umgekehrt sogar den (durch die Mechanik bewiesenen) Notwendigkeitscharakter des menschlichen Funktionierens behauptet. Und wer Kausalität vergottet, dem verklebt sich der Blick auf die Kontingenz. Auf den Gedanken, daß selbst das Dasein universeller Kausalität kontingent sein könnte, ist keiner von ihnen je gekommen.

Gleichviel, auf ersten Anhieb fällt mir nur ein einziger Denker ein, der die Kontingenz unseres Daseins ausgesprochen hat, nämlich *Nietzsche*. Aber auch der hat diese mit einer bei ihm überraschenden Reserve formuliert. Im Vergleich mit der Emphase seiner Zarathustrathese, daß der Mensch eine „Brücke zum Übermenschen" darstelle, auf dessen Verwirklichung alles ankomme, im Vergleich damit ist der Ton seiner Kontingenzaussage ganz beiläufig und indirekt. Tatsächlich versteckt sich Nietzsche hinter nicht näher bezeichnete, aber offenbar zahllose Alliierte; und er setzt die Aussage, wohl um deren Spektakularität zu dämpfen, sogar in Klammern. Dieser eingeklammerte Satz (den er in seiner Diskussion der Kategorien als „nur" lebensbedingender Irrtümer ausspricht, „Wille zur Macht" Nr. 515) lautet: „(An sich geredet: da niemand die Notwendigkeit, daß es gerade Menschen gibt, aufrechterhalten wird . . .)" Das Wörtchen „gerade" ist in der Tat das Kennwort der Kontingenz. Aber die Versicherung, daß die Notwendigkeit (des Daseins des Menschen) von „niemandem aufrechterhalten" werde, die ist doch höchst merkwürdig, da es, umgekehrt, kaum je einen Denker gegeben hat, der die metaphysische Zivilcourage aufgebracht hätte, an dieses Tabu zu rühren, oder gar diese Notwendigkeit ausdrücklich abzuleugnen.

Bei allen anderen Philosophen spukt, sofern sie sich überhaupt in die Nähe dieses prekären Problems hineinwagen, noch immer, mit Fichte gesprochen, die „Bestimmung des Menschen". Heidegger hat zwar in seiner berühmten Frage, „warum es Seiendes gebe und nicht vielmehr nichts?" vorübergehend das „Sein des Seienden" als kontingent in Betracht zu ziehen gewagt, sonderbarerweise aber *nicht den Mut aufgebracht, das Geringere*, das Partikularere, *nämlich das Sein des* (menschlichen) „*Daseins*" *als möglicherweise kontingent zu erwä-*

gen. Im Gegenteil: er preist uns ja immer wieder als „*Hirten des Seins*". Und daß Hirten unentbehrlich, also nicht kontingent sind, das war ihm als Sprößling des Schwarzwaldes offenbar selbstverständlich geblieben.

Was ich dem Paderborner Religionslehrer antworten soll, ist mir noch unklar. Vielleicht, daß wir, obwohl kontingent, so zu handeln haben, als ob wir es *nicht* wären? Wird er dieses „Als-ob" verstehen? Dürfte er es verstehen?

Im Spital. Gestern kleine Krebsoperation

Trug heute dem Chirurgen eine phantastische Krebshypothese vor, die ich mir vor 45 Jahren in New York ausgedacht hatte. Seine Reaktion war nur: „Schuster bleib bei deinen Leisten!"

Krebs sei, so schlug ich damals Felix B. vor, keine Krankheit im üblichen Sinne, sondern eine sui generis. Und zwar deshalb, weil er oft vielleicht nicht durch Fremdreize ausgelöst werde, sondern eine *Selbstnegierung des Organismus* darstelle. Dieser nämlich versage als Zellenverband, als Organisationskraft und -prinzip. Er „*nimmt sich nicht zusammen*" – der moralisierende Klang dieser Redensart ist mir gar nicht so unrecht – er läßt es zu, daß die Zellen sich dezentralisieren, unbotmäßig werden, daß sie zurückfallen, nämlich nun *als einzelne* funktionieren.

Nein, nicht nur als „einzelne", denn die Einzelzellen beginnen ja zu *wuchern.* Aber diese Wucherung ist selbst keine Ganzheit, kein Organismus, vielmehr geht die Vermehrung *rein additiv* vor sich.

Oder anders: Die Krebszellen und die Metastasen gehören dem Organismus, dem sie entstammen, nicht mehr als dessen Bausteine an; diesen funktionieren sie vielmehr in bloßes „Futter" für sie selbst um, sie leben „von ihm". Obwohl ursprünglich lebendige Stücke oder Kinder des Organismus, werden sie so nun zu dessen *Parasiten.*

Möglich, daß Krebs zuweilen durch infizierende Fremdkörper verursacht werde; was entscheidet, ist aber, daß der Leib diesen Fremdkörpern keinen Widerstand entgegensetzt, und nun *die Zelle selbst zum Fremdkörper wird.* Oder, vom Organismus aus gesehen, daß dieser sich selbst „*parasitiert*", das heißt, *ein Stück seiner selbst in einen Parasiten verwandelt:* Dieser Vorgang stellt offensichtlich eine *Spielart von Suizid* dar. Sollte Krebs das physiologische „Pendant zu Freuds ‚Todestrieb' sein"? Und der Krebs, an dem Freud selbst litt, eine Bestätigung seiner Todestrieb-Hypothese? Die Tatsache, daß so viele Krebskranke, selbst Krebs sich nur einredende, Selbstmord begehen, ist auffällig. Und dieser suizidale Betrieb spielt sich also pausenlos in unserem Leib ab? In meinem? Bin nicht vielmehr ich seiner? Sollte der, obwohl mich, den nun nahezu Achtzigjährigen, der Gedanke an Selbstmord nur sehr selten gelockt hat, selbstmordlustiger sein als „ich"?

Und hat diese, physiologisch als Krebs auftretende Selbstmordlust, das Werk ihrer Zerstörung jahrelang getrieben, ohne daß ich das Geringste davon gewußt hätte? Welch sonderbare Differenz zwischen meinem Leib und mir! Welch phantastischer Beweis gegen die These von der *„psychophysischen Neutralität der Person"*!

American Weekly:
Photo eines knieend betenden Staatsmannes

Die Schamlosigkeit, sich betend photographieren zu lassen, ist größer als die der photographierten Pornofilm-Girls. Viel schlimmer: denn die Pornogirls geben ja im Unterschied zu ihm nicht vor, anständig zu sein. Dazu kommt, daß er, wie die Bildunterschrift kommentiert, gerade eine Konferenz über Interkontinentalraketen hinter sich hat. Offenbar steigt Herstellung von Massenvernichtungsmitteln mit Frömmelei und Schamlosigkeit proportional. Langsam werden Scham und Atheismus als die sichersten oder einzigen Kriterien von Friedensliebe übrigbleiben.

Im Rundfunk ein hoher Politiker,
der sich ungeheuer kühn vorkam, weil er sich
als einen „Agnostiker" bezeichnete

Männer, die sich mit diesem Worte schmücken, sind Feiglinge, die Angst vor denjenigen haben, die zu glauben glauben oder zu glauben vorgeben; und die, nicht einmal vor sich selbst, den Mut aufbringen, sich „Atheisten" zu nennen. Mit diesen lauen Atheisten – denn auch hier gilt Matthäus: „Deine Rede sei ja ja, nein nein, was darüber ist, ist von Übel" – sollten wir jeden Kontakt meiden. Da lob ich mir schon die Gläubigen – worin immer deren Tätigkeit bestehen mag.

Rundfunk. Sehr hoher Staatsbeamter plaudert über Kernkraftwerke und Atommülldeponien

Der Mann ist so unsäglich phantasielos, daß man, parallel zu den Ausdrücken „Vergangenheitsbewältigung" bzw. „Unfähigkeit zur Vergangenheitsbewältigung" den Terminus „*Zukunftsbewältigung*" bzw. „*Unfähigkeit zur Zukunftsbewältigung*" einführen sollte. Der Plauderer stellt sich die imminente Katastrophe genauso wenig vor, wie die Millionen sich die geschehenen Katastrophen Auschwitz oder Hiroshima vorstellen. Die Erziehung dieser *Unfähigen* – und das heißt stets: „*Unwilligen*" – muß ebenso in die Hand genommen werden wie die der Trauerunfähigen. Und ein Film „*The Holocaust of tomorrow*" wäre fällig.

Meine Methode

Zwei rumänische Familien haben es fertiggebracht, nach einem Flug über Ungarn, 20 km von Wien in der Steiermark heil zu landen. Die tollkühne Flucht gelang ihnen allein deshalb, weil sie in ihrer vorsintflutlichen Mottenkiste keine Höhe erreichten, weil sie so tief, beinahe den Ackerboden streifend, fliegen mußten, daß sie von keinen Radars geortet werden konnten: denn die vermuten und finden feindliche Objekte allein dann, wenn diese sich in höchster Höhe bewegen. Die *Flüchtlinge unterflogen also ihre möglichen Verfolger.*

Genau das, was diese wider Willen getan haben, tue ich seit Jahrzehnten systematisch. Die zwei Bände der „Antiquiertheit" bezeugen nicht, wie ein etwas komischer Rezensent behauptet, „*hohen Geistesflug*", umgekehrt die *hohe Kunst des Unterfliegens.* Grundsätzlich halte ich mich so nah am Ackerboden der Realität, am „Pathos des Einfachen", daß meine möglichen orthodoxen Observanten oder Verfolger, gleich ob rechte oder linke (die gewöhnt sind, nur solche Fremdobjekte zu orten, die sich in den höchsten Höhen der Abstraktion oder des Vokabulars aufhalten, und auch nur fähig sind, solche zu orten), nichts von mir bemerken.

So habe ich mich z. B., obwohl meine Gedankengänge wahrhaftig nicht undialektisch sind, des hochfliegenden Wortes „Dialektik" (das keine Sache mehr bezeichnet, sondern ausschließlich als Abzeichen die Zugehörigkeit zu einer Fraktion bedeutet) stets enthalten. Niemals habe ich vorgeprägte Vokabeln in den Mund genommen, vielmehr die heute durchweg neuen Phänomene stets aus nächster Nähe anvisiert und für diese Neologismen eingeführt; und durch diese „frischen Wörter" die Leser, linke sowohl wie rechte, aufs Glatteis der Wahrheit geführt. Angesichts dessen wußten diese nun nicht mehr, wo und als wen sie mich einordnen sollten. Oft haben mich beide, zu ihrem Schrecken, für dieselben Thesen gelobt oder getadelt, und verloren – was ich mitbeabsichtigt hatte – dadurch ihre Orientierung. Daher habe ich mir stets alles herausnehmen können, niemals habe ich es nötig gehabt zu lügen. Häufig habe ich knappe drei Meter über ihren Radaranlagen geschwebt. Durch Unterfliegen habe ich sie überflogen. Unter Höhenrausch habe ich niemals zu leiden brauchen. Und stets lande ich sanfter als meine Kollegen, die angestellten philosophischen Piloten, da diese genötigt sind, aus der höchsten Höhe hinabzuschießen, um auf einer harten Piste holpernd aufzusetzen.

Kaisergarten Bad Ischl.
In Spinozas De Deo gelesen

Daß es die Welt gibt, das ist mir von früh an ein Rätsel gewesen; die Begegnung mit Heidegger und die Niederschrift meiner „Kosmologischen Humoreske" sind nur Intermezzi gewesen. Ich kann mich an keine früheste Kinderzeit erinnern, in der mir das Dasein der Welt und mein eigenes Dasein selbstverständlich gewesen wären. –

Noch rätselhafter aber war mir, warum etwas *noch Rätselhafteres* das erste Rätsel auflösen sollte: daß es ein Wesen geben sollte – die Eltern nannten es, wie mir schien: nicht mehr überzeugend, „Gott" – daß ein Wesen, dessen Existenz ja noch nicht einmal so erfahrbar war wie die der immerhin unbestreitbaren Welt und dessen Herkunft noch unerklärbarer war als deren Herkunft – daß die Existenz dieses zweiten Rätsels die Antwort auf das erste Rätsel darstellen sollte. Und vollends dunkel blieb mir schließlich die Tatsache, daß, wie ich hörte, dieses Paradox seit Jahrtausenden von Millionen widerspruchslos akzeptiert wurde, daß es andererseits sogar die blutigsten Kriege ausgelöst haben sollte.

Wenn die Akzeptierung dieser Tatsachen zum Wesen unseres Menschseins gehörte – und der Schulunterricht schien das zu unterstellen –, dann gehörte ich, der nichts dergleichen akzeptieren konnte, nicht zu den Anderen. Dann war ich anders. Eben ein Ketzer.

Kaisergarten Bad Ischl

Sitze mit Spinozas Ethik „De Deo" auf einer Bank. Und lese die „demonstratio" zur „propositio XI". Und glaube meinen Augen nicht zu trauen. *Der* soll ein Ketzer gewesen sein? Denn *dort bezweifelt er* – welch ein Dilettant des Zweifelns! –, daß es überhaupt *möglich sei, das Nichtsein Gottes auch nur zu denken.* Die „demonstratio" beginnt mit den Worten: *„concipe, si fieri potest, Deum non existere."* Si fieri potest! Und der Urenkel, gerührt durch die angebliche Häresie seines beneidenswerten Urahnen, seufzt: *„Was kann man leichter als das!"*

Die Uhr

Täglich komme ich in der Piaristengasse an einem Antiquitätenladen vorbei, in dessen Schaufenster eine Schwarzwälder Uhr hängt, deren Pendel pausenlos das tut, was seine Bestimmung ist. Natürlich hat die Uhr noch nie etwas anderes getan, als die Zeit tickend anzuzeigen, und sie könnte auch gar nichts anderes tun. Aber ich bin unfähig, an ihr vorbeizugehen, ohne kopfschüttelnd zu denken, daß sie trotz dieser ihrer verläßlichen Tätigkeit noch niemals etwas davon gehört hat, daß es so etwas wie *„Zeit"* gibt. Ich bleibe sogar stets ihr zu Ehren einige Sekunden lang vor ihr stehen, um das Hin und Her ihres Pendels bestätigend zu verfolgen. –

Schwer zu erklären, warum mich diese Uhr so einschüchtert. Vielleicht – aber ich bin mir dessen nicht ganz sicher – deshalb, weil ich fürchte, genauso wie sie pausenlos etwas anzuzeigen, von dessen Existenz ich nie etwas gehört habe.

Kaisergarten. Der Ketzer

Dr. Kohnstamm aus Amsterdam erzählt mir über die Entstehung der „Septuaginta", also der griechischen Version des Alten Testaments. Wer auch nur eine blasse Ahnung davon hat, wie Geschichte vor sich geht, der spürt sofort, daß die Erzählung eine glatte, freilich geschichtlich höchst interessante Lüge ist, oder richtiger: von einem frühen Vorahmer Kafkas erfunden worden sein muß. Gleichviel. Dr. Kohnstamm behauptete, in Alexandria seien siebzig jüdische Gelehrte in Klausur geschickt und damit beauftragt worden, das Testament für die den Urtext zu lesen nicht mehr fähige, jüdische Bevölkerung in Alexandria ins Griechische zu übersetzen. Als sie fertig gewesen seien, hätten sie klopfenden Herzens ihre Texte miteinander verglichen – aber siehe da: diese hätten durchweg wortwörtlich miteinander übereingestimmt. Was natürlich bewiesen habe, daß sie alle von Gott inspiriert gewesen seien.

„Ihrer Erzählung fehlt", antwortete ich, „abgesehen von der Wahrheit, etwas Weiteres."

„Was?" fragte Dr. Kohnstamm.

„Der wirkliche Jude."

„?"

„Wäre *ich* einer der angestellten Übersetzer gewesen", erläuterte ich, „dann hätte ich geargwöhnt: vielleicht enthalten unsere Übersetzungen durchweg dieselben Fehler, vielleicht sind wir alle von demselben ..." – ich suchte nach einem angemessenen Ausdruck, fand aber nur den cartesischen – „von demselben ‚*génie malin*' in die Irre geführt worden."

„Von dieser Variante", meinte Dr. Kohnstamm kopfschüttelnd, „habe ich nie etwas gehört."

„Was Sie nicht sagen!" rief ich da, sprachlos über solche Dummheit. „Glauben Sie vielleicht, diese Variante hätte man am Leben gelassen?"

Lager Mauthausen. Augustnachmittag

I

Der amerikanische Collegeprofessor R., Pastorensohn, Thomasiusspezialist, und ich stiegen die entsetzliche Felsentreppe hinauf, über deren nicht endenwollende Stufen vor dreißig Jahren die Lagerinsassen, von hinten zur Eile angetrieben, ächzend die riesigen Brocken aus dem Steinbruch hatten hinaufschleppen müssen. Als wir schnaufend (obwohl unbeladen) oben standen, warf R. einen Blick zurück in die Tiefe und stöhnte, seinen Kopf schüttelnd: *„Daß diese Schinder die Urenkel oder Ururenkel von Kant gewesen sind!"*

Beinahe hätte ich ihn einen Schafskopf genannt. Nicht nur deshalb, weil ich es für unwahrscheinlich hielt, daß es unter den Vorfahren dieser österreichischen Schinder Kantianer gegeben hatte. Aber unterstellt selbst, das sei der Fall gewesen, wir standen auf einem Flecken, an dem ich meine Sprache zu zügeln hatte, da er (denn auch Schändung kann heiligen) heilig war.

„Ich fürchte", sprach ich, „Sie machen sich eine unzutreffende Vorstellung von geschichtlichem *Bleiben.* Und von *Kontinuität.* Namentlich von moralischer!"

„Was meinen Sie damit?"

„Ihre Annahme, daß Generationen durch vorangegangene modelliert werden. Oder gar humanisiert bleiben. Diese Annahme ist reine Illusion!"

„Illusion? Sie würden also behaupten, daß unsere ganze Kulturvergangenheit ..."

„... nicht unsere ist."

„... für nichts und wieder nichts dagewesen ist?"

„Ja, für die Katz ist sie gewesen. Oder glauben Sie an Lyssenko?"

„An Lyssenko?"

„An die von Stalin geförderte Wahnidee einer ‚*Vererbung erworbener Eigenschaften*'?"

Er blickte mich verständnislos an.

„Auch in der Geschichte gibts die nicht."

(Pause.)

„Warum studieren wir denn dann Geschichte? Thomasius zum Beispiel? –"

„*Wir*? Habe *ich* Sie dazu ermuntert?"

„Schließlich ist das mein Beruf", meinte er kleinlaut.

„Wird eine Sache dadurch richtig, daß sie beruflich betrieben wird?"

„Die meisten sind davon überzeugt."

„Wird eine Sache dadurch richtig, daß die meisten von ihr überzeugt sind?"

Darauf antwortete er nicht direkt. „Wir sind also keine Erben?" fragte er stattdessen.

„Glauben Sie vielleicht, ich antworte gerne mit einem blanken Nein? Und es mache mir Spaß, nicht nur den Fortschrittsbegriff als albern zu bezeichnen, sondern auch den der Kontinuität zu löschen?"

Er spürte, daß der Boden unter seinen Füßen fortglitt.

„Oder haben Sie schon einmal gehört", fuhr ich fort, „daß der Sohn eines Moralisten als Erbe seines Vaters auf dessen Niveau geblieben sei? Oder gar ein Urenkel auf dem Niveau seines Urgroßvaters? Von Niveauanhebung zu schweigen!"

„Es gibt also keine sittlichen Überlieferungen?"

„Hier auf diesem Platze, im ‚Zentrum europäischer Barbarei', wagen Sie das auch nur zu fragen?"

„Keine gerade sehr tröstliche Auskunft!"

„Ich bin kein professioneller Tröster. Da müssen Sie sich schon an eine andere Fakultät wenden."

„Verhöhnen Sie meinen Glauben?"

Ich überlegte. „Dessen *Unerschütterbarkeit*", antwortete ich, „Menschen, die angesichts von ... Einrichtungen wie dieser hier noch unerschütterbar weiterglauben ..."

„Nun?"

Ich flüsterte. „Die ganz ernst zu nehmen, das fällt mir in der Tat ziemlich schwer."

(Pause.)

„So hat mir das noch niemand ins Gesicht gesagt."

„Dann war es vermutlich höchste Zeit."

Darauf reagierte er nicht gleich. Offenbar überlegte er, ob er sich nicht zuviel vergab, wenn er bliebe. „Bedaure!" half ich ihm mit halb entschuldigender Geste. „Aber diese Dinge sind zu ernst, als daß ein höfliches Wort das letzte Wort sein dürfte."

II

Wir schlenderten zwischen den Baracken auf und ab. Und hatten Hemmungen, das Gelände, zu dem unsere „Vorgänger" „lebenslänglich" verurteilt gewesen waren, einfach aus freien Stücken, etwa wie einen Park, durch den „Ausgang" zu verlassen.

„Den Hauptpunkt aber habe ich noch nicht berührt", nahm ich den Faden nach einer Weile wieder auf. Er blieb ängstlich an meiner Seite. „Wenn Kants Ururenkel keine Kantjünger gewesen sind und ihre Mitmenschen radikal antikantisch: nämlich als bloße *Mittel* eingesetzt haben, so war dieser Mißbrauch gewiß schon schlimm genug. Aber das Schlimmste noch nicht. Noch schlimmer als die Unvererbbarkeit der Moral ist nämlich die Tatsache, daß sich *Kants ‚Sittengesetz' deshalb niemals hat fortsetzen lassen, weil es niemals Eigentum gewesen war;* weil es niemals Anhänger gehabt hatte und, wie schockierend das auch klingen mag, sogar mit Recht niemals." – (Und flüsternd: „Daß sich allein dasjenige forterben läßt, was einmal Eigentum gewesen war, darüber sind wir uns ja wohl einig.")

„Sie verwirren mich total."

„Das ist nicht ungesund. Verwirrung ist der einzige Weg, der herausführt aus scheinbarer Klarheit."

„Was wollen Sie mir nun also wieder einreden?"

„Einreden? Nichts. Vielmehr ausreden. *Nämlich daß es jemals jemanden gegeben hat, der ‚das Sittengesetz' anerkannt hätte. Und das gar voller Ehrfurcht.*"

„Das ist die negativistischste Behauptung, die ich je gehört habe."

„Diesen ‚Negativismus' – warum sagen Sie nicht freimütiger: ‚Nihilismus'? – kann ich mir erlauben. Ich habe kein schlechtes Gewissen dabei. Schlechtes Gewissen kenne ich überhaupt nicht. Das habe ich mir von euereins nie einreden lassen."

Der Gläubige blickte mich ungläubig an.

„Mit eurer ‚Moral' kann ich ‚Negativist' es noch lange aufnehmen."

„Gering scheinen Sie nicht von sich zu denken", hauchte er, halb entsetzt, halb bewundernd. Beides sinnloserweise.

„Gewiß nicht. Das hat mir auch noch niemand nachgesagt – was aber nicht bedeutet, daß ich mich für einen Gipfel halte. Erstaunlich ist allein die Tiefe des *Tals.*"

„Meinen Sie damit mich?"

„Reden wir nicht von uns. Sondern vom Thema. Von Kant und seinem Sittengesetz."

„Das niemand je anerkannt habe."

„*‚Habe'? ‚Hat'.* – Und zwar deshalb niemand, weil dieses Gesetz, dem man angeblich Folge zu leisten hat, *in der Luft geschwebt* hat; weil es ein *Phantom,* weil es *anonym* gewesen ist. Weil es dem Munde keines Machthabers entflossen ist. Und nicht nur dem keines weltlichen. Denn dem Mund eines Gottes ..."

„Gottes."

„... ist es ja ebenfalls nicht entflossen. Was Kant da als ‚Gesetz' bezeichnet hat, war ja, ähnlich den Gesetzen der Mathematik und Physik, *ein Gesetz ohne Setzer, ein Spruch ohne Sprecher, ein Kommando ohne Kommandanten.* Und wenn es als Allgemeingut gegolten hat, so allein deshalb, weil es in der Form *‚kategorischer Imperativ'* überliefert wurde. Der aber wurde (vielleicht außer an Universitäten) einfach als Kadavergehorsam mißverstanden oder in einen solchen umfunktioniert."

„Wie meinen Sie das?"

„Sie werden staunen, wenn ich Ihnen erzähle, aus wessen Mund ich den feierlichen Ausdruck ‚kategorischer Imperativ' zum ersten Male gehört habe. Nicht etwa aus dem meines Vaters oder eines anderen guten Menschen oder eines guten Bürgers."

„Sondern?"

„Aus dem Munde des *deutschen Kronprinzen,* der im Jahre 1917, als die Westfront in Frankreich zu bröckeln begann, das Wort requirierte und es uns (wir waren paramilitärisch organisierte Knaben zwischen sechzehn und siebzehn) auf dem Exerzierplatz von Charleville in einer forschen Ansprache ‚ans Herz gelegt' hat – jawohl, ‚Herz' hat er gesagt, mitten im Zeitalter der Herzschüsse – womit er natürlich nichts anderes gemeint hat als eiserne Disziplin und Kadavergehorsam. Das also war von Kant übriggeblieben. Dies ist die ‚Tradition'."

Er war sprachlos.

„Aber kehren wir zur Sache zurück, zu meiner Hauptthese: zu der merkwürdigen Tatsache, daß das sogenannte ‚Sittengesetz' ein Spruch ohne Sprecher gewesen ist. Diese Tatsache hatte nämlich zur Folge, und zwar begreiflicher-, nein: unvermeidlicher-, nein: sogar *rechtmäßigerweise, daß es niemanden gegeben hat, der es je wirklich ernst und verbindlich genommen hat.*"

Er war so verwirrt, daß er darauf nicht antwortete. Stumm stakste er weiter neben mir her.

„Lassen wir doch die Illusionen!" mahnte ich von neuem.

„Worüber denn nun wieder?"

„Darüber, *wie Menschen,* ohne daß sie etwas dafür können – denn daß ich Ihnen die Erbsünde nicht abnehme, das werden Sie ja mittlerweile ahnen –, *nun einmal sind.* Sagen wir sogar ruhig: *wir Menschen,* denn uns zwei nehme ich dabei auch nicht aus. Ist es nicht – verzeihen Sie dieses so harmlos klingende und scheinbar alles entschuldigende Wort – ungleich *natürlicher,* einem anerkannten und einschüchternden wirklichen Diktator zu gehorchen, wie es die im Lager angestellten SS-Männer getan haben, als einem Phantom?"

„Diese Frage", flüsterte er, „ist noch befremdlicher als die vorherige."

„Sie können doch wohl kaum bestreiten, daß für den Durchschnittsnazi (natürlich genauso für den Durchschnitts-GI in Vietnam) als ‚Sittengesetz' (oder als etwas, was weitere Sittengesetze überflüssig machte) dasjenige gegolten hat, was befohlen war, und als ‚moralisch' und als ‚Pflichterfüllung' (sofern diese Wörter überhaupt verwendet wurden), diesem ‚Gesetz' nachkommen."

„Auch ich bin in Vietnam gewesen", gab er flüsternd zu.

„Sie Ärmster!" flüsterte ich zurück.

Warum er dieses freiwillige Geständnis ablegte, warum er mich unaufgefordert wissen zu lassen wünschte, daß er sich selbst den Gewissenlosen, die Befehle für Pflichten halten, zuzählen mußte, das weiß ich nicht. Ich tat sogar so, als hörte ich sein Geständnis nicht und lenkte auf anderes ab.

„Und wenn ich das behaupte", fuhr ich stattdessen fort, „habe ich nicht etwa nur durchschnittliche Befehlsempfänger im Auge, sondern auch die angeblichen *Befehlsausgeber.*"

„Wen meinen Sie da zum Beispiel?"

„Nun, zum Beispiel Männer wie Hans Frank, der ja kein beliebiger SS-Mann gewesen ist, sondern Präsident der NS-‚Akademie für deutsches Recht' und dann immerhin Generalgouverneur des besetzten Polen inclusive der dortigen Vernichtungslager."

„Warum legen Sie gerade auf *den* einen solchen Wert?"

„Weil der in der Tat eine ganz spezielle Rolle gespielt hat. Im Zusammenhang mit unserem Hauptproblem: dem ‚kategorischen Imperativ'."

Er schien froh darüber zu sein, daß ich ihn aus dem Allerpersönlichsten wieder herausführte.

„Der hat nämlich einen ‚neuen' kategorischen Imperativ formuliert, indem er das bei Kant noch (oder vielleicht richtiger: schon) *anonym bleibende Sittengesetz ‚re-personalisiert':* nämlich durch eine befehlende Person ersetzt hat. Die Franksche ‚*Repersonalisierung*' des kategorischen Imperativs (veröffentlicht in dessen ‚Technik des Staates', 1942, S. 15) lautet: ‚*Handle so, daß wenn der Führer von deinem Handeln Kenntnis hätte, er dieses Handeln billigen würde.*' Keine Frage: Frank ist dadurch Millionen von Deutschen entgegengekommen, jedenfalls hat er Millionen Deutschen ‚aus der Seele gesprochen'. Denn einem abstrakten Prinzip zu gehorchen, ist eben nur einer winzigen Minderheit von Mitmenschen möglich oder erwünscht; neunundneunzig Prozent ziehen es vor, dem Befehl einer autoritären Persönlichkeit oder

Gruppe Folge zu leisten, auch einer kriminellen. Vielleicht sogar *gerade einer solchen,* weil die selbstverständliche Gehorsamserwartung, die von total Gewissenlosen ausgeht, als Faszinosum wirkt. Jedenfalls ist der Jubel der Bereitschaft, der in den Sportpalästen Deutschlands den Kommandoschreiern entgegenbrandete, dem kategorischen Imperativ Kants niemals entgegengebrandet."

III

„Und dies um so weniger", fuhr ich nach einer Pause fort, „als es sich ja bei Kants kategorischem Imperativ nicht nur um keinen eigentlichen Befehl gehandelt hat; um keinen Befehl, der aus dem Munde eines bestimmten autorisierten Wesens gekommen wäre, sondern um einen bloßen *Konjunktiv.* Denn Kriterium der Moralität einer Handlung war ja, daß deren Maxime als das ‚Prinzip einer *allgemeinen Gesetzgebung gelten könne*'. In heutigem, von Kants Wortwahl kaum verschiedenem Deutsch: ‚daß die Maxime zum Prinzip einer allgemeinen Gesetzgebung gemacht werden *könne.*' – Könnte. – Glauben Sie, daß ein solcher Konjunktiv die Mehrzahl unserer Mitmenschen beeindrucken könnte? Oder auf diese verbindlich wirken könnte? Oder gar unwiderstehlich?"

Er zuckte mit den Schultern.

„Oder zu Kants Zeit, vor nahezu zweihundert Jahren, verbindlich oder unwiderstehlich habe wirken können? Ich spreche nicht von den paar Spezialisten, den Philosophieprofessoren und Theologiestudenten, die reagiert haben mögen. *Aber Ethiken wenden sich per definitionem nicht an Spezialisten.*"

„Diese Fragen habe ich mir niemals ernsthaft vorgelegt."

„Oder konkret: Glauben Sie im Ernst, daß ein Mensch, der ins Wasser springt, um einen vor seinen Augen Ertrinkenden zu retten, oder einer, der einem Hungernden Speise oder einem Frierenden einen Mantel reicht, diesen Konjunktiv jemals im Auge gehabt hat? Oder daß es je einen Helfer gegeben hat, der sich deshalb anständig benommen hätte, weil seine Tat als Stück einer allgemeinen ‚Gesetzgebung' hätte gelten können? Würden Sie nicht umgekehrt jeden, der sich auf Grund dieses Kriteriums anständig benähme, erbärmlich finden? Und mit Recht? Das hatte Brecht im Auge gehabt, als er, ohne je einen Buchstaben von Kant gelesen zu haben, statt für die Wörter ‚sollen' und ‚Moral', die er für ‚pfäffisch' hielt, für das dem Christentum ungleich nähere Wort ‚Freundlichkeit' plädierte." (Siehe G. Anders: Bert Brecht, Gespräche und Erinnerungen, Zürich 1962, S. 50 ff.)

IV

Wir gingen weiter stumm auf und ab. Eigentlich nur deshalb, weil wir uns nicht dazu berechtigt fühlten, dieses Gelände der Versklavten als Spaziergänger zu verlassen. Gesehen hatten wir ja längst alles. Es war nicht so viel gewesen.

„Wenn ich Sie recht verstehe", meinte er unsicher, „sind Sie nicht nur von dem Kadavergehorsam der Lager-SS oder der Vietnam-GI's entsetzt, sondern auch von denen, die Kants phantomhaftem und nur ‚konjunktivischen' Sittengesetz gehorchen."

„Die Vulgarität der Nazis und den Adel Kants behandle ich natürlich nur sehr ungern als Geschwisterphänomene."

„Aber?"

„Hören Sie mir bitte gewissermaßen nur mit halbem Ohr zu! – Eine gewisse Ähnlichkeit kann ich nämlich wirklich nur schwer abstreiten."

„Und worin besteht diese?"

„In der *Lieblosigkeit*. Weder in dem einen noch in dem anderen Falle heißt dasjenige ‚gut' oder gilt dasjenige als ‚gut', was man einem Mitmenschen antut, weil diesem dadurch Gutes geschieht; oder gar, weil man, wie die deutsche Sprache es so schön ausdrückt, *‚ihm gut'* ist. Herzlos sind beide. Natürlich übersehe ich nicht die Tatsache, daß in der NS-Diktatur dasjenige als Pflicht betrachtet wurde, was befohlen war. Und daß bei Kant umgekehrt dasjenige befohlen war, was die Pflicht vorschrieb. Aber für Kant galt ja (was man sonderbarerweise vom Nationalsozialismus nicht sagen kann), daß als verboten all das galt, was man aus Neigung, also gerne tat, sogar *weil* man es aus Neigung tat. Zwar wäre es wahnsinnig, so weit zu gehen zu behaupten, daß bei Kant Moral der Grausamkeit oder der Freude an Grausamkeit oder der Freistellung von Grausamkeit entspringe; nicht ganz falsch wäre es dagegen zu behaupten, daß bei ihm eine grausame Freudelosigkeit, eine Undankbarkeit, eine *Mißgunst gegenüber der Neigung* vorherrscht. Moralisches Tun konnte in seinen Augen einer Neigung nicht nur nicht entspringen, sondern auch keiner entsprechen, weil Neigung comme telle bereits als etwas Minderwertigeres unterstellt war. Ist das human? Wie fänden Sie eine Mutter, die nicht aus Neigung, also aus *Liebe* (ein Wort, das Kant vermeidet wie die Katze den heißen Brei) gut zu ihren Kindern wäre, nein: das noch nicht einmal dürfte? Sondern allein deshalb, weil ‚die Maxime ihres Handelns als Prinzip einer allgemeinen Gesetzgebung gelten könnte'? Da lobe ich mir jede Bruthenne, die ihr Junges unter ihre Fittiche nimmt. Finden Sie die Attitüde der Kantianerin humaner als die einer Diktatur-Mutter? Wäre sie nicht – ein Wort freilich, das Kant nicht schokkiert hätte – *widernatürlich? Eine legalistische Megäre?* Und, wenn ich das als Jude aussprechen darf, *unchristlich*?"

(Pause.)

„Sie finden also Kant ebenso unmenschlich wie den Nationalsozialismus?"

„Ebenso lieblos. Von der Nächstenliebe sind beide gleich, nämlich unendlich weit entfernt. In Kants Auge wurde Zärtlichkeit, ohne die man ja zu keinem Kinde ‚gut' sein kann und ohne die kein Kind gutartig werden kann, eo ipso unter die *Neigungen*, also ins Gebiet der ‚*Sinnlichkeit*' fallen, damit in das der Sünde. Hätte man ihm erklärt, daß die Sinnlichkeit sogar unter die Nächstenliebe fallen kann – seine Ethik hätte vermutlich einen Schlaganfall erlitten. Gleichviel, im Effekt läuft der ‚kategorische Imperativ' nicht minder als der diktatorische auf Menschenindifferenz hinaus. Der Menschenliebe entspringt er jedenfalls nicht."

V

„Und unterstellt selbst", nahm ich das Gespräch ein letztes Mal wieder auf, und ich versuchte, mindestens im *Ton* rücksichtsvoll zu bleiben, denn das Problem, das nun noch ausstand, mußte als solches bereits wie eine unüberbietbare Rücksichtslosigkeit wirken, und ich entschuldigte mich sogar, ganz gegen meinen Brauch, im vorhinein –

„Sie erschrecken mich."

„Ja, ich fürchte, ich werde Sie erschrecken. Das tue ich nicht aus Bosheit. Aber *Fragen verlangen, zu Ende gedacht zu werden.*"

„Wer verlangt das? Die Fragen selber?"

Da erschrak nun *ich*. Denn diese Frage konnte nun *ich* nicht beantworten. Stieß ich hier an ein Vorurteil? An meines? An das des Philosophierenden?

„Ich bin bereit", erklärte er wie ein zum Tode Verurteilter.

„Versuchen wir, trotz der Unmenschlichkeit der Fragen, die Freundschaft zwischen uns nicht zu gefährden!"

Er nickte unsicher. „Also?"

„Unterstellt selbst", begann ich vorsichtig, „die dem sogenannten ‚Sittengesetz' entsprechenden Handlungen seien ‚gut' – wo stünde es denn geschrieben, daß es ‚allgemeine Gesetzgebungen' geben müsse? Oder geben solle?"

Er blickte mich an, als hätte er falsch gehört.

„Gehen Sie da nicht wirklich doch ein bißchen zu weit?" fragte er, und ich spürte, daß er diese Frage gerne geschrieen hätte.

„Woran messen wir denn das?"

Das konnte nun wieder *er* nicht beantworten.

„Ich verstehe, wie schwierig es ist, philosophisch, also vorurteilsfrei zu denken. Und nicht stolz zu sein auf diese Unfähigkeit. Ein Philosoph, der unfähig bleibt, diese Unfähigkeit zu verstehen, ist kein Philosoph."

„Das klingt sehr entgegenkommend. Danke. – Also, wo hapert es denn bei mir dieses Mal?"

„Versuchen wir also, jede Feindseligkeit zu vermeiden. Und so nüchtern wie möglich zu bleiben!"

Er nickte. Und ich begann nun mit meinem letzten Argument.

„Die Behauptung, daß es Sitten oder Gesetzgebungen oder ‚kategorische Imperative' geben solle, die würde ja, die kann ja allein dann gelten, *wenn es selbstverständlich oder bewiesen wäre, daß es uns Menschen, nein: nicht nur uns Menschen, sondern daß es die Welt selbst geben solle.*"

Er äußerte sich nicht.

„Ist das bewiesen? Wenn ja, wodurch?"

Er runzelte seine Stirn.

„Sie kennen ja die berühmte oder berüchtigte Formel von Leibniz und Weisse, Schelling und Heidegger: *„Warum gibt es Seiendes und nicht vielmehr nichts?*"

Er nickte. „Ich hatte gedacht, Heidegger habe die erfunden."

„Erfunden?" Ich schüttelte meinen Kopf. „Solche Fragen erfindet man nicht. Die schlagen ein."

„Sie meinen: wie Blitze?"

„Richtig. – Aber bei Ihnen ist die Frage, von der ich fürchte (oder vielleicht hoffe), daß sie Sie erschrecken oder empören werde, und um deretwillen ich mich im vorhinein entschuldigt habe, noch nicht eingeschlagen. Ich wiederhole sie also."

Er blieb stehen und schien wirklich Mut zu sammeln.

„Hätten wir nicht ein Recht darauf, ein *moralisches Pendant zu der,* wie Sie sagen: Heideggerschen *Formel zu formulieren*?" Und als der metaphysische Groschen noch immer nicht fiel: „Also, hätten wir nicht ein Recht darauf zu fragen: *Warum sollen wir Menschen und warum soll die Welt sein? Und warum sollen wir sollen?*"

Mir schien, daß die Frage nun begann, in ihn einzusinken. Er strich sich mit den Fingern durch seine Mähne und begann, schwer zu atmen.

„Denn nur dann", erläuterte ich meine Worte, um ihm zu helfen (oder um ihn in die erforderliche Hilflosigkeit zu versetzen), *„nur dann, wenn wir uns als Seinsollende unterstellen, ist es ja einsehbar, daß wir so oder so sein oder dies oder jenes tun oder unterlassen sollen."*

Jetzt erst begann er zu reagieren. „Sie meinen also, vielleicht brauchen wir gar nicht zu sollen?" Aber obwohl er selbst es gewesen war, der diese endlich zutreffenden Worte ausgesprochen hatte, schien er sie doch noch nicht ganz zu verstehen. Als Denkender und Fühlender schien er sich als Sprechendem noch nicht ganz gewachsen.

„Ja, das hatte ich gemeint."

„Könnten wir uns nicht irgendwo hinsetzen?", bat er um sich blikkend. Aber zum Wesen dieses Totengeländes gehörte es, daß es in ihm keine Bänke gab. Schließlich saßen wir auf einer der Steinstufen, auf denen sich auszuruhen unsere Vorgänger nie das Recht gehabt hatten.

„Fertig?" fragte er.

„Mein Lieber, das hängt von Ihnen ab. Der Gedankengang als solcher ist noch nicht ganz fertig."

„Gönnen Sie mir eine kurze Pause."

„Auch eine lange. Wir können hier auch ganz abbrechen", antwortete ich. „Die Fortsetzung ist keine Pflicht. Sie ist nicht ‚gesollt'."

Wir saßen eine ganze Weile.

„Nun?" fragte er schließlich.

„Unterstellt, wir *sollen* sein – was kann denn der Ausdruck ‚sollen' hier bedeuten?"

„Wie meinen Sie das?"

„Wer ist denn hier zum Dasein der Welt und zu unserem Dasein, oder richtiger: zur Aufrechterhaltung unseres Daseins und der Existenz der Welt verpflichtet? Wir selbst?"

Das wagte er nicht zu beantworten.

„Oder sind Sie religiös tollkühn genug . . ."

„Religiös tollkühn?"

„. . . religiös tollkühn genug, zu denken oder gar auszusprechen, daß *Gott* dazu verpflichtet sei?"

„Gott verpflichtet?"

„Sie haben recht, zurückzufragen. – Ist das ein denkbarer Gedanke? Woraufhin könnte *er* denn zu etwas verpflichtet sein?

Hieße das nicht, daß Sie ihm, den Sie doch als die Quelle der Autorität anerkennen, einen Gehorsam zumuten? Daß Sie behaupten, er unterstehe einem Imperativ? Daß dieser des Gottes Gott sei?"

Ich spürte, daß ich ihm zuviel zugemutet hatte, daß unser Gespräch zusammenbrach.

„Absurd!" rief er.

„Derartiges hat es gegeben", versuchte ich noch einmal.

„Wo? Wann?"

„Etwa wie in dem Vertrag zwischen Abraham und seinem Gott. Durch den Gott sich ‚gebunden' fühlte."

Aber da er kein Jude war, besagte das für ihn noch weniger als für mich, der ich kaum mehr einer war. Und da geschah schließlich das, was viel früher schon hätte eintreten müssen: das friedliche Religionsgespräch hatte sein Ende erreicht. Heftig sprang er auf, und auch ich erhob mich, gewissermaßen um eine letzte Geste der Solidarisierung nicht zu versäumen.

„Das ist alles reiner Wahnsinn!" schrie er nun völlig unkontrolliert, und alle Argumente des Gesprächs waren ausgelöscht. „*Wir sind da!*" schrie er. „*Also sollen wir auch dasein. Ohne weiteren Kommentar! Basta!*"

Diese Worte waren die letzten. Dann durchschritten wir stumm das Tor in die Außenwelt, das unsere Vorgänger niemals hatten durchschreiten dürfen. Da sie nicht mehr da waren, hatten sie offenbar nicht mehr sein sollen.

Am Tag danach

Er war nun ruhiger. Wir gingen durch den Volksgarten.

„Darf ich noch einmal auf Gestriges zurückkommen?" fragte ich.

Er nickte.

„Sie meinten gestern, unsere Existenz beweise, daß wir dasein *sollen.*"

Er nickte.

„Gilt dieser Schluß nur von uns Menschen? Oder von allem Existierenden?"

(Pause.)

„Zum Beispiel auch von Spinnen? Oder von schwarzen Löchern?"

„Darüber maße ich mir kein Urteil an."

„Sie glauben doch nicht, daß ich dieser plötzlichen Bescheidenheit Glauben schenke!"

„Warum nicht?"

„Weil sie lediglich anthropozentrischen Größenwahn beweist. Daß wir Menschen deshalb sein sollen, weil es uns nun einmal gibt, das ziehen Sie ja keinen Augenblick lang in Zweifel. Diesen verqueren Cartesianismus: ‚*Wir sind, also sollen wir sein*', den nehme ich Ihnen nicht ab. Es sei denn, Sie vertreten und verteidigen ihn als *Universalformel.* Als Formel für alles, was ist. Oder für nichts. Als Formel, die lautet: ‚*Es ist. Also soll es sein.*'"

„Auch Spinnen?"

„Auch Spinnen!"

„Auch Viren?"

„Auch Viren!"

Er hatte furchtbare Hemmungen.

„Es gibt keine *nigger* in der Welt", schloß ich. –

Ich habe ihn nie wiedergesehen.

Schenkte dem Jesuiten L. ein Reclambändchen von Spinozas Ethik. Hier die zwei Motti, die ich in das Exemplar hineinschrieb

I

Sie haben dieses Buch vor dessen Lektüre als das teuflische Modell aller „Säkularisierung" bezeichnet. Wenn Sie fair genug sind, das Buch nicht nur zu denunzieren, sondern auch – ich weiß, welche Zumutung die Lektüre dieses sonderbaren Werkes darstellt – zu lesen, dann werden Sie erkennen müssen, daß es nicht nur das Modell der Säkularisierung ist, sondern mindestens im gleichen Maße das des *Gegenteils von*

Säkularisierung: Denn worauf es Spinoza ankommt, ist nicht so sehr, Göttliches zur „Natur" (bzw. zur „Substanz") zu erniedrigen, als umgekehrt – dies bedeutet sein berühmtes „deus sive substantia" (in pars I, propositio) – der Substanz „göttliche Natur" zuzusprechen.

II

Da Sie mich auf Grund einiger Bemerkungen über meine „Ketzereien" in voreiliger Kritik einen „Naturalisten" genannt haben, erkläre ich hiermit, daß es *nichts gibt, was in meinen Augen so wenig natürlich wäre wie die Tatsache, daß es Natur gibt.* Zugleich aber auch, daß demjenigen, der meint, aus dieser Tatsache eine „Schöpfung" erschließen oder gar mit diesem selbst Unbegreifbares bezeichnenden Wort Unbegreifbares begreifbar machen zu können, alle Denkfähigkeit abgeht. Von schlimmeren Abdankungen zu schweigen.

Kaisergarten Bad Ischl

Nach den diversen Gesprächen über „Schöpfung", namentlich als angeblicher Erklärung des Daseins der Welt, habe ich das unheimliche Gefühl, in den letzten fünfundsiebzig Jahren, jawohl: fünfundsiebzig Jahren, um keinen Schritt vorwärtsgekommen zu sein. Ich kann mich erinnern, in der Vorschulzeit meine Mutter mit der heiklen Frage: „und wer hat den Lieben Gott gemacht?" in Verlegenheit versetzt zu haben. Diese Frage war aber kein Beweis philosophischer Frühreife. Denn die causa-sui-Frage liegt auf der Hand, auch auf jeder Kinderhand.

Ebensowenig rechne ich mir die Tatsache, daß ich auch heute noch die damalige Frage frage, und natürlich genauso erfolglos wie damals, als Tugendbeweis, etwa als Zeugnis für einen festen Charakter an. Umgekehrt würde die „Fähigkeit", diese Frage zu vergessen, erbärmliche Vergreisung bezeugen. Mein damaliger Ausruf lautete: „Wie merkwürdig das ist, daß sich der Liebe Gott selbst schaffen kann!" (Siehe: W. Stern, Psychologie der frühen Kindheit, 1952, S. 354.)

Tierpark Schönbrunn

Im engen Käfig, zusammengesperrt mit einem Jungtier, von dem sie aber nicht die mindeste Notiz nimmt, sitzt, den Kopf über den gefalteten Armen, aber mit offenen Augen, eine Schimpansin. Sofortiger Eindruck: *schwerste Depressivität.* Welch eitler und spießiger Anthropozentrismus anzunehmen, daß nur wir Menschen depressiv sein könnten, nur wir das Vorrecht auf Schwermut hätten. Ein schönes Vorrecht wäre das! Wer weiß, ob nicht das Gegenteil der Fall ist! Ob nicht prozentual viel mehr Tiere als Menschen depressiv sind – und nicht etwa nur Anthropoide wie diese jammervolle Schimpansin, die nicht weiß, wie sie hinaus soll aus dem Weitergehen des zu schweren Daseins – da ja allen Tieren die Sprache fehlt, um sich auszuklagen oder um sich trösten zu lassen und sie durchweg der Chance des Selbstmordes beraubt sind. Warum sollten nicht auch Kröten depressiv sein? Muß es nicht entsetzlich schwer sein, als Kröte *nicht* depressiv zu sein? Nicht auszudenken, daß die milliardenhafte Majorität der Lebewesen aus Depressiven besteht und die Welt vielleicht eine kolossale „Anstalt" darstellt!

Und wer bürgt für die Fröhlichkeit der Pflanzen? Und der Planeten?

Gott 1
„Wenn nein, warum nicht?"

Die erste, nach Abschluß eines Fernsehinterviews rasch von einem hektographierten Zettel abgelesene und sofort zu beantwortende Frage hatte gelautet: „Rauchen Sie? Wenn nein, warum nicht?" Ich hatte sie wahrheitsgemäß beantwortet. Dieser Frage folgte, in gleichem indolentem Tone abgelesen: *„Glauben Sie an Gott? Wenn nein, warum nicht?"* Selbst in meinen unzimperlichen Ohren klang diese Frage ungehörig. Der Frager war – sein Blick aufs Handgelenk bewies das – in Eile; außerdem gehört es vermutlich zu seinem Beruf, in seinen Opfern *Sofortreaktionen* auszulösen, so als verbürgten solche eine größere Wahrheitschance als besonnene Antworten. Und natürlich erwartete er – woher sollte der Ärmste auch ahnen, daß er einem Atheisten gegenübersaß, gar einem, der diese Tatsache nicht vortäuschte? – ein promptes Ja. Erst einmal teilte ich ihm schlicht mit, daß ich nicht wüßte, was mit dem Wort *„glauben"* gemeint sei. Sein Unterkiefer fiel herunter, so als hätte ich präzedenzloser Weise einen durch den Fernsehauftrag automatisch mitgeltenden Vertrag gebrochen.

Es dauerte eine ganze Weile, ehe er sich dann fing, um, im Frageton meine Mitteilung wiederholend, zurückzufragen, ob er mich recht verstanden habe.

„Gewiß!" antwortete ich ihm.

„Sie erklären also, und das immerhin – vergessen Sie das nicht ! – vor dem Fernsehschirm . . ."

„Nicht nur, daß ich nicht weiß, was ‚glauben' ist, sondern vor allem, daß ich nicht an *Gott* glaube. – Wollen Sie dafür eine Erklärung? Ich meine: eine ernste?"

Diese Frage war ihm wohl noch nie gestellt worden. Offenbar erwartete er sich einen sensationell großen Fisch, dergleichen noch keinem seiner Kollegen ins Netz gegangen war. „Bitte."

Da kam ich zur Sache. Und diesmal wirklich ernst.

„Wenn es ihn gibt", sprach ich sehr langsam, „dann ist er einer, der *Auschwitz und Hiroshima nicht verhindert hat.*"

„Das hat Hochhuth schon gesagt."

„Wenn er das gesagt haben sollte, so würde meine Aussage dadurch nicht falsch werden. Oder unwichtig. Auf Prioritäten kommt es hier wahrhaftig nicht an. Ganz zu schweigen davon, daß Hochhuth – was verdienstvoll genug gewesen ist – nicht Gott diesen Vorwurf gemacht hat. Sondern nur Papst Pius." Das gab er zu.

„Er ist also *einer, der,* die Hände im Schoß, diese beiden – Ereignisse *zugelassen* hat?"

Er hob langsam seine Hände, offenbar um auszudrücken, daß ihm zu dieser meiner Behauptung nichts einfiel.

„*Ist* ein solcher Gott ein gerechter Gott?"

„*Wäre* ein solcher Gott ein gerechter Gott?"

„. . ."

„Ein liebender Gott?"

„. . ."

„Ein barmherziger Gott?"

„. . ."

„Einer, zu dem wir beten dürften, ohne uns zu entwürdigen?"

„. . ."

„Einer, den wir anbeten dürften, ohne uns zu schämen?"

„. . .“

„Ohne uns zum *Komplizen* seines Zulassens zu machen?“

Lange Pause.

„Finden Sie nicht: dann schon besser *kein* Gott?“

Zu seiner Ehre sei bemerkt, daß er nach dieser Schlußfrage ein paar Minuten lang den Mund hielt. Ich dachte schon, diese habe ihn wirklich getroffen. Aber leider irrte ich mich da. Denn als er wieder sprach, tat er das doch wieder als Angestellter der Fernsehanstalt. „Ist Ihnen denn auch klar, Herr Doktor“, fragte er, „daß das alles verlorene Liebesmüh ist? Daß das alles von den Cuttern geschnitten werden wird?“

„Das wird denen wenig nutzen“, berichtigte ich ihn, „denn Sie können überzeugt davon sein, daß er angesichts der Auschwitz- und Hiroshimahaften Ereignisse, die uns bevorstehen (solange die sich noch ereignen werden) immer wieder seine Hände im Schoß liegen lassen wird, und daß er dadurch auch dann zugrunde gehen wird, wenn Ihr ihn durch Eure cuts zu erretten versucht.“

Als wir uns die Hände zum Abschied reichten, blickte er mich fragend, nein, geradezu ängstlich – oder war es hoffend? – an, wohl um sich davon zu überzeugen, daß ich – das hätte ihn beruhigt – nicht recht bei Troste sei. Doch dann schüttelte er, da ihm ja immerhin während des vorausgegangenen zweistündigen Interviews kein einziges Zeichen von Geistesverwirrung aufgefallen war, enttäuscht seinen Kopf. Der Ärmste!

Daß dieses Interview-Finale dem cutting zum Opfer gefallen ist, das mitzuteilen, erübrigt sich wohl. Aus den Texten, die geschnitten werden, könnte man vermutlich jeden Tag Bibliotheken zusammenstellen.

Gott 2

Feinde, derer man sich schämt

Hinter meinen gestrigen Formulierungen steht wahrhaftig keine Gleichgültigkeit gegenüber dem Dasein von Religionen oder etwa eine Spielart von „Nihilismus“ oder „Materialismus“ – ich kann mich nicht entsinnen, diese Ausdrücke je in den Mund genommen zu haben; wenn doch, so gewiß niemals, um meine eigene „Weltanschauung“ zu kennzeichnen. Umgekehrt hat mich seit frühester Kindheit nichts so pausenlos verblüfft und aufgeregt, wie diejenigen Grundfakten und -rätsel, die zur Entstehung und zum Weiterbestehen von Religionen geführt haben. Und dieses mein Interesse habe ich offenbar nur so schlecht verbergen können, daß mich schon in meinen Gymnasialtagen gläubige Mitschüler und Lehrer als ihrereinen mißverstanden und mir weiszumachen versucht haben, daß ich, wenn ich ungeduldig darauf bestand, irreligiös oder gar antireligiös zu sein, einem Selbstbetrug zum Opfer falle. Ich glaube nicht, daß ich irgendwie zwielichtig bin, aber irgend etwas an mir lockt Missionare immer wieder in meine Nähe. Vor zwei Jahren hat mich ein Theologe sogar, so als handelte es sich um Musik oder Mathematik, *„religiös begabt“* genannt – ein „Lob“, gegen das ich höchst unwirsch protestierte – vergebens, denn die Heftigkeit meines Protestes gegen diesen Ausdruck deutete er händereibend sofort als zusätzlichen Beweis dafür, daß er recht habe. Gleichviel, mir bewies sein Ausdruck, wie wenig selbst die „professionals“ unter den Gläubigen etwas von dem ahnen, wofür sie zu leben glauben. Wie oft schäme ich mich auch heute noch meiner Gegner. Und wie oft fühle ich mich dazu versucht, ihre kraftlos vertretene und verteidigte Sache gegen mich kräftiger, als sie es selber tun, in Schutz zu nehmen! Es gibt nichts Schlimmeres, als Feinde, derer man sich schämt.

Gott 3
Über die Schöpfung

Heute vormittag hat – ich traute meinen Augen nicht – mein gestriger Interviewer wieder vor der Wohnungstür gestanden; unangemeldet und, wie er sofort mit schlechtem Gewissen erklärte, so als hätte er eigentlich kein Recht, als *er selbst* mich aufzusuchen, „ganz privat“. Ob ich mich einen Augenblick für ihn freimachen könnte. Ich konnte.

„Unser gestriges Gespräch ist mir nachgegangen“, begann er. Das nahm ich ihm ab, da er, der so Konventionelle, sonst ja gewiß nicht so rasch wieder erschienen wäre.

„Von Gott gilt ja nicht nur“, fuhr er fort, – diese Eröffnung hatte er sich offensichtlich zurechtgelegt – „daß er der Allmächtige ist oder der Allweise oder der Allgerechte oder der Allbarmherzige.“

Ich schüttelte meinen Kopf. „Gestern habe ich Ihnen ja sehr bestimmt erklärt, daß ich es mir nicht erlauben könne, ihm, sofern er sei, nachdem er Auschwitz und Hiroshima hat durchgehen lassen, die Attribute Gerechtigkeit und Barmherzigkeit, ohne die Gott nicht denkbar ist, zuzuerkennen. Und daß ich den Glauben an keinen Gott – und das bezieht sich auf meine Mitmenschen – für anständiger halte als den an einen ungerechten und erbarmungslosen."

„Dieses Argument nehme ich auch ernst."

„Heißt das, Sie schließen sich ihm an?" fragte ich erstaunt.

Er zauderte. „Selbst wenn ich ihm – das kann man über Nacht wohl kaum leisten – auf Grund Ihres Auschwitz- und Hiroshima-Arguments diese Eigenschaften absprechen würde, vielleicht sogar müßte ..." Er machte eine Pause, die bewies, wie schwer ihm das Aussprechen des Wortes „müßte" gefallen war, und er erschrak nachträglich.

„Nun?"

„Selbst dann ... bliebe doch noch etwas unbestreitbar und unwiderlegbar."

„Was?"

„Daß er als *Schöpfer der Welt ...*"

Ich wartete.

„Streiten Sie ihm auch *das* ab?"

Das ließ ich offen.

„Schließlich muß die Welt ja, da sie sonst nicht dasein könnte, von irgendwem erschaffen oder durch ein Machtwort, ein ‚*es werde ...*' herbeizitiert worden sein?"

„Warum ‚muß'?"

„Nun", fuhr er unbeirrbar fort, „wie wir denjenigen, der das getan hat, nennen, ob ‚Gott' oder ..."

„‚Nenn's Herz, Gott, Liebe, Welt'", zitierte ich den jungen Goethe.

„... darauf kommt es schließlich nicht an. Aber das Dasein der Welt beweist die Tatsache ihres Geschaffenseins. Und *das* können Sie nicht so hokuspokusfidibus vom Tisch fegen wie vielleicht ..."

„... das Erbarmen Gottes."

Er deutete traurig ein Nicken an.

„Doch. Bezweifeln kann man auch die Erschaffung."

„Warum?"

„*Weil es nicht einzusehen ist, auf Grund wovon wir dem Nichtdasein den Primat zuerkennen müssen.*"

Pause. Schließlich: „Was meinen Sie damit?"

„Damit meine ich: *Warum muß das Nichts als Erstes dagewesen sein?* Das setzen Sie nämlich, wenn auch unausdrücklich, voraus. Was legitimiert Sie dazu? Warum muß das Nichts die ursprüngliche, die eigentlich ‚selbstverständliche', Kondition gewesen sein? Die einst eigens, durch die Erschaffung von etwas, hat abgeschafft und überwunden werden müssen?"

„Das verstehe ich nicht."

„Das verstehe *ich* nun wieder nicht."

„Was?"

„Ihr Nicht-verstehen. Denn eigentlich spreche ich ja ganz anspruchslos, ganz undoktrinär. Nur als das Mundstück aller Lebewesen."

„Und was meinen Sie damit wieder?"

„Daß, abgesehen von einer lächerlichen Minorität von Anormalen und Narren: nämlich von uns ‚Philosophen', jedem Seienden das Dasein der Welt, vor allem aber sein eigenes Dasein, selbstverständlich vorkommt oder vorzukommen scheint. *Daß der Natur ihr Dasein offenbar ganz natürlich ist.*"

„Auch jetzt streike ich wieder."

„Glauben Sie, daß es je eine Tanne oder eine Maus gegeben hat, die darüber gestaunt hätte, daß sie da war? Selbst kein soeben geworfenes Mausejunges hat je darüber gestaunt."

Er nickte. „Das ist mir nie aufgefallen. Aber das ist in der Tat höchst sonderbar."

„Sie meinen: daß der Natur da zu sein ganz natürlich vorkommt?"

Er nickte.

„Aber so ist es. Und daran können wir nicht vorbeigehen."

Das gab er zu.

„Warum müssen also wir Menschen eine metaphysische Extrawurst haben? Warum als Einzige das Dasein der Welt als den minder selbstverständlichen Zustand betrachten? Als einen, der – ex nihilo nihil – eigentlich gar nicht hätte eintreten können oder dürfen? Und der, da er unbestreitbarer Weise trotzdem besteht, dem Nichtsein im besten Fall nur nachgefolgt sein kann? Der eine eigene Herstellungsaktion – eben die durch Gott – erfordert und der einer eigenen Erklärung – eben der durch uns Menschen – bedarf?"

„Das weiß ich natürlich auch nicht", gab er flüsternd zu.

„Natürlich", fuhr ich fort, „läßt es sich nicht bestreiten – und hier liegt ein Widerspruch vor, den ich nicht zu unterschlagen versuche –, daß viele von uns verrückten Menschen, wohl im Unterschied zu allen anderen Wesen, die Sie voreilig ‚Kreaturen', also ‚Geschöpfe', nennen, doch – und das wohl seit Jahrtausenden – darüber staunen, daß es die Welt gibt."

„Schon Ihr Ausdruck ‚es gibt' scheint ja, was immer das ‚es' gewesen sein mag, einen ‚*Geber*' vorauszusetzen!" versuchte er.

„Auf solche etymologischen Ableitungen ontologischer Behauptungen – diese wären Heideggers würdig gewesen – gehe ich erst gar nicht ein. Aber einräumen muß ich natürlich, daß wir uns, wenn wir nicht staunen würden, nicht dazu veranlaßt gefühlt haben würden, uns Schöpfungsmythen auszuknobeln. Wenn wir diese nicht als Antworten auf Fragen gemeint hätten, würden wir sie uns ja niemals haben einfallen lassen."

Er wischte sich den Schweiß von der Stirne. „Jetzt weiß ich wirklich nicht mehr, wo Sie stehen."

„Da brauchen Sie sich gar nicht zu schämen. Glauben Sie vielleicht, daß *ich* davon in jedem Augenblick genauestens Rechenschaft ablegen könnte? Natürlich stecke ich genauso tief wie Sie mit meinen beiden Füßen im Morast der mehr als dreitausendjährigen Religions- und Philosophieüberlieferung. Und auch mir kann es in Momenten, in denen ich mich nicht zusammenreiße, und selbst heute noch passieren, daß ich wie Sie ins Glitschen gerate."

Sprach's, stand auf, kramte in meiner Bücherei, fand, was ich suchte, und überreichte ihm schließlich als Beweisstück das letzte Exemplar meiner „*Kosmologischen Humoreske*".

„Kosmologische Humoreske?" fragte er stirnrunzelnd.

„Gewiß! Ist es denn nicht hochkomisch, daß die Welt trotz der unbestreitbaren Geltung des Satzes ‚*ex nihilo nihil*' doch erschaffen werden konnte?"

Direkt antwortete er auf diese Frage nicht. „Und heute glauben Sie das also nicht mehr?" fragte er stattdessen.

„Was?"

„Daß die Welt trotzdem erschaffen worden sei?"

„Ich kann nur wiederholen: Heute frage ich: *warum sollte das Nichts oder das Nichtsein oder das Nichtgewesensein der Welt das Natürliche sein? Zur Natur von was soll es denn eigentlich gehören, daß das Nichts natürlicher ist als das Seiende?*"

„So habe ich mir das niemals durchüberlegt."

„Dann ist, fürchte ich, Ihre Behauptung, *daß die Welt eine geschaffene sei oder sein müsse,* nicht ganz durchdacht. *Ein Vorurteil!*" Und als er dazu schwieg: „sogar ein großspuriges Vorurteil!"

„Und warum das nun wieder?"

„Weil es ein Anthropomorphismus ist."

Gott 4
Über das Machen

„Und warum das wieder?"

„Weil es den Begriff des *Machens* voraussetzt. Und weil es *Machen ausschließlich als menschliche Aktionsweise gibt.*"

Er versuchte mitzudenken.

„Daß *Schaffen* trotz der (natürlich von uns erfundenen) Unterscheidung zwischen dem ‚*creator omnipotens*' und dessen *hinfälliger* ‚*creatio*' (auch der hinfälligen Menschen) als ein *Machen* klassifiziert werden müsse, das werden Sie ja wohl nicht bestreiten."

Er wartete vorsichtig ab.

„Machen ist", erläuterte ich, „etwa im Unterschied zum Wachsen oder zum Konsumieren, eine Aktivität, die, soweit wir wissen, uns Menschen vorbehalten ist, also ein *anthropologisches Monopol.* (Oder vielleicht, da wir auf Machen pausenlos angewiesen sind, Symptom eines ‚*Defektmonopols*'.) Und der Gedanke, daß die Welt als ganze, einschließlich ihrer Millionen von Arten ihr Dasein ausgerechnet einer solchen, nur uns Menschen vorbehaltenen Aktionsweise verdanken soll – ist dieser Gedanke nicht purster Anthropomorphismus?"

Da sein Gesicht immer noch blank blieb, versuchte ich, meine Frage in verständlichere Worte zu kleiden. „Wenn es möglich wäre", begann ich, „mit Granitfelsen oder mit Fichten oder mit Forellen zu philosophieren oder zu theologisieren – würden diese Wesen denn verstehen, daß sie einmal nicht gewesen waren und einmal hatten ‚zur Welt' gebracht, also gemacht, werden müssen? Wissen sie denn (und wissen denn wir) vom Tod *vor* dem Leben mehr als vom Tode *nach* dem Leben?" Diese Fragen halfen ihm offenbar auch nicht weiter. Aber ich ließ nicht locker. „Würden diese hand- und sprachlosen Dinge und Wesen Ihren Glauben, die Welt sei *geschaffen,* also von Händen geformt oder von einem Munde ins Sein gerufen worden, überhaupt auffassen können?"

Aber diese Fragen kamen nicht mehr an. Er flüsterte schließlich etwas, was wie „kaum“ klang, aber wohl nur, um überhaupt etwas zu antworten.

„Und wäre nicht die Tatsache, daß Felsen, Fichten und Forellen unsere Frage nicht verstehen können, voll berechtigt? Müßte nicht diesen Steinen oder Bäumen oder Fischen Ihr, oder unser, biblischer Gedanke, daß das Universum, also auch sie selbst, ihr Dasein ausgerechnet einer Produktionsweise verdanken, die unter den Millionen von Spezies *alleine* uns: uns mit Händen und Sprache ausgestatteten Menschen, vorbehalten ist – müßte denn denen nicht dieser Gedanke, daß sie ihr Dasein einem Demiurgen, einem Handwerker oder einem Rufer verdanken, als monströse anthropomorphische Anmaßung vorkommen? Würden sie nicht finden müssen (unterstellt, sie könnten überhaupt etwas ‚finden‘), daß wir unser menschliches Arbeiten- (oder Befehlen)können in ein analoges Können von kosmischen Ausmaßen aufgebläht haben?“

„Vielleicht“, flüsterte er, weder überzeugt noch überzeugend.

„Ist dieser Analogie-Gedanke nicht geradezu metaphysisch komisch?“

„Metaphysisch komisch?“

„Ja, so etwas gibt es. Also: läuft es nicht auf eine metaphysisch geradezu komische Zumutung heraus, von nichtmenschlichen Wesen zu verlangen, sie sollten ausgerechnet einen solchen menschenähnlichen, von Menschen geschaffenen, schaffenden Gott anerkennen? Und sich als dessen Produkte?“

„Wer verlangt denn das von ihnen?“

„Wir, wenn wir sie als ‚geschaffen‘ betrachten.“

Gott 5
Seine Anonymität

„Und selbst wenn wir unterstellten“, fuhr ich fort, „er habe sie *doch* geschaffen – wäre es nicht unbegreiflich, um nicht zu sagen: unverzeihlich . . .“

Er zuckte zusammen.

„. . . *wenn Gott seine Kreaturen anonym geschaffen hätte?*“

„Anonym?“

„Nämlich ohne diesen zu verraten, daß es ihn gebe, und daß sie sein

Werk seien? Wie Krüge, die nichts von ihrem Töpfer wissen? Oder wie Granaten, die ihr kurzes Leben lang nichts von ihrer Firma gehört haben?"

„Über diese Anonymität habe ich noch nie nachgedacht."

„Schlimm genug. Denn läuft die nicht darauf hinaus, daß Gott seine Geschöpfe verächtlich behandelt hat und weiter behandelt? Und daß er ihnen keine Herkunftskenntnis gönnt?"

Nun war er grau im Gesicht.

Aber darauf nahm ich im Interesse der Wahrheit keine Rücksicht. „In der Tat scheint mir, daß zu lehren, die Welt sei ‚geschaffen' oder mit Hilfe der Formel *‚es werde!'* ‚zur Welt gebracht' worden, nicht besser ist, als etwa zu behaupten, die Welt sei – eine Idee, die ja tatsächlich wiederholt in Mythen aufgetaucht ist – als ‚Weltenei' gelegt worden; oder sie *‚entfließe'* einem ursprünglichen ‚Ἕν' – auch der plotinische Begriff der Emanation ist ja mit dem des ‚Machens' nicht gerade eng verwandt – kurz: die Ihnen so selbstverständliche Antwort ‚Schöpfung' auf die kosmogonische Frage ließe sich, sofern man diese überhaupt als unvermeidliche ansieht, durch andere Antworten ersetzen. Der Begriff ist, wie gesagt, ein Anthropomorphismus, ein Handwerkerbegriff – und das gilt selbst dann, wenn wir betonen, daß es sich zur Stunde Null um eine Schöpfung *‚ex nihilo'* gehandelt habe (wovon Genesis 1 freilich nichts weiß), und nicht nur um eine ‚ex aliquo', aus dem Chaos (was die Genesisstelle aussagen zu wollen scheint)."

Gott 6
Unsere Schöpfung

Seine Morgenbesuche schien er nun als einen Usus anzusehen, für den Ausreden zu erfinden oder Entschuldigungen vorzubringen, er nicht mehr für nötig hielt.

„Haben Sie gestern indirekt gemeint, *der Begriff der ‚Schöpfung'* sei – *unsere Schöpfung?*"

„Ich habe noch niemals etwas ‚indirekt' gemeint."

„Also hatten Sie gemeint, daß wir Menschen ..."

„Richtig. Genau das. Als wir Gott zum Schöpfer ernannten, also als wir begannen zu behaupten, er habe die Welt gemacht, da haben wir ihn als Ebenbild von uns erschaffen. *Die Schöpfung der Welt ist die kolossale Vergrößerung der Tätigkeit des homo faber.* Plato hat Gott ja im Timaios in der Tat als *Demiurgen*, also als Handwerker, bezeichnet. Aber wir Heutigen gehen in dieser Hinsicht noch viel weiter. Wenn wir, wie es manchmal in der ‚progressive education' geschieht, alle Nase lang den Menschen ‚kreativ' nennen oder verlangen, jeder sollte ‚kreativ' sein oder werden oder gar ‚kreativ' gemacht werden, dann haben wir fast immer Kinder im Auge, die tuschen oder die Blockflöte blasen, oder Frauen, denen man in Kursen eingepaukt hat, durch Ausübung von garantiert nichts einbringenden kunstgewerblichen Hobbies ‚to express themselves'. Es liegt auf der Hand, daß das Vorbild solcher Kreativität die Schöpfung eines eigenen Geschäftes ex nihilo ist. Oder richtiger: diejenigen, denen die Chance einer solchen ‚Schöpfung' nicht vergönnt ist, die werden mit der ‚Kreativität' abgespeist. Wenn ein Großunternehmer einen ‚Drang nach Kreativität' äußern würde, würde man ihn – denn das hat er nicht nötig – nur auslachen. – Wie dem auch sei, mit dem Wort ‚kreativ' bezeichnen wir immer eine *menschliche* Aktivität; auf den Gedanken, daß vielleicht auch Gott ‚kreativ' sein könnte, kommen von denen, die das Wort verwenden, wohl nur die allerwenigsten. Dem entspricht, daß sich die ‚culture vultures' in Amerika Gott als eine Art Michelangelo vorstellen, nicht umgekehrt (was schon schlimm genug wäre). Kurz: Ihre Eröffnungsfrage, ob der Begriff des Schöpfers unsere Schöpfung sei, dürfen wir mit einem glatten Ja beantworten."

Gott 7
Das Bild

Am nächsten Morgen stand er wieder vor meiner Wohnungstür. Glücklich war ich über seinen erneuten Überfall nicht.

„What can I do for you?"

„Haben Sie nicht gestern behauptet, daß der Schöpfergott von uns erschaffen worden sei?"

Mit meiner Antwort: *„Ja, auch der"* schien ich in die richtige Kerbe geschlagen zu haben. Deshalb war er gekommen.

„Also für Zeus gebe ich Ihnen das zu."

„Viel Zivilcourage erfordert dieses Zugeständnis nicht."

„Sie meinen ..."

„Jawohl, ich meine: daß, was dem einen Gott recht ist, dem anderen billig ist. Daß, was von allen Götterbildern gilt: daß wir sie geschaffen haben, auch vom Bilde Gottes gilt. Schließlich ist auch *er* ja nur einer unter vielen.“

Genau das war es, was er *nicht* hören wollte. „Warum reden Sie vom *Bilde* Gottes? Gerade *ihn* definiert es ja, daß man sich kein Bild von ihm machen darf...“

„...ein Verbot, das nur von den Juden und dem Islam beobachtet, vom Christentum dagegen nicht ein- oder ausgehalten worden ist. Aber ganz abgesehen davon: das Wort ‚Bild‘ dürfen Sie nicht so eng optisch verstehen. *Zum Bilde Gottes gehört eben im Judentum, abgesehen von seiner Unsichtbarkeit, das Verbot, mit eigenen Händen ihn sichtbar zu machen,* nämlich eine Skulptur herzustellen, in deren Scheu, *ihn* zu sehen und anzubeten – ein Verbot, das natürlich nicht von ihm selbst stammte, sondern von uns.“

„Warum ‚natürlich‘?“

„Sie werden doch nicht im Ernst behaupten wollen, daß die Existenz eines menschengemachten Begriffes, des Begriffes ‚Bildlosigkeit‘, die Realität eines unsichtbaren oder unabbildbaren Seienden beweise!“

Er war verwirrt und blieb stumm.

„Im übrigen haben Sie unser Gespräch auf ein falsches Geleise geschoben. Wir hatten von *Gott als Schöpfer* gesprochen.

Daß die Erschaffung der Welt zum Begriff eines Gottes gehöre, gar notwendigerweise, das hätte ihnen nicht nur kein Polynesier abgenommen, sondern auch kein Grieche, das ist eine theologische Aussage, die außerhalb der monotheistischen Religion überhaupt nicht vorkommt. Was die Götter und die Göttinnen der meisten Religionen betrifft, so hatten sie mit Weltenschaffungsmythen nichts zu tun. Sie entsprangen der Angst vor der Übermacht und den Übermächten der Welt, galten aber nicht als deren Erzeuger. Auch die uns historisch näher stehenden Götter und Göttinnen mit vergleichsweise ‚menschlichem Gesicht‘, wie die des Olymp, sind ja nicht als Schöpfer oder Schöpferinnen der Welt aufgetreten. Höchstens lassen sie sich als Übermächte durch Opfer (später billiger und menschlicher: durch Gebete) beeinflussen oder als Stifter von Stämmen oder als Eigentümer heiliger Stätten oder als Garanten des Glücks, der Jagd, der Schiffahrt, der Fruchtbarkeit etc. verehren. Die Opfer, die unsere Urväter ihnen darbrachten, die waren niemals als Dank für die Erschaffung der Welt oder ihrer selbst gemeint. Weder Homer noch Achill ist je auf den Gedanken verfallen, von Zeus zu behaupten, dieser sei der Schöpfer der Welt gewesen.

Selbst der einem Schöpfergott am nächsten kommende *Demiurg* (eigentlich ‚Werkmeister') in Platos Timaios war nur ein Architekt, der sich, wie jeder Architekt, auf das nicht von ihm selbst geschaffene Weltmaterial verlassen durfte, verlassen mußte, aus diesem freilich nicht nur unbelebte Strukturen bildete, sondern Lebewesen, zu denen selbst die Planeten gehörten, nein, selbst die organismushafte Weltkugel."

Nachdem ich so, ohne zu diskriminieren, von Göttern gesprochen und *den* Gott, an den er glaubte oder zu glauben glaubte, in theologischem Demokratismus als einen unter anderen nur mitbehandelt hatte, trat bei ihm ein philosophischer „Rückfall" ein.

„Aber die waren ja keine wirklichen Götter!" schrie er nämlich. Auf diesen Ausbruch konnte ich nicht sofort reagieren. „Was für Eintagsfliegen Ihre Einsichten sind!" rief ich schließlich, deprimiert durch die Erfolglosigkeit unseres Dialogs. „Sie meinen: im Unterschied zu Gott; der *wirklich* sei? Und der wirklich *sei?* Und der wirklich *der Gott* sei?"

„Ist!" verbesserte er. Ob selbstgerecht oder um sich dadurch selbst Mut zu machen, war mir nicht deutlich.

„Dürfen Sie sich diese Unterscheidung wirklich erlauben? Ich meine: Sie als Anhänger der Toleranzidee?"

„Ich bin kein Anhänger der Toleranzidee!" schrie er wütend.

„Auch Hölderlin, der Jesus und die Olympier als Brüder behandelt hat . . ."

„Wo?"

„In der ‚Friedensfeier'."

„. . . und diesen gewissermaßen den gleichen Seinsrang eingeräumt hat, hätte Ihnen gewiß nicht zugestimmt."

„*Sie meinen also, wir sollten den Göttern das gleiche Sein zugestehen wie Gott?*"

„*Nein, umgekehrt: Gott das gleiche Nichtsein wie den Göttern!* Mutsache!"

Aber den Mut konnte er nicht aufbringen. Jahrtausende lassen sich nicht im Augenblick ausradieren. Und er ging.

Als er am nächsten Tag von neuem erschien, war ich schon nicht mehr überrascht. Und er hielt es auch schon nicht mehr für erforderlich, sein Kommen zu entschuldigen.

„Was ich nicht begreife ...", begann er.

„Nun?"

„Wie Sie *so* nur leben können!"

„*So?* Sie meinen: so glaubenslos?"

Er nickte.

„Da brauchen Sie sich keine Sorgen zu machen. Ich vermisse nichts. Nicht das Mindeste. Mir geht es ausgezeichnet. Oder mir ginge es ausgezeichnet, wenn ich absehen könnte von den Dingen, die sich in unserer Welt in jedem Augenblick abspielen."

Er blickte mich mißtrauisch an. Den Nachsatz schien er nicht gehört zu haben. Oder dieser hatte ihn nicht interessiert.

„Ich weiß noch nicht einmal, was das ist, was ich da Ihrer Ansicht nach vermissen könnte. Oder vermissen sollte. Oder vielleicht sogar vermissen müßte."

„Nein: *müssen*!"

„Im Gegenteil. Sub specie universi ist mein Zustand ganz normal. Ich kann mich da nur wiederholen: daß wir Menschen in der weiten Welt nur eine quantité négligeable darstellen, das bestreiten Sie ja nicht. Und abgesehen von dieser Minorität gibt es vermutlich kein Lebewesen – von leblosen Dingen zu schweigen –, das nicht genauso wie ich lebte, das heißt: das nicht ohne Ihre angeblich unentbehrliche Glauberei vorzüglich auskäme. Oder würden Sie sich zu der Behauptung versteigen – davon haben wir ja schon einmal gesprochen –, daß die Milliarden von Lebewesen: die Blumen oder die Insekten, von denen sie annehmen, sie seien von Gott geschaffen, irgend etwas von diesem Hersteller wissen; oder zu der, daß diese Milliarden *betrübt und beleidigt herumexistierten, weil ihr Autor anonym hinter ihrem Rücken geblieben sei; sie nicht für würdig befunden habe, sich ihnen zu erkennen zu geben – kurz: weil er sich ihnen nicht offenbart habe?* Sondern nur uns. Sofern sie ahnen sollten, daß wir dieser Vorzugsbehandlung teilhaftig werden – was ein etwas absurder Gedanke ist. Glauben Sie vielleicht, daß diese Milliarden durch die Ignoranz des eigenen Ursprungs, bzw. durch dieses Vernachlässigtwerden, mithin durch seine *Schuld*, ausnahmslos *melancholisch* seien?"

Darauf antwortete er nicht.

„Nein, diese Ignoranz und diese angebliche Vernachlässigung auszuhalten, das fällt diesen Milliarden von kosmischen Mitbürgern gewiß nicht schwer. Und zwar deshalb nicht, weil sie *Ignoranten ihrer Ignoranz* bleiben: also nicht wissen, daß sie etwas angeblich so Wichtiges nicht wissen ..."

„Und Sie meinen: wie diesen geht es auch Ihnen?"

„Sehr ähnlich jedenfalls. Auch ich bin ein Ignorant, da ich nicht weiß, was mir ‚abgeht'. Und darin Milliarden von kosmischen Mitbürgern ähnlich, fühle ich mich malgré tout recht wohl dabei."

„Also auf Grund eines Mangels?"

„Ich ziehe es vor zu sagen: *mangels eines Mangels.*"

Diese Richtigstellung schien er nicht gehört, jedenfalls nicht aufgefaßt zu haben. Stattdessen fuhr er fort:

„Und durch *seine* Schuld? ..." Er meinte wohl: „... sind Sie ein Unglücklicher." Derartiges hatte er vermutlich nie zuvor zu denken, geschweige denn auszusprechen gewagt.

Ich schüttelte meinen Kopf. „Da können Sie ganz ruhig sein. Unseren Macher nicht zu kennen ist nichts so Entsetzliches. Das wäre es ja allein dann, wenn es diesen wirklich gäbe. Aber wenn wir diese Voraussetzung fallen lassen, dann gibt es ja auch diese Ignoranz nicht."

Das verwirrte ihn vollends. Daß es Unglauben gibt, hatte er gewiß schon auf der Schule gelernt. Daß sich aber einer deshalb glücklich pries, weil er behauptete, nicht zu wissen, was ihm abging, nein: weil er zu wissen glaubte, daß ihm *nichts* abging, das war zu neu. Ich dagegen war nun gut im Zug. Rücksichtnahme auf Ängstliche ist nie meine Tugend gewesen.

„Dieses doppelte Nichtwissen", erklärte ich, „*dieses Nichtwissen, daß man (angeblich) nichts wisse* – ein Pendant des Sokratischen Nichtwissens – ist völlig in der Ordnung: *Die Rose hat recht, nicht zu wissen, daß sie von Gott nichts weiß.*"

„Und Sie wagen es, diesen sonderbaren Satz auch auf sich selbst anzuwenden?"

„Wagen? Warum sollte das so kühn sein?"

Das beantwortete er nicht.

„Sie können überzeugt davon sein, daß dieses doppelte Nichtwissen, das Sie ‚Unglauben' nennen, weder im Falle der Rose noch in meinem das geringste Wagnis darstellt, oder daß es die geringste Tapferkeit erfordert.“ Diesmal blickte er mich nicht nur ungläubig oder entsetzt an, sondern, wie mir schien, auch mit einer Spur von Bewunderung. So als bewiese mein Eingeständnis des Unglaubens (noch immer? oder gar schon wieder?) *metaphysische Zivilcourage.*

„Offenbar hat Ihnen Ihr Katechismuslehrer nicht nur den Gottesglauben beigebracht, sondern auch den Glauben, daß Unglauben entweder unglaubwürdig sei oder eine Sünde, sogar *die* Sünde.“

„So ungefähr.“

„Wie Sie sehen, kann man als Ungläubiger auch ganz guter Dinge sein. – Im übrigen ...“

„Nun?“

Da entschloß ich mich, eine letzte Kugel zu verschießen. *„Im übrigen bin ich gar nicht so ungläubig, wie Sie denken,“* erklärte ich lächelnd.

Pause. Schließlich: „Wollen Sie mich zum Narren halten?“ Und dann: „Was meinen Sie damit nun wieder?“

„Ganz einfach, daß meine Nichtteilnahme an einer Illusion für mich nicht so im Mittelpunkt steht, daß ich viel Wesens von ihr mache. *Ich definiere mich nicht durch Nichtglauben.* Ich lebe von diesem nicht so, wie professionelle Nichtraucher (da sie pausenlos und programmatisch nichtrauchen, gewissermaßen süchtige, negative Kettenraucher sind) von ihrem Nichtrauchen leben. *Ich bin nicht, wie diese, fixiert auf meine Verneinung.* Tatsächlich denke ich an mein Nichtglauben nur gelegentlich, nur wenn ich durch provokativ Gläubige zur Abwehr gereizt werde. Ehe Sie mir vor zwei Tagen über den Weg liefen, habe ich gewiß Monate lang gar nicht daran gedacht.“

Neue Pause.

„Welche Beleidigung!“ stöhnte er schließlich stimmlos.

„Was?“

„Daß Sie nicht nur mein Glauben nicht ernst nehmen, sondern noch nicht einmal Ihr eigenes Nichtglauben!“

„Bedaure. – Aber wenn ich das nicht tue (sofern man ein Nichternstnehmen ein ‚Tun' nennen kann), so nicht aus Spaß am Beleidigen.“

„Und dieses Nichtmitmachen, sagen Sie, das erfordert überhaupt keine ...“

„Zivilcourage? Jedenfalls viel weniger, mindestens viel weniger Tapferkeit, als *ihr* nötig habt, um das durchzuhalten, was ihr durchhalten müßt."

„Wir? *Wer* wir?"

„Ihr, die ihr zu glauben glaubt."

„Und worin besteht unsere Tapferkeit?"

„Darin, daß ihr einem Glauben unbeirrbar anhängt, obwohl ihr euch die Frage, ob ihr diesem denn wirklich anhängt, niemals vorlegt, geschweige denn beantwortet. Darin, daß ihr *euch damit bescheidet, nur zu glauben, daß ihr glaubt.* Nicht nur als ziemlich verdrießlich stelle ich es mir vor, solche zweideutige Tapferkeit durchzuhalten, außerdem ist das natürlich äußerst beschämend."

Er blieb stumm.

„Und um auf *meine* angebliche Zivilcourage zurückzukommen: unterstellt selbst, zuweilen sei es jemandem – mir ist das niemals zugestoßen – vielleicht doch etwas unbequem, so zu leben wie ich, also glaubenslos – welche Medikation würden Sie dem denn dagegen empfehlen? Glauben Sie etwa, Renegatentum würde diese Unbequemlichkeit für ihn erträglicher machen? Oder gar ehrlich? Oder der Wunsch nach Bequemlichkeit würde den Austritt aus dem Nichtglauben oder gar den Eintritt in irgendeinen positiven Glauben rechtfertigen? Wäre nicht vielmehr jeder positive Glaube, der einem klaren Nichtglauben nachfolgen würde, gleich ‚blamabel'?"

Auf diese massierte Attacke fiel ihm keine Gegenfrage mehr ein. Wie hätte ihm auch eine einfallen können? Offenbar beschloß er nun, seinen Versuch, mich zu verstehen oder gar (was er vielleicht insgeheim erhofft hatte) zu konvertieren, aufzugeben. Und zu fliehen. Wie vorgestern warf er wieder einen Blick auf seine Armbanduhr, spielte den tief Erschreckten und dankte mir.

Gott 9
Über den Defekt der Philosophen

Aber diesmal war *ich* es, der nicht losließ. „Um Gottes willen wofür?" fragte ich.

„Für die Zeit, die Sie mir geopfert haben."

„Auch darüber brauchen Sie sich keine grauen Haare wachsen zu lassen. Von ‚opfern' kann gar keine Rede sein. Umgekehrt sind die

Stunden mit Ihnen sogar sehr ertragreich gewesen. Jedenfalls für mich."

Er stand zwischen Tür und Angel.

„Ich habe nämlich manches von Ihnen gelernt", erklärte ich.

„*Sie*? von *mir*?"

Ich nickte.

„Was denn?"

„Gedanken, die ich mir allein nicht hätte ausdenken können. Für solche Gedanken fehlt es einem Philosophen an der erforderlichen Phantasie."

Er schüttelte verständnislos seinen Kopf. „Ich glaube, ich muß fort!" flehte er, wieder auf das Zifferblatt blickend.

„Nun bitte *ich* um etwas Geduld. Verdiene ich die nicht? – Setzen Sie sich!"

Er gehorchte widerwillig.

„Von unserer – ich meine: der Philosophie – unalltäglichen Beschäftigung gilt nämlich nicht nur, daß sie uns zuweilen Einsichten verschafft, zu denen die meisten keinen Zugang haben, sondern auch, daß sie uns von Einsichten in gewisse Regionen aussperrt."

„Was meinen Sie damit?" fragte er argwöhnisch.

„Daß wir keine Romanciers oder Komödienautoren sind, die sich ja – ob wir ihnen das als eine Tugend anrechnen sollen oder als einen Defekt, das lasse ich dahingestellt – in Bornierte und schief Denkende hineinversetzen können und die fähig sind, diese auf glaubhafte Art unlogisch reden zu lassen. Wie gesagt, diese Begabung geht unsereinem ab. Selbst Platon sind in seinen Dialogen glaubwürdige Dummköpfe kaum gelungen. Von gewissen Provinzen des Seelenlebens unserer Mitmenschen bleiben wir also ausgeschlossen – in dieser Hinsicht sind *wir* die Bornierten. Und um in diese Provinzen Einblick zu gewinnen, sind wir halt zuweilen auf Helfer angewiesen."

Er blickte mich sehr argwöhnisch an.

„Auf Helfer, die nichts dafür können und denen wir es nicht verargen, daß sie zu der quantité négligeable der Philosophierenden nicht gehören. Philosophieren ist schließlich nicht obligatorisch."

Das war's. Ohne Bosheit hob ich meine Rechte, um sie ihm zum Abschied zu reichen.

Auch er hob die seine, aber doch so zögernd, daß es zum wirklichen Händedruck nicht mehr gekommen ist. So standen wir eine unangenehme Minute lang. Dann ließen wir beide unsere Hände sinken, sehr langsam, um dieses Mißlingen gewissermaßen gegenseitig unsichtbar zu machen.

Den werde ich wohl kaum wiedersehen. Und dabei ist er gewiß nicht der Schlechteste von denen, auf deren Seite er zu stehen glaubt und die zu verteidigen er für seine Pflicht hält.

Die kleine Marie aus Paris

glaubt mir nicht, daß der Mond im Deutschen ein Mann, die Sonne eine Frau sei. Schwer, ihr das zu erklären. Denn wie soll sie verstehen, daß unsere Vorfahren das Universum nach dem Modell der Familie in Geschlechter aufgeteilt haben.

Vermutlich ist eine solche Aufteilung in männlich und weiblich nur bei den Lebewesen auf der Oberfläche unserer Erde eingetreten. Daß durch sie ein Weltprinzip angezeigt sei, glaubt keiner mehr von uns. Keiner, daß unser Globus ein Mann sei, oder eine Frau.

Aber im Augenblick, da man es wagen wird – und übermorgen wird das von seiten der Feministinnen geschehen, und sogar mit vollem Recht – Gott das männliche Geschlecht abzuerkennen und ihn (ich sage durchaus nicht: zu feminisieren, sondern nur) zu *neutralisieren,* wird eine Solidarisierung der monotheistischen Religionen stattfinden, dergleichen es nie zuvor gegeben hat; und ein Empörungsschrei vom Schammes bis zum Papst wird unisono himmelwärts steigen. Auch Frauenstimmen höre ich in diesem Chor.

Das wird eine Revolution in den Geschlechtern und Religionen darstellen, die nicht geringer sein wird als die, die ausbrach, als der Monotheismus die diversen Paganisten angriff und schließlich überwältigte.

Letztes Gespräch mit Ernst

„Du hältst die Welt", sagte ich, „für ein Particell, das, obwohl sie zur Partitur erst werden wird, schon heute als eine solche mißverstanden wird."

„Danke!" rief er stürmisch. „Das läßt sich verwenden."

„Um Gottes willen, nein!" rief ich.

„Warum nicht?“

„Weil das Gegenteil gilt.“

„Und das wäre?“

„Daß sie keine Partitur mehr ist, sich aber nun nicht etwa in ein Particell zurückverwandelt, sondern in einen Kehrichthaufen von Noten.“

Rundfunk. Die Danksagung eines Rektors

Danken ist etwas sehr Schönes.

Wenn aber ein Funktionär – ich brauche nicht zu verraten, welcher Institution – anläßlich eines Zwanzigjahregründungsjubiläums spricht: „... *dürfen wir bei dieser Gelegenheit auch dafür danken, daß* ...“, wenn also *selbst das Danken etwas ist, was man allein dann vollziehen darf, wenn es von derjenigen Autorität, der man seinen Dank aussprechen möchte, ausdrücklich erlaubt worden ist,* dann ist die Menschenwürde dahin, oder sie hat vorher niemals bestanden. Wem beim Anhören dieses *Idioms der Servilität* nicht die Haare zu Berge stehen, der verdient es nicht, in einem demokratischen Lande zu leben.

G.A. tot

Gestern abend habe ich noch an seinem Bett gesessen. Zuhören konnte er nicht mehr. Aber er strömte über von neuen Gedanken und Fabeln. Mit seinem Tempo hätte kein Stenograph Schritt halten können. Das Letzte, was er mir erzählte, war, daß männliche Eintagsfliegen, im Unterschied zu den Maden, die sie einmal gewesen, keine Freß- und Verdauungsgeräte mehr besitzen. Die seien in der kurzen ihnen noch zugestandenen Frist völlig überflüssig; sondern nur noch Geschlechtsorgane, die den Maden gefehlt hätten. „Haben die Fliegen diese Organe programmgemäß benutzt, dann legen sie sich, im Ganzen überflüssig geworden, auf den Rücken und sind gewesen.“

Der professionelle Christ H. H. erklärt mir,
er glaube nicht an meinen zelotischen Atheismus,
weil ich, wenn ich diesem wirklich anhinge,
nicht mehr der zelotische Moralist sein könnte, der ich sei

Das ist wirklich eine Gretchenfrage. Aber ich fürchte, die Konsequenzen seiner Frage sind zu groß, als daß er sie selbst übersehen könnte. „Ich gebe zu," antwortete ich, „daß Moral, deren Unentbehrlichkeit ich einräume, jeder Basis entbehrt, wenn es keinen ‚Sinn' und keinen (‚Sinn' oder Gebote erlaubenden und sanktionierenden) Gott mehr gibt."

„Aha!"

„Nein. Kein Aha! Dieses mein Zugeständnis, daß Moral unentbehrlich sei, darf uns (was heißt ‚uns'? Darf mich, denn Sie glauben ja zu glauben, also darf mich) nicht zu dem Schluß verführen, daß wir deshalb eben doch einen Gott . . ."

„Gott", verbesserte er.

„. . . einführen und an diesen glauben müßten oder dürften. *Moral darf nicht zur Religion verführen.*"

Er blickte mich entsetzt an.

„Daß man deshalb ‚soll', weil ein Gott . . ."

„. . . Gott"

„. . . es gebietet, das ist, wenn man an diesen Gott glaubt, immerhin in Ordnung. Aber die Umkehrung (der freilich Kant zuweilen sehr nahe kommt), das *‚es ist geboten, also gibt es ihn'*, das widerspricht doch jeder intellektuellen Rechtschaffenheit, das ist doch ein erbärmlicher Gottesbeweis. Muß ich Atheist Sie, den Gläubigen, darüber aufklären, daß das das Ende der Religion wäre?"

„Nein, das weiß ich alleine."

„Aber natürlich", fuhr ich fort, „könnten Sie mir den Vorwurf einer eklatanten Inkonsequenz machen. Mich nämlich fragen, warum ich noch so antiquiert sei zu glauben, daß Moral dasein *solle;* und daß es eine Menschheit geben *solle.*"

„Auf derart ausgetüftelt nihilistische Fragen kann unsereins gar nicht kommen. Gottseidank nicht. Davor sind wir geschützt."

„Auf Fragen nicht kommen *können,* das ist aber ein großes Manko. Und vermutlich eines, das der Angst entspringt. Ich fürchte: ich kann fragen, aber nicht antworten, Sie dagegen können mir antworten, aber keine Frage stellen."

„Meinen Sie damit das Manko des Glaubens?"

„Genau das."

„Aber im Ernst: Sie könnten mich wirklich, wie Sie es ja bei der Eröffnung unseres Gespräches getan haben, einer eklatanten Inkonsequenz bezichtigen. Und einer Schwindelei. Denn ich benehme mich ja in der Tat als ein Moralist, obwohl ich theoretisch Immoralismus vertrete. Hätten Sie nicht ein Recht darauf, zu meinen Ungunsten die Terroristen zu loben, die den ‚Mut zur eigenen Courage' haben und die Konsequenz besitzen, das zu tun, was sie glauben oder nicht glauben?"

Alle diese Gedanken wehrte er mit einer heftigen Armbewegung ab. „Was Sie mir da alles zutrauen! Oder zumuten! Da kenne ich mich wahrhaftig nicht mehr aus!"

„Der erste Schritt zur Wahrheit", meinte ich beschwichtigend. Und er verließ mich verwirrt.

Mit der kleinen Tania ein
Tierbilderbuch durchgeblättert

„Was sagt denn der große Tiger zum Tigerkind?" fragte sie.

„Schau dir diesen Menschen an", spricht er. „Er ist die einzige Bestie, die es gibt."

„Warum", fragte das Tigerkind.

„Weil es das einzige Tier ist, das seinesgleichen tötet, ohne den Getöteten zu fressen."

„Und warum tut er das?"

„For the hell of it."

Die Kantsche „Desinteressiertheit" gehört offenbar nicht nur in die Ästhetik.

Bad Ischl.
Die erstickende Katze

Die Katze, die sich an irgend etwas verschluckt hatte und, den Kopf weit vorreckend, verzweifelt nach Luft schnappte, umstanden ein Japaner, eine Ungarin und ich. Wir alle versuchten, jeder in seiner Sprache, ihr gut zuzureden, sich zu erbrechen. Aber das erreichten wir nicht. Nein, wir erreichten *sie* nicht.

Zu sagen, in ihren Ohren seien unsere drei Sprachen (von denen auch wir nur die eigene verstanden) ein und dieselbe Sprache gewesen, wäre viel zu anthropomorph. Denn sie verstand noch nicht einmal, daß wir sie zu erreichen suchten. Sprechen ist nämlich *selbst* eine Mundart des Kommunizierens, diejenige, in der nur wir Menschen uns untereinander verständigen, in der wir einander immerhin zu verstehen geben, daß wir es versuchen, uns einander verständlich zu machen. Dieser Dialekt wird von außermenschlichen (sagen wir ruhig, denn die Kluft ist unendlich weit: von den einander transzendenten) Wesen: den Tieren, nicht nur nicht verstanden, sondern noch nicht einmal *als* Dialekt der Kommunikation erkannt. In den Ohren der Katze waren wir nur Wesen, die, während sie erstickte, sinn- und taktlos um sie herum Lärm erzeugten. Bis sie zusammensank.

Wir trugen sie stumm, und dadurch ein und dieselbe Sprache sprechend, auf den Rasen. Wo sie nun als ein Ding herumliegt und nicht nur nichts von der Qual weiß, die sie noch soeben gelitten; sondern noch nicht einmal etwas davon, daß sie überhaupt je dagewesen.

Ontologische Obsequien für den Katzenkadaver

Die Mistkarre der Stadtverwaltung duftete süßlich. Ich stutzte. Und siehe da: von Laub und Lumpen halb verdeckt lag da ein pelziges Etwas: die vorgestern erstickte Katze. Offenäugig, aber blicklos.

Stumm blieb ich vor ihr stehen. Für einen Moment hob ich zögernd, zum Gruße, meine Rechte. Und geriet dann, durch sie und ihr zu Ehren, ins Grübeln.

„Kann man von Dir noch behaupten, daß Du ‚bist'? Daß Du etwas bist, das ‚ist'?"

Keine Antwort.

„Oder ist nicht ‚Sein' etwas, das wir nur von Lebendigem aussagen dürfen?"

Keine Antwort.

„Worin könnte Dein Sein denn bestehen? Und das Sein von Deinesgleichen? Von toten Dingen überhaupt? Bist Du noch ein ‚ὄν'?"

Kein Kommentar. Kunststück! Auch griechisch sollte sie noch können!

„Als *‚Du selbst‘* bist Du jedenfalls nicht mehr da. Aber auch nicht als ein *‚es‘*. Auch dieses Wörtchen ist schon ungültig und zuviel Ehre für Dich. Wie soll ich Dich bezeichnen? Als was Dich ansprechen?“

Keine Antwort.

„Wo Du ja nur noch der Schauplatz bist oder das Opfer von Prozessen, die wir ‚chemisch‘ nennen, die *an* Dir oder *mit* Dir als bloßem Stück der Welt vor sich gehen. *In die Welt verschmiert bist Du bereits.* Schön klingt das nicht, ich weiß. Sorry.“

Kein Kommentar.

„Den vorgestrigen Sätzen (die selbst in Deinen letzten Momenten noch galten, als Du, uns ignorierend, um Luft rangest), den Sätzen *‚du bist‘* oder: *‚die Katze ist‘* folgen heute keine entsprechenden Sätze wie etwa: *‚irgendwie bist du doch noch‘* oder: *‚der Kadaver ist immerhin noch da‘*. Nicht nur *Du* bist nicht mehr, auch *er*, der Kadaver, ist nicht mehr. Nicht *als er*. Also *nicht*.“

Kein Kommentar.

„Die übliche Redensart nach dem Sterben von unsereins: ‚er *ist* nicht mehr‘ ist also rechtmäßig?“

Keine Antwort.

„Nun, ein gewisses ‚Ist‘ ist natürlich geblieben, meine Liebe. Aber es ist *nicht Dein Prädikat,* nicht das Prädikat des individuellen Subjektes, das Du vorgestern immerhin noch gewesen bist.“

Kein Kommentar.

„Entschuldige die akademische Sprache, die zu Dir nicht paßt. Aber wie soll man über derartiges anders reden?“

Keine Antwort.

„Das ‚Ist‘ ist auch *nicht das Prädikat des behaarten und riechenden Stückes Fleisch,* das auch jetzt, gewissermaßen aus Trägheit, noch gerade – aber wie lange noch? – zusammenhängt. Sorry.“

Kein Kommentar.

„Nein, was *ist,* ist allein dasjenige, dem Du nun, und nicht einmal mehr als abgegrenztes Stück, zugehörst: die grenzenlose physische Welt, der breiige und gärende Prozeß, in den Du nun eintrittst. ‚Deindividuiert‘ nennt man das. Wieder zu akademisch.“

Kein Kommentar.

„Nein, in den Du bereits eingetreten und übergegangen bist. Von dem Du übernommen worden bist. Sorry."

„Was haben Sie hier eigentlich verloren?" fragt mich der städtisch angestellte Saubermann und schüttet eine weitere Schaufel Unrat auf die Karre. Auch über *sie.* Auch über *ihn,* den Kadaver. Oder über *es,* dem Sein nicht mehr zukommt, also auch kein Name mehr.

„Ich warte hier auf jemanden", antworte ich mit schlechtem Gewissen, weil ich um eine nähere Erklärung verlegen wäre. „Justament hier!" meint er und gibt mir ein Zeichen zum Weitergehen.

Zögernd hebe ich noch einmal meine Rechte zum Gruße und beginne, auf und ab zu gehen.

„So rasch verlasse ich Dich nicht", flüstere ich.

Auf und ab gehend: Nietzsches berühmtes, wie aus der Pistole geschossenes, durch keinerlei Präliminarien vorbereitetes und ebensowenig Folgen nach sich ziehendes zwei- oder dreizeiliges dictum, daß wir vom *„Sein"* keine andere Idee haben können[1], als *„leben"*, entstammt einer originären ontologischen Einsicht, auch wenn man dieses dictum „rein biologisch" genannt und es durch diese Benennung (unbegreiflicherweise) verhöhnt und entwertet zu haben glaubte.

„Du, nicht mehr lebendiger Leib,
Du, auf die Karre geworfenes Ding,
Du, das Du, weil kein Selbst mehr, nicht mehr bist,
sondern höchstens nur noch mit-bist –

bedeutet das nicht, daß auch die Welt, da auch *sie* kein Selbst ist und kein lebendiger Leib, ebenfalls kein Sein hat?"

Keine Antwort.

„Aber wissen wir denn ... Woher wissen wir denn, daß die Welt, aus der wir Lebendigen aufsprießen, *nicht* lebendig ist? Kein Selbst? Kein Leib? Daß wir *Lebewesen Parasiten des Toten* sind?"

Keine Antwort.

„Viel glaubhafter scheint es mir, daß der große Brei, aus dem wir kamen und in den Du da eingehst oder bereits eingegangen bist – daß

1 Wille zur Macht, Nr. 582. Dort heißt es nicht „Idee", sondern „Vorstellung".

der gar kein ‚Brei' ist, sondern selbst ein lebendiger Organismus. – Ist Dir davon unterdessen etwas bekannt geworden?"

Keine Antwort.

Auf und ab gehend:

Der Glaube – es ist der Glaube der Naturwissenschaften –, daß es Lebloses ‚gebe', daß die übliche Einteilung des Universums in Lebloses und Belebtes zu Recht bestehe, daß nur ein infinitesimaler Teil des Seienden *nicht* ins Reich des Leblosen gehöre, daß diesem der Primat (sowohl der zeitliche wie der ontologische) zukomme, daß sich also das Lebendige ‚aus diesem entwickelt' (oder richtiger: ‚das Leblose das Leben aus sich hervorgebracht') habe – dieser *Glaube an das Leben als das Produkt des Toten ist nicht nur philosophisch kindisch, sondern metaphysisch pervers.* Trotz dieser seiner Infantilität und Perversion herrscht er unangefochten (nur hin und wieder, wie z. B. durch Nietzsche, unterbrochen, aber eben völlig wirkungslos unterbrochen) in den Naturwissenschaften des Westens wie des Ostens. In der Tat gilt hüben wie drüben die Idiotenfrage und -suche nach dem ‚*Ursprung des Lebens*' (aus dem Leblosen) als sinnvoll und ist usuell. Ebenso usuell ist es, diesem Ziele dienende Experimente in monumentalen Laboratorien durchzuführen und in diese ebenso monumentale Summen zu investieren – schon *die Existenz dieser ungeheuren Institutionen und Investitionen scheint die Legitimität der Fragestellung zu beweisen.*

So wie es den sogenannten ‚Sachzwang' als Legitimierung von (unmoralischen) Aktionen und Institutionen gibt, so gibt es *Aktionen und Institutionen als Beweise der Wahrheit der in diesen inkorporierten theoretischen Voraussetzungen.*

Gleichviel, wer den Primat des Leblosen bestritte oder wer gar umgekehrt das Lebendige als den Ursprung des Toten proklamierte, der würde, und nicht nur in akademischen Kreisen, sondern überall, als unseriös oder komisch gelten, sogar als geistig gestört.

Ich bin überzeugt davon, daß Nietzsche, als er seine zwei ontologischen Zeilen niederschrieb, den lächerlichen Primat des Leblosen vor dem Lebendigen, der ja in den Naturwissenschaften seiner Zeit genauso vorherrschte, wie er es heute noch tut, attackiert hat.

Ich selbst verdanke diese Position freilich nicht ihm, sondern meinem Vater, der sie als Dreißigjähriger im 1. Bande seines dreibändigen

Werkes „Person und Sache“, in seinem Kapitel über „Teleomechanik“, vor nunmehr fünfundsiebzig Jahren formuliert und mir als Zwölfjährigem einen Tag vor Ausbruch des Ersten Weltkrieges auf dem Kamm des Riesengebirges zu erklären versucht hat.

– In Gedanken an ihn und an seine völlig zu Unrecht total vergessene philosophische Kühnheit entferne ich mich langsamen Schrittes von der Mistkarre und winke aus der Entfernung noch einmal hinüber zu deren nicht mehr seiendem Passagier.

Keine Antwort. Von nirgendwo Antwort.

Rijksmuseum

Verbrachte zwei Tage in Amsterdam. Und stand zwei Mal vor Rembrandts schönstem Bild, mindestens vor dem mit der schönsten Geste, vor seiner sog. „*Judenbraut*“: Während der Angetraute ihr seine rechte Hand auf die Brust legt, legt sie, dadurch die Intimität legitimierend, die linke Hand auf seine Rechte. Das Eigentümliche: Die zwei einander Gehörenden blicken einander nicht an, sondern geradeaus, ihre zwei Gesten scheinen zu geschehen, ohne daß sie selbst über sie verständigt wären.

Für wen hat Rembrandt dieses Doppelporträt wohl gemalt? *Wer* könnte es sich an die Wand hängen? Die Dargestellten selbst? Schwerlich. Aber wenn doch, dürften sie es in einem Zimmer aufhängen, in das Gäste oder Kinder eintreten könnten?

Und *was* ist dieses Bild? Welche Bewandtnis hat es mit ihm? Als Wandschmuck hat es doch kaum dienen können. Selbst ich habe mich noch als Voyeur gefühlt, dreihundert Jahre nach der Entstehung.

Hat es solche „Bilder für niemanden“ vorher je gegeben? Oder nachher?

Nach Besuch im Rijksmuseum

Die mit nichts als Echtem vollgestopften Museen gehören nicht ins Heute. Sie sind die lächerlich verspäteten Geschwister der Pergamentesammlungen der Bibliothek von Alexandria.

Heutzutage können Bibliotheken oder Museen nicht mehr abbrennen, richtiger: sie dürfen ruhig abbrennen, weil, wenn sie zu Asche zerfallen, alles noch anderswo da ist. Die zahllosen, mechanisch erzeugten, perfekten Kopien der Vermeerschen „Frau mit Krug", die zwischen New York und Wladiwostok herumhängen, würden das Amsterdamer Original, wenn dieses verbrennen sollte, *retten.* Der Unterschied zwischen Original und Kopie ist außer für Kunsthändler und -Kunden, also außerhalb des Marktes, aufgehoben. Völlig evident ist diese Aufhebung in den modernen Medien. Denn welches Exemplar von Chaplins „Modern Times" ist denn das Original und welches die Kopie?

Alle Exemplare sind zugleich „Originale" und „Kopien", das heißt: die Unterscheidung ist gegenstandslos geworden.

Und was vom Film gilt, gilt von allen noch moderneren Medien erst recht.

Die Behauptung, nur den Originalen eigne eine „Aura", ist entweder ein reaktionär-sentimentales Geschwätz oder das von Profitmachern. Dank dem unüberbietbar hohen Stand der Reproduktionstechnik schwebt heute, sofern dieser Begriff überhaupt haltbar ist, um jede Kopie diese Aura; während die Aura des von fünfzig Touristen umlagerten Originals zerschwatzt wird. Und es gibt sogar Kunstwerke, die erst *durch* Reproduzierung sichtbar werden und ihre Aurahaftigkeit erwerben. Nach dem Besuch des sehr schlecht aufgestellten und kaum genießbaren Colleoni-Monuments in Venedig kam ich an der Kunstfirma Alinari vorbei, in deren Schaufenstern vergrößerte Abbildungen des Colleonikopfes und der seines Pferdes hingen. Erst vor *diesen* Reproduktionen trat jener Schock ein, den große Kunstwerke verursachen.

Heute erst, da jedes, auch jedes aus verderblichstem Stoff bestehende Original *durch Reproduktion* bleiben kann – erst heute gibt es – diesen peinlichen Ausdruck habe ich noch niemals in den Mund genommen – so etwas wie eine „Ewigkeit der Kunst".

An der Traun

Stand eine halbe Stunde fasziniert vor dem wälzenden Wasser. Wenn die Wassermassen ahnten, welche philosophischen Aufgaben sie stellen!

Was ist Schwerkraft? Offenbar das Gegenteil von Explosion. Ein nach innen „Plodieren", also eine Implosion des Exzentrischen. Ist die Erde *hochimplosiv*?

Da die Gravitation pausenlos wirksam ist, müßte der Erdball (was heißt „müßte"? muß!) pausenlos schrumpfen in Richtung Erdmittelpunkt, der schließlich (ja, als was? Als Atom? Als Energiequantum?) jedenfalls als einziges Residuum übrigbleiben würde. (Was heißt „würde"? Wird.)

Die Wasser wälzen weiter. *Sich?* Oder werden sie gewälzt? Außerdem müßte dann gelten (was heißt „müßte"? Muß!), daß die Masse des Globus um so dichter „wird", je näher sie dem Mittelpunkt liegt. Gibt es für diese zunehmende Dichte und Härte empirische Bestätigungen?

Es wälzt weiter. Widerstandsunfähig? Gierig?

Ja, was von beiden? Wie sind Aktivität und Passivität verteilt?

Ist, was da vor sich geht, zentripetal, ein Sich-Stürzen? oder ein Gerissenwerden?

Hat (oder ist?) der Mittelpunkt „Begierde", alle außerhalb seiner befindlichen Massen an sich bzw. in sich zu ziehen? Wie kann ein Punkt Begierde haben?

Passiert also der Traun ihr Wälzen nur? Steht sie unter Sturzzwang?

Oder wirft sich umgekehrt die Masse begierig dem Mittelpunkt entgegen? Geschieht diesem nur, daß er Ziel oder Opfer des begierigen Wassers ist?

Und selbst wenn diese Fragen beantwortet wären, wenn wir uns z. B. für die „Aktivität" des Mittelpunktes, also für das „Attrahieren" entscheiden – *will* dieser Mittelpunkt denn attrahieren? Hat er *„Lust"* auf das, was er attrahiert? Wenn ja, warum? Oder *muß* er attrahieren?

Passiert ihm das nur? Steht er unter Attrahierungszwang? Gezwungen durch wen, durch was?

Dieselbe Frage gegenüber der wälzenden Traun. Wenn wir uns für deren *„Sich-Wälzen"* entscheiden – giert sie nach dem Mittelpunkt? Warum? Oder *passiert* ihr diese Gier nur? *Muß* sie wollen? *Will* sie müssen? Stößt es ihr nur zu, vorwärts zu wollen? –

Und stürzt dann *alles*? Gibt es nicht auch die Gegenbewegung? Wächst nicht der Baum, an dem ich lehne, nach oben? Fort vom Mittelpunkt? Besteht das Leben vielleicht darin, sich von der Gravitation unabhängig, relativ unabhängig, machen zu können? Und ist das gehorsame Stürzen vielleicht nur Zeichen der Unselbständigkeit? Des Totseins?

Vielleicht ist dieses Alternativpaar „aktiv/passiv" sinnlos, vielleicht ist es unangemessen, die Natur darauf hin abzufragen, vielleicht gibt es die Alternativen nur für „Erscheinungen"? Vielleicht handelt es sich, kantisch gesprochen, um eine Verstandesform? Von der uns freizumachen, wir nicht die Freiheit haben?

Die Traun wälzt weiter. Unbekümmert darum, daß *sie* von mir „bedacht" wird. Warum sollte ich mich um *sie* kümmern? Wälz dich! – Nachhause.

Nein, den sokratischen Anthropozentrismus kann ich nicht pausenlos durchhalten. Des Sokrates Eingeständnis, als er sich unter der Platane am Ilissos mit Phaidros lagerte, daß er diese Gegend nicht kenne, da er die Stadt kaum verlasse, weil er nur von Menschen etwas lernen könne, nichts aber von Bäumen und Wiesen –, dies Eingeständnis von Enge ist mir unnachvollziehbar.

Wenn man nur wüßte, ob es der alte oder der junge Plato gewesen ist, der dem Sokrates seinen Anthropozentrismus, um nicht zu sagen: diesen „metaphysischen Provinzialismus" in den Mund gelegt hat.

Die nackte Wahrheit

S. hat Angst vor der nackten Wahrheit. Welche Prüderie! Ich hätte Lust, um ihn vollends zu erschrecken, ihr auch noch die Schamhaare auszurasieren. Aber sie hat keine.

Ansprache an die schäumenden Wellen einen Tag danach

Und auch Ihr, Ihr heutigen Wellen, stürzt wie eure gestrigen Vorgängerinnen. Wie solltet ihr auch wissen, was ich denen gestern erzählt habe?

Unterstellt: nicht der Mittelpunkt ist es, der Euch zu sich zieht, sondern *Ihr* seid es, die sich ihm so atemlos gierig entgegenstürzen, ihm: dem schwarzen Loch, so als sei dieses punktuelle Nichts Eure Heimat – wozu eigentlich? Ahnt denn keine von Euch, daß Ihr diesen Zielpunkt eurer Gier niemals erreichen werdet? Daß Ihr, wie alle eure Vorgängerinnen, frustriert bleiben werdet? Weil sich vor Euch millionenfach Euresgleichen in millionenfaches Gestein hinuntergestürzt hat und sich drängelt und staut, um vor Euch, den zu spät kommenden, das Ziel, das Euch allen gemeinsame, zu erreichen. Und daß dieser

Globus, unsere Erde, aus nichts anderem besteht, als aus diesen Sich-Stauenden? Nein, Ihr ahnt es nicht.

Und unterstellt selbst, Ihr erreichtet den Punkt Eurer Gier trotzdem – ahnt Ihr denn nicht, daß Ihr verschluckt wäret und ausdehnungslos und ein Nichts im Nichts und das Glück niemals würdet auskosten können? – Nein, Ihr ahnt es nicht.

Und unterstellt selbst, Ihr „hättet" etwas von Eurem Nichtmehrdasein – ahnt Ihr denn nicht, daß Ihr dort nicht „zu Hause" wäret, da der Ball, nach dessen Zentrum Ihr so giert, selbst gar kein Zentrum ist? Vielmehr selbst nach seinem Zentrum giert, in das er sich um sein Leben gerne stürzen würde? Und daß selbst dieses zweite Zentrum, und Millionen von solchen Zentren, die wir „Sonnen" nennen, von denen Ihr aber nie etwas gehört habt, und Millionen von Wolken von solchen Sonnen – daß diese wiederum, statt zusammenzustreben, umgekehrt *auseinanderstreben,* auseinanderrasen: nämlich fort von ihrem allerersten Mittelpunkt, vom Orte ihres Ursprungs, den sie durch eine erste, die weltschaffende Explosion, die wir den „big bang" nennen, verlassen haben, die Explosion, deren „Kinder" auch Ihr seid, wenn Ihr Euch daran auch nicht mehr erinnert.

Ja, meine Lieben, ich muß Euch enttäuschen; statt, wie Ihr hofft, heimzukehren, reist Ihr mit dem Stern, dessen Teile Ihr nun seid, weit hinaus in die Räume, in völlig fremde Räume, da Ihr, nein, Eure Mutterkugel, die Erde, nein, Euer Planetensystem, nein, Eure Galaxien, pausenlos hinausjagt in fremde Räume, ja, in die fremdesten, da Ihr sie erst schafft durch Eure Reisen, da sie vor Euch nicht gewesen waren. Wozu also noch Euer wildes Heimweh, da das, wohin Ihr strebt, selbst hinausstrebt und seine Heimat nie wiedererlangen wird?

Ihr hört nicht? Ihr hört nicht zu? Denn daß Euer Rauschen eine schubertartige Antwort sei, das könnt Ihr mir nicht weismachen.

Warum also so viele Umstände, Eurem Mittelpunkt entgegenzustürzen, da Ihr alle, auch Euer Mittelpunkt, nicht zusammenstürzt, sondern auseinander? Und da selbst die Zusammengestürzten, also die wirklichen schwarzen Löcher auch noch fortrasen, als sei ein Dämon hinter ihnen her?

Hört Ihr?

Haltet ein! Welch Unsinn, so zu tun, als stürztet Ihr zurück, da Ihr doch mit allen weiter fortstürzt vom Punkte Eurer Herkunft?

Ihr wollt nicht hören? Ihr wollt nicht antworten? Ihr wollt nicht wissen, was Euch geschieht? Ihr *müßt*!

Könnt Ihr Euch nicht ein Beispiel nehmen an den Weiden an Eurem Ufer? Die dem Stürzen widerstehen? Und die nur deshalb nach unten wachsen, um, dem Stürzen widerstehend, nach oben zu *wachsen*? In großer Weigerung, die „Leben" heißt?

Schopenhauer gelesen

Er ist der revolutionärste Naturphilosoph der Neuzeit gewesen. Denn er hat es gewagt – was eine Vorurteilslosigkeit beweist, die prä-, auch postzedenzlos gewesen ist –, das stets als „*gemußt*" unterstellte Geschehen der „leblosen Natur" als „*gekonnt*" anzusehen. Der Stein, sagt er, „kann" zu Boden fallen. Allein diese „Drehung" (analog der „Kopernikanischen Drehung") genügt, um Schopenhauer als einen der unabhängigsten Philosophen zu klassifizieren. „Kann die Materie", schreibt er in „Parerga" II § 74, „ihr wißt nicht warum, zur Erde fallen: so kann sie auch, ihr wißt nicht warum, denken." Diese Konklusion ist hier für mich nicht von Belang, sondern allein die Formulierung des Prämisse. – Im übrigen bleibt die Naturwissenschaft, die, von „Naturgesetzen" sprechend, ein „Müssen" unterstellt, philosophisch unartikuliert. Denn wer ein Müssen unterstellt, unterstellt ein Zwingendes, also einen Könnenden. Es kann kein Zwangssystem geben, das ausschließlich aus Gezwungenem bestünde, also keinen Zwingenden enthielte. Wer zwingt, *kann* zwingen. Auch die Naturwissenschaft setzt mithin ein „Könnendes" voraus. Da sie alles und jedes als gezwungen unterstellt, verrät sie freilich nicht, „wer oder was" das Zwingen-Könnende ist. Und wahrscheinlich würde sie als „Könnenden", wenn man ihr die Pistole auf die Brust setzte, nicht den fallenden Stein, sondern den „anziehenden" Erdmittelpunkt einräumen.

Habe mir aufgrund meiner Traun-Reflexionen
das berühmte Weinberg-Buch „The first three minutes" gekauft

Und so was ist ein Nobelpreisträger! Zu glauben, die Existenz des Seienden aus dem Urknall „erklären" zu können! Unterstellt, es habe eine solche ungeheure Explosion vor ein paar Milliarden Jahren gegeben – *was* ist da explodiert? Wäre nicht, was da explodierte, und wäre es punktuell und noch keine Materie, sondern „nur" Energie gewesen, auch schon ein Seiendes, also „Welt", gewesen? Was hat sich *vor* den albernen „three minutes" abgespielt? Diese Frage wird bei Weinberg nicht ein einziges Mal laut.

Aber dazu kommt ein weiterer Defekt, der vermutlich nicht nur den Astronomen, sondern den gesamten Naturwissenschaftlern inhäriert – eine *ontologische Blindheit* nämlich, die offensichtlich von keinem Naturwissenschaftler als Blindheit, wenn überhaupt, bemerkt wird; die aber dem Ontologen unbegreiflich bleibt.

Unterstellt, es habe diese Urexplosion gegeben (und das Universum leide, auch heut noch unaufhaltsam weiter expandierend, unter dieser Explosion) – *welcher Gattung von Geschehen* hatte die angeblich erste Explosion angehört? (Und gehört die auch heute noch anhaltende Expansion dazu?) War es ein *Tun?* Wenn ja, dann war es das Tun eines Lebendigen. Denn ein Unlebendiges kann nichts tun. Wenn es umgekehrt *Getan-werden* war – durch wen oder was wurde das, was geschah, in Bewegung gesetzt bzw. erzwungen? Die aristotelischen Überlegungen über den „ersten Beweger" sind heute nicht minder aktuell als damals. Die Frage *„aktiv oder passiv?"* ist unentrinnbar, *tertium non datur.* Sie muß, wenn schon nicht beantwortet, so doch zumindest gestellt, ihr Unbeantwortetsein pausenlos in Evidenz gehalten werden. Mir scheint aber, daß die Naturwissenschaftler ein „tertium" unterstellen, nein, dieses noch nicht einmal als „tertium" erkennen, daß sie die Alternativfrage vielmehr einfach ignorieren.

In der Tat tun sie so, als sei das Geschehen, das sie untersuchen, *„aktiv-passiv-neutral"*, als sei es gewissermaßen *„medial"*. Gibt es aber „mediales Geschehen"?

Vermutlich würde keiner von ihnen meine Fragen überhaupt verstehen; jeder von ihnen diese als „naiv" oder „inkompetent gefragt" verspotten.

Den Spott verdienen *sie.*

Denn wie bemerkenswert manche ihrer Funde mit allen ihren chromblitzenden Erkenntnisapparaten auch sein mögen – vermittels derer sie fähig sind, in Vergangenheit zurückzulauschen, die Milliarden Lichtjahre von uns entfernt liegt – da sie sich nicht fragen, welche Gattung von Geschehen sie da untersuchen, wissen sie noch nicht einmal, wovon sie reden.

Ischl. Vor ein paar Tagen
geborenes Zicklein auf der Wiese

Zwar stakst es noch etwas vorsichtig durch die Wiese. Aber daß etwas da ist und daß es rechte und linke Kräuter gibt, überrascht es überraschenderweise nicht im geringsten; ebensowenig, daß diese Welt so duftet, als wäre sie für es gemacht. Ewigkeiten, jawohl: Ewigkeiten war es nicht dagewesen, und dennoch staunt es nicht einen Augenblick darüber, daß dieser Zustand sein Ende gefunden hat. Welches Seiende erinnert sich schon an sein Noch-nicht-Sein? Da gehe ich nun bald meinem achtzigsten Jahre entgegen und habe mich trotzdem noch nicht ein bißchen, noch nicht einen Moment lang, daran gewöhnen können dazusein. Nicht nur das Leibnizsche „daß es Seiendes gibt und nicht vielmehr nichts“ (was plausibler wäre) ist ein unverdaulicher Happen, sondern auch, daß ich da bin und nicht vielmehr nicht, was ebenfalls viel plausibler wäre.

Nebenbei erstaunlich: daß keiner meiner Mitmenschen mit mir mitstaunt, daß alle vielmehr, wenn ich das Geheimnis meines Staunens einmal versehentlich lüfte, baß erstaunt sind und mir sogar einen argwöhnischen Blick zuwerfen; daß sie alle – was mich nicht gerade geselliger macht – „Zicklein“ sind.

Wenn ich übermorgen oder, wer weiß: morgen ins Nichts zurückkehre, werde ich nichts zugelernt haben: werde ich mich an dieses Intermezzo (dem ich, solange es währt, nicht abstreiten kann, daß es eine ungewöhnlich originelle Erfindung ist) noch nicht gewöhnt haben; ich werde im letzten Moment sogar stolz darauf sein, kein „habitué des Seins“ geworden zu sein. „Und wirst du auch von rechts und links verhöhnt/sei stolz darauf: Du hast dich nicht gewöhnt.“ (Molussisch) Und vermutlich werde ich nach der Rückkehr, weil „das Nichts“ schließlich „das Natürliche“ ist (Mol.), nicht im geringsten darüber erstaunt sein, daß dieses Intermezzo nun vorüber ist. Nicht nur gilt, daß sich kein Seiendes an sein Nichtgewesensein erinnert, sondern auch, daß kein Nichtmehrseiendes sich an sein Gewesensein erinnert.

Gleich nach dem Staunen darüber, daß es „Seiendes gibt und nicht vielmehr nichts“, kommt *das Staunen darüber, daß das erste Staunen so selten vorkommt.* Da sitzen sie nun also hier, im „Fünfer“, und ihnen, jedem von ihnen, ist es nicht nur absolut selbstverständlich, *daß es die Welt gibt,* und Wien gibt, und den „Fünfer“ gibt und die „Kronenzeitung“, die sie lesen, sondern auch, *daß es sie selbst gibt.* Jeder scheint auf das Dasein der Welt und auf das von Wien und von sich selbst genauso abonniert wie auf ihre „Kronenzeitung“. Dieses (wahrhaftig nicht nur formale) Apriori: die Selbstverständlichkeit, daß es Welt und uns selbst gibt, ist wohl das Grundapriori, das den anderen, etwa den Kantischen Aprioris vorausliegt.

Ich habe mich niemals daran gewöhnt, daß es die Welt und daß es mich selbst gibt. Das ist zwar kein Verdienst, nichtsdestoweniger gilt: *nur wer unfähig bleibt, diese Distanz von Welt und sich selbst aufzuheben, oder nur wer fähig bleibt, diese Unfähigkeit aufrechtzuerhalten* – nur der darf sich als „Philosoph“ bezeichnen. Die Fähigkeit, scharf zu denken oder „Wesentliches“ von „Unwesentlichem“ zu unterscheiden oder selbst „wesentlich“ zu werden – oder wie die seichten Redensarten alle heißen mögen, sind damit verglichen ganz belanglos. Kriterium ist allein das θαυμάζειν, das nicht nur, mit Aristoteles, der Anfang des Philosophierens ist, sondern das Philosophieren von Alpha bis Omega und über das das Philosophieren vielleicht gar nicht hinauskommt.

Alserstraße. Muß aussteigen.

Gasparone frißt mit Leidenschaft
eine Scheibe Leberkäs,
die ein Gast ihm zuwirft

Weil er auf „Fleisch überhaupt“ aus ist, nicht auf „dieses“ oder „jenes“.

Lächerlich unsere von Plato geerbte Einbildung, daß die Stiftung des Generellen ein Vorrecht, nein: eine Speziałleistung des Menschen sei. Das Gegenteil ist wahr. Weder Tier noch Pflanze sind auf „dieses“ aus, alle vielmehr auf „*solches*“. Also auf Generelles. *Dieses Generelle ist das Korrelat des Bedürfnisses.* Individuelles *als* individuelles meint erst der Mensch, der z. B. aus dem „gemeinen" Sexus individuelle Liebe machen kann. –

Nachtrag in Wien: Auch Schopenhauer war noch ein solcher Platoniker: „Parerga" II § 50 – „Das Thier erkennt nur das Einzelne als solches (nämlich als Einzelnes G.A.), bleibt also ganz in der Auffassung des Individuellen befangen. Jeder Mensch aber faßt das Individuelle in Begriffe zusammen, darin eben der Gebrauch seiner Vernunft besteht ... so entsteht die Erkenntnis der (Platonischen) Idee."

S. bewundert meine „Vielseitigkeit"

„Wenn Sie wüßten, was Sie damit loben!"

„Was denn?"

„Eine Auslassung."

„Auslassung? Was haben *Sie* denn ausgelassen? Bei Ihrer stupenden Vielseitigkeit! Politik und Literatur und Musiktheorie und Technikkritik und ..."

„Hold your horses!"

„Und was *hätten* Sie ausgelassen?"

„Dasjenige, was sich gewöhnlich zwischen unsere Augen und diese Gebiete schiebt."

„Und das wäre?"

„Etwas, was sich für ganz besonders gewissenhaft und verläßlich hält. Und was sich, obwohl es sein Da- und Sosein zahllosen Erbstükken der Philosophen verdankt, als Vorbild für die Philosophie empfiehlt und aufspielt, und was von manchen eingeängstigten Philosophen auch wirklich als Vorbild anerkannt wird ..."

„Sie meinen doch nicht etwa ..."

„Doch. Die Naturwissenschaften meine ich. Und deren Begriff der ‚Strenge'. Und deren Illusion, ihre Maßstäbe auf Nichtnaturwissenschaftliches anwenden zu können."

„Und was haben Sie mit den Naturwissenschaften zu tun?"

„Das ist es ja. *Eben nichts*. Das hatte ich gemeint, als ich sagte, meine angeblich stupende Vielseitigkeit beruhe allein auf einer Auslassung. Diese Auslassung ist es nämlich, was mir die Chance gibt, mich über so vieles völlig Disparates zu verbreiten. An den Naturwissenschaften habe ich mich stets vorbeigedrückt – was mir erstaunlicherweise niemals verübelt worden ist; auch von Naturwissenschaftlern niemals den Vorwurf der Vagheit oder Unwissenschaftlichkeit eingebracht hat – selbst sie bestreiten nicht meine Genauigkeit; die freilich anderer Art ist als die der Naturwissenschaften; jede Region erfordert eben eine eigene Art von Genauigkeit, und wer ein Gebiet B mit dem Genauigkeitsideal des Gebiets A behandelt, dessen Funde werden ungenau – nein: direkt falsch. – Gleichviel, der ursprüngliche Grund meiner Auslassung der Naturwissenschaften war mangelnde Begabung gewesen. Schon auf dem Gymnasium hatte ich in Mathematik und Physik als Idiot gegolten, und das Abitur habe ich vor 60 Jahren nur mit Hängen und Würgen bestanden. Später habe ich dann diese meine eklatante Unbegabung in Hochmut umfunktioniert. Und Welt und Leben observiert, ohne mich der bereitgestellten Methoden und Geräte, die ich gar nicht hätte handhaben können, zu bedienen. Richtiger: ohne die in jeder Wissenschaft, selbst in jeder individuellen Versuchsanordnung enthaltenen, wenn auch unterschlagenen, *metaphysischen* Voraussetzungen zu übernehmen. Diese Unvoreingenommenheit habe ich als „Philosophie" angeboten – und als solche hat man sie mir sonderbarerweise auch durchweg abgenommen: niemand hat je auf meinen Defekt mit dem Finger gezeigt oder mir mangelnde Präzision vorgeworfen. Im Gegenteil.

Gleichviel, wenn ich mich in so vielen Ländern herumgetrieben habe, so allein deshalb, weil ich niemals ein Wissenschaftler gewesen bin. Hätte ich mich umgekehrt, dem Drängen meiner Lehrer, namentlich Husserls, nachgebend, auf eine partikulare, gleich welche, Wissenschaft spezialisiert, niemals wäre mir nur der kleinste Fund gelungen. Oder immer nur der Kleinste.

Meine Unbildung ist die conditio sine qua non meiner Ausbeute gewesen."

Sausender Wagen voll Oleanderbäumen

Mit hundert Sachen donnerte ein Frachter voll Oleanderbäumen an mir vorbei. Es wäre kein Wunder, wenn diese durch die Stadt rasenden und durchgeschüttelten Bäume hysterisch würden. Ich meinte, sie kreischen zu hören, denn was ihnen da geschah, was ihnen da zugemutet wurde, war etwas ihnen nicht „Eingebautes", etwas ihrem Apriori Widersprechendes, etwas ihnen nicht Vorstellbares, etwas sub specie arborum ganz und gar Unmögliches: denn *Fortbewegung im Raum haben sie niemals antezipiert,* und wahrscheinlich können sie diese deshalb auch noch nicht einmal wahrnehmen.

Ähnlich wäre es vielleicht, wenn man uns zumuten würde – nein, einen Vergleich finde ich nicht, und kann ich deshalb nicht finden, weil man – das klingt tautologisch, aber so *klingt* das nur – natürlich kein Beispiel für etwas, was man sich nicht vorstellen kann, finden oder erfinden kann. (Vielleicht käme am nächsten die Situation des Kosmonauten, der gezwungen wird, in schwerelosem Zustand zu leben – was wir uns auch nicht vorstellen können und woran sich diejenigen, die diesen Zustand hinter sich hatten, noch nicht einmal richtig haben erinnern können.)

Im Radio: „Ein Überlebender aus Warschau"

Da konnte man lernen, was man nicht darf: nämlich das Unsägliche und unsingbar Grauenhafte in ein Konzertstück verwandeln. Adornos Diktum, nach Auschwitz könne man kein Gedicht mehr schreiben – wobei er mit „können" „dürfen" meinte – Schönberg hat für dieses Nichtdürfen offenbar nicht das mindeste Gespür gehabt. Denn er hat das Unerlaubte getan und darüber hinaus in einem Augenblick, in dem der Rauch über dem Getto sich noch nicht gelegt hatte. Überdies dabei den schon im „Pierrot" unausstehlichen Sprechsingsang verwendet und damit das Stück über das neueste Grauen in ein *Mode-Ereignis* verwandelt (übrigens in ein avantgardistisches, dessen Avantgardismus auch damals schon démodé war). Plaziert war die Aufführung zwischen Pollinis G-Dur-Konzert und dem Feuervogel. Und wurde wie diese einhellig applaudiert. Niemals habe ich einen schändlicheren Applaus gehört: er war ein *Wiedergutmachungsapplaus.* Die Söhne der Mörder beklatschen die Leichen der von ihren Eltern Ermordeten. –

„Kulturleben" nennt man so etwas.

Bekam zum Geburtstag einen
Bildband „Chinesische Malerei"

I

Ich mißtraue mir, weil ich von diesen Bildern bezaubert bin, obwohl sie mir völlig unverständlich bleiben, vor allem ihre *Optik.* Unbegreiflich ist mir die *invertierte Perspektive*, die Tatsache, daß *der Raum sich nicht nach hinten verjüngt, sondern nach vorne.* Eine nach hinten verlaufende Häuserzeile zeigt das hinterste Haus höher als das vorderste. Wir sehen mithin die Gegenstände so, wie ein aus dem Hintergrund des Bildes uns entgegenblickendes Auge die abgebildete Straße sehen würde. Uns wird zugetraut (oder zugemutet?), daß wir uns hinter das Bild versetzen, um von dort nach *vorne* (also unseren realen Augen entgegen) zu blicken. Aber stimmt das ganz? Denn wenn wir das täten, dann müßten wir ja auf die Rücken der Gegenstände blicken, und das tun wir nicht, vielmehr sehen wir diese ganz „normal" in Frontalansicht. Was ausgetauscht wird, sind allein die Größenverhältnisse von vorn und hinten. Versetzt ist „nur" der Fluchtpunkt. Welch sonderbare Optik! Und was bedeutet es, daß die Chinesen die Welt, die sie doch gewiß genauso wie wir sehen (und die auf denen von ihnen geknipsten Photos die „richtige Perspektive" selbst „herstellen"), die Welt so „verdreht" darstellen und daß sie diese Darstellungsart Jahrhunderte hindurch den Beschauern haben zumuten können – aber wahrscheinlich nicht *zumuten*, sondern als selbstverständlicherweise akzeptabel haben vorsetzen können? Beantworten kann ich diese Frage nicht, denn um das zu können, müßte ich die Beziehung der Chinesen zur Welt kennen. Vielleicht könnten Sinologen, die vermutlich zu unphilosophisch sind, um diese Frage stellen zu können, mindestens Beiträge zu ihrer Beantwortung liefern.

II

Daß es in diesen Landschaften *keine Schatten* gibt, macht sie zwar *noch* befremdlicher – aber daß die Maler Schatten als kontingent und nicht den Dingen zugehörig ansehen, das ist begreiflich. Auch die pompejanischen, bzw. neapolitanischen Fresken bleiben schattenlos. Unsere Malerei hat erst sehr spät Schattenlosigkeit aufgegeben: ein Heiliger, der einen Schatten würfe, ist einfach ein Gegenstand dieser physischen Welt und dadurch entheiligt. Und auch heute noch gibt es (nicht nur in der ungegenständlichen Malerei) schattenlose Zeichnungen: dort nämlich, wo es, statt auf die Gegenstände, auf deren *Bedeutung* ankommt. Kein echter Karikaturist wird seinem Hohngegenstand einen Schatten mitgeben. Und Allegorien, die einen Schatten würfen, wären keine Allegorien mehr, sondern physische Objekte.

III

Was ist der Unterschied zwischen den chinesischen Malern, die vorn und hinten vertauschen, und jenen europäischen Malern, die ihre Sujets, vor allem Menschen, statt en face a tergo zu zeigen lieben, wie z. B. Breughel, Vermeer, Tintoretto oder Bassano? Diese ihre Drehung der Bildrichtung bedeutet, daß der Abgebildete nicht als sich Zeigender gezeigt wird, nein, daß er noch nicht einmal weiß, daß er gesehen wird, daß er überhaupt sichtbar ist, geschweige denn, daß er gerade abgebildet wird. *Auf diesen Bildern wird die Welt in flagranti ihrer ahnungslosen Existenz ertappt.* – Wir, die Zu- oder Bildbeschauer, die wir von hinten herantreten, sehen die Gezeigten unilateral, also ohne daß diese uns sähen oder gar anblickten. Durch diese Optik ist uns die Chance gegeben, voyeurs zu sein, und diese Chance ist natürlich ein Geschenk an unsere Liebe zur Indiskretion. Sollte das vielleicht auch ein Schlüssel zur Optik der chinesischen Malerei sein? Keine Figur blickt uns en face an, geschweige denn ahnt, daß sie abkonterfeit wird. Fast alle werden vielmehr, gewissermaßen als Statisten, nur beiläufig erwähnt. Kein Bild ist zum Ruhme des Abgebildeten da, vielleicht dienen diese sogar – aber das frage ich nur – zum Ruhme der Bilder.

Im Radio: Robert-Stolz-Musik

Nicht nur eine „*Banality of Evil*" gibt es, sondern – was gewiß nicht weniger schlimm ist – auch „*The Evil of Banality*". Diejenigen, die Schnulzen, musikalischer, literarischer, filmischer oder welcher Art auch immer herstellen und verbreiten, die *begehen* „Evil" und *sind* „evil", weil sie Millionen von Menschen systematisch banalisieren und vulgarisieren, kurz: *entwürdigen.* Dabei denke ich nicht, jedenfalls nicht an erster Stelle, an die Produktion und Verbreitung von harten oder sadistischen Pornobildern, sondern an die Erzeugung und Verbreitung von *Seichtem.* Unternehmen, die von der täglichen Verbreitung des Banalen leben, also täglich Millionen seicht machen, richten ungleich „more evil" an, um nicht zu sagen: sie sind ungleich krimineller als Leute, denen ein einziges Mal ihre Hand ausgerutscht ist oder die wirklich einen Lustmord begangen haben. Die sollen wahrhaftig nicht geschont werden. Aber noch viel weniger diejenigen, deren Beruf im täglichen En-gros-Verkauf von Banalitäten und Obszönem besteht.

Obszönes muß nicht immer banal sein – die griechischen Satyrdarstellungen auf den Vasen sind gewiß nicht banal –, aber Banalität ist immer und notwendigerweise obszön.

Das wäre mir eine Welt, in der Menschen „wegen pausenloser Banalisierung ihrer Mitmenschen" belangt werden könnten. Aber dieser Gedanke ist utopisch, denn er würde bekämpft werden als „Freiheitsberaubung".

Gespräch mit hohem hessischen Gewerkschaftsfunktionär B.A.

B.A. hatte eine rein parteitaktische Rede für Atomreaktoren, also über die Apokalypse, gehalten. Wer gegen Atomreaktoren sei, sei für Arbeitslosigkeit und ein Maschinenstürmer. Als man ihm nach seiner Ansprache zuflüsterte, daß ich „etwas mit dem Atomproblem zu tun habe", ließ er mich sich vorstellen und bat ahnungslos und munter um meine Ansicht.

Ich: „Bedaure. Aber Ihrer Bitte kann ich nicht nachkommen."

Er: „Warum nicht? Sind Sie mit meinen Ausführungen nicht einverstanden?"

Ich: „Nein. *Noch nicht einmal nicht-einverstanden.*"

Er: „Bitte?"

Ich: „Sie haben richtig verstanden."

Er: „Sie halten also meine Ansichten für falsch?"

Ich: „Viel zuviel Ehre. Sondern noch nicht einmal für falsch."

Er: „Noch nicht einmal ...?"

Ich: „Sie haben sehr gut verstanden. Wenn ich Ihre Wörter „falsch" nennen würde, dann würde ich Ihnen damit ja zugestehen, daß Sie einer bestimmten Ansicht oder gar einer Theorie Ausdruck gegeben, also daß Sie etwas *gemeint* hätten."

Er: „Und Sie finden ...?"

Ich: „Ja, das finde ich allerdings."

Er: „Was?"

Ich: „Daß Sie nichts gemeint haben."

Er: „Sondern?"

Ich: „Daß Sie bloße Wörter ..."

Er: „Wie?"

Ich: „... bloße Reizwörter, Reizlaute ..."

Er: „Reizlaute?"

Ich: „. . . einen bloßen Lautsalat von sich gegeben haben."
(Pause)
Er: „Unerhört!"
Ich: „Dann hören Sie es sich jetzt genau an!"
Er: „Noch niemand hat . . ."
Ich: „Darin besteht gerade das Malheur!"
Er: „Noch nie!"
Ich: „Dann ist es ja höchste Zeit!"
(Pause)
Er (zu seinen Genossen): „Wen haben Sie mir denn da herangeschleppt?"
Genossen: „Das ist der Dr. Anders."
Er: „Was ist denn der überhaupt? Wer ist denn das überhaupt?"
Genosse: „Das ist ein . . ."
Ich: „Wahrsager."
Er: „Das fehlt gerade noch."
Ich: „Gewiß. Gerade *die* fehlen. Und Ihnen am meisten."
Er steht heftig auf, wirft dabei seinen Stuhl um; ich hebe diesen auf und lade ihn ein: „Seien Sie nicht so ungeduldig. Schließlich sind *Sie* es gewesen, der angefangen hat. Nicht ich."
Er setzt sich verdutzt zurück.
Ich: „Ich werde etwas zurücknehmen, bzw. etwas zugeben."
Er: „Sieh mal einer an. Was denn?"
Ich: „Ich gebe zu, daß Sie den Lautsalat nicht grund- und absichtslos erbrochen haben. Daß Sie mit dem Erbrechen des Sinnlosen einen Zweck verbunden haben."
Er: „Und welchen?"
Ich: „Den, zu verwirren. Was Ihnen wahrscheinlich nicht schwer fällt. Denn ich vermute, daß Sie erst einmal *sich selbst verwirrt haben.* Auch das nicht grundlos. Weil Sie, wenn Sie das getan haben, die Verwirrung der Anderen mit bestem Gewissen und im Glauben, die Wahrheit zu sprechen, durchführen können."
Er: „Ich verstehe kein Wort. Der Verwirrte sind *Sie*!"
Ich: „Daß Sie das glauben, ist in Ordnung. Das gehört zur Sache. Da lob ich mir die redlichen Lügner, die, wenn sie lügen, *wissen*, daß sie lügen!"
(Sprach's, stand auf und ging fort.)

In der „Presse" werden die
„interkontinentalen Raketen" „Waffen" genannt. –
Und beinahe hätte ich geschrieben: „aufs argloseste"

Neunundneunzig Prozent von uns sind außerstande, etwas zu denken, zu erkennen, sogar etwas wahrzunehmen oder zu empfinden, was über den Rahmen ihrer Sprache hinausreicht. Positiv: nur dasjenige können sie denken, erkennen, wahrnehmen oder empfinden, was unsere Sprache *uns vorgegeben hat.* Diese „Vorgabe", die *Sprache als ganze,* ist ein einziges, ungeheuer großes und reichhaltiges *Vorurteil* – womit ich meine, daß Vorurteile primär *nicht* in der ungeprüften Übernahme dieser oder jener *Einzelthesen,* sondern in der des *Ideologiesystems* als ganzem bestehen. Wenn wir als Kinder sprechen lernen, dann lernen wir nicht Einzelwörter, sondern das System der Vorurteile der Welt, auf die wir vorbereitet werden sollen. Nichts fataler, als nur *eine* Sprache zu beherrschen; *wer linguistisch beschränkt bleibt, bleibt beschränkt. Keiner, der nicht eine andere Sprache kann, sollte das Haus der Philosophie betreten dürfen.* Das ist das οὐδεὶς εἰσίτω von heute. Dabei genügen die Bildungssprachen nicht, da diese, als indogermanische, kategorial *eine* Sprache sind. Heute freilich ist auch Vielsprachigkeit kein Patentmittel gegen Vorurteile mehr, da es die Internationalität der politischen und technischen Interessen mit sich bringt, daß die Denk- und Verständnissperren auch in Sprachen verschiedener Herkunft parallel zueinander stattfinden. In Japan bin ich auf die gleichen Schwierigkeiten gestoßen wie in Europa. Weder auf englisch, noch auf deutsch, noch auf russisch, noch auf japanisch ist es *erlaubt, also möglich,* angemessen über die Apokalypsegefahr zu sprechen, und damit, sie angemessen zu *meinen.* Eine „Sprache beherrschen" bedeutet heute: über sie herrschen, Gedanken und Vokabeln befehlen oder tabuisieren. In diesem Sinne „beherrschten" Hitler und Stalin die deutsche und russische Sprache.

Aber wenn wir „beschränkt" bleiben, so nicht allein deshalb, weil wir dies oder jenes nicht mehr denken oder vorstellen *dürfen,* nicht nur deshalb, weil uns die Wörter von denen, die die Sprache (im neuen Sinne) „beherrschen" und die uns blind oder stumm machen wollen, verboten werden, sondern auch deshalb, weil sich unsere Welt zu rasch verändert, als daß wir mit dem Veränderungstempo Schritt halten könnten, weil wir – ich variiere hier meine Grundthese, daß wir „weniger vorstellen als herstellen" können – *weniger sprachlich bewältigen als herstellen können.* Heute sind wir sprachlich nicht mehr up to date, und das gilt selbst von denjenigen, die, wie ich, programmatisch trachten, diesen „gap" zu schließen, und die mit heraushängender Zunge versuchen, auf dem Laufenden mit den Weltveränderungen zu bleiben, mit der Veränderung, die wir selbst bewerkstelligt haben oder die durch die Selbstverwandlung der Technik pausenlos vor sich geht.

Der „lag" zwischen unserer Realität und deren sprachlicher Bewältigung, der schon immer breit gewesen war, ist heute geradezu unüberbrückbar geworden. Ein Mensch, der sich für vorurteilsfrei hält oder der ohne Sprachmißtrauen drauflos philosophieren zu können meint oder der noch nicht einmal weiß, daß Vorurteilsfreiheit *ohne* dieses Mißtrauen nicht geleistet werden kann, der ist das *Opfer seines Fundamentalvorurteils:* nämlich des *Vorurteils, daß die Sprache die heutige Welt „abbilden"* könne, daß es eine Kongruenz von heutiger Welt und (stets gestriger) Sprache „gebe". – Wenn ich mich so häufig dazu entschlossen habe, neue Termini zu prägen, so niemals aus Originalitätshascherei, sondern immer nur deshalb, weil ich verzweifelt versuchte, sprachlich der heutigen Welt „nachzukommen", den „lag" zu verschmälern oder gar auf Null zu reduzieren. Die Diskussion mit Diskutanten, die ohne solche Vokabelskepsis daherreden und nur *Wortassignaten* zu bieten haben, die sie für gedeckt halten (oder von denen sie noch nicht einmal wissen, daß sie Deckung erfordern) – die Diskussion mit solchen Naivlingen lasse ich schon seit Jahren immer im Sande verlaufen, nicht aus Hochmut oder Unhöflichkeit, sondern einfach deshalb, weil Torheit infektiös ist: weil nämlich Diskussion mit Toren auch die Worte des Gesprächspartners unentrinnbar töricht macht.

K. fragte mich, was für eine
Sorte von Philosophie ich hätte

Darauf antwortete ich: „Keine so oder so von anderen Philosophien sich unterscheidende Philosophie. Vielmehr ist, was ich betreibe, etwas anderes als Philosophie."

„Sondern?" fragte sie verständnislos.

„Wenn Du mich zwingen würdest, die Beschäftigung zu klassifizieren, dann müßte ich sie freilich doch ‚Philosophie' nennen."

„Aber?"

„Aber wo stünde es denn geschrieben, daß es ‚Philosophie' in alle Zukunft weitergeben müsse? Auch in der Vergangenheit hat es ja Philosophie weiß Gott nicht immer gegeben. Zum Beispiel wäre es unphilosophisch, nach der Philosophie der jüdischen Propheten zu fragen; dann würde man fragen, was die Juden gemeint hätten, wenn sie Griechen gewesen wären. Philosophie? Sie ist eine Entdeckung allerjüngsten Datums; kaum älter als zweieinhalb Jahrtausende. Du fragst mich ja auch nicht, welche Art von Mythologie ich habe. Die gibt es bei mir nicht mehr, höchstens in metaphorischem Sinne. Vermutlich ist Philosophie nicht weniger sterblich als Mythologie. Im übrigen ist, wie man eine Sache oder ein Tun etikettiert, ganz bedeutungslos. Worauf es ankommt, ist allein, ob etwas dabei herauskommt. Und daß das bei meiner der Fall ist, darauf kannst Du Gift nehmen."

Im Radio: „Gesänge aus fremden Ländern"

Noch in meiner Kindheit, also um 1910, habe ich schlesische Kuhmägde beim Melken in parallelen Quinten singen gehört. Diese schienen ihnen nicht wie uns „leer", also „ent-terzt", sondern „identisch" wie uns die Oktaven. Die Terz bzw. Sext hatten sie trotz ihres Kirchgesangs und trotz der beinahe täglich gehörten Orgel noch nicht entdeckt, jedenfalls sich noch nicht angeeignet. Wer weiß, ob sie nicht auch heute noch trotz der Lautsprechermusik, die die Ställe durchdröhnt (armes Vieh!), bei der Bedienung ihrer chromblitzenden Euter-Absaugapparate in Quinten weitersingen? Denn nicht nur unglaublich verführbar sind wir Menschen, sondern auch unglaublich lernunfähig.

Begreiflich, daß viele Nationalisten, Folkloristen und Exotisten unter den Tonsetzern der letzten 150 Jahre: Glinka, Grieg, Wagner, Ravel, Rimski-Korsakow, Bartok etc. bis hinunter zu Enesco so gern auf diesen Quinten insistieren. Beginnt ein Stück mit dem pianissimo a-e: schon steht der Rauch über der heimatlichen Puszta. Aber ebensogut kann es auch der mexikanische Azur sein, der sich über dem Popokatepetl wölbt. Mißtraut den heutigen Quinten! Sie sind so echt wie die in allen exotischen Ländern feilgehaltenen und sich wie ein Ei dem anderen gleichenden „echten Bauerntöpfereien". Und austauschbar: Rimski-Korsakow schrieb eine „Phantasie Espagnole". – „Nationalisten aller Länder, vereinigt Euch!"

Heidegger sagt dort, S. 106, „alles liegt am Wege“ besage zweierlei:
1. der Weg sei das, worauf es ankomme,
2. alles liegt am Straßenrand.

Aus dem Zufall der Doppelbedeutung der deutschen Redensart „etwas liegt an etwas“ spinnt er unsägliche philosophische Konsequenzen. Diese entspringen also einem Kalauer, der natürlich im Englischen oder Französischen, vom Spanischen zu schweigen, nicht nachgemacht werden könnte. Seine Wahrheit klebt an einem Zufall der deutschen Sprache. Welch ein Hochmut! Offenbar hält er *sein* Idiom für *das* Idiom des Weltgeistes, oder gar des „Seyns“, für die metaphysische Hochsprache, hinter der die anderen Sprachen als kontingente Mundarten zurückbleiben. Für einen Brunnen, aus dem er köstliches metaphysisches Naß heraufpumpen kann. Der Nationalismus, nein: der chauvinistische Größenwahn, der sich in diesem etymologischen Philosophieren zeigt, ist nicht geringer, als es der politische Chauvinismus Hitlers gewesen war: „An der deutschen Sprache Wesen soll die Weltphilosophie genesen.“

Nicht den Wurzeln unseres Daseins und unseres Sprechens haben wir Philosophierenden heute nachzugehen, sondern den *Folgen* unseres Tuns. Daher haben wir uns solcher etymologischer „Tümeleien“ zu enthalten. Nein, mehr als das: denn wir haben sogar, da die heute brennenden Fragen *international* sind, *von vornherein international, d. h. übersetzbar zu formulieren.* Diese Forderung als programmatische Banalisierung oder Popularisierung von oben herab verhöhnen mögen diejenigen, die ein besseres Deutsch schreiben als ich. Gewiß, auch mir ist die Gekünsteltheit des Esperanto peinlich. Und gewiß nicht weniger peinlich, als sie Heidegger gewesen sein mag. Aber Esperanto ist seiner Intention nach nicht nur zeitgemäßer als Heideggers etymologisierendes „Desperanto“, sondern auch wahrer. Denn wahr im moralischen Sinne sind Aussagen allein dann, wenn sie überall, wo sie benötigt werden, auch ankommen, mindestens anzukommen den Versuch machen.

Bad Ischl. Jäger, eine Hasenleiche im Rucksack, seinen Setter kraulend

Bekanntlich war Artemis nicht nur die Göttin der Jäger, sondern auch die der Tiere. Welche Generosität der Tötenden, den zu Tötenden die eigene Gottheit zu gönnen. Reste davon gibt es auch heute noch. Alle Jäger gelten mit Recht – und dieses Recht beweisen sie durch die Zärtlichkeit zu ihren Hunden – als besonders tierlieb. Und es gibt in den Alpen kein mit Geweihen, also Schädeln, gemütlich gemachtes „Gästezimmer", durch das nicht die verwöhnte Kaminkatze schliche.

Stieß beim Wühlen in alten Manuskripten auf ein großes Photo von Veronika

Es gibt vollkommen schöne Mädchen wie Veronika seligen Angedenkens, vor denen man sich, sobald sie den Mund aufmachen, nur als „invertierter Platoniker" fragen kann: Wie ist nur ihr kanonhafter und unsterblich aussehender Leib in das „Grab" dieser trivialen Seele gekommen?

Besuch der Galerie R.

Komme soeben aus einer Galerie, in der Objekte ausgestellt waren, die sich kaum klassifizieren lassen. Sie „Skulpturen" zu nennen oder „Möbel", wäre schief. Aus der Gegenstandslosigkeit der vorgestrigen Kunstwerke ist heute deren *Bewandtnislosigkeit* geworden. Die Exponate sind „Odradeks".

Und doch nicht ganz. Denn während es Kafkas „Odradek" definierte, daß er und seine Bestimmung indefinibel blieben, verraten die Ausstellungsobjekte doch durchweg ein Minimum: nämlich daß ihre Hersteller sie als *Maschinen* gemeint hatten und daß wir sie als solche ansehen sollen.

Diese Maschinen freilich sind opak und sollen opak sein. Denn keiner von ihnen ist anzusehen, welche Bewandtnis sie hat und welche Leistung wir von ihr erwarten sollen; und keiner von ihnen soll das angesehen werden können. Sie sind – dieser dem Worte „nature morte" nachgebildete Ausdruck ist heute fällig – *„cultures mortes"*. Und nicht nur von den komplizierten unter ihnen gilt das, sondern auch von den simplen und übersehbar konzipierten: und nicht nur von den, wie Plastiken, tot herumstehenden, sondern auch von denjenigen, die, elektrisch angeschlossen, uns pflichteifrig und klaglos etwas vorschnurren.

Und trotzdem reicht zu ihrer Charakterisierung diese Negation nicht aus. Denn *eine* Bewandtnis haben sie doch: nämlich die, zu zeigen, sogar damit zu prahlen, daß sie ihr Wofür nicht verraten oder daß sie keines haben.

Und diese Demonstration ist nicht rein negativ gemeint, *sondern als positive Aussage über unsere heutige Welt.* Was sie mitzuteilen wünschen, ist 1., daß auch die wirklichen, die „ernsten" Geräte, aus denen unsere Welt besteht, fast durchweg *unphysiognomisch* bleiben, daß sie nicht zeigen und daß ihnen nicht anzusehen ist, wofür sie da sind. Und 2. – und das betrifft nicht nur ihr Aussehen, sondern ihr Sein –, daß Millionen unserer Maschinen und Geräte effektiv sinnlos *sind,* da sie Produkte erzeugen, nach denen eigentlich kein Bedarf besteht: z. B. „submarine Kugelschreiber" (mit einem solchen schreibe ich gerade).

Die Exponate der Ausstellung sind also, da sie die Realität unserer heutigen Welt bilden, wie sonderbar das auch klingen mag, *realistische* und damit wahre Darstellungen. Wenn die abzubildende Realität blind und sinnlos ist, muß auch deren realistische Abbildung blind und sinnlos sein. Wie Realismus im letzten Viertel des Zwanzigsten Jahrhunderts einmal aussehen würde, das hatten wir uns vor fünfundfünfzig Jahren, als wir als Kunstgeschichtsstudenten in Courbet den Gipfel des Realismus sahen, nicht vorgestellt. Ob die Künstler, die diese Schein-Maschinen hergestellt haben, noch Künstler im traditionellen Sinne sind, das weiß ich nicht, das ist der Beliebigkeit der Definition von „Kunst" überlassen. Aber da sie mit Hilfe ihrer sinnlosen Werke, oder besser: ihrer Werke, deren Sinn darin besteht, sinnlos zu sein, die Sinnlosigkeit unserer heutigen Maschinen demaskieren, sind sie gewiß *Kritiker der Technik.* Oft ist Kunst nicht so sehr eine „darstellende", als eine „*bloßstellende*" gewesen. Etwa die Hogarts, Goyas oder Grosz's. Diese hatten zwar Menschen karikiert, während unsere Künstler, wohl zum ersten Male in der Kunstgeschichte, *Dinge karikieren.* Aber in die Geschichte der Karikatur gehören sie.

Las in Kants „Religion innerhalb der Grenzen" (Hartenstein VI)

In dieser umfangreichen religiösen Ethik (bzw. ethik-basierten Religionsphilosophie) fällt nicht ein einziges Wort darüber, was und wem und warum man Gutes antun könnte; daß es Freude macht, freundlich zu sein, Gutes zu tun; keine Erwähnung der Menschenliebe. „Liebe" kommt überhaupt nur ein einziges Mal vor (S. 207), nur in der onkelhaften Variante der „benevolentia"; noch nicht einmal die Mutterliebe, von Geschlechterliebe zu schweigen. Die Figur Jesu spielt eine verblüffend geringe Rolle bei ihm (Erwähnung Jesu nur auf den Seiten 210, 215, 223, 275, 282, 309). Heilig ist allein das *Sittengesetz,* das aber nicht von Gott stammt und nicht verrät, von welcher Firma es seine Heiligkeit bezieht; das heißt: das *frei schwebt.* Atheistischer könnte keine Moral sein. Letztlich läuft alles darauf hinaus, was man *nicht* darf: nämlich *nicht* der Sinnlichkeit gehorchen und *nicht* der Obrigkeit den Gehorsam versagen. Ein als „Freiheitsphilosophie" aufgetischter Kadavergehorsam. Die Rolle, die die Sinnlichkeit: nämlich ihr *Verbot* spielt – in der „Kritik der Urteilskraft" taucht sie ja als „interesseloses Wohlgefallen" ebenfalls auf –, ist einfach widerwärtig, und man leckt sich die Lippen nach Mozart und Goethe. Was ohne den Sündenfall aus der Menschheit geworden wäre, verrät er nicht. Über den Rohrstock gegen onanierende Zöglinge geht das alles nicht hinaus. Muß man, um dieses armselige Sexverbot zu behandeln und *so* zu behandeln, ein *Kant* sein? Die Erfahrungslosigkeit dieses Buches – sie steht allein auf weiter Flur – ist so tief beleidigend, daß ich mich nur mit Mißtrauen noch einmal an das Studium der „Kritik der Urteilskraft" heranwage.

Noch einmal Kant

Ich blicke nach den 300 Seiten des Textes der „Religion innerhalb der Grenzen" auf; ich frage mich etwas unsicher: Ist es denkbar, daß dieser Mann je gebetet hat? Wie ist er, der das Sittengesetz nicht aus Gott, sondern diesen aus jenem ableitete, sich selbst dabei vorgekommen? Hat er das Sittengesetz angebetet oder Gott? Oder hat er „nur" angebetet, oder, wie in der Bergpredigt, betend *um* etwas gebeten? Wenn er das Sittengesetz angebetet hat, hat er sich dabei nicht vor sich selbst geschämt? Wie fremd das alles ist! In welch exotische Welt ich da hineingeboren worden bin! Unbegreiflich freilich, daß es derselbe Kant in demselben Buch gewesen ist, der in dessen „drittem Stück" die „*Gründung eines Reiches Gottes auf Erden*" proklamiert, eine „*Gesellschaft, die das ganze Menschengeschlecht in ihrem Umfange*" in sich zu schließen hätte, was „*durch die Vernunft zur Aufgabe und Pflicht gemacht*" *werden müsse.* Wie klein und mesquin der Horizont der privaten Moral! Wie breit der der weltpolitischen! Da kenne sich einer aus.

Vor Dürer-Aquarell: Gräser

Nicht alles zu Tage Liegende ist, *weil* es zu Tage liegt, seicht. Ebensowenig alles Verborgene, *weil* es verborgen ist, sinnvoll oder gar „tief".

Vorlesungsabend „Konkrete Poesie"

Kunst ist der letzte Versuch der zur pausenlosen Produktion von Produktionsmitteln verurteilten Menschheit, doch noch Produkte herzustellen, die *nur* Produkte sind, *nicht* aber auch Produktionsmittel. Diese Objekte wünschen die Frage, wozu sie gut sein sollen, zu provozieren, um diese dann mit den Worten „zu nichts" beantworten zu lassen. Dies ist die heutige Version der Kantschen Desinteressiertheit-Ästhetik.

Brechts Todestag

Als ich vor mehr als zwanzig Jahren aus dem Radio die Nachricht von seinem Tod hörte, da entfuhr mir trotz des Schreckens der zynische Ausruf: „So was könnte mir nie passieren!" Wie jung ich doch trotz meiner Krankheit damals noch gewesen sein muß! Seit Jahren gilt nun, daß ich „so was" nicht nur ständig erwarte, vielmehr scheint mir mein Dasein aus nichts anderem mehr als aus Sterblichkeit zu bestehen.

Nicht nur „weiß" ich von dieser, vielmehr ist sie als Tonart meines Lebens pausenlos präsent.

Alt ist man von demjenigen Augenblick an, in dem man seine Sterblichkeit *nicht mehr nur weiß, sondern spürt.* Und das Spüren seiner Sterblichkeit ist nicht etwa nur ein Krankheitsgefühl, vielmehr ein *ontologisches Gefühl*: nämlich des Gerade-noch und Gleich-nicht-mehr-sein-werdens.

Las nach Jahrzehnten wieder in der Nikomachischen Ethik X, 7

Wenn ein arbeitsloser, auf einer verwahrlosten Straße in Harlem herumlungernder boy, der noch nie die Chance eines jobs gehabt hat, erfahren würde, daß jemand behauptet habe, seine εὐδαιμονία bestehe wohl in σχολή, dann würde er wohl den Sprecher dieser Vermutung, wenn er dessen habhaft werden könnte, niederschlagen und ausrauben. Und das mit Recht.

Nach Lektüre einer Deutung des „Sophistes"

Lesen ist Mühsal, Schreiben daneben reinstes Vergnügen. Die Gelehrten leisten ungleich anstrengendere Arbeit als angebliche Originaldenker. Sie haben sich auf fremdem Gelände und im Dickicht undurchsichtiger Wälder zurechtzufinden, während ein angeblicher Originaldenker nur in eigenen Gärten herumzuspielen braucht. Unsere „Kreativität" erspart uns Schweiß, auf Hochmut haben wir neben den Gelehrten keinen Anspruch.

Nach Hiroshimatag

Was dieser Gott, si esset, nicht verhindert hat (positiv also: hat durchgehen lassen): Hiroshima und Auschwitz, das spielt, wenn ich recht sehe, für Gläubige überhaupt keine Rolle. Wie unbegreiflich das auch scheinen mag, es kann keine Rede davon sein, daß diese „Zulassungen" je als Argument gegen die Existenz, auch nur gegen die Güte oder das Erbarmen Gottes irgendwo aufgetaucht seien, geschweige denn, daß sie Millionen zu Ungläubigen gemacht hätten. Wiederholt hat man es bewundert, daß die nackt und frierend, wie er sie angeblich geschaffen, in die Gaskammern einziehenden Juden auf diesem ihrem letzten Gang ihren Gott singend gepriesen haben. Als Verschonter, der ich bin, darf ich es nicht wagen, Kritisches dazu auch nur zu denken. Aber unbegreiflich ist es mir doch, daß keiner dieser Singenden Gott das Entsetzliche, das er zuließ, je aufgerechnet hat. Offenbar gibt es nichts, was sich Gott, was sich ein Gott, nicht „ungestraft" herausnehmen darf.

In der Geschichte des modernen Atheismus scheinen Auschwitz

und Hiroshima überhaupt keine Rolle gespielt zu haben. Keine Frage: durch die Naturwissenschaften sind tausendmal mehr Menschen zu Atheisten geworden als durch Hitler. Oder durch Truman.

Man macht es sich gewöhnlich nicht klar, daß nicht allein eigene Schuld (oder die der Vorfahren) von uns *verdrängt* wird, sondern auch die Gottes. So ist meines Wissens die Tatsache, daß er die geseufzte Frage des verscheidenden Jesus (Mark. 15) „warum hast du mich verlassen?" nicht beantwortet hat, Gott von keinem Christen je aufgerechnet worden. Auch die Psychoanalyse hat die Verdrängung der göttlichen Schuld ausgelassen, vielleicht verdrängt. In der Verdrängung des ödipalen Vatermordwunsches ist ja nicht die Schuld des Vaters, sondern die des Sohnes gegenüber dem Vater unterschlagen. Offenbar gibt es keine Handlung, die sich Gott nicht „ungestraft" herausnehmen dürfte. Si esset.

Rundfunkserie „Gedanken der Frühe"

Einer sprach salbungsvoll über das „*Leben nach dem Tode*", ohne die Zuhörer zu fragen, ob sie denn überhaupt je ein „*Leben vor dem Tode*" gehabt hätten. Denjenigen Menschen, die diese Frage nicht mit einem freudigen Ja beantworten können, mit dem „Leben nach dem Tode" zu kommen, ist unverzeihlich.

Im Radio: Haydns Kaiserquartett

„Beim Absingen der Nationalhymne pocht mir stets mein deutsches Herze schneller." So mein Breslauer Mathematiklehrer im Jahre 1913. Ein Jahr später fiel er bei Lüttich. Woher diese Unwiderstehlichkeit der Hymne?

Da forderte im Jahr 1797 ein gewisser Graf von Saurau einen gewissen Lorenz Leopold Haschka auf, als Gegenstück zur Marseillaise eine Nationalhymne (nein: da sei Gott vor; sondern eine Monarchiehymne) zu dichten. Was dieser untertänigst erledigte. Haydn, dem man den Text zwecks Vertonung übergab, unterlegte diesem, wohl aus Bequemlichkeit, die Melodie des kroatischen Volksliedes „Vju tro rano se ja stanem", die er aus seinen Kindertagen kannte und schließlich in seinem eben erklungenen „Kaiserquartett“ verwendete (Notenbeispiel in: Hadow, „Haydn: a Croatian Composer“, 1897). Die kroatische Weise wurde zur österreichischen Kaiserhymne, diese später zur Melodie des deutschen Nationalismus. Und nun „pochte ihm stets sein deutsches Herze schneller“. So glaubwürdig sind Gefühle. Und so geht Geschichte vor sich!

„solches“

Es sei (so lese ich in der ein halbes Jahrhundert zu spät von Max Scheler und meinem Vater beeinflußten, mesquinen „personalistisch-philosophischen Anthropologie“ eines katholischen Geistlichen) die alle tierischen Leistungen übertreffende, spezifische und „ehrenvolle“ Leistung der menschlichen Person, daß diese nicht wie die (warum eigentlich von dieser Ehre ausgeschlossenen?) Tiere auf die jeweiligen sinnlichen Empfindungsdaten angewiesen sei, sondern mit der Gabe begnadet worden sei, zu „*generalisieren*“, „*Allgemeinbegriffe und Bilder*“, „*Ideen zu entwerfen*“. Das alles geht bei ihm kunterbunt durcheinander. (Im übrigen empfinde ich Nichtchrist die Tatsache, daß er auf die – wodurch verdiente? – Gnade *stolz* ist, als penetrant antichristlich.) Gleichviel, das alles ist schrecklich schief, nein: schlicht unwahr. *Denn Generalisierung ist umgekehrt gerade die Leistung des Animalischen und vom Menschen nur übernommen. Nicht Plato ist der Erfinder der Idee, sondern der Hunger.* Die Stiftung des Allgemeinbegriffs verdanken wir nicht dem Geiste, sondern dem *Bedürfnis,* er ist tierischen (wenn nicht sogar pflanzlichen) Ursprungs. Die elementaren Bedürfnisse gehen niemals auf ein „*dieses*“ aus, sondern stets auf ein „*solches*“, auf ein „überhaupt“, also auf etwas Allgemeines; Hunger nicht ausgerechnet auf Kalbsleberwurst, sondern auf „Eßbares überhaupt“. Sexus nicht ausgerechnet auf junge Krakauerinnen, sondern auf „Frauen überhaupt“. Spezifikationen werden nicht nachträglich durch einen „spezifisch“ menschlichen Akt im Allgemeinbegriff zusammengefaßt, umgekehrt ist das Allgemeine das primäre intentionale Objekt. Die menschliche Kultur und das „spezifische Humanum“ beginnt also nicht mit der „Konstruktion des Generellen“, sondern umgekehrt mit der des Spezifischen und Individuellen. Human ist nicht die Liebe, die „Helena in jedem Weibe“ oder in jeder Helena nur das Weib sieht – sondern umgekehrt diejenige, die Helena in einem bestimmten Weib oder in einigen bestimmten Weibern sieht, also die die

„*Gemeinheit des Allgemeinbegriffs*“ abgestreift hat. *Nicht generalisieren müssen* oder *generalisieren können* macht den Menschen zum Menschen, sondern seine Fähigkeit, *nicht zu generalisieren.*

München. Projizierte Berührungsangst

„Bitte nehmen Sie das Buch von der Tischdecke!“ verlangte die möblierte Wirtin, als sie mir den Kaffee brachte.

„Warum?“

„Warum!“ Offenbar hat sie einen wilden Haß auf dieses Wort. „Reinlichkeit scheint Ihnen Ihre Frau Mama nicht beigebracht zu haben.“

„Reinlichkeit? *Was* macht denn *was* unrein?“

Ihre Zornader schwoll.

„Das saubere Buch die Tischdecke oder die saubere Tischdecke das Buch?“

Mit einem Krach lud sie das Tablett ab, marschierte zur Tür und schlug diese hinter sich zu. Diese Antwort machte den Fall klar. *Die zwei Gegenstände machten einander unrein.*

Jedes Objekt, das mit einem anderen in Kontakt geriet, an dieses „anstieß“, war „anstößig“, machte dieses schmutzig und wurde von diesem schmutzig gemacht. Das Buch infizierte die Decke, die Decke das Buch. Jedes hatte für das andere tabu zu sein.

Wie muß nur diese fürchterliche, diese erbarmungswürdige Frau leben, da sie es ja nicht vermeiden kann, sich in einer Welt aufzuhalten, die aus aneinanderstoßenden und einander verschmutzenden Objekten besteht? Und da sie diese ja durch keinen Zauberspruch dazu veranlassen kann, frei und unanstößig im Raum zu schweben.

Vermutlich besteht ihre Tagesarbeit, vielleicht sogar ihre wütende Lust, wie die der Frau Nu in meiner „Kosmologischen Humoreske“, in ständigem Scheuern und Waschen ihrer Welt und in ständigem Auswaschen ihrer Bürsten und Lappen. Was mag dieser Frau in ihrer Kindheit zugestoßen sein, wenn sie ihre Berührungsangst und ihren Horror nach außen hat projizieren und zum universellen Weltprinzip hat machen müssen?

Die Verschwendung

„Die Moral ... will, daß ihr der ganze Mensch und seine gesamte Kraft zu Diensten sei: sie hält es für Verschwendung eines solchen, der zum Verschwenden *nicht reich genug* ist, wenn der Mensch sich ernstlich um Pflanzen und Steine kümmert." (Nietzsche, Wille zur Macht, Nr. 443)

In diesem meinem Buche wird von einem professionellen Moralisten, der sich zum Verschwender für reich genug und auch für alt genug hält, sich „um Pflanzen und Steine zu kümmern", bewußt „verschwendet".

Ischl. „... im Walde so vor mich hin"

Nicht zu bestreiten: wenn wir Philosophie treiben, dann befassen sich Stücke der Welt mit der Welt. Dann kommt sie zu sich. So gesehen, darf Philosophieren in der Tat als eine Selbstreflexion der Welt gelten. Freilich nur als *eine,* nicht als *die.* Denn der Gedanke, daß ausgerechnet und nur durch *uns,* durch *eine* kontingente Spezies unter Milliarden anderen kontingenten Spezies, die Welt „zu sich komme" und daß wir zu diesem Behuf geschaffen worden seien oder uns entwickelt hätten, daß wir die Hoffnung des Seienden erfüllten, dieser Gedanke läuft auf einen lächerlichen Anthropozentrismus hinaus. Wenn Heidegger dem Menschen (und offenbar nur ihm) die (dem Sein offenbar unentbehrliche) Funktion zuschreibt, dessen „*Hirt*" zu sein, so ist das (abgesehen davon, daß er die Welt oder das Sein dadurch zur Herde degradiert) eine selbstgefällige Bevorzugung des Menschengeschlechts; und letztlich beweist das metaphysische Feigheit: nämlich Angst davor, die Kontingenz unserer Spezies zuzugeben. Weder sind wir – ausgerechnet *wir* – die einzigen, noch befinden wir uns – ausgerechnet wir – in der Mitte des Seienden. Kein kosmischer Hahn würde, wenn wir verschwänden, nach uns krähen. Wann endlich wird der vorkopernikanische Größenwahn auch aus der Philosophie verschwinden?

Gesellschaft

„Was für ein Idealist Sie sind!" stöhnte Frau Dr. L. bewundernd.

Ich warf meine Hände in die Luft. „Um Gottes willen!" schrie ich,

„woraus glauben Sie denn schließen zu können, daß ich meine Ziele aufgegeben habe?“

Das beantwortete sie nicht.

„Und unterstellt“, fuhr ich fort, „Sie hätten recht, warum sollte dies ein Grund sein zur Bewunderung?“

„So ernst hatte ich das ja nicht gemeint“, murmelte die Idiotin.

„Auch das noch!“ schrie ich da und verließ die Gesellschaft.

St. Georgen. Hauswand mit aufgemaltem Fenster

Stand mit Herrn B. auf der Straße: „Aber das ist doch ein lächerlicher Schwindel!“ meinte ich zu ihm, weil dieser auf die fensterlose Außenwand seines Hauses ein schmuckes Fenster mit Topfpflanzen und Gardinen gepinselt hatte, durch das man in B.'s Stube hineinzublicken glaubte.

„Schwindel?“ fragte er kopfschüttelnd zurück. „Wenn Du wüßtest!“ Und griff mich am Ellenbogen, um mich in die Stube hineinzulotsen. „Wie findest Du *das*?“

Ich traute meinen Augen nicht. Denn so wie ich soeben von außen angeblich in die Stube hineingeblickt hatte, so blickte ich nun aus der Stube angeblich hinaus auf die Straße, die ich gerade verlassen hatte.

„Man hat halt zu wählen“, erklärte er. „Hätte ich die Hauswand wirklich durchgestemmt, um ein richtiges Fenster einzusetzen, sie wäre zusammengebrochen. Sind nicht *zwei* Bilder besser als *ein* Schutthaufen? Vielleicht sogar wahrer?“

Hatte nach abendlicher Lektüre in Diels-Kranz „Fragmente der Vorsokratiker“ wilde Träume

Die Summe der Träume, die die Milliarden von Menschen, Tieren und Pflanzen in jeder Nacht produzieren, ist immens, daneben ist die Summe unserer Bibliotheken und Museen nicht der Rede wert. Daß diese Milliarden von Bildern aufscheinen, ohne zu bleiben oder auf die Welt zurückzuwirken, ist eine ungeheure Vergeudung. Wer weiß, ob nicht Heraklit diese Vergeudung hat bestreiten wollen, als er die Schläfer als „*Mitarbeiter an der Welt*“ bezeichnete? (Diels-Kranz, B 75)

Las verzweifelt eine Nummer der „Deutschen Nat. u. Sold. Zeitung"

Das Modell aller logischen Konklusionen, das allen angeblichen Argumenten zugrunde liegt: „Ich habe mich geopfert – *also* muß die Sache, für die ich das getan habe, gut gewesen sein." Eine *„umgestürzte Konklusion"*. Die Lebensversicherung der Diktatoren.

Im Radio

„Niemand ist im Verlauf der Geschichte der Menschheit so verdrängt worden wie Hitler", behauptet eine Stimme anläßlich des Holocaust-Films. Vielleicht wahr. Die Erinnerung an Napoleon, die posthume Loyalität ihm gegenüber scheint durch viel weniger Inhibition verhindert worden zu sein. Wenn man bedenkt, daß selbst Heine, ein Nichtfranzose, und immerhin nach einem so entsetzlichen Vorgang wie der Ermordung der, zu größten Teilen aus Deutschen bestehenden, „grande armée", – wenn man bedenkt, daß noch Heine dem sterbenden napoleonischen Grenadier die Worte „dann reitet der Kaiser wohl über mein Grab" statt *„dann reit ich über des Kaisers Grab"* auf die Lippen gelegt hatte; und daß Schumann, dieser dito Nichtfranzose, dito nichts Besseres zu tun gehabt hat, als ebenfalls ohne jede kritische Distanzierung den Grenadier diese Worte erschütternd singen zu lassen – und sogar nach der Musik der Marseillaise – nein, zu diesem Ruhm aus fremden Mündern, zu dieser Unsterblichkeit hat es Hitler wohl wirklich nicht gebracht.

Aber war es denn mit Napoleons Unsterblichkeit so weit her gewesen? Als man ihn beisetzte, hat man nämlich den eindrucksvollsten Versuch von *„Verdrängung"* unternommen, den es seit Zweitausend Jahren gegeben hat. Denn vor seinen Leichnam hat man nicht nur, wie vor den Jesu, um dessen Wiederkehr zu vereiteln, einen Felsblock gewälzt, einen einzigen. Sondern deren sieben. Unter der Kuppel des „Dôme des Invalides" liegt Napoleons Leichnam nämlich nicht nur etwa in einem einzigen Sarge, sondern in einem siebenten, der seinerseits in einem sechsten steht, der seinerseits in einem fünften steht u. s. f. Kurz: seine Gruft ist ein zwiebelartiges Monument.

„Der kommt uns nicht wieder zurück!" denkt man davorstehend. „Und an den kommen auch wir nicht mehr heran" ...

. . .was freilich auch ein Irrtum ist. Denn jedes Jahr erscheinen am Namenstage ihres Gottes die „Grenadiere“, die gespensterhaften Nachfahren seiner Lieblingsstandarte, um, angetan mit den Uniformen ihrer Urahnen, ihn ihrer Treue zu versichern.

„Hoch intelligent“

R. belegte mich schamlos mit diesem epitheton ornans. Ich schüttelte meinen Kopf. „Ich denke viel zu viel und viel zu oft: nämlich auch dann, wenn die Situation Denken eigentlich gar nicht erfordert. Eine schlechte Angewohnheit. Ob die sehr intelligent ist? Ob es also sehr intelligent ist, ein sogenannter ‚Philosoph‘ zu sein, dessen bin ich gar nicht so sicher.“

Der durch mein bißchen Reputation irritierte Br. behauptete heute, um mich und sich selbst daran zu hindern, seine Mißgunst zu erkennen, „auch übermorgen“ würde ich noch berühmt sein. – „Bei wem?“ fragte ich zurück. „Und bei wem wie lange wird das Übermorgen berühmt sein?“

Grün vor Neid auf den Ruhm, den Hegel schon zu seinen Lebzeiten einheimsen konnte und der seinem (Schopenhauers) Berühmtwerden im Lichte stand, tröstete er sich mit der Gewißheit des Nachruhms, der ihm, nicht dagegen dem „Strohfeuer Hegel“, zufallen würde. Wer etwas Großes zustande bringen wolle, müsse *„seine Blicke auf die Nachwelt richten“*. Dieser antikische Gedanke des Nachruhms ist mir fremd. Nein, unnachvollziehbar. Und zwar deshalb, weil ich seit 35 Jahren daran zweifle, daß es eine „Nachwelt“ geben werde. „Berühmtwerden“ konnte ich ja einzig durch die Unbeirrbarkeit dieses meines Zweifels. Aber bei wem? Ein solches Hinleben auf das Ende hat es seit dem Chiliasmus nicht mehr gegeben. Keinem Urchristen wäre es je eingefallen, an Nachruhm zu denken oder einen solchen gar für erstrebenswert zu halten. Auch mir fällt das nicht im Traume ein.

Was da gespielt wurde, das war beinahe egal. Beinahe so egal, wie was die Kirchenglocken läuten. Es war, wie sich nachher herausstellte, von Heiller. Aber selbst das musikalisch Belangloseste wäre, wenn aus der Orgel herausstürzend, „*überwältigend*". Das Instrument „hat es in sich", the medium is the message. Man horche in das Wort „überwältigend" hinein: Wer „überwältigt" ist, der liegt, von der Übermacht niedergeschlagen, am Boden.

Wie ich das hasse, solche Niederlagen zu suchen, sie als Genußmittel zu konsumieren und dafür sogar noch zu zahlen! Der Inbegriff von Würdelosigkeit!

Zuweilen behaupten „*Überwältigte*" sogar, zugleich „*erhoben*" zu sein. Nicht nur genau zu formulieren, sind diese unfähig, sondern auch, genau zu fühlen. Sie werden sich entschließen müssen, ob sie meinen, zu Boden geschlagen oder in den Himmel erhoben worden zu sein.

Und nicht nur als genußreich gilt ihnen ihre Niederlage, sondern auch als prestigefördernd. Schon beim Betreten des Konzertsaals winken die morituri einander zu: sie gehören einem masochistischen Elite-Club an. Kein normaler Mensch, kein Arbeiter oder Angestellter, würde auf die Schnapsidee kommen, seinen Sonntagvormittag dafür zu opfern, um sich – darüber hinaus noch gegen Bezahlung – k. o. schlagen zu lassen; und sogar stolz darauf zu sein, diesem Club zuzugehören. Die Clubmitglieder aber fragen post festum einander in konspirativer Solidarität und stehend, den Halbgott, der ihr k. o. dirigiert hatte, beklatschend: „*War er nicht überwältigend?*" Um dann die Garderoben zu stürmen.

Volksbildner R. hat gestern – freilich nicht in diesen Worten – dafür plädiert, daß jedermann das gleiche Recht auf den Konsum des k. o. habe und daß niemand von dieser Chance ausgeschlossen bleiben dürfe. „Das wäre ja eine schöne Demokratie", meinte er, „wenn das der Bourgeoisie vorbehalten bliebe!"

„Was?" fragte ich ihn. „Das Überwältigtwerden?"

Wie peinlich, sich auf die konservative Politeia von Plato zu berufen! Aber der hat gewußt, daß jeder Tonart ein bestimmtes „Ethos", also eine bestimmte moralische oder unmoralische Qualität zukam. – Wir aber sind Pluralisten. Und stolz darauf, *kulturell omnivor* zu bleiben oder zu werden.

Am Teufel zugrunde gehen

Wer glaubte noch an den Teufel? Aber an dessen Tode wird Gott zugrunde gehen, weil alles Teuflische nun diesem zugeschoben werden muß – was ihn total unglaubhaft macht. Nicht also durch den Teufel wird Gott sterben, sondern durch dessen Tod.

Virus und Sexus

Las in Newsweek einen Artikel über Viren, der aufs atemberaubendste beweist, wie ähnlich biologische Vorgänge sind, die kein Philosoph, geschweige denn Wissenschaftler, je im Zusammenhang oder als Parallelen gesehen hat. Das Eindringen von *Viren* in lebendige Zellen, selbst beim kommunsten Schnupfen, entspricht nämlich dem Eindringen des männlichen Samens ins weibliche Ei. Der Eindringling ist dazu fähig, die Zelle dazu zu zwingen, sich zu vervielfachen, gar zu vertausendfachen, und zwar so, daß diese ihre „Produkte" nun nach dem „genetic program" des Eindringlings gebaut sind. Die Produkte sind nun den Eindringlingen „aus dem Gesicht geschnitten", so wie ich meinem Vater. – Der Gedanke, daß eine Viruskrankheit, also ein kommuner Schnupfen, die Vorform des typenprägenden Geschlechtsverkehrs sein soll, beleidigt aufs Tiefste unseren Stolz. Aber Beleidigtsein ist kein philosophisches Gegenargument. Auch das müssen wir schlucken.

Schlüsselbund verloren

I

Gestern den ganzen Tag über unaufschiebbare Rumlaufereien und Rumwartereien, nicht einen einzigen Augenblick, in dem ich „zu mir selbst gekommen wäre", den ich „für mich" gehabt hätte. Damit meine ich nicht, daß ich daran gehindert worden wäre, mich psychologisch mit mir selbst zu beschäftigen; dieser Gegenstand hat mich nie interessiert, für mein sogenanntes „Innenleben" habe ich keine Zeit. Vielmehr kam ich mir pflichtvergessen vor, weil ich den Tag, statt mit

Entdeckungen und hilfreichen Formulierungen von Wahrheiten zu verwenden, leeren Kopfes mit Lappalien ausfüllen mußte. Wenn ich vor dem Tode Angst habe, so immer nur vor der endlosen Zeit der endgültigen Zeitverschwendung. – Gleichviel, gerade diesen leeren Tag durchzumachen, ist mir nun zum Gewinn ausgeschlagen. Denn seit vielen Jahren hatte ich es mir nicht klargemacht, nein: es vor mir geradezu unterschlagen, wie neunzig Prozent aller Zeitgenossen: die Billettknipser, die Wäscheausträger, unverschuldet nicht etwa nur einen einzigen Tag (wie ich gestern), sondern alle ihre Tage, also ihr ganzes Leben verbringen: wirklich „*ver-bringen*". Also mit Beschäftigungen, die ich als Zeitverlust verfluchen würde und die ich, als ich vor vierzig Jahren einer von ihnen war, als Zeitverlust verflucht habe.

Wie grenzenlos und unverdient verwöhnt ich doch bin, da ich mich nun seit Jahrzehnten ausschließlich mit dem beschäftigen darf, was mich angeht, was mir „Spaß" macht, und von dem ich überzeugt bin, daß es die Welt etwas angehe – kurz: daß ich niemals Zeit verliere.

Im Nebenzimmer wäscht der Fensterputzer meine Fenster – was gehen ihn meine Fenster an? Und was die Fenster der anderen, die er morgen und übermorgen, froh darüber, nicht arbeitslos zu sein, putzen wird? Was geht die Wäscherin meine Bettwäsche an? Und die ihrer morgigen und übermorgigen Kunden? Wenn ich bedenke, daß die meisten sich eine andere Art von Arbeit schon gar nicht mehr wünschen, gar nicht mehr wünschen dürfen oder sollen oder können! Und daß sie nicht nur alle froh darüber sind, diese jobs zu haben, weil diese Nicht-Arbeitslosigkeit bedeutet, daß viele von ihnen sogar ihren Stolz darein setzen, diese sie nichts angehende Arbeit, also diesen „Zeitverlust", so „getreulich" und so „freudig" wie möglich zu verrichten, so als wäre dies doch „*ihre*" Arbeit. Keiner käme auf den Gedanken, seine Arbeit als „Zeitverlust" zu buchen. Wenn eine Tätigkeit etwas einbringt: den Lohn oder einen Armvoll Reisig, dann betrachten sie die dafür aufgebrachte Zeit nicht nur nicht als verloren, sondern als bestens genutzt.

„Time is money". Keinem pflügenden Bauern ist es jemals eingefallen, daß er durch sein Pflügen „Zeit verliere" (im Gegenteil: die verliert er nur dann, wenn er nicht pflügt) oder daß er etwa deshalb „Zeit verliere", weil er etwas Monotones tut; etwas, was er auch gestern schon ebenso getan hatte und morgen ebenso tun wird; oder gar deshalb, weil er, wenn er Feierabend macht, keinen neuen Gedanken oder

Erlebnisertrag heimbringt; oder schließlich gar deshalb, weil er sich in den Stunden seiner Arbeit überhaupt nicht „selbstverwirklicht" hat. Da lachen die Hühner. Nichts dergleichen alteriert ihn. Und mit Recht nicht.

II

Wie wenig wir Philosophierenden doch von den Menschen wissen! Daß wir: die winzige Minorität, die wir den Vielen überhaupt nicht ähneln, unser *Bild vom Menschen, das stets nur ein Selbstporträt des philosophischen Menschen gewesen ist,* auch den Anderen, sofern diese von uns überhaupt Kenntnis haben, als *ihr* Porträt aufschwatzen können, ist in der Tat höchst merkwürdig. Was wir aufgrund unserer Selbstanalyse aussagen, das trifft auf die Majorität unserer unbefangenen Mitmenschen überhaupt nicht zu. Zahnärzte oder Matrosen oder Gewerkschaftsangestellte brauchen wahrhaftig nicht zu „cogitare", um sich der Realität ihrer selbst und der Welt zu vergewissern; und keine Wäscherin oder Soubrette, von Müttern zu schweigen. Sie hat es ja nicht nötig gehabt, nach Fichteschem Rezept ihr „Ich" oder „Nicht-ich" zu setzen. In der Tat sind wir, wenn wir „philosophische Anthropologie" treiben, nicht weniger komisch, als es Wäscherinnen wären, wenn sie den Menschen als „animal lavans" definieren würden.

Und das gilt nun auch vom „Zeit verlieren". Unter der Angst, durch falsche Beschäftigungen oder Nichtbeschäftigtsein „Zeit" oder uns selbst zu verlieren oder zu verschwenden, unter dieser Angst leiden ausschließlich wir: die philosophischen oder religiösen Zeloten; glücklicherweise nicht „die Menschen". Und diese sind glücklicherweise nicht annähernd so empfindlich, wie ich es war, als ich vor vierzig Jahren ihrer einer war. Oder sollte ich sagen: „leider" sind sie das nicht?

Wie auch immer, nun bin ich nicht nur darüber froh, daß durch mein zeittötendes Herumrennen ein neuer Schlüsselbund in meiner Hosentasche rasselt, sondern auch darüber, „that I made the best of it": daß ich dem Zeitverlieren dadurch, daß ich es analysierte, ein Schnippchen geschlagen habe. Nun hat es gelohnt.

Tischgebet in Ischl. Qualvoll stumm dagesessen

B. hat mir einmal in Frankfurt erzählt, vor Jahren habe ihn G. Marcel besucht, sie hätten sich gut über geniale Frühwerke wie Schumanns Phantasie in C und Brahms d-moll-Konzert verständigen können. Dann habe er G. M. zu Tisch eingeladen. Als dieser daraufhin Anstalten machte zu beten, sei B. ihm zuvorgekommen und habe ihm höflich bedeutet – ich glaube nicht, daß ich diesen Mut hätte aufbringen können: „Monsieur, ich habe stets auf die netteté (Reinlichkeit) meiner Wohnung Wert gelegt. Wenn Sie den Drang verspüren, ein religiöses Bedürfnis zu erledigen, dann tun Sie das bitte draußen. 2. Tür rechts.“ Und er übergab ihm sogar ein frisches Handtuch.

Tableau. Nicht nur hat G. M. höflich den Raum verlassen, nicht nur hat er das Handtuch verwendet, nicht nur ist er unbefangen ins Zimmer zurückgekehrt: vielmehr haben die zwei dann bei der Suppe, zu Bergs opus 1 übergehend, ihr Gespräch über geniale Frühwerke fortgesetzt.

Wo hat B. den großen Mut hergenommen? Und wo G. M. die kolossale Würdelosigkeit?

Jerusalem. Ausschachtungsarbeiten
in der Altstadt

Uns Philosophierenden geht es wie diesen. Wo immer wir graben, es ist unmöglich, keine Funde zu machen. Und viele Funde müssen auch wir, ohne ihnen einen Blick zu gönnen, beiseitewerfen. Andere mögen sie auflesen.

Lektüre von „Breslau gestern und heute“.
Von einem gewissen Günther Elze. S. 64

Lese soeben, daß nach der schließlichen Kapitulation des durch Hitlers Irrsinn nur noch aus Trümmerhaufen bestehenden Breslau Millionen der noch intakten Ziegel von den übriggebliebenen Breslauern eingesammelt und in Güterzüge verladen wurden – es waren Abertausende von Waggons, die nun dorthin rollten, wo einmal vor Hitler die Stadt Warschau gestanden, von der er geweissagt hatte, daß sich an diesem Platz nie wieder ein Haus erheben würde.

Viele der heutigen Warschauer Häuser bestehen nun also, berechtigter und gerechter Weise, aus Breslauer Ziegeln. Und es ist durchaus nicht ausgeschlossen, daß ich mich während meiner Warschauer Tage in einem Breslauer Haus aufgehalten habe. Vielleicht gar zwischen den Ziegeln meiner Kindheit.

Niemals hat sich eine Weissagung so eklatant *nicht* erfüllt wie die Hitlers.

Selbst die beinahe analphabetische D. spreizt sich nun,
um als „in", also als avantgardistisch, zu gelten,
vierzig Jahre zu spät
mit dem Benjaminschen Ausdruck „Aura"

I

Als wenn dieser Ausdruck irgend etwas Bestimmtes bedeutet. In der Tat läßt sich Benjamin auf keine unzweideutige Position festlegen. Wenn er berühmt, gar zur Legende geworden ist, so nicht trotzdem, sondern deswegen. Niemand, der sich mit dem Wort schmückt, weiß, nein: hat sich auch nur den Kopf darüber zerbrochen, ob B. *für* oder *gegen* Aura plädiert hat.

Ich glaube: *für.* Und halte den Begriff für einen der reaktionärsten in der modernen Philosophie. Daß Adorno in seinem „Jargon der Eigentlichkeit" diese Vokabel nicht angeprangert hat, ist allein durch seine enge persönliche Bindung an B. zu entschuldigen. Der Gedanke kommt aus dem Auktionshaus Lepke, dessen Miteigentümer B.'s Vater gewesen war; denn er behauptet, daß ein Produkt keine Reproduktion sei, nein: daß ihm diese Nichtreproduzierbarkeit unmittelbar angesehen werden könne. Letztlich ist der Begriff der „Aura" dem der „Rasse" sehr ähnlich, denn beide bezeichnen die *„Ausstrahlung der echten Herkunft"*. Auch im Kommerz gibt es blubohafte Ideale.

„Aura" bedeutet nicht nur *„Ausstrahlung des Echten"*, sondern auch „Heiligenschein". Diese Bedeutung kommt dem Wort bei B. noch zu. Sie ist die *Aureole,* die der Auktionator für das Stück, das er ausruft, in Anspruch nimmt; seine Versicherung, daß dies kein Exemplar aus maschineller Herstellung wäre, sondern ein *Unikat* ist. Um den Kaufwert hinaufzulizitieren.

II

Was Benjamins berühmte Definition der Aura (die durch die Zweige leuchtende Landschaft) betrifft, so hat sie mit dem Sinn des Begriffs überhaupt nichts mehr zu tun. In der Tat ist sie ein so sentimentaler Schmus, daß man sich geniert, auf sie einzugehen. *Das Wort „Aura" muß seiner Aura entkleidet werden.*

Schließlich lugt aus dem Hintergrunde (so fürchte ich mit Werner Fuld, der diesen Verdacht vor mir geäußert hat) auch die Theo- oder Anthroposophie. Sehr heikel ist B. in der Wahl seiner Einflüsse niemals gewesen. In der Anthroposophie gibt es in der Tat den Begriff „Astralleib". Dieser ist angeblich die „Aura", die jeden Menschen umgibt.

III

Unsere Urgroßväter, die Altwarenhändler, waren gezwungen gewesen, mit ausgebeulten Töpfen und Hosen über Land zu ziehen. Diese brachten noch etwas ein, *obwohl* sie alt waren.

Unsere Großväter, die Antiquitätenhändler, wie Walters Vater, haben ihre Stücke verkauft, weil diese *„garantiert alt"* waren. Die Amatigeige war das Modell ihrer Waren. Deren Brüder erfanden umgekehrt täglich neue Produkte, durch deren Chromglanz sie das Strahlen der auratischen Produkte überglänzten, diese (im schlechten Sinne) zu alten machten, also entwerteten.

Unsere Väter aber haben diese zwei einander widersprechenden Prinzipien aufs merkwürdigste verbunden. Denn sie erzeugen nun Millionen von Hosen, die, um gekauft zu werden, echt und auratisch, also alt aussehen müssen, aber gleichzeitig dazu verpflichtet sind, aufs unzweideutigste zu zeigen, daß sie *nach der neuesten Mode* alt sind. Zehntausendfach produzierte Aurae! Und welch ein Gedanke: Walter in von der Stange gekauften, künstlich alten, künstlich auratischen blue jeans!

„Wir sind stolz auf unseren Pluralismus"

meinte ein Lehrer.

„Auch noch stolz darauf!"

„Gewiß!"

„Sie sind also stolz darauf, daß jeder Irrtum und jeder Glaube das gleiche Recht darauf hat, sich für wahr, nein: für *die* Wahrheit zu halten?“

„So hatte ich es nicht gemeint“, beteuerte der Lehrer.

„Wenn nicht so, dann haben Sie überhaupt nichts gemeint!“

„Doch. Die Freiheit.“

Zeitungslektüre

Als B. in einem überspannten Zeitungsartikel der „Hegel von heute“ genannt wurde und seine Frau ihn fragte, ob er von solchem Ruhm je geträumt habe, wandte er sich an das Hündchen, das ihm seine Schuhspitze ableckte. „Hast du je von Hegel gehört?“ fragte er es, und als dieses weiterleckend bewies, daß es noch nicht einmal die Frage verstanden hatte, nein: noch nicht einmal, daß es gefragt worden war, antwortete B. seiner Frau: „*So* berühmt scheint der Hegel auch nicht gewesen zu sein“, und ging zur Tagesordnung, zu den Tausenden von Flüchtlingen in Asien, über.

Betende in der Votivkirche

Als der Teufel Gott mitteilte, daß Herr X gestorben sei, fragte dieser zurück: „Was kannst Du mir über ihn erzählen?“

„Er hat täglich zu Dir gebetet.“

„*Was* hat er getan?“ fragte Gott zurück.

Gasparone bettelt

Warum „demander“ und „to ask“ sowohl „bitten“ bedeutet wie „fragen“, das habe ich von Dir gelernt, Gasparone. Wenn Du während meines Frühstücks an mir hochhüpfst oder mich flehend anblickst, dann bedeutet Dein Hüpfen und Dein Bettelblick sowohl: „Gib mir was! “ wie: „Krieg ich was?“ Die zwei („Akte“ nennen wir so was) bei Dir zu unterscheiden, das wäre gewiß sinnlos, mein Lieber. Findest Du nicht auch? Aber diese Frage verstehst Du ja eben nicht, weil ich dabei nicht flehend an Dir hochhüpfe. Gleichviel, ob Du sie verstehst oder nicht – Dir verdanke ich die Einsicht, daß auch wir, wenn wir Fragen formulieren, eigentlich Nichtgegebenes zu erhüpfen versuchen.

Eigentlich. Denn gerade dort, wo sich unser Fragen vom Hüpfen emanzipiert, da beginnen wir Menschen, mindestens wir Philosophen. Aber das zu verstehen, ist Dir freilich auch nicht gegeben. Und ein Verständnis für meinen Dank an Dich darf ich gleichfalls nicht erhoffen. Versuchen wir, mein Guter, uns zu lieben über diese Kluft hinweg.

Gespräch mit Dr. R. über Experimente

Dr. R., der den 1. Band der „Antiquiertheit" gut kennt, legte besonderen Wert auf meinen dort formulierten Gedanken, daß atomare Tests keine Tests, d. h. keine Experimente mehr seien, da sie sich nicht, wie echte Experimente, harmlos im „Als-ob" abspielen, – nicht innerhalb von in sich geschlossenen mikrokosmischen Versuchsanordnungen und „abgerufen" und unterbrochen werden könnten; daß sie vielmehr, z. B. durch fall-out, die Grenzen sprengten und im weitesten Umkreis, und zwar u. U. endgültig und total, wirksam würden, also als geschichtliche *Handlungen* und Welt-*Ereignisse* eingestuft werden müßten. Diese meine so vor etwa dreißig Jahren formulierte These nahm ich zwar nicht zurück, aber ich ergänzte sie doch deprimiert durch deren Umkehrung: *„Unser gesamtes Tun ist nämlich"*, erklärte ich in diesem Sinne, *„pseudoexperimentell."* Damit meine ich, daß es uns durch bloßes Unterlassen der nicht-harmlosen Pseudo-Experimente nicht gelinge, die Welt und unser Tun weniger verkehrt und weniger gewissenlos zu machen. Was immer wir unternehmen, immer werden unsere Unternehmungen Experimente darstellen, die unumkehrbar sein werden und deren Folgen wir nicht werden absehen können. – „Schon die Grundtatsache, daß wir uns vor einem halben Jahrtausend, wahrhaftig arglos, auf das Abenteuer ‚Technik' eingelassen hatten, ist ein irreversibles Experiment und dadurch kein Experiment mehr gewesen. Aber was so allgemein gilt, gilt erst recht im ‚Kleinen': so können wir z. B. in den bisherigen Anlagen von Kernreaktoren, obwohl sie nicht als ‚Tests' gemeint sind, *‚falsche Experimental-Anlagen'* sehen, nämlich: Installationen, deren *Effekte*, wie vorhin formuliert, *über die Grenze des eigentlich geplanten Effektbereiches hinausschießen können*, nein: das sogar höchstwahrscheinlich tun werden; und die durch diese ‚Transzendierung' des eigenen Bereiches den ‚falschen Experimentalanlagen' strukturell gleichen."

In der Tat gibt es heute keine (auch keine scheinbar „nichtexperimentellen") Unternehmen der Menschheit mehr, die nicht Grenzen sprengten. Oder richtiger: innerhalb unseres Universums, in dem wir handeln, gibt es keine Grenzen mehr; es ist in einem ganz neuen Sinne „grenzenlos", unsere Aktionen sind also nicht eigentlich mehr „grenzüberschreitend", da man, wo die Schlagbäume gefallen sind, nicht mehr von „Grenzüberschreitungen" sprechen kann. Und das gilt sogar von unseren *Unterlassungen.* Selbst das, was wir *nicht* tun, löst Effekte aus, deren „Grenzen" wir nicht mehr absehen können. Nicht nur wer handelt, macht sich, mit Goethe, schuldig, sondern auch – denn Unterlassen ist ein Tun – wer *nicht* handelt. –

„Ich brauche Ihnen nicht ausdrücklich mitzuteilen, daß ich zu den bedingungslosen Gegnern des Baues von Kernkraftwerken gehöre, da deren Pannen, den Atomexplosionen ähnlich, deren fall-out keine räumlichen Grenzen kennt, *keine zeitlichen Grenzen kennen,* also finale Katastrophen nach sich ziehen können. Trotzdem ist es schwer zu bestreiten, fürchterlicherweise, daß, wenn wir heutzutage (was wohl kaum mehr durchführbar ist, da Kraftwerke ja nicht mehr revozierbare Realitäten sind) in unserer auf die Erzeugung ungeheurer Energiemassen angewiesenen Welt, auf diese Ressourcen verzichten würden – wie gesagt: ich bin bedingungslos für solchen Verzicht –, damit Effekte auslösen könnten, die so unübersehbar und grenzenlos wären wie die Effekte der ‚Explosionsexperimente'. Auch diese Unterlassungen könnten kaum verantwortbare ‚Experimente' darstellen. Wir sind heute gar nicht mehr in der Lage, nicht zu experimentieren. *We can't help experimenting.*"

„Aber das ist ja zum Verzweifeln!" rief er.

„Halten Sie Ihre Emotion für ein Gegenargument?" antwortete ich.

„Das natürlich nicht."

„Ich verbitte es mir aber – denn so klang eben Ihr Ausruf –, mir, dem Formulierer die Schuld für das Formulierte in die Schuhe zu schieben. Im übrigen kann ich mich nicht erinnern, je etwas gesagt zu haben, was nicht zum Verzweifeln gewesen wäre. Dazu, und zu nichts anderem, ist mir die Sprache gegeben. Oder erwarten Sie, daß ich rebus sic stantibus ‚die Himmel rühmen des Ewigen Ehre' singe?"

Ein präzedenzloser Fall.

Die wahnhafte „Erleuchtung", der der große Nietzsche im Jahre 1881, also mehrere Jahre vor seinem endgültigen geistigen Zusammenbruch, zum Opfer fiel und der er nunmehr alle weitere metaphysische Arbeit zu widmen bereit war: nämlich daß sich alles jetzt sich Abspielende, bis in die letzte Einzelheit, so und nicht anders, bereits unendlich oft abgespielt habe und sich unendlich oft noch abspielen würde („Es ist alles wiedergekommen: Der Sirius und die Spinne und ... dieser Gedanke, daß alles wiederkommt", Werke 12, 62) – also die fixe Idee der *„ewigen Wiederkunft"* ist, psychopathologisch gesehen, kein Unikum, wenn auch eine besondere Variante. Denn dem Typ nach gehört dieser Glaube in die Kasuistik des *„Wiederholungszwanges"* – nur, daß in diesem Fall der Zwang kein „Tu-Zwang" ist, sondern, in das Universum (als dessen Seinsweise) hineinprojiziert, ein *„Geschehniszwang"* ist. In der Tat hat es bis vor Heidegger in der ungeheuer großen Nietzsche-Literatur niemanden gegeben, der mit dessen Wahnidee irgend etwas hätte anfangen können oder der diese gar als These diskussionsfähig gefunden hätte. Man spielt sie einfach als „Grille" herunter, oder man verharmloste sie zur hölderlinhaften Rehabilitierung des Griechentums, zur „Neubelebung" der zyklischen Zeit der Antike. Selbst dem ehemaligen Psychopathologen Jaspers war es nicht ganz wohl bei Nietzsches These. –

Nun, daß Wahnideen überleben und von Massen, nicht nur von zelotischen, weitergeglaubt und sogar unter Opfern verteidigt werden, das ist ja in der Geschichte der Religionen normal, also nicht präzedenzlos. Der Fall dagegen, der hier vorliegt, gehört nicht in die Religionsgeschichte, es handelt sich nicht um Massen, gar um fanatisierte Massen von Anhängern. Vielmehr um einen Einzelnen. Denn präzedenzlos ist es in der Tat, daß sechzig Jahre nach dem Ausbruch von Nietzsches idée fixe, jawohl: sechzig Jahre danach, ein anderer einzelner Philosoph auftritt, und nicht etwa irgendeiner, sondern zweifellos einer der größten nach Nietzsche, ein genialer sogar, dessen Denkkraft und Kenntnis der europäischen Philosophie diejenige Nietzsches um ein Vielfaches übersteigt. Und daß dieser Denker Nietzsches Wahn nicht nur ernst nimmt, sondern als *die* epochale Einsicht, als *das* Ereignis der modernen Metaphysik feiert, und über dieses Ereignis – nicht etwa über die paranoide These, sondern über die angebliche *Tatsache der ewigen Wiederkunft* handelt und länger sich ausläßt, als Nietzsche das getan hat. Nein, schlimmer: Was Heidegger feiert, ist nicht nur das größte Ereignis innerhalb der Metaphysik, sondern *das größte in der Geschichte des Seins* – denn für ihn verwirklicht sich ja dessen Geschichte in der der Metaphysik, was immer diese, philosophischer Megalomanie entsprungene, Heideggersche These bedeuten mag.

Gleichviel: in der Geistesgeschichte ist es meines Wissens nie zuvor geschehen, daß sich eine Wahnidee und überdies nicht einmal durch direkten Lehrer-Schüler-Kontakt, sondern nach vielen Jahrzehnten vererbt hat.

Heidegger hat diese befremdliche These des bereits abnormen Nietzsche in den Jahren 1936 bis 1941 an der Universität Freiburg vorgetragen, nein, apotheotisch behandelt. Und noch im Jahre 1961 in der zweiten Auflage herausgebracht. Noch damals muß er also, oder vielleicht damals erst recht, mit seinen Ausführungen einverstanden gewesen sein. Zurückgenommen hat Heidegger ja bekanntlich niemals etwas, nicht nur Metaphysica nicht.

„Trotz“ hieß seine Muse. Gleichviel, es wäre interessant, von einem der damaligen Hörer – es werden ja noch einige leben, sie müssen heute in den Sechzigern sein – zu erfahren, ob es damals geistig und moralisch gesunde unter den Studenten und Studentinnen gegeben hat, denen diese Zumutung zuviel geworden ist und die die Vorlesung ungeduldig oder gar unter Gelächter verlassen haben.

Aber Zivilcourage und gesunder Menschenverstand waren ja im Millenium des Heldentums und der Gleichschalterei nicht gerade dicht gesät.

Nietzsche-Lektüre

„*Ewige Wiederkunft*“ bei ihm ganz unglaubhaft. Letztlich wohl eine übertriebene Gegenreaktion auf den Progreß-Begriff. Daß Heidegger in seinen zwei Bänden über Nietzsche dessen idée fixe nicht nur absolut nimmt, sondern als Wahrheit akzeptiert, bleibt unbegreiflich.

Morgen kann der Begriff, freilich in einem Sinne, der mit dem Nietzsches nichts mehr zu tun hat, grauenhafte Wirklichkeit werden:

durch die Gen-Manipulation, die uns, wenn wir die heutigen Möglichkeiten des „human engineering" im Geiste verlängern, vielleicht instandsetzen wird, aus einem Menschen A einen diesem völlig gleichen, um nicht zu sagen: einen mit diesem identischen Menschen B zu machen und diese Verdoppelung ad infinitum fortzusetzen, wird der religiöse Ausdruck seine empirisch-biologische Verwirklichung finden.

Im Radio: Regers Mozart-Variationen

Heute während des Tippens die späten Regerschen Mozart-Variationen in a gehört: man sollte annehmen, daß die Verwandlung eines Menuett-Themas in eine monumentale Fuge abgeschmackt sei. Nicht im geringsten. Sie ist großartig. Diese Transformierung eines Stückes des 18. Jahrhunderts in eines des 20. Jahrhunderts, und dazu noch in eines, das ein *vor*mozartisches, nämlich Bachsches Idiom zitiert und steigert, ist ungeheuer aufregend. Vielleicht wird morgen ein Dritter kommen, der über Regers Version Variationen schreibt. Hochmütig von Geschichtswidrigkeit zu sprechen ist sinnlos, denn gerade so geht Geschichte vor sich. Andere Beispiele: Goyas Giorgionevariation (Maja), Manets Goyavariation (Olympia), Matisses Manetvariation (Liegende). – Delacroixs Rubensvariation (Löwenkampf).

Unmoral der Sprache

Immer wieder kommt aus dem Radio das alles Unmoralische vertuschende und entschuldigende Wort „Sachzwänge". „Sachzwänge" sind es z. B., die den Verkauf von Tanks an faschistische südamerikanische Staaten erfordern und daher rechtfertigen. Der philosophische Ausdruck für Geschäftsinteresse. Noch schlimmer, weil akademisch verbrämt und feierlich aufgebläht, die Redensart, die soeben aus dem sonst ganz unphilosophischen Munde eines hiesigen Ministers kam: „*die normative Kraft des Faktischen.*" Wenn Kant *das* gehört hätte. Diese „Kraft" wohnt natürlich auch den Atomwaffen inne. In anderen Worten: *was ist, ist (nicht vernünftig, sondern:) erlaubt. Nein, nicht nur erlaubt, sondern gesollt.*

Rundfunk: Tito todkrank –
Die hohe Geistlichkeit ruft zum Gebet für ihn auf

Das ist präzedenzlos, daß Kirchenfürsten die Bevölkerung dazu auffordern, sich inständig für einen Ungläubigen an Gott zu wenden. Ist das nun eine Blamage der Atheismus-Propaganda?

Als mir im Hospital in Los Angeles die Nachtschwester am Abend vor der kritischen Nacht mitteilte, sie würde während meines Schlafes für mich beten, habe ich ihr das in einem Ausbruch von Empörung verboten und mich selbst daran gehindert einzuschlafen. Mein „don't dare to" muß geklungen haben, als wehrte ich mich dagegen, vergiftet zu werden. Was sie, als sie mir ihren Entschluß zum Beten mitteilte, mir gewünscht hat, weiß ich nicht. Um so weniger, als sie die gröbste aller Nachtschwestern war. Und mich, da ich ein foreigner war, nicht ausstehen konnte.

Bahnfahrt
Bad Ischl–Wien

„Kennen Sie nicht den ontologischen Gottesbeweis?" fragte mich freundlich ein Geistlicher, der entdeckt hatte, daß ich in einem Bande Nietzsche las.

„Darf ich zurückfragen und mit einer Frage antworten?"

„Aber bitte", meinte er, wohl hoffend, mich im Netz zu haben.

„Haben Sie den Holocaust-Film gesehen?" fragte ich.

„Ich pflege nicht, mir Filme anzusehen."

„Nicht gerade ein Zeichen von Mut. Denn natürlich hatten Sie auch vorher *gewußt,* worum es in dem Film ging. Jedermann hatte das gewußt."

„Ich pflege nicht, Reklame ernst zu nehmen."

„Ebenfalls kein Zeichen von Mut. Wenn Sie den Film nämlich gesehen hätten, dann würden Sie spüren, was für eine Zumutung es ist, mir mit dem ‚ontologischen Gottesbeweis' zu kommen."

„In Zumutungen, mein Lieber, besteht nun einmal unsere Mission. Die des Evangeliums. Rechte Backe – linke Backe – wenn das keine Zumutung ist!"

„Weichen Sie bitte nicht aus! Was ich meine, ist vielmehr, daß es eine moralische Zumutung ist, mir oder irgendwem sonst nach dem Holocaust mit Gott zu kommen."

„*Das* wäre eine Zumutung?“

„*Weil es eine Blasphemie ist, heute an Gott zu glauben!*“

„Sagten Sie ‚Blasphemie‘?“ Seine Stimme bebte. „Das hat in meiner Gegenwart noch niemand gewagt!“

„Dann wird es höchste Zeit.“

„Und was meinen Sie damit?“

„Daß nach Auschwitz, um ein bekanntes dictum zu erweitern, *nicht nur das Dichten unmöglich geworden ist.* Ich würde sogar sagen: unschicklich.“

„Und was wollen Sie damit wieder insinuieren?“

„Sie werden doch gewiß einräumen, daß ein Gott . . .“

„Gott!“ Seine Auslassung des unbestimmten Artikels dröhnte geradezu.

„. . . daß Gott, wenn es diesen gäbe, nicht nur der Schöpfer der Welt wäre und der Gesetzgeber, sondern auch der *Zulassende.*“

„Und?“

„*Hat Gott Auschwitz verhindert oder zugelassen?*“

Er begann, langsam seinen Kopf zu schütteln. Aber wohl nicht, um meine Frage zu verneinen, sondern aus Erstaunen darüber, daß es jemanden gab, der es sich herausnahm, *so* zu *ihm* zu sprechen.

„*Offenbar hat er es zugelassen. Da es ja sonst nicht hätte geschehen können.*“

„Auf solche Tricks falle ich nicht herein“, behauptete er, schief lächelnd.

„Und was wäre das für ein Gott, der Auschwitz zugelassen hätte? Nun? Würden Sie nicht seinen Namen *beflecken,* wenn Sie einräumen würden, daß *er* das zugelassen hat? Und wäre es nicht frömmer (jawohl frömmer, ich sage: frömmer) zu sagen, kein Gott hätte das zugelassen? Und wäre es nicht ehrfürchtiger (jawohl, ich sage: ehrfürchtiger) einzuräumen, daß es ihn nicht gebe, weil *so* unbarmherzig ein Gott, vor allem ein Gott der Liebe, nicht hätte sein können?“

Darauf wußte er nichts zu antworten.

„Oder wollen Sie vielleicht unterstellen, alles dies hätte sich Tag für Tag und Nacht für Nacht hinter Ihres Gottes Rücken abgespielt? Und *er,* den Sie den ‚Erbarmenden‘ nennen und den ‚Allwissenden‘ und den ‚Allgegenwärtigen‘, er habe davon so wenig gewußt, wie angeblich das Monstrum, das man mit dem Satz: „Wenn das der Führer wüßte!“ in Schutz genommen hat?“

„Ich verbitte mir diesen Vergleich!"

„Oder meinen Sie, er habe davon so wenig gewußt wie das deutsche Volk seit dem Jahre 1945? das heißt: *gewußt, aber nichts davon wissen wollen.* Und die Frage ist nicht nur an Sie gestellt. Sondern auch an die Rabbiner. Und an alle Nachfahren der sechs Millionen. Zuweilen frage ich mich sogar, ob es wirklich so groß gewesen sein kann, mit den Preisungen dessen, der dies zuließ, auf den Lippen in die Gasöfen hineinzuziehen. Ob das nicht – aber ich wage das aus Respekt vor dem Unsäglichen, das mir ohne Verdienst erspart geblieben ist, nur ganz leise zu fragen – ob dieser Preisgesang nicht vielleicht etwas . . ." Das Wort „unwürdig" wagte ich nicht auszusprechen. Und ließ dieses Gespräch versanden. Um so mehr, als er bereits das Brevier aus der Tasche gezogen hatte.

Im „Rh. M." steht,
ich sei ein „professioneller Atheist".
Ich selbst hätte das gesagt

Möglich, daß ich, „pour épater le curé", den Ausdruck dann und wann in den Mund genommen habe. Aber er ist falsch. Zuviel Ehre. Der Ausdruck unterstellt, daß ich an Religion fixiert sei, wenn auch nur modo negativo, also durch Ableugnung ihres Gegenstandes. Wahrhaftig, wir haben in der apokalyptischen Situation, in die wir hineingeraten sind, Besseres und Wichtigeres zu tun, als aus der Bekämpfung eines Begriffs, dem nichts entspricht, unseren full time job zu machen. Man lebt nur einmal.

Im Rundfunk vierchörig, à la Gabrieli,
so als gäbe es nichts und niemanden,
der ausgeschlossen wäre:
„Die Himmel rühmen des Ewigen Ehre"

Das ist eine glatte Lüge. Nicht das Mindeste wissen die Himmel von ihm, so wenig wie die Lindenbäume oder die Kühe. Offenbar hat sich „der Ewige", außer gerade uns, allen seinen Kreaturen mißgönnt. Ungeheuerlicher als die Tatsache, daß wir *Monotheisten* sind, also daß wir, sofern wir glauben, an nur *einen* Gott glauben, ist die Tatsache von Gottes „*Monotestismus*", also die Tatsache, daß er sich nur *einen einzigen Zeugen* seiner Existenz angeschafft, daß er nämlich uns Menschen zu monopolistischen Mitwissern seiner Existenz gemacht hat, zum „auserwählten Volk" unter den creata. Welche Ungerechtigkeit – diese Gnadenwahl.

Natürlich sind diese Gedanken ganz absurd. Denn sie gälten ja allein, *si esset.*

F. H. lobte mich, ich sei stets auf der „Jagd nach der Wahrheit" gewesen

Nichts weniger als das. Ich glaube auch nicht, das Wort „Wahrheit" jemals verwendet zu haben. Denn niemals habe ich verstanden, was mit ihm gemeint sein könnte. Und gar erst mit dem Singularausdruck „*die* Wahrheit". Etwa mit den Sätzen: „X jagte nach *der* Wahrheit", oder: „Y glaubte sich im Besitz *der* Wahrheit." Meint der Ausdruck ein Seiendes? Das sogenannte, angebliche „Ganze des Seienden"? Oder eine mit diesem „koinzidierende" Theorie? Wie, wenn es zum – sit venia verbo – „Wesen" des Seienden gehörte, daß es sich verhüllte? Mindestens alles Individuelle dieser Welt? Weil das Individuum als nicht-verschlossenes kein „abgeschlossenes Individuum" wäre?

Newsweek-Lektüre

Welch ein Beruf!

Nicht nur, daß es eine große Industrie von „decoys" in den USA gibt: von künstlichen Enten, die man ins Wasser setzt, um mit deren Hilfe *richtige* Enten anzulocken, die auch wirklich darauf hereinfallen und sich zutraulich neben diesen Holzschwestern niederlassen, um sich aus nächster Nähe abknallen zu lassen. Nicht nur das. Die „culture" hat sich dieser Gemeinheit bemächtigt: denn in Amerika, im Staate Maryland, gibt es bereits ein Museum, in dem 1000 dieser Lockenten als „cultural values" ausgestellt sind. „Museum" – welche Muse hätte wohl ahnen können, daß eine solche Kollektion einmal nach ihr heißen würde? Und zu denken, daß es einen Kulturträger gibt, den Direktor dieses Museums, dessen Leben nicht nur im Betrügen der lebendigen Tiere besteht, sondern in der hübschen Anordnung der Betrugsobjekte und in deren Katalogisierung. Ob seine Frau „proud" ist auf den Beruf ihres Mannes? –

Welche Ähnlichkeit zwischen diesen decoys und den Werbeplakaten „join the marines", auf die die wirklichen boys „flogen", um sich wie die decoy-Enten abschießen zu lassen!

Großvater und Enkel vorbeigegangen

„Was weißt *du* schon!" höhnte der Enkel, dem Alten den Mund verbietend.

Die Verehrung oder Glorifizierung der Bejahrten und deren angeblich größere Erfahrung setzt voraus, daß die Welt im Laufe der Generationen sich gleichbleibe.

Da aber Welt und Leben sich täglich rasant verändern, bleiben die Alten zurück, werden sie von Tag zu Tag unerfahrener, wissen sie von Tag zu Tag weniger. „Weisheit" wird zum Monopol der Jüngeren. Und das biblische Gebot „Ehre Vater und Mutter" verliert seine Geltung. Wer sich schämt, ist der Alte, der gelähmt zusieht, wie der Enkel das Auto repariert. Auch ich bin bereits ein technischer Idiot. Und schäme mich vor denen, die ein Drittel so alt sind wie ich.

Führung durch die Blindenanstalt von Markwald

Im Treppenhaus ein viereckiger weißer Wandfleck. „Hat hier etwa ein Bild gehangen?" frage ich. „Ja, eines der Tizianschen Venus. Aber der neue Direktor hat verfügt, das Bild abzuhängen. Damit die Moral gewährleistet bleibe."

Der Kleinkleckersdorfer Kurier nennt mich einen „Dilettanten"

Das war auch der Goethe der Farbenlehre. Der Ausdruck ist ein Ehrenprädikat. Oder ist nur *der* Forscher ernst zu nehmen, der es *nicht* liebt zu forschen? Siehe auch Schopenhauer, Parerga II, § 250.

Las in mir zugesandten vulgär-marxistischen Broschüren

Ob nicht das hier faul und naiv weitergeplapperte Wort „Materialismus" längst schon hätte aufgegeben werden müssen? Schon seit der Einsteinschen Masse-Energie-Gleichung ist die Behauptung der Materialität der Welt fragwürdig. Auch wenn man unter „Materialismus" mit Marx die Tatsache versteht, daß die Geschichte der Menschheit und ihrer Kultur eine Geschichte ihrer Bedürfnisse und Bedürfnisstillungen ist – eine These, der ich folge –, ist der Ausdruck „Materialismus" sinnlos. Denn Bedürfnisse sind keine Materie. – Vollends obsolet ist die, noch von Schopenhauer als selbstverständlich unterstellte, „Unzerstörbarkeit der Materie" geworden: die erste Kernspaltung hat diese These widerlegt.

Die zwei Wörter „Materie" und „Materialismus" habe ich in meinen philosophischen Schriften genauso selten benutzt wie die zwei anderen „Geist" und „Idealismus": nämlich nie. Alle vier gehören in eine Proskriptionsliste.

Italienischer Tenor

Drehte das Radio an: Schluchzender Tenor, dessen Melodie von Celli parallel mitgeschluchzt wurde. Muß Leoncavollo oder Puccini gewesen sein. Warum entsteht durch solche Parallelführung ein so vulgär betörender Schmelz? Wird sie als *„emotionale Bestätigung"* empfunden?

Drei Tote

R., der gerade aus Jugoslawien zurückgekommen ist, hatte sich während des Erdbebens in einem Dorf nahe Skopje aufgehalten, als dort ein Stoß die von Frauen und Kindern bis zum letzten Platz gefüllte Kirche zum Einsturz brachte. Als Einer, der sofort herbeigeeilt war, um zu retten, wer und was noch zu retten war, mit einem Freunde dessen tote und unkenntlich gewordene Tochter aus den Trümmern herauszog und stimmlos fragte: „Beweist das nun Gottes Allmacht?" und: „Oder sein Erbarmen?", da stellte der Vater des Mädchens die Bahre ab, holte mit vollem Schwunge aus und erschlug mit dem Spaten seinen Freund und Helfer.

Nach dieser Erzählung weinten einige von uns. Aber unsere Tränen galten nicht nur dem toten Mädchen. Auch nicht nur dem erschlagenen Freunde. Sondern auch dem furchtbaren Beweis für die Kraftlosigkeit von Beweisen. Und unsere letzten Hoffnungen erstarben.

Las Vegas

Hunderte der dem Hotelbrand in Las Vegas Entronnenen sind nicht vor dem wirklichen Flammenmeer, das sie umgab, geflohen, sondern vor den auf ihren Fernsehschirmen als „last news“ präsentierten Bildern dieses Flammenmeeres. Ihre eigene Todesgefahr erfuhren sie, ehe sie begriffen, daß sie mitten im Abgebildeten saßen, gelangweilt als TV-Bild. Fehlte nur noch, daß sie sich selbst als Ignoranten der Katastrophe auf den Bildschirmen sehen konnten. Nicht nur die Wirklichkeit ihres Lebens haben sie sich durch Bilder ersetzt oder ersetzen lassen, sondern auch die ihres Sterbens.

So werden wir den Ausbruch des Atomkrieges erfahren. Und noch ehe wir die drei Wörter „turn it off“ ausgesprochen haben werden, werden wir „turned off“ sein.

Eisenbahnabteil

Gespräch mit einem Kaplan, dessen missionarische Bemühungen ich dadurch zu dämpfen versuchte, daß ich ihm mitteilte, ich sei Jude.

„Aber *hoffentlich mindestens* ...“

„Sie sind beleidigend.“

„Warum?“

„Weil Sie aufs intoleranteste meinen: wenn ich schon nicht Christ sei, dann sollte ich doch mindestens ...“

Er blieb stumm.

„Und was meinen Sie mit ‚hoffentlich‘?“

„Hoffentlich sind Sie ...“

„... mindestens ...“

„... ein treuer Jude.“

„Im Gesetzessinne nicht im mindesten. Dieser Treue bin ich schon längst untreu geworden.“

„Dieser Treue?“

Ich nickte: „Dieser Treue gegenüber dem *Gewesenen.*“

Er runzelte die Brauen.

„Reden wir nicht von mir, sondern von Ihnen! Ihre Kirche fordert von ihren Anhängern, die Autorität der Credos, Thesen, Resolutionen, Evangelien, Kirchenväter, Konzilien, seit 100 Jahren sogar der angeblich infalliblen Päpste anzuerkennen; also der Vergangenheit die Treue zu halten."

„Und?"

„Nicht unseren Vorfahren haben wir die Treue zu halten, sondern unseren Nachfahren; nicht unseren Vätern, sondern unseren Enkeln."

„Unseren Enkeln?"

„Nämlich uns schon heute getreulich nach den Maximen, den Geboten und Verboten zu richten, die diese einmal im verzweifelten Kampf gegen ihren, von uns und ihnen verschuldeten Untergang aufstellen werden. *Nicht ‚noch' haben wir treu zu sein, sondern ‚schon'. Nicht nach hinten, sondern nach vorne.* Und da kenne ich allerdings keine Lauheit und keine Kompromisse: in der Treue nach vorne bin ich orthodox."

Er blickte mich erschreckt an. Dann entschied er sich offenbar dafür, es mit einem Wahnsinnigen zu tun zu haben, und setzte sich auf einen anderen Platz. Ich aber lächelte ihm dann und wann zu, was ihn schließlich so ängstlich machte, daß er den Waggon wechselte.

Zeitungsnachricht

I

Als man dem vermutlich recht zynischen Herrn P. vorwarf, daß er seinen alten Vater allein habe sterben lassen, stritt er das energisch ab. „Vielmehr ist er vor dem Fernsehschirm eingeschlafen, und sogar bei seiner Lieblingssendung. Also in Gesellschaft." Das also ist Gesellschaft heute.

II

Das Fernsehprogramm, vor dem der alte Herr P. verschieden ist, ist vermutlich noch stundenlang, unbekümmert um die Tatsache, daß es von niemandem mehr angesehen wurde, gelaufen. Nicht nur Fernsehprogrammen stößt das zu, sondern den meisten Geschehnissen im Universum. Nur allerrarste Ausnahmen durchbrechen die metaphysische Regel der Ungesehenheit. Wer oder was hätte denn schon, und genösse denn schon, „Ansehen".

Trio

Hörte im Radio ein Streichtrio von Pleyel. So peinigend wie der Anblick eines lahmenden, nur auf drei Beinen laufenden Tieres: die immer wieder, aber eben doch nur vorübergehend aus schlechtem Gewissen benutzten Doppelgriffe wirkten, als wenn der Hund, um seine Vierfüßigkeit zu beweisen, seinen kranken Fuß doch dann und wann aufzusetzen versuchte. Das Prestissimo war vollends absurd, denn rennen kann man auf drei Beinen erst recht nicht. Irritiert durch diesen Eindruck konnte ich mich auf den Gehalt des Stückes überhaupt nicht konzentrieren. Problem: wozu müssen es durchaus vier Stimmen sein?

Bad Ischl. Geistlicher fragt mich im Kaisergarten,
welcher meiner Lehrer Thomist gewesen sei

Ich antwortete: „Philosophieren habe ich gelernt, aber keine Philosophie." Worauf er verstummte.

Der Gedanke, daß auch nur ein einziger meiner Lehrer hätte gläubig gewesen sein können oder es hätte in Kauf nehmen können, von einer Offenbarung oder gar vom Thesensystem einer Kirche auszugehen, dieser Gedanke ist einfach absurd. Heidegger hat Thomas zwar auswendig gekannt – ich habe, ohne ein Wort zu verstehen, an einem Seminar über die „Summa" in Marburg teilgenommen –, aber ein Thomist ist er nun wahrhaftig nicht gewesen. Scheler hat in den Jahren vor seinem Tode, in denen ihn fast ausschließlich Wissenssoziologie interessierte, seine frühe religiöse Phase offenkundlich verspottet – ich bin dabei gewesen, wie er in Köln einen Geistlichen, der sich auf den „frühen Scheler" berief, mit den Worten abgefertigt hat, dieser Mann sei keine Autorität für ihn; und wer sich auch heute noch, wie es in Rom vorkommen soll, auf ihn beruft, der riskiert es, von der Nachwelt verspottet zu werden. – Und Cassirer? Und Husserl? Hat es nicht zu ihrer „philosophischen Kultur", abgesehen davon, daß sie „natürlich" asketisch war, gehört, daß sie ihre religiöse Indifferenz verschwiegen und selbst *dieses Verschweigen vor sich selbst verschwiegen hat*?

Cassirer hat zwar in seinen philosophiegeschichtlichen Vorlesungen Friedrich A. Lange und in seiner „Philosophie der Aufklärung" Helvetius nicht ausgelassen. Aber nicht im Traume wäre es ihm eingefallen, seine eigene Antwort auf die Gretchenfrage, sofern er eine Antwort, sofern er eine Frage hatte, vorzutragen.

Vermutlich hätte er die Bitte, eine eigene Antwort zu formulieren, nicht so sehr als indiskret, sondern als kindlich beiseitegeschoben. Als Historiker gehörte er eben nicht mehr zu denjenigen, die zu Glauben oder Nichtglauben oder gar zu den Gegenständen des Glaubens Stellung nehmen, diese Philosophen hatte er, so meinte er wohl, ohne diese Tatsache zu formulieren, „überholt", denn er gehörte eben zu denjenigen, die die Gläubigen oder Nichtgläubigen *„interpretierten"* – *„Interpretation" war in der Tat das Feigheitswort der Epoche.* Freilich übten sie diese Selbstzensur durchweg unbewußt aus – das war bequemer, als bewußt etwas zu verdunkeln oder als sich damit abfinden zu müssen, daß man etwas verschweige. *Wo ich nicht darf, denk ich nicht scharf.*

In seinem fünfzig Jahre langen Denkerleben ist es Husserl vermutlich niemals aufgefallen (trotz der Tatsache, daß er sich hatte taufen lassen, also die sozialen Vorteile angeblichen Gottesglaubens durchaus nicht verschmähte), daß er das kapitalste philosophische Problem einfach unterschlug. Sehr ehrenhaft war das nicht. Denn wenn es ein Kriterium gibt, das den Philosophen definiert, so besteht dieses darin, daß er *unbewußte Selbstzensur bei sich nicht einreißen läßt.*

Keiner der genannten Männer – und sie waren durchweg mehr als bloße Philosophieprofessoren – hat vor dem Richterstuhl der Philosophie bestanden.

Bushaltestelle Ischl

Daß ein Student der *Idaho University* durch riesenhafte Lettern auf seinem T-shirt mitzuteilen wünscht, daß er dieser Universität angehöre, ist zwar nicht sehr ehrenvoll, aber doch begreiflich.

Unbegreiflich dagegen ist es, wenn ein fünfzehnjähriger Österreicher in Bad Ischl ein Hemd mit diesem Aufdruck spazierenführt. Ich fragte ihn – wir warteten auf den Bus nach St. Gilgen –, ob er wisse, wo Idaho liege. Keine Ahnung. Ebensowenig wußte er, was eine „University" ist. Trotzdem war dieses Hemd, wie er mir bereitwillig mitteilte, sein „Lieblingshemd" – „nämlich wegen dem Aufdruck". Auch er gehörte nun also dazu. Wozu? Natürlich nicht zur Studentenschaft der Universität von Idaho, sondern nur zu denen, die durch den Aufdruck vorgeben, dieser Universität zuzugehören. Nein, noch nicht einmal zu diesen. Sondern nur zu solchen, die solchen Zugehörigkeitsaufdruck tragen, ohne selbst zu glauben, daß sie dadurch irgendwohin gehören oder ohne zu beabsichtigen, der Mitwelt solche Zugehörigkeit weiszumachen. Im Gegenteil: Nähmen wir ihren Aufdruck ernst und behandelten wir sie wirklich als Studenten der Idaho-University – sie würden uns für verrückt halten. Sie kommen gar nicht auf den Gedanken, daß ihre Bauchvisitenkarte ernst genommen werden könnte. Aber als Witz meinen sie diese ebenfalls nicht, noch nicht einmal als eine falsche Aussage. Welch abgründiger nonsense!

Hinter diesem Fünfzehnjährigen stand an der Hand ihrer sie auf Kölnisch scheltenden Mutter eine etwa 10jährige, eingeschüchterte Göre, deren flach aufliegendes Hemd behauptete, daß sie zur „*Royal Air Force*“ gehöre. Behutsam erinnerte ich ihre Mutter daran, daß diese Air Force ihre Stadt vor 35 Jahren „eingeebnet“ habe. („Eingeebnet“ sagte ich statt „verwüstet“). „Glauben Sie, ich weiß das nicht allein?“ fragte sie kurz angebunden zurück, „wo ich ja meine Eltern dabei verloren habe!“ Nach einer kurzen Pause und einem um Jahrzehnte zu spät geflüsterten Wort des Beileids fragte ich sie, ob sie es nicht etwas irreführend fände („irreführend“ sagte ich statt „abgeschmackt“), wenn ihre Tochter jedermann mitteilte, zu den Verwüstern ihrer Heimatstadt zu gehören. „Gar nichts teilt sie mit“, replizierte die Mutter schneidend. „Gewiß nicht“, bestätigte ich. „Nichts mit ihrem Munde. Das Mitteilen hat sie bereits ihrer Wäsche übertragen.“ Sie blickte mich wie einen Geistesgestörten an. „Ja, sind Sie denn von gestern, wissen Sie denn wirklich nicht, daß das längst schon ‚in‘ ist?“ Und bestieg mit der kleinen unschuldigen Verwüsterin ihrer Heimatstadt den Autobus. Das ist nun heute „in“.

Die tiefste Vergangenheit

Die tägliche Zeitungs- und Rundfunkinformation lebt von der Vergeßlichkeit des Publikums; nein: stellt diese Vergeßlichkeit durch die immer neuen Offerten her. Nichts ist belehrender als die Lektüre einer alten Zeitung. Eine zwei Wochen alte fiel mir heute, am 12. Juli 1980, in die Hand. Las den langen Vorbericht über die geplante Brasilienreise des Papstes, den der hochangesehene und von sich selbst fest überzeugte Chefredakteur des Blattes am 26. Juni eingerückt hatte. Tableau: es besteht keine, nicht die leiseste Ähnlichkeit zwischen seiner Prognose und dem heutigen Korrespondentenbericht, auf Grund dessen derselbe Chefredakteur heute vermutlich wieder mit gleich tiefem Selbstvertrauen eine neue Prognose vorlegen wird; eine, die mit der damaligen nicht das mindeste zu tun haben wird. Aber das stört niemanden, auch ihn selbst nicht. Die ehemalige Prognose ist vom Leser vergessen, sie soll *vergessen* sein. *Vergessen = gegessen:* denn sie ist, wie ich es im 2. Band der „Antiquiertheit des Menschen“ formuliert habe, *im Gebrauch schon verbraucht worden*, und soll das sein; sie ist ein reines Konsumgut gewesen, das durch ein neues: eben den heutigen Leitartikel, ersetzt werden muß, darf, soll. Die Diskrepanz zwischen der heutigen und damaligen Prognose bleibt unerinnert, also unsichtbar, und aus diesem Grunde vermindert sich auch nicht das Prestige des Zeitungsartiklers. Dieser darf täglich falsch prophezeien, sogar das Gestern falsch darstellen. Und auch ihm selbst bleibt es unbekannt, daß seine jeweils heutigen Lageberichte seinen jeweils gestrigen schroff widersprechen. Da er von der Sterblichkeit seiner Produkte lebt, gibt es in der Tat keinen Autor, der weniger unsterblich wäre als er.

Nichts ist antiquierter als ein zwei Wochen altes Zeitungsblatt. Dieses ist Zeugnis der tiefsten, längst vom Sande des unterdessen Geschehenen verwehten Vergangenheit. Mit einem solchen Lappen verglichen, ist ein vor drei Jahren herausgekommenes Buch noch immer ein „vient de paraître“; und ein vor hundert Jahren niedergeschriebener Aphorismus von Nietzsche noch immer eine Angelegenheit von morgen.

Im Radio:
Mozart, Konzertante Symphonie KV 364

Die höre ich zum x.-Mal, in immer gleicher Beglückung. Das Zwiegespräch zwischen Violine und Viola hat einen besonderen Reiz durch einen Defekt der Viola: wenn diese nämlich eine musikalische Figur, die die leichtfüßige Violine ihr vorgetanzt hat, nachzutanzen versucht, gerät sie – eine außerordentlich menschliche Situation – außer Atem, denn die Viola ist schwerfälliger als die Geige; sie so schnell zu spielen, ist manuell sehr schwierig. Dieses Nachjagen aber gehört zu Wesen und Reiz dieser Symphonie. –

Für den Dirigenten ein Problem: soll er auf die Viola Rücksicht nehmen, deren Verlangsamung mitmachen? Oder ihr „fortlaufen“?

Rätselhaft, warum Mozart diese Symphonie in Es-Dur gesetzt hat, in eine für Streicher undankbare Tonart (es gibt kein Violinkonzert in Es-Dur), da in dieser weder die Chance der Grundierung durch leere Seiten noch die des Flageoletts zur Verfügung steht. Und ebenso rätselhaft, daß das Konzert trotzdem „klingt“.

Das kleine Einmaleins

Im Nebenzimmer versucht eine Mutter, ungeduldig ihrer Kleinen das Einmaleins beizubringen. Vergeblich. Die Kleine hat Recht. Denn daß 1 + 1 = 2 sei, ist eine unsinnige Aussage. Zuerst hat man zu fragen, welche Art von Entität mit 1 bezeichnet werden solle und ob diese als stationär oder als werdende gemeint sei; welche Art von Zusammensein unter „plus“ verstanden sei; schließlich, was wir mit dem Gleichheitszeichen (=) meinen. Ein Schilling plus einem anderen mag zwar zwei Schillinge ergeben. Aber eine lebende Zelle plus einer anderen ergibt oft nicht zwei Zellen, sondern nur eine oder mehrere. Die Arithmetik ist heimliche Ontologie: sie unterstellt, daß alle Gegenstände Schillinge seien.

Jahrhunderte lang haben sich die Molussier gegen die generelle Verwendung der primitiven Addition gesträubt: nämlich gegen die Zumutung, Wesen zu addieren, die sich nicht miteinander vertrügen, die also einem „plus“ widersprächen. Die Erbfeinde der Molussier waren bekanntlich die Penxer. Molussische Schulkinder hätten die Aufgabe, die Summe von zwei Molussiern und zwei Penxern zu ziehen, mit Hohngelächter quittiert, weil sie es für absurd gehalten hätten, diejenigen zusammenzurechnen, die einander umbringen. Und auch Nazischüler hätten die Aufgabe, zwei Juden und zwei Arier zu addieren, abgewiesen.

Selbst Gegenstände gleicher Art lassen sich nicht ohne weiteres addieren. Eine Ratte plus eine Ratte ergibt u. U. eine tote und eine lebendige Ratte. Was von der Addition gilt, gilt von allen anderen Rechnungsarten. 50 Gläubige *mal* 1000 ergeben nicht 50 000 Gläubige, sondern ein unkontrollierbares Menschenmeer. Le Bon hat das bereits gewußt, natürlich vor ihm Hegel, der Quantität in Qualität hat umschlagen lassen.

Entsprechendes gilt vom „Satz vom Widerspruch“, der uns glauben machen will, A könne nicht zugleich Nicht-A sein. Welche Art von Gegenstand ist denn gemeint? Welcher ist denn so, daß sein „Zugleich“ zu seinem Wesen gehört? Woraufhin unterstellt man denn, daß etwas Wesentliches über etwas ausgesagt sei, wenn man von seiner „Simultaneität“ spricht? *Für das Lebewesen* ist es umgekehrt *wesentlich,* daß es nicht nur zugleich ist, sondern, *es selbst bleibend, sich verändert.* Kurz – Hegel hat das vor hundertfünfzig Jahren gewußt – *daß A Nicht-A ist.*

Nicht anders als die Arithmetik unterstellt auch die formale Logik ein „totes“, sich nicht veränderndes Ding (das es vielleicht gar nicht gibt) und generalisiert dieses. Naiv der Glauben, daß man durch Vernachlässigung der Zeitlichkeit auf „ewige Wahrheiten“ stoßen könne.

Bad Ischl. Waldspaziergang

Ging mit J. durch den Wald. Er versicherte mir, sich im Verlauf der letzten Jahrzehnte von allen Vorurteilen absolut freigemacht zu haben.

„Du bist auch nicht fixiert an die Gegenstände Deiner Befreiung? So wie Nietzsche fixiert blieb an Wagner und Christentum?“

Er schüttelte den Kopf. „Keine noch so unerhörte These kann mich noch aufregen.“

„Wer spricht hier von Thesen?“ fragte ich zurück. „Was beweisen die schon?“

„Was meinst du?“

„Die wahren Beweise für Vorurteilsfreiheit sind Handlungen.“

„Handlungen? Soll ich vielleicht Dir zuliebe jemanden umbringen?“

„Nein, noch nicht einmal einen Regenwurm. Da verläuft auch für mich die Grenze. Trotz des Hohngelächters der Terroristen.“

„Sondern?“

„Weißt Du, wie in Molussien die Philosophen hießen?“

„Woher soll ich Deine albernen Erfindungen kennen?“

„Die *Kotfresser.*“ Ich blieb vor einem Häufchen gelben Hundebreis stehen und bückte mich.

„Hör auf!“ schrie er und stieß mich fort. Zu spät. Es war geschehen. Er blickte mich „aghast“ an. (Das deutsche Wort fehlt mir.) Dann erbrach er sich.

„Niemanden," fuhr ich erklärend fort, „der seinen Kot oder den eines Anderen nicht schlucken konnte, haben die molussischen Philosophen in ihren esoterischen Kreis aufgenommen. Niemanden, der nicht beweisen konnte, daß auch sein Leib von keinem Vorurteil versklavt war." Er würgte von neuem. „Natürlich", fuhr ich fort, „würdest Du dem platonischen Auswahlkriterium, der Geometrie, den Vorzug gegeben haben." Er konnte noch nicht reden. „Ein schöner Philosoph bist Du mir", meinte ich, nachdem wir uns wieder in Gang gesetzt hatten. „Aber *ob man das Abitur besteht, das beweist man* nicht durch die Fähigkeit, etwas als geltend anzuerkennen, wie den pythagoreischen Lehrsatz, sondern *durch die Fähigkeit, etwas nicht als geltend anzuerkennen.*"

„Ist Dir etwas?" fragte ihn seine Frau, als wir zuhause ankamen. Er war noch immer grün im Gesicht. „Wir haben nur etwas praktische Philosophie getrieben", erklärte ich.

Las in der Aeneis

„Sterb ich, so tröst ich mich doch / von Menschenhänden zu sterben" –

mit diesen Worten hat sich der bei dem Zyklopen zurückgelassene Grieche, der sich den Trojanern ergab, getröstet (III, 604). Der Beneidenswerte: Denn uns Bürgern des Raketenzeitalters ist selbst diese Tröstung versagt. Blick dich um, Sterblicher: kein tröstlich Tötender weit und breit.

Im Rundfunk: Frühgedanken

Heute früh hat jemand in der Sendung „Frühgedanken" mehrere Male das Wort „*Sinnhaftigkeit*" (des Lebens) verwendet. Dieses Wort ist unüberbietbar sinnlos. Schon vom „Sinn" (des Lebens) zu sprechen, ist fragwürdig und setzt eine ganze Metaphysik voraus. Gleichviel, das Adjektiv „sinnhaft" aus diesem Subjekt abzuleiten, wäre noch nicht sinnlos. Aber dieses Adjektivum zum zweiten Male zu „adjektivieren", also aus dem Wort „sinnhaft" „sinnhaftig" zu machen, ist einfach lachhaftig; demjenigen aber, der dieses leidige Doppeladjektiv noch einmal durch Anhängung der Schlußsilbe „-keit" in ein neues

Substantiv zurückverwandelt und nun also statt „Sinn“ „Sinnhaftigkeit“ sagt, dem sollte man das öffentliche Sprechen verbieten, aus Liebe zur deutschen Sprache.

Nach Nietzsche-Lektüre
WW 6, 153

Zu vermeiden: sich selbst demagogisch zu behandeln, so wie Nietzsche das getan hat.

Denn der ist in der Tat ein *monologischer Demagoge* gewesen; unfähig, sich gegen Betörung durch sich selbst abzuschirmen; so unfähig, wie das deutsche Volk unfähig war, sich gegen Hitlers Betörung abzuschirmen. „Ich lebe in meinem eigenen Lichte, ich trinke die Flammen, die aus mir brechen.“

Gleich, ob wir der Verführung durch einen Anderen oder einer durch uns selbst nachgeben – die Verführbarkeit und Verführtheit als solche ist würdelos.

Im Rundfunk
Janaceks lyrische Kantate „Amare“

Ursprünglich hatte er diese unbegreiflicherweise in as-Moll geschrieben. Er wunderte sich, daß das Orchester brummte und sich weigerte, in der schwierigen und zu wenig sonoren Tonart zu spielen. Woraufhin er ein Einsehen hatte und die Partitur in das leichtere und besser tönende a-Moll transponierte. Er hat die Transposition nie wieder zurückgenommen, und vermutlich ist dadurch auch kaum etwas geopfert. An Janaceks Bereitschaft hätte Gott sich wahrhaftig ein Beispiel nehmen können. Aber er glaubt an die Charaktere der Tonarten und beläßt seine Kantate unerbittlich in as-Moll. Noch nicht einmal zu einem gis-Moll versteht er sich!

Im „Spiegel“ vergrößernde Abbildung
von winzigen Transistoren

Während das vorige Jahrhundert noch mit der Monumentalität seiner Produkte und Bauten geprotzt hatte und Speer selbst noch vor vierzig Jahren einen Kuppelbau entworfen hatte, in dessen Innenraum der Petersdom viele Male Platz haben sollte – letzte Erben: die 300 000 t großen japanischen Öltanker –, geht nun heute die Tendenz auf *winzigstes Format.* ITT wirbt mit der Versicherung: „Zehntausend Transistoren auf dem kleinsten Finger!“ und selbst die Werbung ist winzig, denn oft geht sie bereits mit Hilfe von „hidden persuaders“ vor sich, also von Reizen, die zu klein sind, als daß wir sie bewußt aufnehmen könnten.

Die internationale Industrieausstellung im Jahre 2000 wird in einem einzigen zimmergroßen und natürlich transportablem Raum Platz finden. Wenn an ihrem Eingang Mikroskope ausgeteilt werden sollten, dann würde das auf eine bloß symbolische Geste hinauslaufen. Denn selbst unsere besten, d. h. winzigsten, Mikroskope werden unfähig bleiben, dieses Winzigste, das wir selbst hatten herstellen und dessen wir uns auch bedienen können, auch wirklich wahrzunehmen. Nicht nur gilt (was ich im 1. Band der „Antiquiertheit des Menschen“ aufgewiesen hatte): daß wir mit dem Übermaß unserer Produkte nicht mehr mitkommen – auch deren perfektem *Untermaß* sind wir nicht mehr gewachsen, oder richtiger: sie sind uns *„entwachsen“*, oder am richtigsten: sie sind uns *„entschrumpft“*. Wir bleiben als die zu großen und zu plumpen creatores hinter unseren creata zurück. Plumpheit ist nicht mehr ein empirisches Faktum unter anderen, vielmehr *der* Modus unseres heutigen „In-der Welt-seins“, wenn nicht unseres *„Nicht-mehr-in-unserer-Welt-seins.“*

Der Protagoras-Satz, daß der Mensch das Maß aller Dinge sei, sowohl der seienden (dafür daß sie *sind*), wie der nichtseienden (dafür daß sie *nicht* sind), hat seine Gültigkeit – was sich der auf seinen Relativismus so stolze Sophist nicht im Traume hätte vorstellen können – restlos eingebüßt.

„Maßstäbe“ sind nun umgekehrt die jeweiligen von uns gemachten Produkte. Und ob wir noch imstande bleiben, uns deren Maße anzumessen, das wird darüber entscheiden, ob wir noch „sein“ oder „nicht mehr sein“ werden.

Münchener Lokal

Habe gestern in München in einem der vielen bayerischen Folklore-Restaurants gegessen. Programmatische, geradezu penetrante bayerische Gemütlichkeit. Diese besteht aber in einer eigens hergestellten Unbequemlichkeit, die sich, da sie in der heute durchschnittlichen Luxuswelt selten ist, als Rarität bezahlen läßt. Die Funktion der dort verwendeten Beleuchtungskörper besteht z. B. darin, die Räume gerade nur so hell zu machen, daß man sieht, wie dunkel sie sind. Und der Reiz der altfränkischen und felsenharten Gemütsmöbel darin, daß sie die Sitzenden in die Vorluxuszeit ihrer wirklichen oder angeblichen Altvorderen zurückversetzen, ihnen also – was als vornehm gilt – „geschichtliche Vergangenheit" – offeriert. – Diese Lokale sind nicht etwa so gemütlich wie Heime – kein Heim dürfte sich eine so penetrante und unpraktische „Gemütlichkeit" leisten; umgekehrt ist „Gemütlichkeit" nunmehr zum Monopol von Lokalen geworden. Um sich „gemütlich zu fühlen" und zu Hause, muß man ausgehen. –

Noch nicht einmal

Im zaristischen Rußland vor der „Leibeigenen-Befreiung" bemaß sich, wie wir alle aus Gogol wissen, das Vermögen der Grundbesitzer an der Zahl der ihm gehörenden, „Seelen" genannten „Sachen". Was wir aber nicht wissen, ist, daß die Bäuerinnen, die nicht minder zur Arbeit verurteilt waren als die Bauern, *noch nicht einmal als „Seelen", also als Sachen, mitgezählt wurden.*

Kant hat nur wenige Kilometer diesseits der Grenze gelebt, hinter der die Frauen noch nicht einmal als Sachen galten. Wie kühn muß sein kategorisches Verbot, Menschen jemals als „Sachen" zu behandeln, in Königsberg geklungen haben! (Siehe: Kropotkin, Memoiren eines Revolutionärs, Stuttgart 1902, Bd. 1, S. 34)

Kuckuck im Wald oberhalb von Baden

I

In einer Baumkrone sang (?), rief (?), sprach (?), signalisierte (?), drückte sich aus (?) – gleichviel, es war ein *Kuckuck*. Der Ärmste: Nichts als immer wieder die, noch nicht einmal ganz reine, kleine Terz fis-dis. Zu diesem Intervall war er verdammt. Etwas anderes zu melden, stand ihm nicht frei. Ein geradezu Enesco-hafter Wiederholungszwang. Noch nicht einmal zur Abwechslung die Umkehrung dis-fis oder e-g. Und zu denken, daß auch seine Eltern und Großeltern bis hinunter zum Ur-Kuckuck nichts anderes hatten melden können und dürfen. Und daß auch seine Kinder und Kindeskinder, obwohl ausgebrütet von Vögeln weiß Gott welcher Art, nichts anderes werden mitteilen können oder dürfen.

Nun erst weiß ich, wie unendlich wir begünstigt sind (auf Grund welcher Verdienste eigentlich?) und daß unser lógon échein und unser Singen-können mit unserem Freisein Eines sind. Danke, Kuckuck!

II

Ob nicht die Millionen, die sich von der Tonalität nicht trennen können und eingesperrt bleiben in ihrem System, auch nur Kuckucke sind?

Gespräch mit F. H.

„Als was hast du eigentlich gewöhnlich gegolten?“, fragte er mich, nachdem er etwas von mir gelesen hatte. „Als sturer Nihilist? Oder als zelotischer Moralist?“

„Das ‚Oder‘ ist falsch. Als sturer Nihilist. Und zwar deshalb, weil ich mich als zelotischer Moralist aufführte.

Zuerst hatte man mich als einen *Radikalen* eingestuft. Namentlich zu Beginn der Hitlerzeit, seit 1936 in Amerika, weil ich zu jenen gehörte, die schon vor Amerikas Eintritt in den Krieg gegen Hitler gewesen waren. Da war also Deine Alternative ‚Nihilismus oder Moralismus‘ noch nicht aktuell. Vielmehr galt man als ‚radical‘, die Klassifizierung war unvorstellbar ungebildet. Noch nicht einmal, ob ich ein Kommunist sei, wurde ich, als ich zum erstenmal von einem FBI-Agenten besucht wurde, gefragt. Sondern – man bedenke: in den frühen Vierziger Jahren – ob ich ein Anhänger von Bellamy sei, also des in der Mitte des vorigen Jahrhunderts geborenen amerikanischen und mit Anarchismus identifizierten Sozialreformers. Ich kannte dessen Namen nicht und schlug dann im Lexikon der Public Library nach. Gleichviel, das war alles, was diesem Agenten, der nicht nur festzustellen hatte, ob ich ein gefährlicher Kommunist sei, einfiel, sondern von dessen Urteil es abhing, ob ich jemals Amerikaner würde werden können – das war alles, was diesem Agenten vom ‚Radikalismus' in den vierziger Jahren bekannt war. Da ich den Namen ‚Bellamy' nicht kannte, sondern nur Maupassants Roman ‚Bel ami', hielt er mich für einen Radikalen, der heuchelte oder ihn in die Irre zu führen versuchte – und ich bekam die notwendigen Dokumente nicht.

Später dann, ab 1945, von Hiroshima an, galt ich als *Nihilist* – als solchen hat mich noch der notorische Torberg in seiner CIA-Zeitschrift ‚Forum' behandelt –, weil ich gegen Atomrüstung, gegen den Genozid in Vietnam – kurz: gegen *Annihilismus* aufgetreten war. Und als moralisches Stück Dreck, als ‚infam' hat mich noch die Springerpresse behandelt, weil ich gegen ihre, den ‚Angriff' noch übergoebbelnde ‚Bild-Zeitung' aufgetreten war. Und in den Augen der amerikanischen Embassy in Wien war ich noch (als ich längst schon naturalisierter Österreicher war) ein ‚fraud', weil ich zur Jury des Lord Russelschen War Crime-Tribunals gehörte. Und noch 1978 galt ich in England als Nihilist, weil ich Eatherly, dem ich zu helfen versucht hatte, ‚shameless exploited' hätte. Wenn ich trotz dieser überall einsetzenden Diskriminierung zuweilen doch mit Anerkennungspreisen ausgezeichnet wurde, so allein deshalb, weil die mich Ehrenden erbärmlich informiert waren, weil oft die eine rechte Hand nicht wußte, was die andere rechte tat. –

Kurz: als *Moralist* habe ich immer nur auf Grund von Mißverständnissen gegolten; bei denen dagegen, die mich mehr oder minder argwöhnisch observierten, also bei den moralisch Indiskutablen, immer nur als ‚Nihilist'.

Freilich hat mir, von Amoralisten als ‚shameless' oder ‚infam' bezeichnet zu werden, stets das Rückgrat gestärkt, und die Diskriminierungen fresse ich wie direkte Ehrungen. – Was aber meinen wirklichen *Amoralismus* betrifft: also die Tatsache, daß ich Moral nicht für etwas halte, was durch einen Gott ..."

„Durch Gott ..."

„Was durch einen Gott sanktioniert sei, und daß ich nicht weiß, *ob* sie *überhaupt* sanktioniert ist, also ob *Sollen sein soll,* und die Tatsache, daß ich dieses Nichtwissen oft unverblümt zugegeben habe, nein: mit diesem Zugeständnis sogar mutwillig geprahlt habe – was also meinen wirklichen Amoralismus betrifft, so glaube ich kaum, daß politische Behörden von so akademisch klingenden Formeln überhaupt jemals Notiz genommen oder an diesen gar Anstoß genommen haben; und unwahrscheinlich ist es, daß ein wirklicher Moralist, und wäre er noch so religiös, einen Menschen, der mehr als die Hälfte seines Lebens damit (vermutlich vergeudet) verbracht hat, sich dem Überleben der Menschheit zu widmen, deshalb als amoralisch abtun würde, weil er vor Aller Ohren ausgesprochen hat, daß er die Ansprüche der Moral für basislos und deren Gebote und Verbote für unsanktioniert hält. *In den Augen von wirklich Gläubigen ist ein Moralist ohne Gott immer noch besser angeschrieben als ein Amoralist mit Gott.*

Nicht nur als ein Amoralist habe ich stets gegolten, sondern als ein metaphysischer Nihilist. Und zwar deshalb, weil ich unzweideutig ausgesprochen habe, daß die Philosophie, wenn kein planender und Sinn verleihender Gott mehr unterstellt ist, basislos geworden sei."

„Du meinst also nicht, daß die Philosophie an die Stelle der Religion getreten sei?"

„Das zu glauben, ist schon aus soziologischen Gründen indiskutabel. Denn die Wenigen, die sich mit Philosophie beschäftigen, die können ja nicht mit den Millionen gestrigen (und auch noch heutigen) Gläubigen verglichen werden. An die Stelle der Religionen getreten sind (abgesehen von den zahllosen Spielarten von Sektenquatsch und dem Drogenkult) nicht philosophische Lehrmeinungen oder ‚Weltanschauungen', sondern tausend Sorten von totaler Indifferenz, deren ‚Vertreter' für Philosophie genauso wenig übrighaben wie für Religion. Umgekehrt ist es meine feste Überzeugung – und die spreche ich als professioneller Atheist aus –, daß es atheistische Philosophie nicht geben kann und daß die Rede von einem ‚Sinn' oder das Zugeständnis eines ‚Sinngebers' unmöglich sei – was impliziert, daß, was ich treibe, nicht ‚Philosophie' ist und daß ich meine Klassifizierung als ‚Philosoph' nur faute de mieux akzeptiere. Wenn ich die Möglichkeit von atheistischer Philosophie bestreite, so tue ich das nicht aus Renegatentum, für das ich ganz unbegabt bin; nicht, um die Möglichkeit von Philosophie aufrechtzuerhalten, woran mir wenig liegt: wo steht es denn geschrieben, daß es Philosophen und Philosophieren geben müsse? Der Welt und uns würde es ohne uns Philosophen um nichts schlechter gehen. Meine Reflexionen, namentlich diese letzte, sind ‚philosophisch' nur noch in metaphorischem Sinne. Aber weshalb sollte ein Etikett überhaupt erforderlich sein?"

„Ich versichere Sie, meine Herren"
(Deutscher Bundestag)

Eine Sprache verfällt und banalisiert in dem Maße, in dem die Zahl ihrer casus abnimmt. Wie gut einer Deutsch spricht, läßt sich an der Rolle ablesen, die der Dativ (gerade noch) für ihn spielt. Das Englische, mehr noch das Amerikanische hat den Dativ schon beinahe restlos ausgemerzt. „Ich gab ihm" und „ich gab ihn" heißt beide Male „I gave him". Aber auch der deutsche Abgeordnete versicherte eben im Bundestag „Ich versichere Sie", wo er „Ihnen" meinte. Auf das „Sie" hätte er nur als Versicherungsagent ein Anrecht gehabt. Zählt die Dativa in den Reden Eurer Politiker. Und mißtraut denjenigen, denen diese bereits abhanden gekommen sind. Denen sind auch menschliche Nuancen nicht mehr zuzutrauen. Denn wie man spricht, so wird man.

Im Radio Oedipus Rex

Da kommt ein Russe nach Paris, läßt sich von einem Franzosen das sophokleische Ödipusdrama auf französisch bearbeiten; diese Version, zwecks Archaisierung, Verfeierlichung und Gewährleistung von Unverständlichkeit zurück ins Lateinische übersetzen (welch ein Weg von Griechenland nach Italien!); und diesen latinisierten Text macht er nun zur Unterlage für ein klassizistisches Oratorium, das seinerseits ohne das Vorbild christlicher Kirchenmusik niemals möglich gewesen wäre.

Dieser komplizierte und ziemlich alberne Alexandrinismus heißt „Strawinsky", das Stück „Oedipus Rex".

Bei Kant-Lektüre

Nach Auschwitz besteht mein Atheismus nicht mehr einfach in der Bestreitung „seines" Daseins. Sondern in meiner Empörung über die Würdelosigkeit derer, die einem, der *dies* zugelassen hat, im Gebet nahen.

Werbeprospekt – „Versäume nicht das echt Münchner Hofbräuhaus in Casablanca“

Niemanden habe ich in meiner Studentenzeit tiefer verachtet und leidenschaftlicher verabscheut, als jene, die die Schiffe, die im Hafen für sie bereitlagen – und ihre Nebelhörner tuteten bereits tief ins Land –, die diese Schiffe *vor* sich verbrannten. Jawohl: *vor* sich. Um sich nämlich daran zu hindern, jemals in hohe See zu stechen und unbekannten Ufern entgegenzusegeln. Ihre Feigheit nannten sie „Treue“ oder „Heimatliebe“ – ich habe das Heidegger in Marburg mitgeteilt.

Heute freilich brauchen sie die Schiffe nicht mehr zu verbrennen, heute ist es für jedermann ein Leichtes, Segeln und Treue zu verbinden. Denn unsere Massentouristen schwäbeln in Bangkok, und in Tunesien besuchen die Münchener gröhlend das dortige „Hofbräuhaus“. Unser Zeitalter ist das erste, in dem wir zugleich weitgereist und provinziell sein, fortfahren und zuhause bleiben können.

Die Simulanten

Waren bei R's. In der sechsköpfigen Familie (Elternpaar, zwei Großmütter, halberwachsene Tochter, elfjähriger Sohn) herrscht zwar gegenseitiger Haß aller auf Alle, aber auseinanderbrechen wird sie niemals, keiner von ihnen wird einen anderen umbringen. Vielmehr beschränken sie sich darauf, die Tragödie ihres haßerfüllten Lebens „*konzertant*“ aufzuführen. –

„*Konzertant*“: Auch auf der Opernbühne findet zwar die Ermordung der glutäugigen Spanierin nicht wirklich statt, sondern nur scheinbar. Aber eben doch noch scheinbar. In der „konzertanten“ Aufführung verzichten die Figuren sogar auf dieses Spiel, diese Simulation. Statt in bunten und folkloristischen Kostümen stehen die Personen sich nun in Abendkleidern gegenüber, nein, nicht gegenüber, sie stehen nur nebeneinander. Statt zu spielen, also so zu tun, als wenn sie sich umarmten oder erdolchten oder beides zugleich, singen sie nur diese Gefühle heraus. Sie verzichten darauf, die im Gefühl gemeinten Partner oder Feinde auch nur anzublicken. Was schon in der Oper nur „Spiel“ gewesen war: Umarmung oder Mord, wird nun noch einmal, gewissermaßen *in der Potenz gespielt*, nämlich lediglich *beteuert*. Nur die Emotionen und Affekte führen sie uns vor, weder die Aktionen, denen diese entstammen, noch diejenigen, zu denen diese führen. Die im Liebestod eigentlich fortschmelzende Isolde behauptet nun standhaft, und behauptet nur, in höchster Lust unbewußt zu vergehen. Und die Eifersüchtige gibt ihrer Nebenbuhlerin durch ein hilfreiches Kopfnicken das Einsatzzeichen.

So als bloße „Beteuerung" geht es in der sechsköpfigen Familie R. zu. Alles spielt sich im Modus der bloßen Beteuerung ab, teils aus Angst vor dem, was „die Anderen" sagen könnten, teils aus Gruppenegoismus. Die Hand des Wütenden, der beteuert: „Du bist des Todes", zuckt kaum je, und wenn, dann hält sie keinen Dolch. Auch die Hände der Familie R. halten keine Dolche. Und wer weiß, ob es nicht zuweilen in ihren gellenden Familienszenen vorkommt, daß der oder die Eine dem oder der Anderen das Einsatzzeichen zum Kreischen gibt? Verwundern würde mich das nicht.

In der Politik ist das alles auf den Kopf gestellt: die Großmächte, die irrsinnig rüstend und Kriege „*simulierend*" sich und uns einzureden versuchen, nein: uns erfolgreich einreden, daß sie den Krieg nur „*spielten*", sind noch nicht einmal „*Oper*", sondern nur „konzertant"; und daß sie damit auf nichts anderes abzielten als darauf, das Wirklichwerden des konzertant Aufgeführten zu verhüten – die wissen nicht, was sie tun oder behaupten. Denn im Raum der Geschichte gibt es kein Simulieren; jedes Spiel verändert die geschichtliche Situation, jedes wird automatisch ernst, die Großmanöver im Mittelmeer oder im Indischen Ozean sind wirkliche Handlungen – kurz: *sie beteuern nur, daß sie nur beteuern, sie simulieren nur Simulation.* In Wirklichkeit befinden sie sich und befinden wir uns dadurch schon längst im heißen Kriege.

Exotisches

Herr L. erzählt mir, daß er im nächsten Jahr seinen Urlaub in einem exotischen Lande, nämlich in Thailand, verbringen werde. Natürlich Gesellschaftsreise. – Es enttäuscht ihn, daß diese Ankündigung nicht den geringsten Eindruck auf mich macht. Und als ich schließlich mit „Sie Ärmster!" reagiere, ist er völlig perplex. „Warum ‚Ärmster'?" fragte er zurück.

„Weil Sie zu dem Zweck so schrecklich weit reisen müssen. Und so tief in die Tasche greifen müssen."

„Das billigste Angebot", widersprach er. Er nannte eine Reisefirma.

Ich schüttelte meinen Kopf. „Für mich ist schon hier die Linde vor dem Balkon exotisch. Mit dem Maul in der Erde. Und den Lungen in der Luft. Ein Dasein, das mir ganz fremdartig ist."

„Aber ..."

„Nein. Im Gegenteil. Sogar das Wachsen dieses meines Daumennagels ist, obwohl es sich angeblich an mir abspielt, obwohl sogar der dabei Aktive *ich* sein soll, ein völlig unnachvollziehbares Geschehen. Das mich durch sein totales Fremdbleiben pausenlos erschrecken kann."

Er blickte sich um, als suchte er einen, der ihm bestätigte, daß ich verrückt sei. „Sind Sie denn gar nicht neugierig?" fragte er schließlich.

„Nein, nicht im mindesten. Alles Alte ist bis heute neu geblieben. Unerhört neu. Und da dieses Neue ja pausenlos da-ist, vor mir liegt, und das sogar in Form meines eigenen Leibes, erübrigt sich jede Gier. Ich bin mir Thailand genug."

Radio

Hörte, gewiß zum hundertsten Mal, die Siebente Beethovens. Daß das Publikum immer wieder dasselbe zu hören verlangt, ist nicht, wie es Usus ist, allein dadurch erklärt, daß man Vertrautes liebt, sondern auch dadurch, daß man, Vertrautes hörend, *die Chance genießt, vorauszusehen.* Höre ich das Allegretto, dann bin ich ein Prophet. – Auf meiner Platte ist an einer Stelle zu Anfang des Allegretto das Dis zu tief geraten. Ich weiß Minuten vorher, was nun geschehen wird. Analog die Erfahrung beim wiederholten Sehen eines Films. „Jetzt wird die Frau gleich aus dem Fenster springen ..." Die Reproduktionstechnik verwandelt uns in, freilich sehr trivialisierte, Propheten.

F. H. fragte mich, warum ich Jude bliebe

„Ganz abgesehen davon, daß ich an denen hänge, die statt meiner verfolgt und ermordet worden sind, aus dem Grunde, weil die jüdische Religion die illusionsloseste, also würdigste aller Religionen gewesen ist. Als einzige hat sie niemals das Weiterleben der Seele nach dem Tode in Aussicht gestellt, vielmehr stets den Tod *als* Tod anerkannt.

‚Aus Staub ... zu Staub.' – Daß diesen Worten freilich die Worte folgen: ‚der Name des Herrn sei gelobt', das ist ein Einverständnis, das mir immer wieder den Atem verschlägt."

Keine Voraussetzungen

J. fragte mich: „Wie erklärst Du es Dir eigentlich, daß sich Deine ‚Kosmologische Humoreske' so jämmerlich verkauft? Eigentlich setzt sie doch gar keine philosophischen Kenntnisse voraus."

„Kenntnisse vielleicht nicht."

„Aber?"

„Unkenntnisse."

„Was meinst Du damit?"

„Daß sie einen Grad von Voraussetzungslosigkeit voraussetzt, den man bei fast niemandem voraussetzen kann."

Die Gretchenfrage

In München fragte mich ein Interviewer, ob ich mich als einen „moralistischen Autor" klassifizieren würde – was ich, da ich im Augenblick nichts Grundsätzliches improvisieren konnte, nicht bestritt. Aber diese Konzession ist natürlich fragwürdig. Denn wie dürfte ich, da ich keine Instanz anerkenne, die die – ich gebe zu: glühend von mir vertretenen – Postulate sanktionieren könnte; wie dürfte ich, da ich nicht dumm oder unredlich genug bin, um die Existenz basisloser, freischwebender, von niemandem geforderter „Gültigkeiten" oder – mir graust vor dem Worte – „Werte" zu behaupten; da ich als ein blanker Atheist dastehe, der die (von anderen Moralisten freilich auch nicht beantwortete, aber von diesen erst gar nicht gestellte) Frage, warum es besser sei, daß die Menschheit überlebe, als daß sie untergehe, nicht beantworten kann – wie dürfte ich mich einen „Moralisten" nennen?

„Und Du glaubst wirklich nicht, daß es Gott gibt?" fragte sie

Diese Frage kann mich professionell Areligiösen in einen Religiösen verwandeln. Wenn angeblich Gläubige so wenig wissen, was „Glauben“ ist, wer um Gottes willen, soll sich denn dann noch des Glaubens annehmen?

Oder anders: wenn sie glaubt, sie glaube, wenn sie glaubt, daß dies oder jenes „der Fall sei“, dann juckt es mir in den Fingern, mich als ein elitär Gläubiger aufzuspielen: nämlich als einer, der sich etwas darauf einbildet, daß er weiß, daß *ihr putare nichts mit credere zu tun hat.* Denn wer wirklich glaubt, der glaubt nicht, daß ... (dies ist putare) – der glaubt vielmehr an ...: dies ist credere. Freilich glaube ich auch diesen Eingebildeten nicht, daß sie wirklich glauben. Mein Unglaube und Argwohn reicht in viel tiefere Tiefen, ist viel grundsätzlicher als der Unglaube der (aus Toleranz gewöhnlich ganz unradikalen) Allerwelts-Ungläubigen. Während diese damit vorliebnehmen, zu bezweifeln oder zu bestreiten, daß es den „Gegenstand“ oder die „Gegenstände“, an den oder die die Gläubigen glauben, also Gott oder Jesus Christus oder den heiligen Geist, „gebe“, aber die subjektive Ehrlichkeit und Glaubwürdigkeit dieser Gläubigen nicht anzweifeln, glaube ich noch nicht einmal, daß es das, was sie seit Paulus „Glauben“ nennen, als speziellen Akt oder Zustand des Menschen überhaupt gebe. Ich glaube also keinem Gläubigen. Erst durch diese zweite Ableugnung ist die europäische Skepsisarbeit zu Ende geleistet.

M. fand gestern in München
meine philosophische Sprache „modern“

Damit mag M. recht haben. Nur ist sie das nicht deshalb, weil sie einige, modernen Phänomenen nach Maß zugeschnittene Neologismen enthält, sondern deshalb – und nun plaudere ich aus der Schule, was nicht folgenlos bleiben wird –, weil ich mich seit Jahrzehnten, genau: seit fünfundvierzig Jahren, systematisch gewisser Wörter, die ich als nicht mehr erlaubt betrachte, enthalten habe. *Vokabelaskese.* Die ist freilich niemandem weiter aufgefallen. Denn das Fehlende bleibt zumeist unsichtbar. Keines der Wörter, die ich gleich vorführen werde, habe ich meines Wissens je in den Mund genommen oder gar niedergeschrieben. Sie alle gehören, weil entweder (im Wittgensteinschen Sinne) sinnleer, oder (im Marxschen Sinne) ideologisch oder (im Goebbelsschen Sinne) absichtlich irreführend, in ein „*negatives Lexikon*“, in eine „*schwarze Liste*“. Obwohl bereits Wortleichen, sind sie aber nicht etwa nur „noch“ in Zirkulation; umgekehrt treten sie erst heute, und zwar durch die Massenmedien, namentlich bei Anlässen, in denen Bildung oder Feierlichkeit oder beides zusammen vorgetäuscht werden soll, inflationär auf. Erst dann, wenn sie zu Wortleichen geworden sind (oder erst dadurch, daß ...) geraten sie in Massenzirkulation. Niemals ist z. B. von der „Kreativität des Menschen" so viel geschwatzt worden wie heute im Zeitalter der Manipulierung der Menschen und deren Vokabulare. (Wohlgemerkt: „*der*" Menschen, nicht „*des*" Menschen, denn auch dieser Singularartikel gehört bereits auf die schwarze Liste, da er absichtlich die unter keinen Umständen zu verwischenden politischen Unterschiede zwischen Menschen und Menschen bzw. zwischen Klasse und Klasse unterschlägt. Das „der" gehört bereits zu den lügenhaften Wörtern, die ich niemals in den Mund genommen habe. Wohlgemerkt zu den „*lügenhaften*", nicht zu den „unechten": Denn auch das Wörterpaar „echt-unecht" muß proskribiert werden. Aber wir greifen vor.)

Niemandem, der auch nur ein einziges dieser verbotenen Wörter in den Mund nimmt, kann ich Vertrauen entgegenbringen. Und die Unterhaltung stockt. Aber was heißt: „ein einziges"? Denn als einzelne treten diese Vokabeln niemals auf, vielmehr in Rudeln. Wer mit *einem* Worte lügt, der lügt mit allen. Es gibt niemanden, dem man nur eine einzige dieser unlauteren Wörter nachsagen könnte, dessen Sprache aber sonst in Kleingeld ausgezahlt werden könnte. Vermutlich gibt es hunderte von solchen nicht nur entbehrlichen, sondern demoralisierenden Wörtern. Die Proskriptionsliste zu vervollständigen, würde ein großes propädeutisches Verdienst darstellen. Hier nur ein ganz provisorischer Katalog:

Die schwarze Liste

Wesen – z. B. das des Deutschen oder des Menschen. Stellt die Platonisierung von etwas Empirischem dar. – Aus demselben Grunde: alle mit der Silbe ... tum endenden Wörter.

Geist – z. B. der Gotik. Aus demselben Grunde.

Sinn – z. B. der Weltgeschichte. Oder des Lebens. Setzt stillschweigend voraus, daß was ist, auch etwas bedeuten muß. Was wiederum eine Instanz präjudiziert, die „etwas mit etwas im Sinn hat".

Werte – vor allem: „Kulturwerte". Nicht nur hat kein „Schöpfer" von sog. „Kulturwerten" (von denen zu schweigen, die selbst als solche gelten) das Wort je in den Mund genommen, es gibt auch keinen, der die Sache anerkannt hätte. Keinem wäre es eingefallen, alles, was nicht auf den ersten Blick nützlich oder konsumierbar ist, die E-Musik, Paläste, Religionen, Philosophien, Kruzifixe, Moralkodices *warenhausartig* (genannt: *„pluralistisch“*) und gewissermaßen gleichwertig unter einem einzigen Dachbegriff unterzubringen. In der Tat ist der barbarische Begriff, der aus der Finanzwirtschaft stammt, erst nach 1850 in die Philosophie und erst in den Zwanziger Jahren in die Trivialsprache eingedrungen, um durch den amerikanischen Begriff „cultural value“ seine Klimax zu erreichen. Wer dieses Wort benutzt, bezeugt nicht nur seine totale Kulturlosigkeit, sondern auch sein gestörtes Verhältnis zur Wahrheit. Denn als „Kulturwert“ bezeichnen wir immer nur dasjenige, dessen Wahrheit wir *nicht* anerkennen. Luthers Werke wird kein Protestant als „Kulturwert“ bezeichnen, wohl aber die Summe von Thomas. Und umgekehrt. – Sache wie Vokabel entspringen einer Mißinterpretation von „Toleranz“. (Der Fall Nietzsche wäre gesondert zu behandeln.)

Wertordnung – (namentlich „ewige Wertordnung“) unterstellt unausgesprochen eine unerschütterliche Hierarchie der „Werte“. Benutzt wird das Wort ausschließlich von Konservativen, um mit seiner Hilfe die novarum rerum cupidos zu verhindern oder zu diffamieren.

Ewig – wiederum: was unter keinen Umständen verändert werden soll. Aber nichts ist „unewiger“ als dieses Wort, da es seit der Vorherrschaft des Progreßbegriffes seine Werbekraft eingebüßt hat.

Wenn, was ich vom frühen Kant weiß, selbst Newton schon vor 300 Jahren die unaufhaltsame Selbstaufbrauchung unseres Sonnensystems behauptet hat – Gott werde sich dann wohl an die Erschaffung neuer Exemplare machen müssen, was Kant verhöhnt –, dann haben wir es uns am Ende des 20. Jahrhunderts beim Blick auf unseren Sternenhimmel, gar auf unsere heimischen Berge, zu verkneifen, das Wörtchen „ewig“ in den Mund zu nehmen. Naturlyrikbände, die das Wort enthalten, landen bei mir sofort im Papierkorb. Vokabeldämmerung.

Seine pathetische Kraft hat übrigens das Wort „Ewigkeit“ auch dadurch verloren, daß wir nicht nur den Himmel, sondern (gottseidank) auch die Hölle eingebüßt haben. Dem Nietzschesatz „Gott ist tot“ entspricht ein *„der Teufel ist tot“* – wenn nicht dieser Tod dem Gottes sogar vorausgegangen ist. Gleichviel, das Wort „Ewigkeit“ war nicht nur mit dem Sein Gottes (als unterschieden von der Mortalität seiner Geschöpfe) und nicht nur mit der Hoffnung auf nie endende Seligkeit assoziiert gewesen, sondern auch mit der Angst vor der „ewigen Höllenqual“. Dem Worte kam durchaus nicht nur triumphale Feierlichkeit zu, sondern auch, oder zugleich, *Schreckwirkung:* „O Ewigkeit, du Donnerwort!“ singt noch Beethoven; und ich erinnere mich, daß in „Onkel Toms Hütte“ der greise Tom das Wort „eternity“ „dreadful“ genannt hat. –

Alle Gründe, die dem Wort Leuchtkraft verliehen hatten, sind, mindestens für mich, ungültig geworden. Der Gedanke an die Ewigkeit Gottes ist mir unnachvollziehbar. Ewige Verdammung fürchte ich so wenig, wie ich ewige Seligkeit erhoffe. Der antike Gedanke an die Ewigkeit des sich gleich bleibenden Kreisens des Firmamentes – der Gedanke, den der junge Kosmologe Kant bereits kühn verneint hatte – ist nunmehr, da wir wissen, daß das Universum sich ständig ausweitet, also nicht in zyklischer Identität perpetuiert, vollends gegenstandslos geworden. Lächerlich klingt uns das Gerede von „ewigen Werten“; und was die angebliche „Ewigkeit“ eines Kunstkanons betrifft, so erscheint uns diese als ein lächerliches klassizistisches Residuum.

Nichts steht mehr für diese Vokabel. Haben wir den Mut! Werfen wir sie über Bord!

Tiefe – z. B. eines Sinnes, oder eines Menschen, gar der Welt („Die Welt ist tief“, Nietzsche). Vermetaphysizierung der Dimensionen, in die unsere Erkenntnis nicht hineinreicht. Das Wort ist ein pseudoreligiöses Lobwort; in den positiven Religionen (die vielmehr nur „Höhe“ und „sich erheben“ gekannt haben) kommt das Wort nicht vor. Existiert erst seit der Romantik, in der man das Transzendente im „Grund“ statt im Himmel situierte.

Organisch, Organismus – z. B. Volksorganismus. Verbotenes Wort, wenn es statt von Lebewesen von sozialen Entitäten ausgesagt wird. Benutzt wird es ausschließlich von mehr oder minder bewußten Konservativen, die durch die Beteuerung biologischer Entwicklung veränderndem Tun sein Recht absprechen wollen. Absurd der neulich im Rundfunk verwendete Ausdruck: „organische Entwicklung der Technik“. Aber die Verwendung des Wortes ist unter allen Umständen widerspruchsvoll, da das Wort „organon“ ursprünglich „Werkzeug“ bedeutet, also gerade keinen biologischen, sondern einen technischen Sinn hatte.

Echt – z. B. „ein echter Deutscher“. Präjudiziert, daß die Herkunft wichtiger ist als das Sein. Ursprünglich Nobilitätsausdruck. Erinnert heute aber an Ariernachweis. – Im übrigen sinnlos geworden im Zeitalter der Reproduktion.

Struktur – z. B. der Persönlichkeit. Präjudiziert das Zusammengebautsein. Unberechtigt in allen Aussagen über lebendige Natur.

Kosmos – statt Universum. Präjudiziert das, durchaus nicht erwiesene, Geordnet- und Endlichsein der Welt.

Unterbau, Überbau – primitivste Aufteilung einer geschichtlichen Totalsituation in Keller und Dachboden.

Unbewußt, bewußt – gleicher Fehlvergleich mit Gebautem.

Ideal – z. B. Jugend sollte mehr Ideale haben. „Idealisten" werden deshalb patronisiert, weil sie *Ziele* nicht zu verwirklichen gedenken, sondern *bloß verehren*. Versucht einer wirklich, revolutionär in die Wirklichkeit einzugreifen, dann gilt er nicht mehr als Idealist; oder er wird von Wohlwollenden als „in die Irre gegangen" entschuldigt. Alles in allem ein kaum mehr aufzufindender und auch nicht mehr verstehbarer Typ.

Kreativ, Kreativität – z. B. der Schüler: Anmaßende Inanspruchnahme des göttlichen Attributs zwecks Vertuschung der Verdinglichung des Menschen.

Wissen um – raunende Umschreibung von Vertrautheit mit. Aber das, „um was" man weiß, ist stets ein durch die obigen Vokabeln bezeichnetes Etwas: Man weiß „um" das Echte; oder „um" das „Wesen"; oder um die „ewigen Werte" – kurz um das „Eigentliche".

Das Eigentliche – siehe Adornos „Jargon der Eigentlichkeit".

Gestalten – statt „zurechtmachen". Mit dem Feiertagswort versucht man, dem einfachsten bürokratischen Tun des Angestellten einen Adelsglanz der Kreativität zu verleihen. „Gestaltet" hat vielleicht Beethoven seine Quartettsätze. Soeben hat es aber im Rundfunk geheißen: *„Dieses Interview mit dem Bob-Weltmeister X (Namen nicht verstanden) ist von Rosi Polaczek (?) gestaltet worden."* Gestaltet? Rosi P. hat nichts dergleichen getan. Vielmehr hat sie den auch nicht gerade artikulierten Bobfahrer dümmlich ausgefragt, und dann das tape dort kupiert, wo die vorgesehene Sendedauer das erforderte. „Gestaltung" wäre das? Von meinen Büchern würde ich niemals zu behaupten wagen, daß ich sie „gestaltet" hätte. Vielmehr habe ich an ihnen so lange herumgemurkst, bis sie und ihre Aussagen zu stimmen schienen.

Recht auf Arbeitsplatz – gestern behauptete der Gewerkschaftsführer C. aufs einfältigste in einer Rundfunkansprache, jedermann *„habe* *ein Recht auf einen Arbeitsplatz*". Wenn ich, der ich schließlich mit Recht als extrem Linker verschrien bin, diesen Satz, der sich leicht hinschwätzt, bezweifle, so wird man mich ja nicht als „reaktionären Klassenfeind" zu bezeichnen wagen. Als Philosophierender frage ich aber: „*Woraufhin haben wir eigentlich diesen Anspruch, dieses ‚Recht'? Was für eine Sorte von Seiendem ist dieses angebliche Recht?*"

Nein, C. hat sogar gesagt: jedermann habe ein „*heiliges Recht*" auf einen Arbeitsplatz. „Heilig"? Wie kommt er, der Vulgärmarxist, dazu, dieses angebliche Recht „heilig" zu nennen? Woraufhin ist er dazu legitimiert, sich die sakrale Vokabel für einen völlig weltlichen Anspruch auszuleihen? Und hinter dem, natürlich völlig begreiflichen, von Hunger und Not diktierten, auch mir nicht ganz unbekannten, Verlangen des Arbeitslosen, einen Arbeitsplatz zu finden oder zu ergattern, einen Heiligenschein anzubringen?

Heilig? Ist auch das Recht auf einen Arbeitsplatz, an dem man Vernichtungswaffen oder auch nur dehumanisierende Produkte, mitherstellt oder mitherzustellen hat, ein „heiliges Recht"? (Oder ist nicht vielleicht umgekehrt das Recht darauf, einen solchen Platz zu verweigern, „heilig"? Freilich wer kann sich das schon leisten?) Aber ganz abgesehen von diesem (wahrhaftig nicht unalltäglichen) Fall – wenn das Recht auf einen Arbeitsplatz „heilig" wäre – *wer hätte dieses Recht denn geheiligt?* Denn ganz von sich aus, einfach „so", kann ja ein Ding oder ein Recht oder ein Anspruch nicht „heilig" sein. Würde sich nicht – diese Überlegungen klingen, obwohl irreligiös, sonderbar religiös – derjenige, der ein Recht „geheiligt" hat (und das könnte ja nur *ein Gott* sein *oder gar Gott*) ipso facto der Heiligung darum kümmern, daß dem von ihm „geheiligten" Anspruche Genüge getan werde? Oder mindestens getan werden *könne*?

Kurz und gut: Die Verwendung des Wortes „Heiligkeit" ist für ernste und unkorrumpierbare Atheisten sinnlos und anstößig geworden. Die mit den ersten Ursprüngen des Tabuismus anerkannte Zerfällung der Welt in Sakrales und Profanes hat ihr Ende gefunden.

Oder doch nicht?

Denn etwas gibt es ja, was ich (und tatsächlich unabdingbar) als „heilig" anerkenne: das Menschenleben. (Und wohl nicht nur das Leben des *Menschen*.)

Sollte meine Anerkennung dieses Tabus eine Inkonsequenz meinerseits sein? Ein Rest, von dem ich mich als Philosophierender eigentlich freimachen müßte? Schließlich hat das Nietzsche, mindestens doktrinär (denn keiner Fliege hätte er ein Bein ausgerissen), getan. Wenn er die vorausgeahnt hätte, die ihn fünfzig Jahre später in Polen „ernstgenommen" haben!

Vielleicht war Nietzsche mit seiner Ablehnung aller Tabus konsequenter als ich. Meine Inkonsequenz nehme ich ruhig in Kauf, ich pfeife auf sie. Hier ist die Grenze meines „Nihilismus" erreicht.

Keines dieser, in den Ohren der meisten leider ganz unschuldig klingenden, Wörter habe ich jemals ausgesprochen, geschweige denn niedergeschrieben – was mich nicht nur nicht daran gehindert hat, philosophische Texte herzustellen, sondern mich umgekehrt erst dazu instandgesetzt hat, meine Texte verstehbar zu machen. Und erstaunlicherweise sind mir diese Auslassungen niemals vorgeworfen worden und nicht nur das nicht. Sie sind auch keinem Leser je aufgefallen. Nun erst, da ich die Karten aufdecke, oder richtiger: da ich erkläre, mit welchen Karten ich *nicht* spiele; und da ich es ausdrücklich anderen nahelege, die gleiche Abstinenz zu üben wie ich – nun erst wird die Entrüstung losbrechen.

Denn solche Warnung gilt als Zeichen von Mißgunst, als „Rechtseinschränkung der Persönlichkeit", sogar als *Sakrileg* gegen die heiligsten Güter. Es gibt wohl kaum eine Empörung, die volkstümlicher wäre und so leicht in Herrgottsakrawut überschnappte wie die Empörung über *Wortkritik.* Noch heute glost die Indignation über das Verbot, nationalsozialistische Vokabeln weiterzuverwenden.

Verboten waren zwar immer nur ausdrückliche Werbungen für nationalsozialistische Meinungen. Aber das lief, da Vokabeln eben bereits Krypto-Meinungen darstellen, indirekt auf Verbot der Vokabeln selbst heraus; und dieses Verbot macht, wie jede Ausgabe der „National- und Soldatenzeitung" beweist, auch heute noch „böses Blut".

Um zu Aussagen oder Meinungen zu führen, bedürfen Vokabeln zumeist keiner Ergänzung durch Prädikate. Wörter wie die in meiner Proskriptionsliste aufgeführten, also wie „echt" oder „Wesen" oder „tief" *sind* bereits Aussagen: sie prädizieren nämlich über diejenigen, die sich ihrer bedienen, daß sich Komplettierung zu syntaktisch vollständigen Sätzen erübrigt. Auch Flüche benötigen ja keine syntaktische Komplettierung. Ob Rezensent X ein Gedicht „echt" oder „unecht" nennt, ist egal: in beiden Fällen sagt er, da er die Alternative für gültig hält, dasselbe über sich selbst aus. Dasselbe Blamable. Viele komplette Sätze sind, da sie aus Wörtern bestehen, die selbst bereits bedeutungsträchtig sind, reine Pleonasmen.

Die Indignation über *Vokabelkritik* ist immer weit heftiger gewesen als die über *Kritik an Glaubenspositionen.* Und zwar deshalb, weil die Zahl derer, die sich mit bestimmten Glaubensartikeln individuell und ausdrücklich identifizieren, sehr gering ist, viel geringer, als man bei der sehr hohen Zahl derer, die sich Glaubensgemeinschaften zuzählen, vermuten sollte. Aber in Wahrheit ist den meisten dasjenige, woran sie zu glauben glauben (z. B. Spiritus Sanctus), fremd und unnachvollziehbar, um nicht zu sagen: total unbekannt – eine Tatsache, die ihnen selbst freilich, da sie sich nicht zu prüfen pflegen, unbekannt bleibt. Ungleich größer ist die Zahl derer, die sich mit religiösen *Bräuchen* identifizieren, das heißt: diese *mitmachen* – und dazu gehört freilich auch der Brauch, zu glauben und anderen und sich selbst zu beweisen, daß man glaube. Nimmt man Menschen ihre Bräuche, dann nimmt man ihnen – denn Bräuche konstituieren die Gemeinschaft – ihre *soziale Identität. Nicht gilt, daß man diese oder jene Bräuche mitmache, weil man diesem oder jenem Glauben mitanhänge* (oder mitanzuhängen glaubt); *sondern umgekehrt, daß man diesem oder jenem Glauben mitanhängt* (oder mitanzuhängen glaubt), *weil man diese oder jene Gruppenbräuche mitvollzieht;* und weil man (sofern man sich nicht radikal abnabeln kann, wie es der sitte-lose, und dadurch vorurteilslose, Philosoph tut) außerstande ist, Gruppenbräuche *nicht* mitzumachen.

Zu diesen Bräuchen gehört nun aber als Hauptbrauch, da täglich und stündlich benötigt und verwendet, die *Sprache* und jedes, diese Sprache mitaufbauende, Wort. In jedem darf man ein Ritualgerät sehen, durch dessen Verwendung der Sprechende sich als zu seiner Gruppe zugehörig ausweist und sich wohlfühlt; und auf Grund dessen er von seiner Gruppe als zugehörig erkannt und anerkannt wird – ein Gerät also, das er, wenn man es ihm (wie ich es tue) madig macht, mit Nägeln und Klauen verteidigt, um nicht sozial verunsichert zu werden, um also weiter mitreden zu dürfen und weiter mitzusein, also weiter zu *sein.*

Wie um Gottes willen sollte ein Festredner reagieren, den man dazu zu nötigen versuchte, auf die vorhin aufgezählten sinnlosen Feiertagswörter wie „echt“ und „Sinn“ oder „Werte“ oder „Tiefe“ zu verzichten, also Vokabelabstinenz zu üben? Der Mann wäre zu einer Sprache verurteilt, deren Nacktheit er sich schämen würde, oder zum totalen Verstummen, und das heißt: zum sozialen Nichtsein. Ein Häftling, dem es freistünde, so zu reden, nein, auch nur so zu monologisieren, wie ihm der Schnabel gewachsen (oder sein Leben lang zurechtgestutzt worden) war, der wäre weit weniger frustriert als unser Festredner. Da der Herdentrieb des Menschen erheblich stärker ist als der (höchst selten auftretende, nach Nietzsche sogar krankhafte) Wille zur Wahrheit, würde der Mann, wenn man ihm „seine“ Vokabeln verböte, in Wut ausbrechen, also in denjenigen Affekt, in den neunundneunzig Prozent der Normalverbraucher angesichts von Philosophen – Sokrates' Ankläger bleiben die Paradigmata – immer geraten sind, heute geraten und weiter geraten werden. Daß keiner von uns zeitgenössischen Philosophen, außer in Nazideutschland und Sowjetrußland, eines gewaltsamen Todes gestorben ist, das spricht nicht so sehr für die Freiheit der „freien Welt“, sondern beweist, daß wir unfrei gewesen sind, nämlich Selbstzensur geübt haben.

Eine Durchforstung des Wortschatzes einiger zeitgenössischer Denker wäre aufschlußreich. Von Jaspers' blutleerem Schwulst will ich schweigen: daß man der Sprache zu mißtrauen hat, hat er nie geahnt, Marxens Ideologiekritik hat er mit lehrerhaft erhobenem Zeigefinger gerügt. Aber – und das trifft einen natürlich weit schmerzlicher – auch Ernst Bloch hat, obwohl mit Marxens Kritik wahrhaftig vertraut, solche Tabu-Angst im Vollzug des eigenen Sprechens und Schreibens offenbar niemals gespürt. Arglos hat er sich im Dickicht, in den Dikkichten, längst abgestorbenen Vokabulars herumgetrieben; beim Abpflücken und Weiterreichen von Vokabeln ist er nicht gerade heikel gewesen. Oder (um, ihm gleich, von einer Metaphern-Ebene in eine andere überzuwechseln): die abgegriffensten philosophischen Assignaten = die biologistischen Vokabeln des ersten Jahrhundertjahrzehnts, die expressionistischen der Zwanziger Jahre, die theologisierenden der Dreißiger Jahre, die stalinistischen Redewendungen, die zwischen 1930 und 1954 parteiobligatorisch waren – spätere Einflüsse oder Eindrücke lassen sich bei Bloch nicht mehr feststellen, er hat sich in der Tat um viele Jahrzehnte überlebt – wahllos hat er die Vokabeln und Vokabelsysteme, die in den Wechselstuben des Geistes schon längst nicht mehr als gültige Valuten gehandelt wurden, so verwandt, als wären sie noch gültige Goldstücke, und zwar alle, selbst einander widersprechende gleichzeitig . . ., wodurch er sich, zwar nicht absichtlich, aber doch beinahe ausschließlich, die Gefolgschaft *der* Zeitgenossen verschafft hat, vor deren Applaus man sich als Philosoph zu hüten hat: nämlich die von unorthodoxen geschichtsphilosophischen Theologen, die er als „*progressiv*“ in Schutz nahm – eine Kategorie, die natürlich ebenfalls längst schon obsolet ist. Aber Bloch hat seine Obsoletheit, diese Theorienmischung und diese Theokrasie nicht nur nicht gespürt, in diesem Nichtspüren hat geradezu seine Attraktionskraft bestanden, und seine Theokrasie ist die Erklärung für seinen ungewöhnlich breiten Erfolg. Gleichviel, er hat, alle bisherigen Fortschrittsphilosophen in den Schatten stellend, die Welt, nein, sogar Gott als reifende „works in progress“ angesehen und als solche auch noch nach Auschwitz und Hiroshima zu preisen und zu lieben die schwer begreifbare Naivität gehabt.

Der lächerlichste Kritiker

Ein „Argument“-Leser nennt mich auf Grund des zweiten Bandes der „Antiquiertheit“ einen „Nachzügler“, der sich die Grundeinsichten des Marxismus „*noch nicht angeeignet*“ habe.

„Noch nicht“? Die hatte ich mir bereits angeeignet, ehe die Eltern dieses Schreibers auf der Welt waren.

Vielmehr bin ich ein „*Vorreiter*“. Da ich das Erdenrund „zurückgelegt“ habe, tauche ich nun hinter den Langsamen auf.

Im Aufwachen

Welch eine phantastische Affinität zur Metaphysik das hohe Alter hat! Welch eine Chance! Da man in der kaum formulierbaren Schwebe zwischen Sein und Nichtsein hin- und herschaukelt, gerät man in eine Euphorie ontologischer Einsichten.

Im Radio – „Über seine Qualität wird die Nachwelt zu entscheiden haben“

Von Wellesz ist die Rede.

Welch ein Unsinn: Warum sollten die Morgigen bessere Richter sein als wir Heutigen? Ist Bleiben an sich schon ein Kriterium von Qualität? Und Nichtbleiben ein Zeichen von Minderwertigkeit? Ist Klopstock deshalb minderwertig, weil ihn heute niemand mehr liest? Und war der von Goethe als „Kleckser" bezeichnete Rembrandt schlecht, weil der Morgige: der Klassizist, gar kein Verständnis für ihn gehabt hat? Wenn Kunst-, Musik- oder Literaturwissenschaftler philosophische Floskeln in den Mund nehmen, ziehe ich den Revolver.

Freude

In Guadalajara hat man – Mahlers „Achte" verstummt daneben – fünfhunderttausend mexikanische Kinder die Beethovensche Ode „An die Freude" anstimmen lassen, damit sie dadurch dem Papst ihre „spontane und überwältigende Freude über seinen Besuch" bezeugten. Wenn das Beethoven vorausgeahnt hätte! Und gar Schiller! Was um Gottes Willen sollen sich die mexikanischen Kinder, die gewohnt sind – ich habe das vor fünfzehn Jahren bebend vor Empörung mitangesehen –, auf ihren sich blutig scheuernden Knien der „Madonna von Guadeloupe" kilometerlang entgegenzurutschen – was sollen sich diese Kinder unter einer Freude vorstellen, die ein „Götterfunke" und obendrein noch eine „Tochter" aus einem unbekannten Ort namens „Elysium" sein soll?

Bitte was? Wenn diese Fünfhunderttausend ahnten, daß Schiller in dieser Ode auch die Genitalfreude des Wurms besungen hat! Habent sua fata carmina. –

Nicht nur von den Massenmedien wird der „Geschichte" genannte Steinbruch ausgebeutet.

Levy übergab sich, als er erfuhr, daß das von ihm gegessene Würstchen aus Schweinefleisch bestanden hatte

I

Tabu-Anerkennung ist nicht nur un-, sondern antiphilosophisch. Tabus sind ins Physiologische übergegangene Vorurteile. *Erziehung zur Verletzung von Tabus sollte zur philosophischen Propädeutik gehören.* Ich bin mir der Anerkennung von nur ganz wenigen Tabus bewußt: des Verbotes, Menschen zu töten, zu foltern, zu verknechten, zu banalisieren. Dies beobachte ich freilich rigoroser als meine Mitmenschen, die von mir, da ich die meisten ihrer Tabus nicht anerkenne, als einem un-, nein sogar amoralischen Menschen abrücken.

II

Als ich Levy, nachdem er sich erbrochen hatte, erklärte, daß das Speiseverbot, das zu verletzen er offenbar unfähig war, ein abenteuerlich erweitertes, nämlich auch auf das Tierreich angewandtes *Blutschandeverbot* voraussetze: daß nämlich hinter seiner Abwehr das Verbot stehe, ein „Böckchen in der Milch seiner Mutter zu kochen", da wußte er zwar sofort: Moses 2, Kapitel 23, 19, aber er reagierte nicht etwa durch Löschung seines Widerwillens, vielmehr so, als hätte ich ihm durch die Rückführung des Tabus auf den Inzest etwas vollends „Treifes" aufgezwungen: er übergab sich noch einmal.

Reden wir uns nichts ein: die meisten unserer Mitmenschen unterliegen solchen *„physiologischen Vorurteilen"*. Lieber würden sie verhungern, als das Fleisch ihres Bernhardiners oder ihrer Siamkatze anzurühren. Auch hier ist es wieder die Vermischung mit etwas zu *Nahem* (nämlich mit etwas zur Familie Gehörigem), die tabuisiert ist. Eine Art von erweitertem Antikannibalismus. Bärenschinken dagegen gilt als Delikatesse. –

Von früh an bis heute sind wir Philosophen als Tabuverletzer verpönt worden. Das hat mit Sokrates und Anaxagoras begonnen. Bei vielen akademischen Philosophen gilt es freilich als Tabuverletzung, aus der Schule zu plaudern, also (nicht nur vor anderen, sondern vor sich selbst) zuzugeben, daß Philosophieren eine professionelle und konstante Tabuverletzung ist.

III

Thesen zum Tabu

1. Die Unterscheidung zwischen Gut und Böse ist ein phylogenetisch ganz spätes Ereignis. Ihr voraus lag *die zwischen tabu und nicht-tabu,* zwischen heilig und profan, zwischen rein und unrein. Diese Paare sind vor-ethisch. Wenn nicht sogar vor-religiös.

2. Zum originären Tabu gehörte, daß das Verbot galt, ohne daß es durch eine autoritäre Instanz proklamiert oder sanktioniert gewesen wäre. In dieser *Mundlosigkeit* des Verbots ähnelt es dem moderneren *Sollen,* das auf eine solche Instanz nun, seit etwa zweihundert Jahren, wiederum verzichtet.

3. Zum Tabu gehört ferner, daß es *der Unterscheidung zwischen positiv und negativ vorausliegt:* sowohl das Allerheiligste galt als tabu wie das Allerschmutzigste; der Gott wie das Exkrement. Generalnenner: das noli me tangere.

4. *Primat des Negativen:* Nicht was man *tun* soll, regelt das Tabu, sondern, jedenfalls primär, was man zu *unterlassen* hat. *Verbieten ist früher als Gebieten.* Wer, wie es heute populär ist, Theorien vorwirft, sie seien „nur negativ", müßte das allen Moralen, vom Tabu an, vorwerfen.

5. Wer ein Tabu mißachtete, z. B. Inzest beging, galt nicht als unmoralisch, sondern als etwas ungleich Schlimmeres. Und war deswegen zumeist „des Todes". Uns Juden haben die Nazis nicht als „böse" bezeichnet, sondern als tabu.

6. Auch heute noch schwelt das Tabu unterhalb unserer Moral. Nur dann, wenn das Menschenleben als tabu gilt, gilt, dieses auszulöschen, als „unmoralisch".

7. Wer betont, ohne Religion sei Moral nicht möglich, der sagt viel zu wenig aus. Denn ohne Tabu waren wiederum die Religionen nicht möglich; Religion war bereits eine (zwar nicht Säkularisierung oder Entmythologisierung, aber doch) *Rationalisierung der Tabus.* Der Begriff „Gott" (gleich ob der vieler Götter oder eines einzigen Gottes) ist für die Etablierung der Geltung eines Tabus nicht erforderlich. Umgekehrt wird ein Schuh daraus: dem herrenlosen Tabu wird ein Verbietender nachträglich zugewiesen. Nicht nur die Philosophie, sondern schon die Religion hat die Grundunterschiede zwischen Gut und Böse als uraltes Erbstück übernommen.

Als Philosophen durften sich in Molussien ausschließlich diejenigen bezeichnen, die kein Tabu anerkannten und nicht nur theoretisch nicht anerkannten, sondern auch *sinnlich* nicht. Tatsächlich wurden die Kandidaten der Philosophie, um ihre Reife für deren Studium zu beweisen, dazu gezwungen, ein Stück Kot zu essen. Dazu sprachen zwar die Prüfer, um den Examinanden die Sache leichter zu machen, den Satz:

„Es ist nur etwas, was vom Leibe nicht mehr verarbeitet werden kann. Warum sollte das eigentlich ekelhaft sein?“ Wer trotz dieser Hilfe zurückschrak oder beim Versuchen zu würgen begann oder sich gar, wie Levy, übergab, statt – diese Worte waren obligatorisch – unemotional zu versichern: „Es ist *auch* nur ein Stück Welt“, der galt als unreif und wurde zurückgewiesen.

Wahrhaftig ein anderes Auswahlkriterium als das Platonische. Ein moderneres?

Im Rundfunk Chopin

Das f-Moll-Klavierkonzert von Chopin ist *das* Gegenstück zu Berlioz' „Harold“. Während in diesem das dic Masse darstellende Orchester die Hauptrolle spielt und sich der Solist: das Individuum kaum bemerkbar machen kann – die Viola sitzt traurig am Wegrand, während die Grande Armée vorbeimarschiert –, ist im Chopin-Konzert das Orchester zur blamabelsten Grundierung verurteilt: man hat das Gefühl, Chopin *kann* gar nicht instrumentieren.

Habe Castor ein Stück Wurst gezeigt

Als ich Castor auf das Stück Wurst, das ich neben den Baum gelegt hatte, hinwies, blickte er, wild hochhüpfend, auf meinen Finger statt auf das Gezeigte. – Tiere verstehen offenbar Zeigen nicht. Das gehört in den Zusammenhang ihrer Unsprachlichkeit: die Wörter „digitus“, „δείκνυμι“ und „dicere“ entstammen nicht zufällig derselben indogermanischen Wurzel. Ob wir Philosophen uns nicht ähnlich benehmen wie Castor? Also immer nur, wild in die Höhe hüpfend, auf Zeigefinger blicken? Statt auf das Gezeigte?

Arztbesuch nach Prellung

Fühle mich nun besser, obwohl er nichts anderes tun konnte, als mich vorsichtig abzutasten. Nicht nur verschreiben Ärzte Placebos, sie *sind* auch Placebos. Das Honorar, das wir für ihr Placebo-Sein begleichen, erhöht die Wirkung, also die Genesung beträchtlich, da wir nicht wünschen, umsonst gezahlt zu haben. „Nicht umsonst“ hat einen Doppelsinn von „gratis“ und „vergeblich“. „Ich habe gezahlt, also geht es mir besser." Psychoanalytiker verdienen ihr Geld fast ausschließlich durch ihr Placebo-Sein.

Im Rundfunk jämmerliches asiatisches Violinkonzert

Hielt es für eine exotisch süße Sauce à la „Rhapsodie Espagnole" von Rimski-Korsakow oder für eine Chinoiserie à la „Turandot" von Puccini. Freilich nur „à la". Denn die zwei waren handwerklich ja Meister, und das Stück war gestümpert.

Tableau. Denn obwohl exotisierend, war es nicht asiatisierend, sondern *europäisierend*: nämlich eine *chinesische Nachahmung europäischer Violinkonzerte*, und nicht der besten: Wieniawsky auf chinesisch.

„Von zwei Chinesen in teamwork komponiert", erklärte der englische Text. Untertreibung: in Wahrheit von x Europäern in postumem teamwork komponiert. Gespielt war es aber, da sowohl der Solo- wie der Orchesterpart in China noch unspielbar, von den Erzfeinden Chinas: von japanischen Solisten und einem Orchester in Nagoja. Die Platte war in Tokio gepreßt. Die Firma amerikanisch. Und das aus dem Wiener Sender. One world.

„Sie glauben nicht an den Teufel?"

fragte der Geistliche entsetzt.

„Warum sind Sie so entsetzt?" fragte ich zurück.

„Und wem wollen Sie nun alles Teuflische in die Schuhe schieben?"

Ich zuckte mit den Schultern.

„Wenn Sie nun *Gott* alles in die Schuhe schieben, wird Er völlig unglaubhaft werden."

„Sie glauben also, Gott wird nicht am Teufel zugrundegehen, sondern an dessen Nichtexistenz?"

Nun zuckte er mit den Schultern.

Die Idiotenfrage

Aufsatz in Newsweek: zur Abwechslung hat ein hochdotiertes Detroiter Research-team wieder einmal herausgefunden, wie Leben modo chemico aus Unbelebtem entstanden ist. Die Höhe der Dotierung beweist dem Team natürlich die Legitimität der Aufgabe.

Nein, die Aufgabe – von deren Lösung zu schweigen – ist ontologisch kindisch. Völlig grundlos (denn empirische Nachforschung ist hier nicht möglich) setzt sie den Primat des Unbelebten als selbstverständlich voraus, also daß dieses *vor* dem Belebten, gewissermaßen als dessen Rohstoff, dagewesen sein müsse. Umgekehrt hat der Ontologe zu überlegen, *ob die Seinsaussage überhaupt etwas meinen kann, wenn sie nicht Lebendigsein meint.* Die unkritische Frage der Naturwissenschaftler muß auf den Kopf gestellt werden. Die Frage hat zu lauten: „Wie ist es möglich, daß es Seiendes gibt, das leblos ist bzw. zu sein scheint?" Was bedeutet hier der Ausdruck „es gibt"? Die Antwort lautet vermutlich: Als „leblos" bezeichnen wir entweder Teile oder Agglomerationen von Lebendigem – richtiger (denn das ist stets der Fall): dasjenige, was *zugleich Teil und Agglomeration ist.*

Positiv: wenn wir von einem individuellen Seienden aussagen, es *sei*, dann allein deshalb, weil es als *Entelechie,* also relativ selbständig, *lebt.* Von einem Steinbrocken zu behaupten, er *sei*, ist ontologisch unsinnig. Entweder gehört er als Fragment zu einem Ganzen, dem wir Leben und damit Sein zusprechen; oder er ist die Agglomeration von Organismen, denen „Sein" zuerkannt werden darf. Oder beides. Der abgeschnittene Fingernagel „ist" nicht im gleichen Sinne, in dem der Organismus, dessen Teil er war, „ist". „Sein" des Leblosen ist lediglich „*Mitsein*". Von Einzeldingen, die des Einsseins verlustig gehen, also von Leichen, die zerfallen, zu behaupten, sie „seien", ist ontologisch unerlaubt. Das alles hat Plotin bereits (in seiner 11. Enneade) mit aller Deutlichkeit ausgesprochen. „Keine Herde", heißt es da, „kann sein, wenn sie nicht *eine* ist." Nur durch ihr Eins-sein *ist* sie auch. „Wenn ein Etwas, das aus Vielem besteht, nicht zur Einheit wird, dann kann man von ihm nicht ‚estí', ‚es ist' aussagen." – Der Kernphysiker, der eine Etage über mir wohnt, wird das nicht verstehen. Aber der Mann, der eineinhalbtausend Jahre „unter mir" gelebt hat, der hat das gewußt.

Im Radio: Liszt, Notturno 3

Was ich von Liszt halte – seine beispiellose Vielseitigkeit, seine Äquidistanz zu Chopin und Wagner, die Vorausnahme Schönbergs (in den letzten Klavierstücken), all das habe ich Mayer in einen geschenkten Band Lisztbriefe hineingeschrieben. Aber ausgelassen hatte ich damals dreierlei:

1. daß er, als Erbe des Beethovenschen 5. Klavierkonzertes die sonderbare Verbindung von Heroismus und Virtuosentum eingeführt hat, die *Kreuzung von Prometheus und Paganini*, die das Schicksal der Klavierkonzertmusik des 19. Jahrhunderts geworden ist.

2. daß er auch der Initiator der Salon- und Barmusik gewesen ist. Wenn auch nicht als erster, so hat er doch „vorbildlich" *Folkloristisches ins Boudoirhafte* übersetzt. Er ließ die Bauern singen für die Ehren der Aristokratie. Puszta mit Parfüm.

3. ist *er* es gewesen, der die schlechte Angewohnheit kultiviert hat – siehe Notturno 3 –, die *Melodiestimme melancholisch nach unten zu verlegen*, in die linke Hand, in Cello- oder Bratschenhöhe; und diese Stimme rechtshändig (durch über ihr wasserspielartig sich brechende Akkorde oder Perlenläufe) zu begleiten.

Gewiß ist er der vielseitigste unter den großen Komponisten des 19. Jahrhunderts gewesen. Aber auch der abgeschmackteste.

Deutlichkeit

Ich überraschte die achtjährige L. dabei, wie sie einem Maikäfer einen Flügel abriß. Ich stieß das Mädchen beiseite und erschlug den Ärmsten, ohne hinzusehen. „Nein!" schrie sie. „Jetzt hast du ihn mir weggenommen!" „Weggenommen? Du meinst: jetzt kannst du ihn nicht weiter quälen?"

Sie stand trotzig.

„Merke dir ein für alle Mal", belehrte ich sie, „der Schmerz des verletzten Käfers ist ganz genau so groß wie der Schmerz des verletzten Walfisches. Verstanden?"

„Ich weiß", meinte sie.

„Du weißt? Meinst du, *deshalb* hast du ihn gequält?"

Reger: Mozart-Variationen

Hatte in der FAZ das Catonische dictum gelesen: „rem tene, verba sequentur." Das Spezifische der Kunst, gewiß der Musik, besteht aber darin, daß die Distinktion von „res" und „verba" gegenstandslos ist.

Die Sprache und die Sache sind eins. Die Unterscheidung ist höchstens in Variationen gültig, in denen vorgeführt wird, daß sich ein „res" = das Thema, in verschiedenen „modi dicendi" darbieten lassen kann. Aber auch das schreibe ich nur zögernd nieder, da jeder modus dicendi trotz der Konstanz des abgewandelten Themas eine andere „res" zu sein scheint.

Ertappe mich dabei,
zum ersten Male den Singular „der Mensch" verwendet zu haben

50 Jahre lang habe ich den, auch heute noch von der „philosophischen Anthropologie" gerne verwendeten, Singular *„der Mensch"* abgelehnt, weil er mir *zu neutral* war, nämlich den grundsätzlichen Unterschied zwischen herrschenden und beherrschten Menschen unterschlug, und immer habe ich dort, wo der Ausdruck mir begegnete, zurückgefragt: „Von welcher Klasse Mensch redest du?"

Wenn ich diesen Singular nun, in der „Antiquiertheit des Menschen", doch verwendet habe, so nicht deshalb, weil ich, plötzlich zum Paulus geworden, zugestände, daß es doch eine „Natur des Menschen" gebe, sondern deshalb, weil wir selbst – nostra culpa – uns in Wesen verwandelt haben, die, gleich aus welcher Vergangenheit sie stammen oder welchen gesellschaftlichen Status sie einnehmen, durchweg *Kreaturen der Technik* sind, Wesen, die unter ein und demselben Verhängnis, *als prospektive Opfer der Technik* leben, die also *noch* leben. *Nicht auf Grund einer gemeinsamen natürlichen Herkunft* sind wir nun *eine* Menschheit, sondern *auf Grund einer gemeinsamen,* in Zukunftslosigkeit bestehenden *Zukunft, auf Grund des uns gemeinsam bevorstehenden unnatürlichen Endes.*

Und auf Grund dieser Gemeinsamkeit haben wir nun auch das Recht, den Singular *„der Mensch"* zu verwenden.

Die experimentelle Naturwissenschaft foltert die Natur so lange, bis sich diese aus Verzweiflung selbst bezichtigt. Von sich aus „ist" Natur gar nicht so, wie sie sich unter der Folter benimmt.

Späte Lektüre eines eigenen Textes

Korrekturfahnen der *„Kosmologischen Humoreske"*. Habe zum ersten Male nach fünfundzwanzig Jahren diesen (vor einem Vierteljahrhundert in einem Gasthausgarten in Schneedörfl zwischen Hühnern und Hunden niedergeschriebenen) Text wiedergelesen. Nein, der steht nicht, wie ich es damals geglaubt hatte, in der Ahnenreihe, die mit dem Platonischen „Sophistes" anhebt. Vielmehr verhält sich sein Gegenstand zu dem des Platonischen Dialogs antipodisch. Und zwar deshalb, weil es in der „Humoreske" um das (von Frau Nu behauptete) „Nichtsein des Seienden" geht, nicht um das „Sein des Nichtseienden". Selbst als Frau Nu mit der Nase auf den ihr vor Augen schwebenden Bamba stößt, bleibt sie außerstande zuzugeben, daß es diesen geben könne; da, wie sie argumentiert, ex nihilo nihil, also auch er nicht habe entstehen können. In der Tat empfindet sie ihn als „unmöglich", und das nicht nur im ontologischen Sinne, sondern auch im moralischen, um nicht zu sagen: polizeilichen, da er es sich durch sein Auftreten herausgenommen habe, die metaphysische Hausordnung zu verletzen. –

Ich wage es nicht, den seit dem Heidegger-Seminar vor vierundfünfzig oder fünfundfünfzig Jahren nicht wieder aufgeschlagenen „Sophistes" herauszukramen. Und zwar deshalb nicht, weil ich meine Unbefangenheit wahren möchte. Ich spiele nämlich mit dem Gedanken – ob ich noch dazu kommen werde, ist ungewiß – von einem *eleatischen Bamba* zu schreiben, der, da in seinen Augen nichts *nicht-sein* und das Nichts nicht *sein* kann, unfähig bleibt, Frau Nus Existenz anzuerkennen. Und da dieses Thema mit dem Hauptproblem des „Sophistes" offensichtlich eng verwandt ist, lasse ich den Plato lieber erst einmal im Regal.

„Selbstverständlich" wird in dieser zweiten Humoreske, im Gegensatz zur ersten, nicht das Nichtsein sein, und „unmöglich" nicht das in dessen Umkreis programmwidrig und unverschämt auftauchende Seiende. Umgekehrt wird dieses (also Bamba) als das einzige Apriori gelten; und als in dessen Augen „unmöglich" (s. o.) Frau Nu, da diese es sich, seiner metaphysischen Hausordnung zuwider, „herausnähme", auf ihre Art ebenfalls zu „sein", das mindestens zu behaupten.

Der Bamba, mit dem ich beginnen werde, wird also der massiv und rißlos den ganzen Weltraum ausfüllende eleatische Gott sein. Dessen Credo wird lauten: „Das Seiende ist." Oder richtiger: so *würde* sein Credo lauten. Denn da er in seinem ausschließlichen Sein gewissermaßen erstickt, wäre er ja gar nicht (oder noch nicht) dazu fähig, dieses Sein von irgend etwas Anderem abzuheben, dieses also zu erkennen, geschweige denn zu prädizieren. Und in negativer Formulierung wird dieses Credo lauten: „Es gibt nichts, was nicht ist.“ Oder richtiger: so *würde* sein negatives Credo lauten. Denn als „nichts als Seiender“ wäre er ja einer Negation, gar einer doppelten, unfähig.

Beginnen würde also die Geschichte mit dem Augenblicke, in dem der eleatische Gott – er traut nicht seinen Augen – einen Riß oder ein Loch im Seienden, das heißt: in sich selbst, entdeckt. Und dann schildern, wie er (ähnlich der alle Seinskeime fortputzenden Frau Nu der 1. Humoreske) verzweifelt versucht, dieses Nichts zu vertilgen. Pereat mors.

In welcher Form ich dieses Nichts würde auftreten lassen, ob wieder in der Form von Frau Nu, darüber bin ich mir noch nicht im klaren. Und da ich up to the gills mit dem zweiten Band der „Antiquiertheit“ beschäftigt bin, habe ich auch keine Zeit, mir darüber den Kopf zu zerbrechen.

R. N., sechzigjährig, auch heute noch durch ihre ehemalige Zugehörigkeit zur KP geprägt, extrem spießig, nahm Anstoß an der „schamlosen“ Nackedei-Demonstration von Jugendlichen in Zürich

„Warum die Aufregung? Leute, die glauben, daß sie etwas Revolutionäres tun, wenn sie sich ausziehen, finde ich nur pubertär. Und die sich darüber aufregen, nur zimperlich. Und Revolutionäre, die sich so zimperlich benehmen, nur komisch.“

Sie war gekränkt, weil ich ihre Empörung nicht ernst nahm. „Oder glauben Sie vielleicht, Scham sei uns *angeboren*?“

Sie machte eine Vielleicht-Geste.

„Und selbst wenn sie das wäre – warum sollte sie obligatorisch sein?“

Die gleiche Geste.

„Oder halten Sie Scham für die Vorform des Gewissens und damit von Moral überhaupt?“

„So genau hatte ich das alles gar nicht gemeint.“

„Schlimm genug. – Also ein reines Vorurteil?“

„Aber immerhin ...“

„Immerhin was?“

Sie antwortete nicht.

„Dann werde ich als Ihr advocatus diaboli antworten: ‚Immerhin haben Sie insofern recht, als Scham bei Tieren unbekannt ist. Man hat noch nie von einer zimperlichen Flunder oder einer geschamigen Ratte gehört; noch nicht einmal von einer Schimpansin, die errötend oder erschreckt erkannt hätte, daß sie nackt sei.‘“

„Na also!“

„Gar kein ‚Na also‘! Daß Tiere sich nicht schämen, das bedeutet noch lange nicht, daß Scham zu Menschen *a priori* gehöre. Oder daß sie ‚sich gehöre‘, also Grundlage der Moral sei. Sondern allein, daß sie ein *Monopol* des Menschen sei.“

„Na also!“

„Wieder dieses übereilte ‚Na also‘. Denn abgesehen davon, daß Monopole nicht eo ipso etwas Verdienstvolles oder Legitimes oder Moralisches sind – auch Verlogenheit, nein: Kriminalität sind schließlich Monopole des Menschen – abgesehen davon besagt die Tatsache, daß Scham allein bei Menschen vorkommt, noch lange nicht, daß sie *jedem* Menschen eingeboren sei, daß sie, etwa wie die Sprache, zur apriorischen Ausrüstung *des* Menschen gehöre, oder schließlich, daß jeder Mensch sie eigentlich haben *sollte.*“

„Sind Sie jemals total schamlosen oder total ‚unverschämten‘ Menschen begegnet?“

„Wenn Sie das Fehlen von Sexualscham meinen . . .“

Sie nickte.

Auch ich nickte.

„Unter Wilden?“

„Wilde sind nicht wild. Im Gegenteil. Die haben – oder hatten – mehr Tabus als unsereins. – Sondern unter höchst zivilisierten Menschen.“

„Wo?“

„In Süd-Japan, in der Gegend der heißen Quellen. Dort habe ich überall Männlein und Weiblein jeden Alters paradiesisch nackt, also in Ihrem Sinne ‚schamlos‘, miteinander herumplanschen gesehen. Sie johlten vor Vergnügen. Aber ich kann Ihnen schwören, daß keinem und keiner von denen auch nur einen Moment lang der Schatten des Verdachtes gekommen ist, damit etwas Unschickliches oder gar Unmoralisches zu tun.“

„Sonderbar“, murmelte sie.

„Ja, sonderbar ist das allerdings.“

„Was?“ rief sie da, „Sie geben das also zu?“

Ich nickte. „Schließlich nehmen ja Ethnologen und Anthropologen ausnahmslos an, daß Moral, damit Scham (als Verhinderungsmechanismus) aus tödlich-strikten Tabuisierungen des Geschlechtsverkehrs, des ‚wer darf mit wem?‘, kurz: aus Exogamieregeln hervorgegangen sei; daß nicht Scham moralisch sei, sondern daß umgekehrt *Moral ursprünglich als Scham aufgetreten* sei. Auch in unserem Sprachgebrauch, namentlich im rechtlichen, polizeilichen kommt ja dem Wort ‚unsittlich‘ auch heute noch ein fast ausschließlich sexueller Sinn zu. Wenn die Vermutung, Moral sei als Geschlechtsmoral zur Welt gekommen, zutrifft, dann spricht in der Tat vieles für Ihre Annahme, daß alle die Entwicklung des Tabus gefährdenden Akte und Situationen im Keime erstickt werden – mithin, daß Scham als Grundtugend angeordnet werde – kurz: daß die Züricher Nackedeis Sie empören müssen.“

„Na also!“

„Nur daß eben das Leben in Japan all dem widerspricht. Und leider ...“

„Was leider?“

„Daß leider kein Argument so schwer wiegt wie solch eine Tatsache. Und daß deren Gewicht nicht dadurch geringer wird, daß auch ich sie nicht erklären kann.“

„Würden Sie sagen“, fragte sie dann, „ursprünglich seien die Menschen Nudisten gewesen? Und die Japaner seien das gewissermaßen auch heute noch?“

„Noch nicht einmal ‚gewissermaßen‘. Um Nudist zu sein, um auf den Fidus-Gedanken zu verfallen, aus Hemdausziehen ein weltanschauliches Programm zu machen, angeblich sogar ein revolutionäres und feierliches, auf das man stolz sein dürfe – um auf diesen läppischen Gedanken zu verfallen, dazu muß man erst einmal in der Anerkennung von Scham groß geworden sein und noch Angst davor haben, Reste von Angst davor, sich von dieser Anerkennung zu emanzipieren, oder davor, zu entdecken, daß man sich von dieser Anerkennung vielleicht sogar schon emanzipiert *hat.* Dazu muß man sich seines Sich-schämens noch (oder schon) schämen, wie es Millionen von Amerikanern seit einem Vierteljahrhundert tun, die aus ihrem Sich-nicht-mehr-Schämen schon beinahe einen full-time-job gemacht haben, jedenfalls eine Bestätigung ihres up-to-date-Seins, auf das sie dann stolz sind. Dafür, daß sich Entsprechendes: also ein programmatisches Abstreifen von Scham in Japan abgespielt habe, dafür spricht meines Wissens nichts. Nudisten sind die Japaner vermutlich genau so wenig, wie Flundern oder Elefanten Nudisten sind – womit ich natürlich nichts gegen die Japaner gesagt haben will (etwa daß sie ‚tierisch' seien). Denn wo stünde es denn geschrieben, daß Scham als solche ein moralisches Positivum, also eine Tugend sei?"

„Trennt uns ihr Fehlen von Scham nicht fundamental von ihnen?"

„Ich persönlich habe dieses Gefühl, als ich vor zwanzig Jahren dort war, überhaupt nicht gehabt. Aber sinnlos ist Ihre Frage nicht. Auch ich wüßte gerne, was die Japaner mit der Sündenfallgeschichte, als ihnen diese von den portugiesischen Missionaren eingeflößt wurde, haben anfangen können. Mit der Erkenntnis der ersten zwei Menschen, daß sie nackt waren. Denn das haben die plantschenden Japaner ja täglich erlebt, ohne aus dieser Mücke einen weltgeschichtlichen Elefanten zu machen. – Ebenso gerne wüßte ich, was die Missionare beim Anblick dieser angeblich schamlosen Plantscherei gedacht haben mögen. Ich fürchte, sie waren an Sünde so ausschließlich fixiert, daß sie auf diese schon gar nicht mehr verzichten konnten, verzichten wollten, daß sie Arglosigkeit schon gar nicht mehr erkennen konnten, erkennen wollten – denn *kein zelotisches Gefühl ist üblicher als Mißgunst auf Unschuld.* Vermutlich haben sie also selbstgefällig sogar Verbote erlassen: und durch diese der Sünde den Weg geöffnet."

„Und wie steht es damit heute in Japan?"

„Das wage ich nicht zu beantworten. Denn mein dortiger Aufenthalt liegt nun schon mehr als zwanzig Jahre zurück. Aber damals, also im Jahre 1958, hatten die Amerikaner wohl schon gesiegt. Mindestens in den Großstädten."

„Was meinen Sie damit?"

„Daß sie die *Scham* mit Erfolg nach Japan haben *exportieren können.*"

„Scham exportieren?"

„Das ist ein alter Hut. Scham-Export begann ja bereits mit dem Kattun-Import nach Afrika."

„Sie meinen, die Amerikaner haben nun Badeanzüge in Japan eingeführt?"

„Das weiß ich nicht. Aber blamabel genug hat es angefangen. Damit nämlich, daß sie, die sie noch ein paar Wochen zuvor so obszön gewesen waren, durch Abwurf der Atombomben Hunderttausende von Japanern umzubringen, an dem angeblich schamlosen Nacktbaden der Japaner in öffentlichen Bädern Anstoß nahmen und in dem von ihnen vergewaltigten Lande offenbar nichts Eiligeres zu tun hatten, als von den dortigen Behörden zu verlangen, diesen Nackedei-Skandal unverzüglich abzustellen; also *die Bevölkerung dazu zu veranlassen, sich so zu benehmen, als wenn sie sich, wie es sich gehörte, voreinander schämte.* Es gibt nichts Entsetzlicheres als die ethnologische Ignoranz von Missionaren. Aber diese ist wohl die unverzichtbare Bedingung ihrer Erfolge."

„Und die Japaner ließen sich zur Scham verführen?"

„Sie machen Fortschritte."

„Wer? Ich?"

Ich nickte. „Zuerst blieben sie wohl freilich unkorrumpiert. Zwar zum Sich-Schämen hätten sie damals schon Grund genug gehabt: nämlich wegen ihrer Massenmorde in China, Südostasien und Ozeanien. Warum sie sich aber ihrer Körper schämen sollten, das begriffen sie nicht. In der Tat verstanden die japanischen Behörden das sittenpolizeiliche Verlangen des zimperlichen McArthur genauso wenig, wie dieser die Japaner verstand. Denn diese zogen sofort und pflichteifrig Seile durch alle Bassins des Reiches – rechts für nackte males, links für nackte females –, eine geradezu rührende Maßnahme, da diese optisch das sündige Zusammenbaden der beiden Geschlechter natürlich nicht vereitelte, und vermutlich waren die japanischen Behörden sogar davon überzeugt, damit der amerikanischen Anordnung nachgekommen zu sein."

„Aber Sie sagten doch vorhin, schließlich hätten die Amerikaner doch gesiegt."

„Ganz richtig. Das ist freilich eine andere Geschichte. Als ich vor zweiundzwanzig Jahren dort war, hatte es den Anschein, als hätten sich die Japaner doch korrumpieren lassen."

„Wie meinen Sie das?"

„Daß sie aus Servilität gegenüber der Besatzungsmacht *gelernt hatten, sich zu schämen.*"

„Und wie äußerte sich diese erlernte Scham?"

„Modo negativo. Darin, daß sie nun fähig waren, so wie Puritaner zu reagieren: nämlich *die Schamverletzung als Genußmittel zu ver-*

wenden. In den Riesenstädten zogen sie Nacktrevuen auf, Imitationen der amerikanischen Burlesque Shows, in denen sie dasjenige vorführten, was zu sehen sie ja täglich gewohnt waren. Aber siehe da: die absurde Absicht gelang. Der große Zulauf bewies, daß ihnen die Adaptierung an ihre puritanische Besatzungsmacht gelungen war, daß sie die von den GI's mitgebrachten Tabus so perfekt übernommen hatten, daß sie deren Verletzung ebenfalls als lustvoll empfanden. Gäbe es eine ‚Geschichte der Gefühle' – vor fünfundzwanzig Jahren habe ich eine solche vergeblich angeregt –, mit diesem krassen Beispiel würde ich sie beginnen."

Spital. Vor drei Stunden Krebsoperation

Sollten wir Individuen Krebszellen der Erde sein? Die sich dem organisierenden Zwang des Organismus Globus entzogen haben und nun, parasitär von diesem lebend, sich amorph reproduzieren und, als Metastasen diesen durchwandernd, ihn verseuchen? Gibt es individuelles Leben im Innern der Erde? Sind wir vielleicht deren Hautkrebs? Und statt Individuen Dividuen?

Wenn ich die Chirurgen, die beste Maßarbeit geleistet haben, fragen würde, sie würden mich für irre halten.

Nach Lektüre der Hitlerschen Tischgespräche

Verachten verhindert Hassen. Aus diesem Grunde habe ich Hitler nie genug hassen können. Ihn zu hassen, wäre zuviel Ehre für ihn gewesen.

Schlaflose Nacht. Zu „zweit" mit einem Leib

Wirklich transzendent: nämlich schlechthin unerreichbar ist uns gerade dasjenige, was uns seit zweitausendfünfhundert Jahren als die „*Verkörperung des Diesseitigen*" gegolten hatte: unser *Leib.* Die Transzendenz ist umgestülpt. Keine Ahnung haben wir, und unsichtbar und unbegreiflich bleibt es uns, wie der Leib es anstellt, – unser? – sein Herz schlagen oder seine – unsere? – Haare wachsen zu lassen. Mit dem Wort „unbewußt" wird diese ungeheuerliche Tatsache, daß wir uns selbst unerreichbar bleiben, nicht im entferntesten erreicht. „Unbewußt" kann allein Seelisches sein; etwas, was u. U. bewußt gemacht werden könnte, z. B. ein verdrängtes Kindheitserlebnis.

Nicht dagegen der Leib. Der ist *nicht unbewußt, sondern ungewußt.* Ungeachtet der Tatsache, daß wir als willentlich uns Bewegende partielle Verfügung über ihn haben, bleibt er ein *es-haftes immanentes Jenseits.*

Torbergs Angriff auf die Affäre Eatherly
fiel mir nach Jahren wieder in die Hände

Sogar die „damnatio memoriae", das ausdrückliche Sich-nicht-erinnern-Wollen wäre noch eine Art von Erinnerung und damit zuviel Ehre. Infamie bleibt unangreifbar.

Rundfunk.
Enormer Applaus nach Debussys „La mer"

Der Applaus nach Musikschluß stellt nicht nur eine Kundgabe der Begeisterung über die Qualität der gespielten Stücke oder deren Spieler dar. Sondern ist auch Erleichterung darüber, daß das Stück nun endlich zu Ende ist und daß man in das, durch dieses unterbrochene, Leben zurückkehren darf. Auch mir, dem Musiknarren, geht das so. Nach Schluß jeder Symphonie atme ich auf. Der Gedanke, eine Musik könnte, wie Wagner das eigentlich intendiert hatte, endlos weitergehen, ist schreckeneinflößend; die Götterdämmerung kommt dieser schrecklichen Endlosigkeit schon sehr nahe.

Die Panik, in die man hineingerät, ist die des Ertrinkens.

Man will meine „verblüffende
prognostische Gabe" mit einem Literaturpreis
auszeichnen. Ich antworte:

Als man der Kassandra zur Belohnung für die elegischen Melodien ihrer Weissagungen – ‚Kulturwerte' nannte man diese – eine goldene Spange zu überreichen versuchte, da wies sie diese mit der Erklärung ab, daß, den Untergang in Worte zu fassen, kein Verdienst sei, sondern der Beginn des Untergangs, und daß, diesen Beginn zu loben, dessen zweiten Teil darstelle.

Recht hat er

„Für Menschenrechte", erklärte der österreichische Verteidigungsminister öffentlich im August 1980, als man seine Befürwortung der Ausfuhr von Tanks nach Chile kritisierte, „für Menschenrechte bin ich nicht zuständig".

Er hat völlig recht. Denn wenn er glaubt, daß es Menschen geben dürfte, die für Menschenrechte nicht zuständig seien, und wenn er glaubt, sich mit einer solchen öffentlichen Erklärung salvieren zu können, dann ist er wirklich inkompetent. Genauer – soll er mich ruhig verklagen – ein *Moralidiot.*

Kein Grund zum Glückwunsch

Br. gratuliert mir zu meinem angeblichen Bucherfolg. Wenig Ursache. Selbst wenn ich ein paar Echos hervorrief, *bewirkt* habe ich nichts. Am Tage meines Abtretens wird die Welt um keine Spur anders sein, als sie wäre, wenn ich niemals einen Buchstaben geschrieben hätte.

Bad Ischl. Kaisergarten

I

Riesentanne.

Leben ist *die* große Weigerung: nämlich die Weigerung, der Gravitation ganz nachzugeben. Die Tanne wächst nach oben, die Schwerkraft überwindend. Erst absterbend wird sie dieser ganz untertan. – Der von Bloch so gepriesene „aufrechte Gang" ist nur eine späte Wiederholung dieses Sichaufrichtens, das das Leben als solches definiert.

II

Grüne Raupe auf meinem Handrücken. Offensichtlich auf der Suche nach etwas Grünem, bäumt sie sich, nur auf ihrem letzten Schwanzstück sitzend, in die leere Höhe. Ahnt sie ihre Schmetterlingszukunft voraus? Erkennt sie in dem vorbeiflatternden Kohlweisling ihresgleichen. Wohl kaum.

Und *der?* Erkennt der in der Raupe seinesgleichen? Erinnert er sich an sein Raupenstadium? Wohl ebenfalls nicht. Ist das Leben dieser Raupe und das spätere des Schmetterlings, sind diese zwei Phasen zusammen *ein* Leben? Sind die zwei so verschiedenen Wesen *ein* Individuum? Oder liegt hier nicht ein Fall von *echter Palingenese* vor?

Und geht es uns selbst denn anders? Was wissen wir denn schon von unserer Embryonalzeit? Sind wir von dieser nicht ebenso getrennt wie der Schmetterling von seiner Raupenzeit? Und erkennen wir denn in dem zwei Monate alten Menschen-Fötus im Spiritusglas, der sich kaum von dem daneben konservierten Schweine-Fötus unterscheidet, „einen von uns"?

Nach Lektüre der My Lai-Unterlagen

In den amerikanischen Verhandlungen über My Lai wurde mit Netzen höchst bemerkenswerter Machart gearbeitet: diese lassen die großen Fische durchschlüpfen, die kleinen Fische dagegen nicht. Ob nicht unsere Welt ein solches negatives Netz ist?

Dr. H. nannte mich, da ich vom „Ende der Philosophie" gesprochen hatte, einen „Positivisten"

Ich? Nichts liegt mir ferner. Mit den „positiven Wissenschaften" habe ich mein Lebtag nichts zu schaffen gehabt. Wenn ich meine Gedanken nur unter Vorbehalt „philosophisch" nenne, dann spielt dabei die Angst vor der Konkurrenz der Naturwissenschaften überhaupt keine Rolle. Ich meine also *nicht* etwa, daß deren Methoden und Ergebnisse, da sie beneidenswert genau nachprüfbar und viel verwendbarer seien als die der Philosophie, mich an deren Erforderlichkeit zweifeln ließen. Davon kann keine Rede sein.

Andererseits bedeutet das aber auch nicht etwa, daß mir die Naturwissenschaften gleichgültig seien. Die Situation, in die wir durch die Anwendung der Naturwissenschaften, d. h. durch die Technik, geraten sind, ist ja sogar seit Jahrzehnten *das Thema* meines Philosophierens, das aufs erschreckendste gezeigt hat, wie *unphilosophisch die Technik* ist, da sie sich *allein ihrer Methoden, aber nicht ihrer Konsequenzen bewußt* ist und sich für diese nicht interessiert.

Wenn ich vom „Ende der Philosophie“ spreche, so ausschließlich deshalb, weil das Zeitalter, in dem wir leben, nicht nur das *„nach Gottes Tod“*, sondern dadurch auch das *nach „des Sinnes Tod“* ist: weil wir keinem Seienden mehr nachweisen können, daß ihm durch die Intention oder die Planung einer Instanz eine bestimmte Funktion, also „Sinn“, zuerteilt worden ist; und weil Philosophieren ohne Anerkennung von „Sinn“ eben – sinnlos ist.

Kantlektüre. Der Größte

Im „Beweisgrund zu einer Demonstration des Daseins Gottes“ (Hartenstein VI, S. 66 Anm.) kommt Kant 1763, also vor zweihundertsiebzehn Jahren, darauf zu sprechen, daß Newton das Verschwinden unseres Sonnensystems als wahrscheinlich ins Auge gefaßt und es für nötig gehalten habe, daß Gott das Verschwundene dann durch ein Wunder restituiere. Die Wahrscheinlichkeit des Verschwindens unseres Sonnensystems akzeptiert Kant, ohne mit der Wimper zu zucken, in der Tat so furchtlos, daß er – was er sich natürlich nur in einer scheinbar unwichtigen Anmerkung auszusprechen erlauben durfte – nicht einmal die Notwendigkeit der Wiederherstellung einsieht. „Es darf uns dieses (sc. Verschwinden) nicht als ein bedauernswerter Verlust vorkommen, denn wir wissen nicht, welche Unermeßlichkeit die sich immerfort in anderen Himmels-Gegenden bildende Natur habe, um durch große Fruchtbarkeit diesen Abgang (sic!) ... anderwärts reichlich zu ersetzen.“

Einen derartig großartigen Verzicht auf unsere Welt, auf Anthropo-, Geo-, nein: Heliozentrik hat es nie zuvor und nie danach in Philosophie oder Religionen gegeben. Daneben wirkt Hegels Weltbegriff hinterwäldlerisch. Von den Weltbegriffen seitdem zu schweigen. Die Tatsache, daß dieser Verzicht ausgerechnet aus dem Munde des größten Moralisten gekommen ist, also des Mannes, von dem man doch eigentlich annehmen müßte, daß er das Dasein der Menschheit aus Ehrfurcht vor dem Sittengesetz für unverzichtbar halte, das ist viel mehr als nur merkwürdig.

Er sei nie aus Königsberg herausgekommen? Er ist weiter herausgekommen als je einer von uns. In Königsberg sind *wir* zurückgeblieben.

Vor fünfundfünfzig Jahren hatten wir zusammen bei Heidegger studiert. Er ist zwar weißhaarig, aber sein Bubengesicht von damals ist so unverändert geblieben, als wäre in der Zwischenzeit nichts passiert. Ebenso unverändert ist sein „Jargon der Eigentlichkeit“, der mich sofort ungeduldig machte. „Was hast Du?“ fragte er.

„Wenn Du ausschließlich von ‚In-der-Welt-Sein‘ sprichst“, antwortete ich, „dann unterschlägst Du etwas.“

„Was?“

„Daß wir nicht nur *in* der Welt sind.“

„Sondern wo?“

„Kein Wo. – Sondern daß wir auch selbst Welt sind.“

Er zuckte zusammen.

„Was hast Du?“

Er genierte sich zu gestehen, daß meine Aussage in seinen Ohren anrüchig klang. Zu sehr nach Materialismus.

„Daß ich zu der Welt Deines Daseins, also zu Deinem In-der-Welt-Sein gehöre, das bestreite ich nicht.“

„So billig kommst Du mir nicht davon“, entgegnete ich.

„Und was ist mit Deinem Leibe? Ist der nur *in* der Welt?“

„Er ist ein Element meines In-der-Welt-Seins.“

„Durchaus nicht nur. Sondern selbst ein Stück Welt. Von dem zu sagen, es ‚habe Dich‘, vielleicht richtiger ist, als von Dir zu sagen, Du ‚habest es‘.“

Er runzelte seine Augenbrauen.

„Worauf es mir ankommt“, schloß ich, „ist, Dir die Augen dafür zu öffnen, daß Heidegger ein geradezu monumentaler Schlauberger gewesen ist: daß er nämlich mit seiner Redensart zwei Fliegen mit einem Schlag zu erschlagen gehofft hatte. Einmal ist er mit ihrer Hilfe dem Verdacht zuvorgekommen, ein Materialist zu sein – denn er ‚ist‘ ja nicht Welt, sondern nur ‚in der Welt‘. Zugleich aber auch dem Verdacht, ein bloßer Idealist zu sein – denn er erniedrigt ja die Welt nicht zu einem bloßen Bewußtseinskorrelat, vielmehr spricht er ihr ja, da sie zum Dasein des Menschen gehört, ontologische Dignität zu.“

„Der Schlauberger bist Du“, meinte er daraufhin gekränkt. Und verließ mich. Daß ich ihn nach weiteren sechzig Jahren noch einmal wiedertreffen werde, ist äußerst unwahrscheinlich.

Nach Preisverleihung

Nachdem der molussische Rundfunk gemeldet hatte, daß der molussische Maler Stellus von der Akademie der Stadt Penx einen Ehrenpreis erhalten hatte, da drängten sich lärmend die Nachbarn in seine Wohnung. „Wir sind ja so stolz auf Sie", kreischten sie, und ihre Erregung schien noch nicht einmal gespielt. Stellus tat höflich, als habe er nicht recht verstanden. „*Sie* sind auf *mich* ...?" fragte er ungläubig.

„Ja, stimmt es denn nicht?" fragten sie verwirrt zurück.

„Sofern Sie den Preis meinen", antwortete er, „so bin *ich* jedenfalls nicht stolz auf ihn. Weil mir das mein Stolz verbietet. Aber vielleicht ist *er* stolz auf *mich*."

Das verstanden sie nicht. Einige aber sahen so aus, als mißgönne er ihnen etwas.

„Aber wie *Sie* dazu kommen", fuhr er nach einer Weile fort, „Sie, die Sie – wozu Sie wahrhaftig nicht verpflichtet sind – keines meiner Bilder je gesehen hatten und die Sie zu meinem Verdienst, sofern ich solchen habe, nichts beigetragen haben und die Sie in einigen der preisgekrönten Bilder sogar verhöhnt worden sind – wie *Sie* dazu kommen, sich in meine Angelegenheit einzumischen, nein: sich meinetwegen aufzublähen, das ist mir unerfindlich. Halten Sie Ehre für ansteckend?"

„Ja, sind wir denn nicht Ihre Nachbarn?" fragte da einer nach einer langen Pause.

„Solange ich keinen Preis erhalten hatte", antwortete er, „habe ich wenig von Ihrer Nachbarschaft bemerkt." Und bat sie dann höflich, ihn ungeschoren zu lassen.

Am nächsten Morgen aber fand man ihn im Treppenhaus mit gebrochenem Genick. Jemand mußte ihm nachts ein Bein gestellt haben.

Im Rundfunk Gabrieli

Chormusik, vor allem a capella-Gesang, gaukelt uns eine angeblich harmonische Gemeinschaft vor, die es nirgendwo gibt, gegeben hat, geben wird. Der strahlende Dur-Akkord ist nicht, wie Bloch in seiner Unfähigkeit, nicht zu hoffen, glaubt, „Vorschein" eines künftigen Zustandes, sondern bloßer *Schein* und lügenhafter als die verlogenste

Ideologie. Im Namen der Wahrhaftigkeit: hindert Eure Kinder daran, in Chören mitzusingen.

Im Moll-Dreiklang scheint man versucht zu haben, diesen Betrug zu revozieren. Aber die Verkleinerung der Terz löscht diesen nicht aus. Im Gegenteil: denn nicht den Schmerz über das Fehlen von Harmonie drückt der Moll-Dreiklang aus, sondern diesen Schmerz *als* Harmonie. Also ist er zwiefach verlogen.

Schönbergs Abkehr von der Tonalität, richtiger: seine Etablierung der Tonikalosigkeit und seine Stornierung des Unterschieds von Konsonanz und Dissonanz ist ein epochaler Akt der Wahrhaftigkeit gewesen.

Im Fieber beim Betrachten der großen Zehe

„Möchtest du *die* sein?" fragte ich mich. „Wie *der* wohl zumute sein mag!"

Obwohl angeblich „meine", bleibt sie mir doch genauso unerreichbar wie die Stechpalme in der Zimmerecke. Wenn wir unseren Leib als Objekt sehen, beginnt die erste unserer tausend Verfremdungen.

Im Rundfunk wieder einmal:
„Atomkraft natürlich nur für friedliche Zwecke"

Seit einem Vierteljahrhundert darf man, ohne sich zu blamieren, Eisenhowers dümmliche Redensart *„atoms for peace only"* verwenden. Wie würden wir reagieren, wenn ein Waffenhändler mit den Worten „pistols for defense only" werben würde? Es gibt keinen Beruf, in dem man sich, ohne zu riskieren, verlacht zu werden, solche Stupidität leisten dürfte wie im Beruf derer, auf denen die größte Verantwortung lastet – nein: eben nicht lastet. Offenbar ist es den Politikern auch gelungen, ihre Mitwelt auf ihr eigenes Dummheitsniveau herunterzuziehen.

„Wenn ich doch glauben könnte!"

seufzte gestern abend D., nachdem ihm seine geliebte Frau gestorben war, „*die* haben's gut!" Sein Leben lang war er nicht nur ungläubig, sondern auch stolz auf seinen Unglauben gewesen. Natürlich habe ich ihm nicht verraten, was ich von seinem Seufzen hielt; stumm blieb ich bei ihm sitzen. Aber ich fürchte, mit unserer Freundschaft wird es aus sein. Denn ich wüßte nichts Verächtlicheres als den Neid auf die Gläubigen, die man sein Leben lang verachtet hatte – weil es denen vielleicht etwas besser geht. Und mit Menschen, die ich verachte, kann ich wohl kaum befreundet sein.

Wer sich auf Unglauben einläßt, der muß sich vor diesem seinem Entschluß im klaren darüber sein, ob er bereit und fähig sei, diesen auch in extremis durchzuhalten. Im Glück ungläubig zu sein, ist kein Kunststück.

Gesellschaft in München

„Man hat Sie neulich im Rh. M. einen *‚professionellen Atheisten'* genannt. Sogar behauptet, Sie hätten sich ungeniert selbst so genannt. Trifft diese Bezeichnung zu?"

„Lächerlich!"

„Sie sind also *kein* Atheist?"

„Wie kommen Sie darauf? Natürlich bin ich einer!"

„Sie sind also *doch* . . ."

„Was heißt schon *‚sind'*? Macht es vielleicht mein *Sein* aus, daß ich an etwas . . ."

„An was?"

„An einer Idiosynkrasie der Menschen *nicht* teilnehme?"

„Idiosynkrasie?"

„Richtig. Glauben Sie vielleicht, diese Idiosynkrasie der Anderen spiele für mich eine so ausschlaggebende Rolle, daß ich mich durch meine Nichtteilnahme an ihr definiere?"

Darauf wußte sie nicht zu antworten.

„Und ‚professionell'? Glauben Sie denn außerdem, daß ich so abhängig von der Existenz dieser Idiosynkrasie bin, daß ich mein Draußenbleiben zu meiner Profession mache? Ich habe wichtigere Berufspflichten!"

„Sie sind mir wahrhaftig ein . . . Original!"

„Ihnen? Nicht daß ich wüßte. – A propos: sind Sie Bratschistin?"

Sie trat einen Schritt zurück, so als hätte ich etwas Anzügliches gefragt. „Bratschistin? Wie kommen Sie darauf? Ich bin taub auf beiden Ohren!"

„Bedaure! Würden Sie es unter diesen Umständen für angemessen halten, wenn ich Sie als Nicht-Bratschistin klassifizieren und vorstellen würde? Und Ihr Nichtbratschespielen als Ihre Profession angäbe?"

„Sie machen einen ganz verwirrt!"

„*Das* definiert mich nun in der Tat!"

„Was?"

„Das Verwirren. Denn das tue ich nun wirklich professionell. Im Interesse der Wahrheit!" Und entschuldigte mich.

R. und ich blieben vor den „stills" eines Pornokinos stehen

„Und dieses ..."

„‚Cunnilingus' nennt man das."

„... und das verteidigst Du nun also als ‚Kunst'?"

„Habe ich es ein Kunstwerk genannt?"

„Aber Du verteidigst es doch."

„Ich attackiere es nicht. Aber nicht deshalb nicht, weil es ein Kunstwerk wäre."

„Sondern?"

„Weil ich Wichtigeres zu attackieren habe."

Nichts ist in der Tat scheinheiliger als der Brauch, Schau- und Darstellungen von Sex dadurch in Schutz zu nehmen und sich selbst ein gutes Gewissen des Genusses dadurch zu verschaffen, daß man ihnen Kunstcharakter zuspricht. *Das Wort „Kunst" ist das Feigenblatt, mit dem man die Feigenblattlosigkeit rechtfertigt.* Denn was zur Kunst gehört, das gilt auf jeden Fall als Kulturwert, sogar als kulturfördernd und deshalb als moralisch. Also leiht man sich diese Legitimierung aus. Warum unter falscher Flagge segeln? Warum nicht Sex als solchen und die Freude am Sex als solche bejahen?

Er hatte Angst vor dieser Frage.

„Ist Dir nicht aufgefallen, daß seit Cranach und Botticelli, also seit fünfhundert Jahren, in fünfzig Prozent aller Gemälde das Erregendste, was es gibt, nämlich der weibliche Leib, Hauptsujet der Malerei gewesen ist. Hältst Du das vielleicht für einen Zufall? Oder glaubst Du vielleicht, man habe dieses ‚sujet' gewählt, *obwohl* es begehrenswert war?"

„Aber Kant ..."

„. . . hat niemals ein Renaissancebild gesehen. Hätte er es, er hätte seine Augen wie Du vor Schrecken zugekniffen."

„Ich kneife sie ja gar nicht zu."

„Gratuliere. Giorgiones Venus oder Goyas zwei Majas oder Rubens' ‚Kleiner Pelz', trotz ihrer Kühle sogar Manets ‚Olympia' – die alle sind ja nicht trotz des sinnlichen Reizes superb schöne Kunstwerke, vielmehr gilt der Frauenkörper *deshalb als schön, weil* er *begehrenswert* ist; *das Schöne ist nur,* um Rilke sakrilegisch abzuwandeln, ‚*des Begehrenswerten Anfang*'. Und nur weil begehrenswert, gelten die Bilder als schön. (Die Entdeckung des Häßlichen als Kunstsujets steht auf einem anderen Blatt, ihre erste Formulierung durch Rosenkranz ist zu Unrecht verdrängt worden.) Gleichviel: das Wort ‚Kunstwerk' hat es im Griechischen überhaupt nicht gegeben, als ‚schön' galt dort primär die Idee, dann der *Leib* (siehe den ‚größeren Hippias'), und wenn dessen Abbildung ebenfalls, dann eben deshalb, weil sie eine des Schönen war (siehe Sophistes, 336). Ganz im Gegensatz zu Kant, der im übrigen niemals in seinem Leben ein Kunstwerk gesehen hat, ist ‚Schönheit' *keine Kategorie des Verzichts, keine des Puritanismus, sondern eine des Begehrens und des Genusses.* Es ist erbärmlich, daß wir uns die pergamentene Ästhetik eines Greises, der niemals eine Tizianische Venus, geschweige denn eine wirkliche vor Augen gehabt hat und zu dem niemals ein Takt von Mozart gedrungen ist, zweihundert Jahre lang als Autorität haben aufreden lassen. Es gibt keine schöne Frau, die nicht, und mit Recht, in schallendes Gelächter ausbräche, wenn ein Mann ihr erklären würde, ihr Leib sei schön, obwohl er Lust verspräche. Sondern *weil.* Natürlich hätte diese Ästhetik in der christlichen Welt keine Chance gehabt, selbst in unserer heutigen dechristianisierten Welt wird sie noch geradezu als Stigma des Banausentums denunziert. Selbst moderne Ästhetiken, sowohl die naturalistische (‚Ich male keine Gegenstände, sondern Bilder': Liebermann) als auch die der Abstrakten, die ja programmatisch auf den Gegenstand verzichten, als schließlich sogar Brechts vorübergehender Antikulinarismus, sie alle sind Erben des Christentums, also *Ästhetiken der Askese* geblieben. Höchste Zeit, die Ästhetik den Händen der Puristen zu entreißen!"

Er hatte, während ich sprach, kopfschüttelnd die anderen offenherzigen Photos begutachtet.

„Und das fällt Dir vor diesen Photos ein?"

„Warum nicht? Glaubst Du vielleicht, es gebe Gelegenheiten, die zu klein wären, als daß man von ihnen ins Grundsätzliche hinaufspringen könnte? Der kleinste Startplatz genügt. Wir sind Senkrechtstarter."

„Wozu ich arbeite?"
Höhnische Rückfrage auf die Frage eines Dummen

Über die Landsknechte der Vergangenheit deshalb den Stab zu brechen, weil es diesen nicht darauf angekommen sei, für wen oder was oder gegen wen oder was zu kämpfen, zu töten oder zu fallen, dazu haben wir nicht das mindeste Recht. Wir sind durchweg die Landsknechte des 3. Industriezeitalters. Denn was bliebe dem Arbeiter, namentlich dem heutigen, der Wahlfreiheit beraubten Arbeiter, anderes übrig?

Das politische Vokabular in der heutigen wirtschaftlichen Situation beizubehalten, etwa von der Freiheit des Arbeitnehmers zu reden, ist schiere Lüge.

Gerichtssaal. Wien

Über dem Verhandlungstische die große Inschrift: „Fiat justitia, pereat mundus" – müßte heute durch das kleine Wörtchen „ne" richtiggestellt werden. *„Fiat justitia ne pereat mundus."*

Ischl. Hohe Tannen

Sie sind also nicht durch die Gravitation nach unten gezwungen. Sondern protestieren erfolgreich gegen diese. *Sollte Leben – Nonkonformismus sein?*

Ischl. Ausgestirnte Nacht

Ihr rasenden Galaxien, kochend mit Tausenden von Sonnen und übermassiv und überschwer in tausend schwarzen Löchern – seid ihr nun leblos? Oder seid ihr Lebendige? Was hieße denn: ihr „seid", wenn ihr nur leblos wäret? Worin bestünde denn dieses euer Sein? Was würden wir denn meinen, wenn wir euch als „seiend" bezeichneten, aber Leben euch nicht einräumten?

Oder? Oder sollte es möglich sein? Sollte es möglich sein, daß diese Alternative „lebendig oder leblos", wie andere Alternativen auch, nur Ausdruck eines lächerlichen Anthropomorphismus ist oder ein rein biologisches Vorurteil? Ein nicht weniger lächerliches Vorurteil, als wenn wir dich, Mond, oder dich, Atom, vor die Frage stellen würden, ob ihr männlichen Geschlechts seid oder weiblichen – eine Frage, die unsere vorurteilsgesättigte Sprache tatsächlich beantworten zu können glaubt. Ihr aber habt von dieser Unterscheidung niemals etwas läuten hören. Und mit Recht nicht. Denn warum sollte die Unterscheidung, die für einen winzigen Bruchteil des Seienden gilt, auch für euch gelten?

Könnte es nicht mit der Unterscheidung zwischen „lebendig" oder „leblos" ebenso bestellt sein? Daß diese nicht universell gilt? Welch eine Frage! Die wir zwar gerade noch aussprechen können, die wir aber, da wir ohne diese Unterscheidung nicht wären und nicht sein könnten, aufzufassen nicht eigentlich mehr fähig sind.

Was jenseits der Grenze ist: Seiendes, das weder lebendig ist noch leblos – das zu denken, bleibt uns Gefangenen unseres Soseins: nämlich unseres Lebendigseins, verwehrt. *Unser nicht durchbrechbares Sosein ist das Apriori unserer Nichterkenntnis.* (Was Kant so zwar nicht formuliert hat, aber was seinen Grundthesen auch nicht zuwiderläuft.)

Im Zug mit einem Siebenbürgisch sprechenden Geistlichen.
Seine Kirche oder Sekte mir unbekannt

Voller Dankbarkeit und Enthusiasmus sprach er davon, wie frei seine Sekte in Österreich sei.

„Worin besteht Ihre Freiheit?"

„Darin, daß wir alle unsere Dogmen bekennen und Gebete und Gebote praktizieren dürfen."

„Sind denn Ihre Dogmen und Gebete und Gebote selbst frei?"

„Bitte?"

„Bilden diese nicht selbst ein Zwangssystem? Tragen Sie Ihren Kindern alternative Überzeugungen vor? Zur freien Auswahl?"

„*Wir?*"

„Für welche Freiheit sind Sie denn dann eigentlich dankbar? Für die Freiheit, Ihr spezielles System der Freiheitsbeschneidung durchzusetzen und zu praktizieren? Und dafür, daß Sie kein fremdes System der Freiheitsbeschneidung akzeptieren müssen?"

„Aber . . ."

Aber es kam kein „Aber".

Nach Krauslektüre

Die „Letzten Tage der Menschheit" 1943. Photo der Queue der nackten Frauen vor dem „Brausebad".

Erste moritura: „Ich muß austreten!"

Stimme von oben: „Total überflüssig!"

Zweite moritura: „Nur nicht drängeln. Ich habe vor Ihnen gestanden!"

Dritte moritura: „Nein, ich vor Ihnen!"

Stimme von oben: „Schnauze! Ihr kommt alle dran!"

Radionachricht

Man schießt Satelliten in den Weltraum, um aus der Höhe nicht nur die geologische Struktur der Erdoberfläche, sondern auch die Existenz von im Erdinnern verborgenen Rohstoffen zu erkunden und um diese Funde zu eben dieser Ebene, die sich selbst gewissermaßen zu nah ist, um von sich zu wissen, zurückzumelden. Welche Revolution für die Erkenntnistheorie: *Entfernung als Bedingung der Erfahrung!*

Hoffentlich kommt diese Nachricht nicht jenen reaktionären Historikern zugute, die durch ihre Verachtung der Gegenwart behaupten, daß Gegenstände erst dann wirklich erkennbar und ihrer wissenschaftlichen Behandlung würdig würden, wenn sie weit von uns distanziert wären. Selbst für Panofsky war die Kunst *nach* Manet noch inexistent geblieben. Aber die Gefahr, daß Historiker sich auf die Leistung der Satelliten berufen, ist ganz gering: nicht nur deshalb, weil Geostrukturen nicht in ihr Fach gehören, sondern auch deshalb, weil die gestrige Meldung von ihnen, den programmatisch Weitsichtigen, noch nicht weit genug entfernt ist, um von ihnen ernst- oder auch nur wahrgenommen zu werden.

Theologie heute, abgehört am Kinderbett

Kind: „Wenn Gott zu mir spricht, spricht Er dann selber?"

Mutter: „Wer denn sonst?"

Kind: „Nun, Er könnte ja schließlich auch ein Band besprochen haben."

Mutter: „Und warum glaubst du das?"

Kind: „Weil Er gewiß ununterbrochen angerufen wird. Und so viele Anrufe gleichzeitig ja gar nicht schaffen kann!"

Mutter: „Hör auf mit dem nonsense!"

Kind: „Also doch Er selber. Schön zurückgeblieben scheint Er ja zu sein!"

Verlockende Aufforderung, einen naturphilosophischen Dialog zu schreiben

Abgelehnt.

Aristophanes hat Sokrates als einen in einer Baumkrone hockenden naturphilosophischen Narren verspottet, als dieser schon längst aus den Ästen hinuntergestiegen war, um sich darauf zu beschränken – und was solche Beschränkung kostet, das weiß nur, wer sich Ähnliches aufzuerlegen versucht hat –, sich durch das philosophisch kaum enthusiasmierende Unterholz der Moralphilosophie durchzuschlagen.

Mir, der vor fünfzig Jahren, als Hitler am Horizont auftauchte, zu solcher *metaphysischen Askese* gezwungen wurde – nun ist diese längst schon zu meiner zweiten Natur, nein: zu meiner ersten geworden –, war diese anfangs noch schwerer gefallen als meine erste vom Musizieren, zu der ich mich, um mich nicht zu zersplittern, ein Jahrfünft früher verurteilt hatte.

Nun, da wir alle seit mehr als dreißig Jahren mit dem möglichen Ende der Menschheit konfrontiert sind, nun würde ich mich (sofern es noch eine Instanz gibt, vor der man sich blamieren könnte) unsterblich blamieren, wenn ich mich hinsetzen würde, wie es z. B. Driesch noch in meinen Studententagen getan hat, um ein spekulatives naturphilosophisches System zusammenzuzimmern. Nicht nur darüber, worüber wir wegen der Begrenztheit unserer Vernunft nicht philosophieren *können,* hat die Philosophie zu befinden, sondern auch darüber, worüber wir heute, auf Grund der Begrenztheit unserer Kräfte, nicht mehr philosophieren *dürfen.*

Beethoven, 7. Symphonie

Hörte, gewiß zum tausendsten Male, die Siebente Symphonie. Sie ist die erste Symphonie gewesen, die ich je gehört habe. Als Sechs- oder Siebenjähriger. Dohrn hatte der Dirigent geheißen. Damals hatte ich bei dem Allegretto geweint, weil ich noch nie etwas in Moll gehört hatte und weil ich das Stück für einen Klagegesang hielt. Nicht zu Unrecht, da der Satz auch heute noch immer viel zu langsam genommen wird. –

Immer wieder verblüffend, wie wenig Sinnlichkeit, von Sexualität zu schweigen, in Beethovens Musik eingegangen ist. Höchstens Burlesk-Fröhliches. Das gilt auch von der „Siebenten", obwohl Wagner aus deren Finalsatz eine dionysische Raserei herauszuhören gewähnt hat. Auch der Schlußchor der „Neunten" ist nicht freudig (in der Grundmelodie sogar banal), und nichts hat mit Liebe weniger zu tun als die Adelaide oder der Preisgesang auf die eheliche Treue im Fidelio. Welch sonderbare Legierung von Leidenschaft und Trockenheit der Sinne! Aber „übersinnlich" im echten: nämlich religiösen Sinne ist seine Musik gleichfalls nicht. Der berühmte Quartettsatz „Dankgesang eines Genesenden an die Gottheit" gilt nicht Gott, sondern nur einer „*Gottheit*", die noch nicht einmal deistisch, geschweige denn theistisch, zu verstehen ist. Der Prozentsatz von Kirchenmusik in seinem Opus ist kleiner als der im Opus irgendeines Komponisten *vor* ihm. Seinem Glauben kann man nur schwer Glauben schenken, obwohl er auch von Atheismus weit entfernt ist. Sein „Christus am Ölberg" ist das am wenigsten überzeugende Stück „religiöser Musik", das ich kenne; viel weniger überzeugend als das sinnenfreudige, von Brahms als Buffooper verhöhnte Verdische Requiem. Selbst die so merkwürdige Missa Solemnis kann ich nur mit Mißtrauen hören.

Wenn aber seine Musik weder Sinnlichem noch Übersinnlichem Ausdruck zu geben scheint, welche Gefühle drückt er dann aus? Welche vermittelt er? *Was nimmt sein unbestreitbarer Ernst ernst? Welche Verdüsterung adelt er? In welcher Zwischendimension trifft er uns, „wo" sind wir ergriffen?* Und vielleicht sogar tiefer als durch den Jubel des Champagnerliedes oder die Trauer der Matthäuspassion? Er bleibt rätselhaft.

Vielleicht kommt man ihm dann noch am nächsten, wenn man ihn als die Stimme der Moral auffaßt. Was freilich dem Kenner der Beethovenschen Lebensführung (Strna) ein neues Rätsel aufgibt. Denn er ist ein Widerling gewesen.

Rundfunk. Mozarts Sonata facile in C

Gebrochene Akkorde sind wahrhaftig zum Brechen. Nichts trivialer und musikalisch dümmer als die klingelnden Albertibässe. Warum sind sie das? Weil sie den Inbegriff von Anti-Polyphonie darstellen. Ein Großteil der Mozartschen Klaviermusik durch Albertiverwendung trivialisiert. Zu widerstandslos hat sich Mozart von früh auf auf diese Trivialität eingelassen. Beethoven hat die Albertibässe in den berühmten Eröffnungstriolen seiner cis-Moll-Sonate aufs genialste detrivialisiert: die gebrochenen Akkorde sind nun nicht mehr bloßes Begleitgeklingel, sondern selbst Aussage, bzw. die Darstellung von Stimmung, angeblich der Mondscheinstimmung, und als solche hören wir sie tatsächlich.

Aber was Beethoven da durch diese seine Umfunktionierung, gewiß schuldlos, in Gang gebracht hat, ist nicht minder trivial als Alberti. Seit den Triolen der Mondscheinsonate gibt es keine Pianoparts von Liedern oder Duosonaten, in deren Atmosphäre wir nicht schwimmen sollen. Die Unsitte reicht bis tief in unser Jahrhundert hinein.

„Wie sieht denn euer jüdischer Gott aus?"
Frage des katholischen Hausbesorgermädels

„Gar nicht", antwortete ich. Das war ihr mit Recht unheimlich, und sie verdrückte sich. –

In der Geschichte der Religionen gibt es wohl nichts Listigeres – und in List sehe ich mit Hegel und Brecht ein Positivum – als die grandiose Behauptung, Gott sei unsichtbar. Auch wenn die monotheistische These – darin hatte Freud in seinem „Mann Moses" vermutlich recht – aus dem Ägypten des 13. Jahrhunderts stammt – der zusätzliche Gedanke, daß *Gott nicht nur ein einziger, sondern ein an keinen festen Punkt fixierter,* damit ein *unsichtbarer,* sei, der ist wohl jüdischer Konzeption; und der ist in der Tat für die Kinder Israels auf ihren Wanderungen seit dem Auszug aus Ägypten unentbehrlich gewesen. Möglich, daß Jahwe ursprünglich in der Bundeslade mitgetragen wurde, also ein transportabler Gott gewesen ist – aber auch diese, in keiner Bauernreligion denkbare Unabhängigkeit des Gottes von seinem Platz wäre eine ungewöhnliche Abstraktionsleistung gewesen, und seit langem enthält die Lade ja „nur" die Thora, also „nur sein

Wort". Durch die These, daß er sich an keinem bestimmten Ort, sondern überall (oder nirgendwo nicht) aufhalte, nein, daß seine Unsichtbarkeit geradezu zu seinem Wesen gehöre und sein Existenzbeweis sei, war jeder neugierigen oder zweiflerischen Frage der Riegel vorgeschoben. Nie, außer vielleicht in der „Negativen Theologie" ist ein Negativum so positiviert worden. Aber die war nur etwas für eine kleine Elite.

Natürlich beruhte die Unsichtbarkeit nicht auf Gegenseitigkeit. Im Gegenteil: der Mensch konnte nicht nur von Gott gesehen werden, sein Leben spielte sich vielmehr pausenlos unter dessen Augen ab. *Gott war für den Menschen transzendent, der Mensch aber für Gott durchaus nicht.*

Daß Gott freilich von Anfang an „unsichtbar" gewesen sei, bzw. als unsichtbar gegolten habe, das bezweifle ich. Mir schwant, daß der Vorstellung des Unsichtbaren, des „*invisibilis*" die frühere des „*non videndum*" zu Grunde gelegen hat. Im Islam macht sich ja noch heute die non videnda-Frau durch den Schleier zu einer invisibilis-Frau. Gottes Blick und Anblick galt ursprünglich als ungeheuer und vernichtend. Wenn Gott unsichtbar blieb, so also, weil der Mensch in seinem eigenen Interesse vermeiden mußte, ihn zu sehen oder von ihm angeblickt zu werden. So schon Kain, 1. Mos. 4. Kapitel. Ich muß mich vor Deinem Angesicht verbergen: Als Mose (2. Mos. 33) Gott darum ersuchte, sich ihm zu zeigen, antwortete dieser: „*Kein Mensch wird leben, der mich sieht.*" Ganz ähnlich warnt (2. Mos. 23) ein Engel: „Darum hüte Dich vor seinem Angesicht!" Ursprünglich war Gott also nicht gemeint als einer, der nicht gesehen werden *kann,* sondern als einer, der nicht gesehen werden *darf* und von dem man nicht „heimgesucht" werden soll. Die berühmte *Abstraktheit des jüdischen Gottes* gründet lediglich in dessen Schrecklichkeit, darin, daß er das „Tabuissimum" war – eine Herkunft, die ja selbst heute noch erkennbar ist: so z. B. im Verbot, durch Aussprechen seines gefährlichen Namens seine Gegenwart heraufzubeschwören, oder im Verbot, in seiner Gegenwart das Haupt un-behütet zu lassen. Das berühmte Verbot, Bildnisse zu machen, also *Sichtbares zu vergotten,* steht wahrscheinlich im Zusammenhang mit diesem Verbot, *Gott zu sichten.* Daß die Geschichte vom Goldenen Kalb (2. Moses, 32. Kap.) dem Verbot, ihn anzublicken, unmittelbar vorausgeht (ibd., 33. Kap.), ist schwerlich ein Zufall.

Welch eine Sublimierung: Angst vor der Furchtbarkeit ist die Wurzel des auch heute noch lebendigen Gottesbegriffes gewesen. Hat es je ein Entsetzen gegeben, das so – fruchtbar gewesen wäre?

Der *non videndus* galt also als *invisibilis.* Aber *gehorchen* sollte man ihm. Darum mußte man ihn *hören* können. Da er befahl, verwarnte, verbot, versprach, offenbarte er sich als *Stimme* (nicht als Logos). *Akustisch war er also nicht unwahrnehmbar, nicht transzendent.* Diese Tatsache hat sich dort, wo Gott „interiorisiert", also zum *Gewissen* gemacht wurde, erhalten: auch dieses bleibt unsichtbar, es *tritt ausschließlich als Stimme auf.* Sogar als beides: *als Stimme und als Hören der Stimme.* Selbst der Irreligiöse bleibt, sofern er nicht radikaler Amoralist ist, im Bereich des Akustischen: was ich zu tun habe, scheint mir niemals gezeigt, immer zugeflüstert worden zu sein. Diese Abspaltung des Akustischen vom Ganzen der Sinnlichkeit, diese „Vorstellung" (fatalerweise ein optischer Ausdruck) von Gott als ausschließlich Sprechendem und Hörbarem, aber sich den Augen Entziehendem, ist unter den Abstraktionen, die die Menschheit geleistet hat, eine der großartigsten und konsequenzreichsten gewesen. In keiner der drei monotheistischen Religionen ist der optisch transzendente Gott als „akustisch transzendent", d. h. als taub oder stumm gemeint gewesen. Immer hat er als einer gegolten, der uns, es sei denn wir sperrten uns gegen ihn, erreichen kann, und als einer, den wir im Gebet erreichen können. Die monotheistischen Religionen sind *Telefonreligionen.* Der Apparat Gottes ist angeblich niemals „besetzt". Wenn man ihn „im rechten Geiste" anruft, dann ist er da.

Dr. R., der Kantianer, ist indigniert,
als ich wieder einmal unser Dasein „kontingent" nenne.
Darauf ich:

„Sie werden es nicht für möglich halten, aber die Kontingenz unserer Welt ist von niemandem so rigoros formuliert worden wie von Ihrem Kant. Und zwar von dem vorkritischen, ausgerechnet in seiner scheinbar knochentrockenen und frömmelnden Frühschrift ‚*Beweisgrund zu einer Demonstration des Daseins Gottes*'. Dort heißt es – mehr können wir wirklich nicht verlangen, und das sollten Sie Kantianer eigentlich besser kennen als ich philosophiegeschichtlicher Ignorant – warten Sie einen Moment, ich muß die Stelle erst suchen ..."

Eine Stunde Suche. Dann: „Hier ist sie: ‚Alle Dinge der Natur' – schreibt Ihr Kant – ‚sind zufällig in ihrem Dasein. Die Verknüpfung verschiedener Arten von Dingen, z. E. der Luft, der Erde, des Wassers, ist gleichfalls ohne Zweifel zufällig ...'"

R. sprang auf. „Und was hat er da unter ‚*zufällig*' verstanden?"

„Setzen Sie sich hin. Denn staunen werden Sie nun erst."

Er setzte sich.

„*Daß sie von Gott gewollt sind.*"

„*Das* hat sie zufällig gemacht?"

„Das. – Was Kant gemeint hat, ist, daß die Dinge der Welt *nur* von Gott gewollt sind."

„Nur?"

„Nur. Denn er fährt fort: ‚... und insoferne bloß der Willkür des obersten Urhebers beizumessen'."

„Bloß."

„Ja. Dieses ‚bloß' können wir nur schwer nachvollziehen, da wir gewöhnt sind, das Dasein der Welt, deren Gegenstände und Gesetze gerade dann für ‚zufällig' zu halten, wenn wir sie *keinem* Gott zuschreiben. Aber für Kant ist ‚*Gottes Willkür*' (ein Wort, das im Unterschied zu ‚Wille' mindestens heute in die Bedeutungen ‚Laune' und ‚Beliebigkeit' hinüberschillert), wohl weil er sie mit der Naturkausalität vergleicht, *das Unnotwendige schlechthin. Da das Dasein von Natur und Naturgesetzen nicht aus Naturgesetzen abgeleitet werden kann, also keiner Naturnotwendigkeit entspringt, ist es zufällig.*"

Er wischte sich die Stirn.

„Andererseits freilich – die Zweideutigkeit der Argumente kann ich schwer bestreiten – steht selbst die Naturkausalität in voller Harmonie mit Gottes Willen. Denn: ‚wie sollten ... die Folgen der Dinge, deren zufällige Verknüpfung von dem Willen Gottes abhängt, ihre wesentliche Beziehung aber als die Gründe des Notwendigen in der Naturordnung von demjenigen in Gott herrühren, was mit seiner Eigenschaft überhaupt in der größten Harmonie steht, wie können diese, sage ich, seinem Willen entgegen sein?' Das heißt: *Die Notwendigkeit, die zwischen den willkürlich geschaffenen Dingen besteht, kann Gott wohl nicht zuwider sein;* muß wohl ‚gottgefällig' sein."

„Da komme ich nicht mit."

„Ich wohl. Denn er bestätigt da vor mehr als zweihundert Jahren den Verdacht, den auch wir heute hegen: *daß apriorisch nur Gesetze sind, die innerhalb von selbst Kontingentem, also Aposteriorischem gelten.* Gewiß sind Raum und Zeit apriorische Formen der menschlichen Anschauung. Daß es aber Menschen gibt, für die diese apriori bestehen, das ist ein nur aposteriori feststellbares Faktum. Auf Kants Schluß auf ‚Gottgefälligkeit' werden wir freilich Verzicht leisten können."

„Und das soll *mein* Kant sein?" fragte Dr. R. verquält.

„Bedaure. Aber Ihnen zuliebe kann ich den Text nicht ändern." Und schlug den 3. Band der Hartenstein-Ausgabe, die ich zuerst auf S. 61, dann auf S. 66 zitiert hatte, wieder zu.

Spiegel-Lektüre

Kissinger erzählt, ohne sich der Ungeheuerlichkeit dieses Eingeständnisses bewußt zu werden, nein: nicht ohne Selbstgefälligkeit, Breschnew habe ihn in Moskau beiseitegeführt und ihm „unter vier Augen" vorgeschlagen, die USA und Sowjetrußland sollten eine „Vereinbarung über gegenseitige Unterlassung von atomaren Angriffen" treffen. Das habe er – Kissinger – *„höflich abgelehnt"*. Morgen wird Breschnew ein solches Angebot Kissingers „höflich ablehnen". Und übermorgen werden wir alle an solchen höflichen Ablehnungen zugrundegehen.

Bad Ischl. Tropisch üppiges Lattichdickicht

Die Naturwissenschaftler argumentieren so, als befände sich die Natur in pausenlosem *Bummelstreik:* so als leiste sie immer nur gerade das, wozu sie aufgrund der Ursachen verpflichtet sei, was sie nicht unterlassen kann. Falsch. Sie wuchert. Sonst wäre sie nicht da und nicht so, wie sie ist. *Effectus transcendit causam.*

Nach Telefonreparatur

Als diese fertig war, forderte der Telefonbeamte mich auf, zu probieren. Ich sprach mit T., also englisch. Der Mann strahlte. „Na sehen Sie", rief er aus, „wenn es selbst in einer fremden Sprache klappt!"

Dieser irrsinnige Ausruf erinnerte mich daran, daß ich Hitler 1934 in einer politischen Posse in Toben ausbrechen ließ, weil die Telefone so wahllos und so undeutsch waren, auch dann zu funktionieren, wenn jemand in sie in einer fremden Sprache, gar auf Russisch, hineinsprach. Seine Empörung war um so hemmungsloser, als er keine Fremdsprache beherrschte, jede für eine verdächtige Geheimsprache, jeden fremdsprachigen Satz für Verrat hielt. Aus diesem Grunde beauftragte er drei Ingenieure der „Technischen Hochschule" in München, unverzüglich ein Telefon zu konstruieren, das bei nichtdeutschen Klängen automatisch streiken würde. Von den Ingenieuren hat man nie wieder etwas gehört.

An diesem Mangel an Einsicht in die unauflösliche Verbindung von Technik und Internationalität hatte ich damals Hitler zugrundegehen lassen.

Wartete dreiviertel Stunde auf einen Platz im Inhalatorium

Was andere zum Rasen bringt: das Wartenmüssen, das „Noch-nicht-dran-sein", ist mir seit vielen Jahren willkommen gewesen, denn von der ersten Sekunde an verwandle ich es in etwas Anderes, in etwas durch und durch Positives: in *reines Existieren.* Das Warteziel schneide ich einfach ab und lebe nun im reinen Äther des von keiner Intentionalität getrübten und von keinem Inhalt verdeckten Daseins. Nichts ist ontologisch so ergiebig, nichts so genußreich wie dieses umfunktionierte Warten. Läßt mich dann die Badefrau unwirsch wissen, daß der Inhalationsplatz für mich frei sei – „dreimal habe ich Sie nun schon gerufen!" –, dann reagiere ich ungehalten.

„Könnten Sie mich denn wirklich nicht ein bißchen länger warten lassen?" fragte ich sie heute, während ich mich unwillig zu meinem Inhalationsplatz begab. Da tippte sie auf ihre Stirn, woraufhin die anderen Wartenden bedrohlich murrten, weil ich die Solidarität der Ungeduldigen verletzt hatte.

Elektrizitätsausfall

Im Dustern herumgetappt. –

Die nicht-visuellen Sinne vermitteln uns keinen artikulierten Raum.

Schmecken und Riechen offensichtlich nicht: sie kennen nur das *Hier*, kein *Dort*, geschweige denn eine Erstreckung. Hören ist zwar nicht völlig unräumlich – der Orgelklang ist voluminös, und es gibt die Intervalle –, aber es eröffnet doch nicht die Möglichkeit, den Raum stereometrisch, gar planimetrisch zu strukturieren, ein Raumgebilde abzumessen oder gar einen Bau von Theoremen über den Raum aufzurichten. Selbst das Tasten und die Fortbewegung, obwohl mit nichts anderem als Räumlichem beschäftigt, bleibt unfähig, den Raum *als* Raum aufzufassen, Strukturgesetze festzustellen oder gar eine Raumerkenntnis aus einer anderen abzuleiten.

Wenn wir Maulwürfe wären, also augenlos – gäbe es dann ausmeßbare Flächen? Wenn nein, könnte es dann Geometrie geben? Wenn nein, hätte es dann einen Sinn, von geometrischen Theoremen zu sprechen? Und könnten diese, von niemandem gemeinten, von niemandem meinbaren, im Leeren *gültig* sein? Nach seinem Besuch bei Helen Keller erzählte mir mein Vater im Jahre 1911, die Zahlenreihe habe die Ärmste zwar verstanden, den Pythagoreischen Lehrsatz dagegen nicht.

Plotin-Lektüre

Daß ich mit dem seit sechzehnhundert Jahren toten Manne mitdenken kann und aufgrund seiner damaligen Einsichten heute Einsichten haben kann; daß ich mich mit ihm, der nun schon nicht einmal mehr Staub ist, ungleich besser verstehe als mit den nicht mehr als drei Meter von mir entfernten Etagennachbarn, das ist gespensterhaft. Man möchte dem Toten über einundeinhalb Jahrtausende hinweg Dank sagen und ihn aufgrund mancher Sätze darum bitten, ihn mit „du“ anreden zu dürfen.

München. Der liebenswerte H. G. stellt mir,
besorgt flüsternd, so als hätte er gehört,
ich sei krebsverdächtig, die Gretchenfrage

I

„Ist das Gerücht, daß Sie ein ‚rabiater Atheist‘ seien, wirklich wahr?“

„Ein ‚rabiater‘? Mit Gläubigen könnte ich mich zwar so wenig verständigen wie mit Chinesen. Aber ich kenne nur wenige. Also gibt es nur wenige Gelegenheiten zum Rabiatwerden. – Ein Atheist bin ich allerdings. Sogar ein unkorrumpierbarer. So what?"

„So what?" wiederholte er ungläubig.

Ich nickte.

„Und was meinen Sie mit ‚unkorrumpierbar'?"

„Das, was das Wort aussagt: daß ich unverführbar bin. Daß Missionsversuche an mir abgleiten würden."

„An Ihrem Nichtglauben scheint Ihnen ja außerordentlich viel gelegen zu sein."

„Viel weniger, als Sie annehmen."

„Jedenfalls mehr, als den meisten Nichtatheisten an ihrem Glauben und an Gott gelegen ist."

„Ist das *mein* Fehler?"

Darauf antwortete er nicht.

„Daß mir an meiner Ableugnung an sich übermäßig viel liege, das würde ich aber bestreiten."

„Was meinen Sie mit ‚an sich'?"

„Damit meine ich: Wenn es nicht das erstaunliche Faktum gäbe, daß die meisten unserer Mitbürger, mindestens im Westen, zu glauben behaupten, vielleicht wirklich zu glauben glauben, vielleicht sogar wirklich glauben, was immer das sein mag – gleichviel, wenn es dieses erstaunliche Faktum *nicht* gäbe, dann würde die Tatsache, daß ich nicht an Gott glaube, niemandem auffallen. Weder denen, noch Ihnen, noch mir selbst. Vielleicht gäbe es diesen dann gar nicht."

„Wen? Gott?"

„Nein, meinen Unglauben."

„Den gäbe es dann nicht?"

„Die Tatsache, daß ich kein Astrologe bin, die fällt ja auch niemandem weiter auf. Philosophisch gesprochen, gibt es diese Tatsache gar nicht, sie *ist* gar keine. So wenig wie, daß ich kein Frosch bin oder kein Dreieck. Von solchen angeblichen Tatsachen gibt es, mit Hegel, eine ‚schlechte Unendlichkeit'. Man kann sie ad libitum erfinden."

Das verstand er nicht ganz. „Sie sind also eigentlich kein Atheist?"

„So können Sie es ausdrücken. Vernünftiger wäre zu sagen, daß mein Unglaube kein *mir* zukommendes Attribut ist."

„Sondern? Wem soll es denn zukommen?"

„Ihnen. Euch. Denn er ist nur das Bild, das ihr, die ihr zu glauben glaubt, euch von mir macht. So wenig wie der entfernte Berg, den Sie klein sehen, ‚an sich' klein ist, so wenig bin ich ‚an sich' ungläubig. Ein reines Perspektivephänomen. *Mein* Sein, über das Sie in Ihrer Behauptung, ich sei ein Atheist, etwas auszusagen meinen, ist durch die Tatsache, daß ich nicht gläubig bin (höchstens aus Neugier gerne wüßte, was Ihr mit dem Wort meint), überhaupt nicht tangiert, oder gar getroffen, geschweige denn definiert. Den Umstand, daß ich an etwas, was andere sich einreden, nicht teilhabe, zu einem Attribut, gar zu einem Wesenszug von *mir* zu machen, das ist einfach absurd."

Offenbar hatte er kein Wort verstanden. Denn nach einer Pause fragte er nun: „Würden Sie z. B. zustimmen, daß Ihr Unglaube Ihnen weniger wichtig ist, als Nietzsche sein Unglaube gewesen war? Denn der ist ja mit seinem Gotteshaß geradezu hausieren gegangen."

„Auch ein Beruf!"

„Wie meinen Sie das?"

„Daß mir mein Unglaube ungleich unwichtiger ist, als ihm der seine gewesen ist! Daß diejenigen, die ihren Atheismus so unterstreichen, ihn *noch* unterstreichen."

„Was heißt das?"

„Daß sie ihn deshalb unterstreichen, weil sie ursprünglich geglaubt oder zu glauben geglaubt hatten; weil sie ihrem Nicht-mehr-Glauben noch nicht recht Glauben schenken; daß sie die Eierschalen des Glaubens noch nicht ganz abgeworfen haben. Das Pathos und die Insistenz ihrer Ableugnung beweist, daß sie ihr Nicht-mehr-Glauben im dunkelsten Winkel ihrer Seelen noch immer so beurteilen, wie die Gläubigen, deren Reihen sie verlassen zu haben meinen; daß ihre Glaubensverweigerung ein *Abenteuer* sei, das angeblich einer Rechtfertigung bedürfe, während an Gott zu glauben sich eigentlich von selbst verstehe, weder einer Erklärung noch einer Apologie bedürfe. – *Das* Abenteuer."

„Sie meinen, letztlich ist Nietzsche noch religiös gewesen?"

„Er war ein inständiger Atheist. Inständigkeit ist ein religiöser Zustand."

„Den Sie nicht mehr kennen?"

„Nein, ich bin nicht mehr inständig. Für mich ist auch Atheismus kein Abenteuer mehr. Geschweige denn *das* Abenteuer. Oder *die* Rebellion."

„Sie sind also *kein* Rebell?"

„In meinem langen Leben bin ich in vielen Hinsichten ein Rebell gewesen, aber in dieser Hinsicht habe ich niemals einer zu sein brauchen. Versuchen Sie zu verstehen, daß ich einer neuen Generation von Atheisten angehöre, einem Typus, auf dessen Möglichkeit Sie überhaupt nicht vorbereitet sind. Denn ich gehöre nicht nur nicht mehr zu jenen, die nicht mehr an Gott glauben, sondern auch nicht mehr zu denen, für die es, wie für Nietzsche und den frühen Sartre, von Belang war, daß ‚Gott schon tot' ist. Schon! Um für mich noch ‚schon tot' zu sein, hätte er für mich ja erst einmal lebendig gewesen sein müssen. Und das ist er für mich (abgesehen von einem leidenschaftlichen Pantheismus meiner Knabenjahre, in den ich mich jederzeit wieder hineinstürzen könnte) niemals gewesen. Kurz: *Gott kommt für mich nicht einmal mehr als negandus oder negatus vor. Nicht einmal ‚tot' ist er für mich!*"

„Nicht einmal mehr ...", wiederholte er stotternd. Und dann: „Das ist das Blasphemischste, das ich je gehört habe. Daneben ist Nietzsche ja ein Waisenknabe gewesen. Sie sind also *noch nicht einmal mehr ein Atheist*?"

Ich nickte. „Kein Grund zur Aufregung."

„Eben das ist ja das Entsetzliche. *Daß Sie Gott noch nicht einmal der Ableugnung für würdig halten! Noch nicht einmal der Verhöhnung!*"

„Na endlich!"

Daraufhin verstummte er. Er schien zu versuchen nachzudenken. Dann begann er, langsam seinen Kopf zu schütteln.

„Nein", flüsterte er heiser, „Sie lügen. Das ist nicht möglich!"

„Und warum nicht?"

„Weil Sie – ich kenne Sie ja seit Jahren – alles mit Leidenschaft vertreten. Und mit Inständigkeit! Auch diese Ihre Blasphemie. Und diese Leidenschaftlichkeit ist Beweis für Ihre Religiosität. Vielleicht für Infernalität. Aber auch *die* ist ja etwas Religiöses! Gleich, ob Sie es wissen oder nicht, gleich, ob Sie es zugeben oder nicht – Sie sind ein ‚homo religiosus'!"

Ich zuckte mit den Schultern. „Leidenschaftlich? Gewiß. Vielleicht sogar inständig. Aber das bin ich nicht deshalb, weil ich leidenschaftlich oder inständig nicht-glaube, oder deshalb, weil ich keinen Wert mehr auf meinen Nicht-Glauben lege."

„Sondern?"

„Weil es mir um Ernsteres geht! Um eine Sache, die mit dem Sein oder Nichtsein Gottes nichts zu tun hat und neben der die Frage, ob ich glaube oder nicht, geradezu läppisch ist."

„Sie meinen ...?"

„Hiroshima. – Was gefährdet ist, ist nicht Ihr Gott. Sondern unsere Welt. Wir."

Er reagierte nicht.

„Sollte es wahr sein, daß Sie so blasphemisch sind, diese Gefahr zu ignorieren?"

II

Zweites Treffen mit H. G.

„Entschuldigen Sie bitte", begann ich heute etwas versöhnlicher, „daß ich gestern auf Ihre Frage, ob ich wirklich ein ‚rabiater Atheist' sei, mit einem frechen ‚so what' geantwortet habe. Das war nicht speziell gegen *Sie* gemeint."

„Sondern?"

„Im Grunde gegen Nietzsche und Schopenhauer. Diese sind mir nämlich trotz ihrer leidenschaftlichen Gottesleugnung, nein gerade aufgrund der Leidenschaftlichkeit ihrer Leugnung, noch verdächtig."

„Wessen verdächtig?"

„Konzessionen zu machen. Konzessionen, auf die ich mich nicht einlassen kann. Mich dadurch zu definieren oder mich dadurch definieren zu lassen, daß ich an einem Vorurteil anderer nicht teilnehme, das kommt für mich nicht in Frage. – Im übrigen finde ich – das waren ja gestern meine letzten Worte –, daß es Wichtigeres und Dringlicheres zu tun gibt, als nicht zu glauben und für diesen Glauben zu missionieren."

„Als ob Sie nicht auch missionierten!" meinte er freundschaftlich. „Aber was ich heute wissen möchte, ist etwas anderes. Etwas über Sie. Sie haben ja eben selbst die Majorität erwähnt. Fühlen Sie sich denn auf Ihrem Posten nicht furchtbar allein?"

„Warum?"

„Eben weil die erdrückende Majorität der Mitmenschen, mindestens hier im Westen, *keine Atheisten* sind. Verunsichert Sie denn diese Isolierung niemals?"

„Auf diesen Gedanken bin ich noch nie gekommen."

„Das ist unbegreiflich!"

„Durchaus nicht. Ich fühle mich überhaupt nicht majorisiert. Zur Minorität gehören vielmehr *Sie*."

„Ich?"

„*Hat es Sie denn niemals verunsichert*, daß inmitten der erdrückenden Majorität, inmitten der Milliarden von Lebewesen, *wir Menschen die einzigen animalia religiosa* sind? Daß sich also Ihr *Gott nur einer einzigen winzigen Spezies seiner Geschöpfe, nur einem einzigen ‚auserwählten Volk', eben uns Menschen, offenbart* und nur uns die Chance vergönnt hat, etwas von ihm, oder ihn, zu wissen, bzw. an ihn zu glauben. Sollte es möglich sein, daß die Unfairness dieser Vorzugsbehandlung Sie niemals stutzig gemacht hat? Und sollten Sie sich als einziger Träger dieses Wissens inmitten der überwältigenden Masse der ignoranten Geschöpfe niemals entsetzlich vereinsamt gefühlt haben?"

„Das habe ich mir nie klargemacht."

„Ein Beweis dafür, wie anthropozentrisch, wie egozentrisch Sie leben."

Darauf antwortete er nicht.

„Überdies hat ja diese ungerechte Vorzugsbehandlung (sofern wir von einer solchen reden dürfen, denn diese Rede setzt ja die Existenz Gottes voraus) auch erst sehr spät eingesetzt. Unser Glaube – Verzeihung: *Ihr* Glaube ist ja neuesten Datums. Vor viertausend Jahren hat es ja auch bei uns noch keinen Gottesglauben gegeben. Und was sind schon diese paar tausend Jahre neben der Ewigkeit, die Sie Ihrem Gott zusprechen? Können Sie mir erklären, warum er sich so lange incognito gehalten hat?"

Diese Art zu denken war ihm, trotz ihrer Plausibilität, völlig fremd.

„Aber heute ..." begann er schließlich zu stottern.

„Wenn ich Sie recht verstehe, meinen Sie, *heute* sei zu glauben normal?"

Er nickte.

„Selbst wenn das zuträfe – was sollte diese Normalität denn beweisen?"

Er blieb stumm.

„Und selbst wenn ich Ihnen aus Höflichkeit so weit entgegenkäme, einzuräumen, daß der Gottesglaube ein *Apriori des Menschen* sei –, wäre dann durch ein solches Apriori irgendetwas über die Wahrheit des Geglaubten, also über die Existenz Gottes bewiesen? Wäre nicht dieses unterstellte Apriori nur ein, gewiß wichtiges, Element der philosophischen Anthropologie?"

Er schien nicht zu wissen, ob ich ihm da nicht doch etwas konzediert oder ob ich ihn nur verspottet hatte. Und verließ mit unsicheren Schritten das Lokal.

III

Drittes Gespräch mit H. G.

„Ist es Ihnen nicht klar", begann er diesmal, und er schien viel frischer und selbstbewußter als gestern, „daß Sie, wenn Sie mit solcher Dezidiertheit behaupten, an Gott *nicht* zu glauben, damit ebenfalls irgendwie einem Glauben Ausdruck verleihen? Ja ja, nein nein. Ausgespien werden nur die Lauen!"

Ich machte eine fortwischende Bewegung. „Seien Sie nicht so bescheiden!"

„Was meinen Sie damit?"

„Daß es Ihrer nicht würdig ist."

„Was?"

„Daß Sie mein Nichtglauben in einen Glauben an ein Nichtsein umfälschen, daß Sie hinterlistig versuchen, mich, den verlorenen Sohn, doch christlich wieder aufzunehmen. Als einen ‚irgendwie' Glaubenden. Diese Nächstenliebe akzeptiere ich nicht. Ihr ‚irgendwie', gar in Verbindung mit ‚ja ja, nein nein' erst recht nicht!"

Seine Frische und sein Selbstbewußtsein waren dahin. Ich nahm nun die Sache in die Hand. „Da Sie es nicht mehr bestreiten können", begann ich, „daß ich nicht mehr an Gott glaube, nein: noch nicht einmal mehr an Gottes Tod glaube, versuchen Sie – und darin besteht Ihre scheußliche Bescheidenheit – zu retten, was unter diesen Umständen vielleicht noch zu retten ist; versuchen Sie, mir oder mindestens sich selbst weiszumachen, daß ich *etwas* noch nicht aufgegeben hätte: nämlich das *Glauben als solches, gleich an was, und wäre es das Nichts.* Dies ist das Minimum, das Sie nicht fahren lassen wollen."

Darauf wußte er nichts zu erwidern.

„Erbärmlich finde ich das. Entweder wissen Sie nicht, was die christliche Religion unter ‚Glauben' versteht – die kennt nämlich meines Wissens, das gering genug ist, keinen Glauben, der *als solcher* (also gleich, *was* oder *an was* geglaubt) lobenswert wäre. Derartiges gibt es erst seit dem 18. Jahrhundert. Daß Sie das nicht wissen, möchte ich bezweifeln, Ihnen zuliebe. – Oder aber Sie scheuen nicht vor Tricks zurück. Auch das möchte ich, wiederum Ihnen zuliebe, bezweifeln. Ein tertium zwischen Unwissenheit und Betrug kann ich freilich weit und breit nicht ausmachen."

Da verstummte er eine Weile. Bis er schließlich murmelte: „Sie sind wahrhaftig der absonderlichste Atheist, der mir je über den Weg gelaufen ist."

„Durchaus nicht. Absonderlich *scheine* ich allein. Nämlich allein aus Ihrer Perspektive. Im übrigen bin ich natürlich nicht der einzige von der Sorte. Und wenn Sie sich über mich wundern, so nicht deshalb, weil ich so verwunderungswürdig wäre, sondern allein deshalb, weil Sie sich in einer bewundernswerten Unerfahrenheit haben halten können!" Und dieses Mal verließ *ich* das Lokal.

IV

Letztes Treffen mit H. G.

„Und wie unterscheiden Sie sich von den Naturwissenschaftlern, die ja in ihren Laboratorien und Theorien die Existenz Gottes so wenig wie Sie berücksichtigen; und die, wiederum ebensowenig wie Sie, als ausdrückliche Gottesleugner auftreten?"

„Wie ich mich unterscheide? Ich wüßte nicht, was mich mit denen verbände. Und ich wünsche nicht, verwechselt zu werden. Woraufhin nehmen Sie denn an, daß ich so altertümlich und so plump sei wie die Positivisten, die glauben, daß alle metaphysischen Fragen durch die Naturwissenschaften beantwortet seien oder auf jeden Fall einmal beantwortet werden könnten? Und die diesem Kinderglauben nur deshalb anhängen, weil sie metaphysikblind sind, also metaphysische Fragen weder je gestellt noch verstanden haben. Mit denen unterstehen Sie sich, mich zu vergleichen? Ich verbitte es mir, so verwechselt zu werden. Denen ähnele ich noch weniger als Euch Gläubigen."

Sein Gesicht erhellte sich. „Wirklich?" fragte er ungläubig.

„Aber *Sie* ähneln denen."

„Ich?"

„Ja, *Sie*. Und mit Ihnen alle Sprecher aller Religionen."

„Und weshalb?"
„Weil Sie durch die Bank so vorlaut sind ..."
„Vorlaut?"
„Jawohl! Und so betrügerisch ..."
„Betrügerisch?"
„Jawohl, so betrügerisch sind, uns Menschen mit Antworten auf Fragen vollzustopfen, die wir entweder noch gar nicht gefragt haben oder noch nicht einmal fragen können! Um uns zu hindern, Fragen zu stellen. *Denn Antworten sind die Verhinderung von Fragen.*"
Sein Mund stand offen.
„Und uns mit Antworten vollzustopfen, die wir vielleicht noch nicht einmal fragen *dürfen*! *Sakrilegisch ist das!*"
„Das sagen *Sie*?" fragte er stimmlos. „Und *mir*?"
Ich nickte mit Gusto. „Und damit haben Sie meine Antwort auf die Gretchenfrage, mit der Sie unser Gespräch in Gang gebracht hatten!"
Und stand auf, um ihn nie wiederzusehen.

Deutscher Bus in Legnano –
Angeblich Arbeiter und Arbeiterinnen aus Wuppertal

Der Mensch ist nun einmal, und zwar von Natur aus, trotz aller Kommunikationsmittel, die die voneinander Entfernten über alle Instanzen hinweg miteinander verbinden, ein „*animal regionale*"; daran vorbeizusehen, würde Mangel an Realismus beweisen. – Wenn Arbeiter verschiedener Länder einander sehen, dann tun sie das zufällig und auf gewissermaßen unproletarische Weise: nämlich als Passagiere von Bussen oder als Fahrer eigener Autos. Die so in fremden Ländern gelandeten Arbeiter verkehren nicht mit deren Proletariern, nein, mit keinem der dortigen Einwohner, vielmehr bewegen sie sich fast ausschließlich unter den Mitgliedern ihrer Reisegesellschaft oder unter Landsleuten. Psychologisch gesprochen, bleiben sie also zu Hause, ihre Reiserei ist *Fernsehersatz plus Bräunungschance* — eine Kombination, die sie übrigens auch zu Hause genießen könnten. Schon Ende der vierziger Jahre las ich in New York die Reisewerbung: „Do you wish to chew your home made apple pie? Make Bali! Hotel My Castle!" Aber selbst wenn sie den Wunsch hätten,die Fremden kennenzulernen und mit ihnen zu verkehren – sie könnten das gar nicht, weil sie deren Sprache nicht beherrschen. Noch nicht einmal miteinander zu schwatzen, sind diese angeblichen „ζῶα λόγον ἔχοντα“ fähig. Ihre Verbindung mit den Fremden beschränkt sich, abgesehen von Einkäufen, auf sexuellen Verkehr (übrigens treiben sie es lieber „unter sich“) – wobei der Verkehrspartner vielleicht noch das Stöhnen des anderen versteht, aber ein anderes als dieses *animalische Esperanto* habe ich an keinem Badestrand gehört. Ein anderes Esperanto wünschen sich diese Reisenden auch gar nicht, sie sind auf Sprache verzichtende (nein, selbst dieser Ausdruck ist noch zu ehrenvoll), *sprachunfähige Wesen.* Die ζῶα ἄνευ λόγον sind im Vormarsch. Seit Jahren ist zu beobachten, daß die durch Radio und TV an passives Zuhören gewöhnte Bevölkerung verlernt, sich aktiv miteinander zu unterhalten. In der Familie und unter Freunden spricht man weniger und vokabelärmer miteinander als vor fünfzig Jahren. Das heutige Pidgin German setzt nicht vor der Beherrschung der Muttersprache ein, sondern an deren Stelle. Sofern man von „Muttersprache“ reden darf, denn *sprechen lernt man vom TV*, von dem auch die Mutter bereits sprechen gelernt hatte; sofern man von *sprechen lernen* reden darf: *denn was man lernt,* ist eben nur das *Hören.* In die aus diesem Grunde bei Unterhaltungen immer wieder entstehenden Lücken dröhnt, z. B. in den Diskotheken, ein Musiklärm, der Miteinandersprechen nicht nur unmöglich macht, sondern auch darauf abzielt, die Tatsache zu übertäuben, daß man miteinander nicht mehr sprechen will, kann oder können will oder wollen kann.

Technisch ist heute zwar fast jedermann „international“: innerhalb einer Stunde kann man das Ausland erreichen, in ein paar Stunden das „exotische“ Ausland. „Exotisch“ bleiben diese Länder freilich allein deshalb, weil der Reizwert des ganz (oder angeblich ganz) Fremden höher ist, als der des Vertrauten. Daß sie exotische „*bleiben*“, ist freilich ungenau. Wenn es auch wahr sein mag, daß manche der Trachten und Tänze, die den amerikanischen Touristen in Hawai und Bali geboten werden, sich an ethnische Überlieferungen anschließen, wirklich „geboten“ (nicht von „bieten“, sondern von „gebieten“) werden diese Veranstaltungen den Eingeborenen, denn diese haben eben, bezahlt vom Fremdenverkehr, ihre angeblichen Eigentümlichkeiten darzubieten. *Das alte Echte ist eine Erfindung der Reise-Industrie.* „Das Volk tümelt nicht“ (Brecht). Auf einer von einer Touristin aus Hawai gebrachten, besonders obszönen Holzstatuette entdeckte ich den label „Souvenirs Consolidated Detroit“. Nicht im Sinne von „konservieren“ wird Folklore erhalten, sondern im Sinne von „empfangen“: die Bevölkerung „erhält“ ihre Eigenart vom Fremdenverkehr. *Das Echte ist eine geschäftliche Verpflichtung.*

Aber sprechen und verstehen kann man in dem nahen Nachbarland nichts. Es gibt nur *„sight seeing“* in der Fremde, aber (abgesehen von Musik) kein „hearing“. Daß die armen Touristen, die in Rom von Kirche zu Kirche gejagt werden, die „sights“ ebensowenig verstehen wie die italienische Sprache, das wissen sie nicht; daß auch Sichtbares gelernt werden muß, um verstanden zu werden, das haben sie noch nicht gelernt. *Gleichviel, das Gefälle zwischen der technischen Internationalität und der sprachlichen Regionalität* ist einer der wichtigsten „cultural lags“, die es heute gibt. Als wir Autos, Flugzeuge und die anderen „tele“-Geräte erfanden, haben wir auf unsere sprachliche Enge keine Rücksicht genommen. Die Zahl derer, die sich hinter der Sprachgrenze, die sie in einer Stunde überfahren oder überflogen haben, noch verständigen können, ist winzig. Von den Millionen, die jährlich nach Jugoslawien reisen, versucht keiner, auch nur einen Fetzen Serbisch oder Kroatisch zu lernen. Auch Englisch hat sich als Esperanto nicht durchgesetzt. Kein französischer oder italienischer Arbeiter spricht Englisch; nicht nur können sie es nicht, sie sind auch zu stolz oder zu patriotisch, um sich beim Touristen liebkind zu machen. Die Antianglisierungstendenz der „Académie Française“ hat einen gewissen Rückhalt im Volk. In der Tat stellt diese Verweigerung eine öffentliche Kraft dar: So gibt es z. B. schon ganz feine Zeitgenossen, die sich ihrer elitären Mehrsprachigkeit schämen und sich, um diesen Makel wiedergutzumachen, programmatisch mit der *„Unilingualität“* der Majorität dadurch gleichschalten, daß sie Vorliebe für Dialektdichtung öffentlich zur Schau tragen. Lokaldichtung ist im internationalen Maßstab dernier cri. Selbst die Berliner Akademie der Künste hat diese anti-kosmopolitische Mode durch Veranstaltungen mehrerer, von niemandem verstandener, Dialektabende mitgemacht. Pfälzisch ist „in“. Erstaunlicherweise überschneidet sich der Kreis der Jet Sets mit dem dieser programmatischen Provinzler.

Gleichviel, für die Majorität der Weltbevölkerung, die sich durch die Verwendung einer und derselben Technik gleichgemacht hat, gibt es keine wahre „Lingua Franca“. Vor vierzig Jahren hat Stalin (oder wer immer der ghostwriter seiner sprachphilosophischen Darlegungen gewesen sein mag) unter den Marxisten dadurch helles Aufsehen erregt, daß er der Sprache ihren Überbaucharakter absprach und auf deren, im Vergleich zum Veränderungstempo des Unterbaus ungewöhnlich langsames Veränderungstempo hinwies. Das Gefälle zwischen der Gemeinsamkeit der Technik und der Ungemeinsamkeit der Sprache hat mit diesen Stalinschen eine gewisse strukturelle Ähnlichkeit. Soviel steht jedenfalls fest: Eine „Technologia Franca" gibt es, nicht dagegen eine „Lingua Franca". Freilich ist etwas im Entstehen, was man eine „Escritura Franca" nennen könnte: eine nachalphabetische Bilderschrift. Die Genialität der heutigen Technik zieht offenbar unvermeidlich unsere Infantilisierung nach sich. Die Bilder, die Überholen verbieten oder Tempominderung gebieten, sind für den Japaner ebenso verständlich wie für den Holländer, und sie sind in der Tat in Japan und Holland dieselben. –

Was aber die Proletarier betrifft, so gilt das alles von diesen in viel höherem Maße als von denjenigen, die durch einen betonten Bildungsanspruch bewußt Nichtproletarier sind. Der Prozentsatz der mehrsprachigen Proletarier ist ungleich geringer als der der mehrsprachigen Bourgeois. Dadurch ist auch ihr Internationalismus geringer als der der akademisch Gebildeten. Wahrhaftig, Proletarier aller Länder, vereinigt euch!

München. Ende einer Freundschaft

Wenn ich das geahnt hätte!

Versehentlich überraschte ich G. in flagranti des Betens. Offenbar hatte er vergessen, den Riegel vorzuschieben. Aber obwohl er – das konnte ich im Bruchteil der Sekunde erkennen – zu tief versunken war, um mich zu bemerken, kann ich nicht so tun, als wenn nichts gewesen wäre. Für mich ist er erledigt. Welten trennen uns. Wie sollte ich mit einem Mann, der betet, ein Wort wechseln können! Selbst wenn wir über irgendeine Angelegenheit *einer* Ansicht wären, müßte das ein Mißverständnis sein. Wahrhaftig, ich bin nicht engherzig, und niemals würde ich einen Marsmenschen, der mir seine Freundschaft antrüge, abweisen. Aber irgendwo muß es auch für mich eine Grenze geben, irgendwo auch für mich das Exotische beginnen. Hier hat es begonnen.

Erwachender Hund

L.'s Hund hat trotz zwölfstündigem Nachtschlaf von 10–12 von neuem geschlafen. Er räkelte sich nun. „Was wird eigentlich aus der Zeit, die Du so vergeudest?" fragte ich.

„Nachgerade wird mir das zuviel", erwiderte er ungehalten. „Hast Du denn in den sieben Jahren unserer Freundschaft nicht lernen können, daß ich keine Frage verstehe? Noch nicht einmal verstehe, was ‚Fragen' ist?"

Ich schämte mich.

„Ich habe noch nie gefragt. Immer nur gebettelt."

„Betteln ist schon beinahe fragen", berichtigte ich ihn eifrig. „To ask bedeutet beides, und demander ebenfalls. Hältst Du das etwa für einen Zufall?"

Auf diese Frage hin gähnte er. „Im übrigen weiß ich gar nicht, wann und warum ich Zeit vergeudet haben sollte. Habe ich sie nicht durch Schlafen wunderbar genutzt?"

Diese Frage verletzte mein sittliches Selbst.

„Vergeudet? Offen gesagt, wüßte ich gar nicht, wie ich das anstellen sollte. Wahrscheinlich nur dann, wenn ich wie Du von der fixen Idee geplagt wäre, man müßte ununterbrochen arbeiten. Ganz abgesehen davon ..." – nun schien *er* sich zu schämen.

„Nun?"

„Daß ich, offen gesagt, noch nicht einmal recht weiß, was Du überhaupt mit der Zeit meinst, die ich da angeblich vergeude. Wie sieht die denn aus?"

„Gar nicht", flüsterte ich.

„Jetzt machst Du Dich lustig über mich", meinte er gekränkt.

„Wo denkst Du hin!" versuchte ich ihn zu beschwichtigen. „Sie sieht wirklich nicht aus. Sie riecht auch nicht. Aber Du spürst sie, wenn Du auf Dein Fleisch wartest und es kommt und kommt nicht."

„*Das* ist Zeit?" fragte er ungläubig. „Und wenn es kommt, dann ist es keine Zeit?"

„Für Dich hat sie dann aufgehört."

„Also Zeit oder Fleisch?" fragte er, noch immer ungläubig. Oder von neuem. Jedenfalls kniff er ein Auge zu. Und streckte sich wieder. Und begann von neuem zu vergeuden.

München. Im Antiquariat fällt
mir eine „Naturgeschichte für die Obertertia"
aus dem Jahre 1901 in die Hand

Wie richtig doch dieser Ausdruck „*Naturgeschichte*" gewesen war, den wir in der Schule neben dem der „Naturkunde" verwendet hatten. Woher dieser Ausdruck, der das Naturgeschehen zu einem geschichtlichen machte, kam, weiß ich nicht. Denn er bezeichnete damals etwas ganz Ungeschichtliches: ausschließlich die Lehre von den angeblich außergeschichtlichen, sich selbst gleichbleibenden Pflanzen- und Tierspezies. Die (noch nicht photographischen) Bilder von Tapir und Lärche sind als „ewig existierende" Typen gemeint. Darwin schien noch nicht geboren. Heute ist nicht nur die Idee „außergeschichtlicher" Spezies, sondern die eines sich selbst gleichbleibenden Universums bereits dubios. An jedem neuen Morgen unterscheidet sich die explodierende Welt im größten galaktischen Maßstab von der gestrigen. Nietzsches fixe Idee, das Weltgeschehen zu rezyklisieren und durch „*ewige Wiederkunft*" der Geschichtlichkeit zu entreißen, diese fixe Idee, auf die Heidegger in seinen zwei dicken Nietzsche-Bänden so tierisch ernst hereingefallen ist, die war ein letzter absurder Versuch, fünf Minuten vor zwölf, das ewige Werden durch den „großen Mittag" zu besiegen. Daß dieser Versuch von einem so stark durch Biologismus beeinflußten Denker unternommen worden ist, ist nicht nur sonderbar, sondern einfach widerspruchsvoll. Gleichviel, sub specie der heutigen Naturwissenschaft, der Kosmologie und Astrophysik ist *„Ewigkeit" ein antiquierter Begriff.*

Die Vorstellung, daß die Welt, sogar die Erde, verglichen etwa mit den aufs unsolideste sich verändernden menschlichen Verhältnissen, unverändert und unveränderbar bleibe, ist unhaltbar gewordenes antikes Erbe. Die Zweiteilung ist abzuschaffen, nein: eigentlich *ist* sie bereits abgeschafft – und das eben nicht deshalb, weil wir, wie unsere Vorgänger im 19. Jahrhundert, *alles als Natur* ansehen, sondern umgekehrt deshalb, weil wir nun *alle Natur als geschichtlich* betrachten. Auch der Rickertsche Schnitt zwischen Natur- und Geschichts*wissenschaft* („Die Grenzen der naturwissenschaftlichen Begriffsbildung"), der angeblich deshalb rechtmäßig und erforderlich war, weil Naturwissenschaft nur *Generelles* (nämlich „Gesetze") feststelle, die Geschichtswissenschaften dagegen nur *Individuelles* – dieser Schnitt ist imaginär geworden, die Unterscheidung antiquiert. Denn einerseits gilt uns die Welt, wie sie kontingenterweise einmal da-ist, nicht als „etwas Generelles" – das von einem τόδε τι zu behaupten, wäre ja sinnlos –, richtiger also: sie gilt uns nicht als der Inbegriff von generelle Sätze bestätigenden Fakten, sondern als „gerade diese", also als etwas *empirisch Individuelles;* darüber hinaus, wie gesagt, als ein Seiendes, das sich von dem gestrigen unterscheidet; als *Weltgeschichte.* Ob diese selbst „ewig" währt oder (etwa nach einem Kollaps der Galaxien in einem letzten „schwarzen Loch") nur vorübergehend existiert, das bleibe dahingestellt (und wird ewig nur „dahingestellt" bleiben). Durchaus denkbar, daß nicht nur die Welt, sondern auch deren *Zeit* sich als ein Intermezzo herausstellen wird (vor wessen Augen?).

Gleichviel, die angeblich nur „generalisierende" Naturwissenschaft spricht, da sie statuiert, daß bei *Wiederholung gleicher Bedingungen gleiche Effekte eintreten* (diese Erwartung ist die Basis der „Gesetzmäßigkeiten"), *vermutlich von etwas Nicht-Seiendem:* denn zum Wesen der kontinuierlich sich verändernden Welt gehört es eben, daß sich *gleiche* Bedingungen (die die Bedingungen der Naturwissenschaften sind) *niemals wiederholen,* kurz: daß es *diese nicht gibt.*

Dieses Argument sollte uns eigentlich vertraut klingen. Denn wir sind es ja gewohnt, in der ganzen Geschichte, die wir gewöhnlich „*die* Geschichte" nennen, also in der des Menschen, keine Gesetze zu suchen oder zu finden; und zwar deshalb keine, weil wir keine sich wiederholenden Situationen vorfinden, geschweige denn solche experimentell herstellen können. Und in den Geschichtswissenschaften akzeptieren wir ja dieses Fehlen. Hatten unsere Urgroßväter und Großväter darauf gehofft, alles, auch menschliche Geschichte, mit naturwissenschaftlichen Methoden, also *als* Natur, behandeln zu können, nein (weil eigentlich nur Naturwissenschaft Wissenschaft sei) *zu müssen,* so hat sich heute diese Situation auf den Kopf gestellt. Womit nicht etwa gesagt sein soll, daß allein die „Wissenschaft Geschichte" legitime Wissenschaft sei, aber doch, daß wir alles Seiende als „Geschichte" aufzufassen haben. Wenn das die Naturwissenschaftler noch nicht zugegeben, geschweige denn zum Programm erhoben haben, so ist das wenig verwunderlich, da dieses Zugeständnis ja auf eine Destruktion ihrer seit Jahrhunderten unterstellten Grundprinzipien hinausliefe. –

Für DM 2,50 habe ich das Buch für die Obertertia erworben. Nun liegt es aufgeschlagen vor mir, das Tapir, „das", blickt mich uneinschüchterbar an, so uneinschüchterbar, wie uns alle angeblich ewigen Ideen anblicken. Gibt es überhaupt noch Tapire?

Quintett beim Rasieren

Hörte einen mir unbekannten späten Quintettsatz von Mozart. Und fühlte mich wieder, wie immer bei Quintetten, verwöhnt: es ist, als würde uns durch die Hinzufügung der 5. Stimme, die eigentlich nicht erforderlich ist und auf die wir eigentlich keinen Anspruch haben, ein zusätzliches Glück vergönnt. Quintette klingen weder so orchesterüppig wie Sextette, noch so asketisch wie Streichquartette, von Streichtrios zu schweigen. Warum aber gilt uns die Vierstimmigkeit als das Maß? Und als Muß? Kommen dem Raum der Musik, mindestens dem unserer europäischen Musik, vier Koordinaten zu, so wie die drei Raumkoordinaten oben-unten, rechts-links und vorn-hinten? Unwahrscheinlich, denn alle Tonhöhen und -tiefen liegen auf einer einzigen Linie: von jedem Punkt können wir in gerader Linie jeden anderen erreichen. – Habe mich tief ins Kinn geschnitten.

Das junge Paar L., begeistert vom Planen,
läßt sich sogar ein Haus bauen

„Und wenn ich auch wüßte, daß morgen die Welt zugrundeginge, pflanzte ich doch heute noch einen Baum." (Luther)

Falsch.

Nein, sehr viel schlimmer.

Den Kampf gegen den drohenden Untergang darf man nicht durch das Bauen von Häusern oder das Pflanzen von Bäumen unterbrechen. Ganz abgesehen davon, daß die Nachbarn, wenn sie uns bei dieser sinnlosen Betriebsamkeit beobachten, keiner unserer Warnungen mehr glauben würden.

Aufwachen

Ich erwachte heute früh – oder weckte *ich* mich? – aus dem euphorischsten Schlaf und hörte mich gerade noch ausrufen: „*Nun* bin ich nicht mehr *in der Welt,* sondern *selbst Welt*!"

So süß muß Sterben sein. Noch jetzt, nach zwölf Stunden, ist die Leuchtkraft dieser plotinischen Seligkeit nicht ganz vergangen.

Hält den Vergleich nicht aus

H. fragte mich, warum ich nicht ein Exemplar meines letzten Buches mit in die Ferien gebracht hätte. Ich fragte zurück, ob ich es vielleicht den Eichhörnchen zeigen oder den Tannen vorlesen solle? Was ist schon ein Buch neben einer Tanne?

Im Park gegen Darwin

Stundenlang sind Kinder, alte Männer und Frauen damit beschäftigt, Eichhörnchen und Finken zu locken und zu füttern. Jeder strahlt, wenn ihm ein Eichhörnchen aus der Hand frißt. Offenbar ist die Freude am Helfen nicht minder groß und elementar als die am Überwältigen. Wie recht Kropotkin mit seiner Darwin-Kritik gehabt hat!

Bei alten Frauen mag man das als Ersatz für die Süße des Säugens deuten. Aber bei Kindern?

Und bei Männern?

Auschwitz der Tiere

Vierzehn Tage bin ich auf Ferien gewesen. Habe keine einzige Fliege, Mücke, Biene und keinen Schmetterling gesehen. Und dabei haben früher die Schwärme von Insekten die Majorität der lebenden Wesen ausgemacht. Wir sind uns gar nicht bewußt, daß das Auschwitz der „lebensunwerten" Insektenwelt bereits hinter uns liegt. War es das Ideal Hitlers gewesen, daß nur Arier übrigbleiben, so ist es das Ideal der heutigen Technokraten, nur Menschen übrig zu lassen.

In einer Buchhandlung in Fromms „Haben oder Sein" herumgeblättert. Läppisch

„*Haben*". On revient toujours. Als ich 1926 als Vierundzwanzigjähriger in der Pariser Rue Racine meinen Aufsatz „Über das Haben" schrieb (deutsch Bonn 1927), da sah ich schon richtig, daß sich „Haben" (das ich von dem Modell „ich habe einen Leib" ablas) weder im *Sein* noch im *Bewußtsein* erschöpft, sondern ein ontologisches *Ter-*

tium darstelle. Das Beispiel „ich habe einen Leib“ scheint mir auch heute noch, nach mehr als fünfzig Jahren, geeignet als Startpunkt der Philosophie. Denn nicht nur gilt, was ich damals noch nicht gesehen hatte: „Habeo ergo sum“, sondern auch „Habeo corpus, ergo est“. Danach hat kaum jemand meinen Fund zur Kenntnis genommen, außer (blamablerweise) Gabriel Marcel in seinem *„Être et Avoir“*. Und nun hat also Fromm fünfzig Jahre später ein Buch geschrieben, natürlich für „Sein“ plädierend gegen „Haben“ – was ihm die habgierigen Usalier als Alibi mit Gier abnehmen; ein Buch, dem er wissend oder unwissend – beides nicht entschuldbar – den vergessenen Marcel-Titel, kaum variiert, gegeben hat. Und dieses sein Buch ist nun in den USA und Europa zum Bestseller geworden. Wahrhaftig, es ist höchste Zeit, sich damit abzufinden, daß es immer die zweite oder dritte Besetzung ist, die sich auf der Bühne durchsetzt; oder zu lernen, auch einmal, um anzukommen, zu spät zu kommen.

Den Hauptpunkt hatte ich damals freilich noch nicht erkannt: nämlich daß „Haben“ ein oder *das Monopol des Menschen* ist. Das Monopol wurde mir erst Jahre später, eines Morgens klar, als ich, wie täglich, auf *meine* Uhr blickte, aus *meinem* Bett aufsprang, um auf *meinem* Gasherd *meinen* Kaffee zu kochen. Unseren Leib zu „haben“, sind wir nämlich allein deshalb imstande, weil wir auch anderes, Außerleibliches, „haben“ können. Die Rede, daß Karpfen, Pferde oder gar Rosenstöcke deshalb, weil sie leiblich *seien,* ihre Leiber auch *hätten,* jedes seinen, ist Anthropomorphismus. „Haben“ ist die differentia specifica des Menschen; diesen dürfen wir als das *animal habens* definieren, als das einzige Tier, das *„haben kann“*, nein mehr: das *„can't help having“, das gegen sein Habenmüssen nichts unternehmen kann, das ohne Haben nicht sein kann.* Aber vermutlich ist auch das Haben kein letztes Element, vermutlich ist auch dieses „Vermögen“ noch ableitbar. Etwas „haben“ können wir nämlich allein deshalb, weil wir fähig sind, etwas zu *halten,* und zwar *ohne es sofort zu konsumieren.* Das von Kant nur der ästhetischen Rezeption zugesprochene *„interesselose Wohlgefallen“* ist viel „früher“ anzusetzen; es taucht nicht erst vor dem Kunstwerk auf. Und „halten“ (und etwas „erhalten“) können wir wiederum allein deshalb, weil wir außer dem Mund *Hände* haben. Und die haben wir schließlich allein deshalb, weil wir – so eng hängen alle anthropologischen Charakteristica zusammen – uns aufrecht halten können. Aus diesem, schon von Herder betonten, unterdessen vergessenen und zu einer Entdeckung Blochs gemachten Monopol des Menschen ergeben sich wiederum alle unsere sogenannten „höheren Fähigkeiten“. Durch sie sind wir instandgesetzt, Gegenstände zu *verwahren*: sie als in der Zeit identisch bleibende zu „begreifen“, auf sie „zurückzukommen“, sie damit auch zu „Gegenständen der Erkenntnis“ zu machen. Zugleich ist das „haltende und wahrende“ Haben die Vorform unseres *Gedächtnisses.* Ein gewisser, gerne etymologisierender Philosoph hätte wahrscheinlich, wenn er diesen Zusammenhang thematisiert hätte, das Wortspiel erfunden, *„wahr“* komme von *„verwahren“* (oder umgekehrt): nur das *„Ver-wahrte“*, das heute dasselbe sei wie gestern, *„be-währe“* sich heute als identisch, sei mithin *„wahr“*.

Und ferner sind wir, da wir aufrechtstehend über *freie Hände* verfügen (und damit auch sie, die selbst habenden, in einem ganz prononcierten Sinne „haben“), *frei*: nämlich unabhängig von dem jeweiligen Sosein der jeweiligen Dinge: frei, diese zu bearbeiten.

Diese „philosophische Anthropologie“ hatte ich ungleich ausführlicher und systematischer kurz vor der Exilzeit, also vor einem halben Jahrhundert, als Forsetzung meiner „Pathologie de la liberté“ dargestellt. Dieses Konvolut gehört, sofern es sich noch – was ganz unwahrscheinlich ist – irgendwo herumtreiben sollte, zum Haufen dessen, was ich nicht mehr „habe“, kaum mehr in Erinnerung habe. Was ich hier tue, ist, das mir bereits entgleitende Gedankengewebe, um dieses davor zu bewahren, endgültig ins Ungehabte zurückzusinken, an seinem letzten Zipfel noch einmal zurückzuziehen.

Dem Buchhändler, der mich fragte, ob er den Fromm für mich einpacken dürfe, erklärte ich zu seiner Verblüffung: „Habe ich schon.“

Griechische Plastiken im Kunsthistorischen Museum.
„Die mit ihren vielen Göttern!“ meinte H. verächtlich

„Warum“, so fragte ich zurück, „soll eigentlich der Monotheismus etwas Besseres sein als der Polytheismus? Warum soll die Verehrung des *einen* Gottes wahrer oder moralischer oder ein deutlicheres Zeichen von ‚Reife‘ sein als die von zwei oder zehn Göttern? Liegt dieser Wertung nicht ein politisches Vorurteil zugrunde? Ist nicht die absolute (vielleicht ägyptische) Monarchie das Vorbild gewesen?

Andererseits gibt es kein Land, in dem sich das Bild des einen Gottes so unerschütterbar hat halten können, wie die USA, die ja wahrhaftig keine monarchische Tradition haben. Wie dem auch sei: als Ungläubiger kann und darf ich die hochmütige Aufwertung des religiösen Monarchismus nicht mitmachen. Warum machst Du sie eigentlich noch mit?"

Gespräch mit Kantianer L. über Kant

Ich hatte den Ausdruck „Kants verschämter Atheismus" nicht ohne eine gewisse Verachtung verwendet. L. replizierte indigniert, Kant sei weder verschämt gewesen, noch ein Atheist.

Daraufhin behauptete ich, daß Kant die Qualität und Glaubhaftigkeit von *Religion* nur aus der Qualität und Glaubhaftigkeit der *Moral* abgeleitet habe, daß also *diese* die Quelle und das Kriterium von jener sei und nicht umgekehrt. Das „Gesetz" ist für ihn „heilig" gewesen, es hat einen „*Gegenstand der Anbetung*" vorgestellt. („Die Religion innerhalb der Grenzen der bloßen Vernunft", S. 166). Ganz davon zu schweigen, daß diese Moral, die Gott ersetzt (oder beweist), bei genauerem Hinsehen auf *Kadavergehorsam* herausläuft. Denn eben dort heißt es, daß „das Gebot: gehorche der Obrigkeit" „moralisch" sei „und die Beobachtung desselben, wie die von allen Pflichten, zur Religion gezogen werden kann" –, was immer dieses „gezogen werden können" bedeuten mag.

„Mich schauderts, mein Lieber."

Aber abgesehen von dieser Vergöttlichung Preußens (neben der die Hegels harmlos wirkt), die Tatsache, daß für ihn „*erst die Moral kam und dann, oder dadurch, Gott*", daß er die Religion nur im überflüssigen Schlepptau der Moral hinter sich hergezogen hat, die kann man zwar schon „revolutionär" nennen, aber trotz der Unerbittlichkeit seines Vokabulars ist das eben doch eine halbherzige, verschämte Revolution gewesen, da er sich ja nicht dazu hat entschließen können, das Schlepptau zu kappen.

„Wenn er die Zivilcourage dazu gehabt hätte, wenn er sich unter den gegebenen politischen Umständen Preußens im letzten Jahrzehnt des 18. Jahrhunderts diese Zivilcourage hätte leisten können, dann hätte er vielleicht – aber dieses Vielleicht steht auf gebrechlichen Füßen – den Sprung zum Atheismus gewagt. Kennen Sie seinen Aufsatz über Theodizee? Aus dem Jahre 1791? Da ist ihm der Sprung beinahe gelungen. Diesen Aufsatz schließt er mit einer Hiobexegese, die die Religion an der Moral mißt. Hiobs Satz: ‚bis daß mein Ende kömmet, will ich nicht weichen von meiner Frömmigkeit', kommentiert er (und dieser sein Kommentar hat mit dem Text natürlich nicht das mindeste zu tun) durch seinen Schlußsatz so: ‚*Denn mit dieser Gesinnung bewies er, daß er nicht seine Moralität auf den Glauben, sondern den Glauben auf die Moralität gründete; in welchem Falle dieser, so schwach er auch sein mag, doch allein lauterer und ächter Art, d. i. von derjenigen Art ist, welche eine Religion nicht der Gunstbewerbung, sondern des guten Lebenswandels gründet.*'

Man fragt sich nach diesen Worten: Warum dann überhaupt noch Religion? In der Tat ist Kants Unfähigkeit, das Gepäck ganz abzuwerfen, nicht allein aus einem persönlichen Manko abzuleiten. Vielmehr vor allem aus seiner Zeit. Kein deutscher Autor hätte sich damals unverblümter atheistisch äußern dürfen, keiner unverblümter auch nur denken können gedurft. Unser heutiger Spott ist billig."

„Spott?" fragte L. indigniert. Denn er ist noch nicht einmal ein Kind des 19. Jahrhunderts.

Analphabeten von heute

Unter „Analphabeten" verstand man in meiner Jugend diejenigen, die des *Schreibens* und *Lesens* unfähig blieben.

Die heutigen Analphabeten sind viel entsetzlicher. Ein „Spiegel"-Interview mit Jugendlichen, die zu den „punks" gehören, beweist, daß diese nicht mehr *sprechen* können. Keine Frage können sie in einem noch so einfach geformten Satz beantworten. Alles bleibt anakoluth; sie reagieren nur, indem sie gelernte Reizwörter ausstoßen. Durchs Fernsehen sind sie nicht mehr ans Selbersprechen gewöhnt. Wie mögen sie sich miteinander unterhalten? In der Tat sieht man oft viele von ihnen zusammen – nein: nebeneinander sitzen, ohne daß sie ein Wort miteinander wechselten. Das pausenlose Musikhören füllt die sprachleeren Stunden. Diese Ersatzfunktion hat die Musik wohl noch nie zuvor eingenommen.

Bachsche Orgelpräludien

Hörte im Rundfunk Bachsche Orgelpräludien, auf vier Bläser aufgeteilt. Das Äußerste an *musikalischer Maschinenstürmerei,* was mir jemals begegnet ist. Denn die durchaus revolutionäre Funktion aller Tasteninstrumente, mithin auch der Orgel, hatte ja gerade darin bestanden, daß sie den Einzelspieler instandsetzte, die polyphone Leistung zu übernehmen, viele Stimmen gleichzeitig zu „singen".

Die Streicher und Bläser haben an dieser Revolution nicht teilgenommen, sie sind in der Tat monodisch zurückgeblieben. (Daß die großen Komponisten, bis auf die drei Ausnahmen Tartini, Berlioz und Hindemith, durchweg Pianisten gewesen sind, ist kein Zufall.)

Natürlich war durch die wahrhaftig reaktionäre Rück-aufspaltung des Orgelsatzes in vier individuelle Stimmen musikalisch nicht das mindeste gewonnen. Was die reaktionären Bläser freilich bestreiten würden. Denn vermutlich reden sie sich (fünfzig Jahre zu spät) ein, dadurch zu einem neuen (oder stockalten) „*Gemeinschaftserlebnis*" gekommen zu sein. – (Wie empörend es auch in meinen Ohren klingen mag, auch Streichquartette sind letztlich unmoderne Einrichtungen. Nicht zufällig sagt man von einer Quartettgruppe, die man loben will, die Vier hätten gespielt „wie *ein* einziger Mann"!)

Stieß auf ein Photo von meiner Japan-Reise: „Garten" hinter dem Gästehaus in Yaizu

Nicht nur gilt, daß aus Natur künstliche Produkte erzeugt werden. Die Unerträglichkeit des Lebens in den superartifiziellen Städten kann die Einwohner dazu verführen, *Natur artifiziell zu erzeugen.* Hinter dem Gästehaus, in dem ich vor zwanzig Jahren in Yaizu übernachtet habe, erstreckte sich ein künstlich hergestellter Garten. Nein, er „erstreckte" sich nicht, dafür war er viel zu winzig, und er war auch kein Garten, sondern eine *Wildnis*: denn trotz seiner Winzigkeit vermittelte er mit Pfütze, Mini-Wasserfall und Steinen die Illusion einer einsamen verträumten Landschaft. Und ermöglichte dadurch sogar Stimmung und Meditation. Was war nun dieser Garten? Natur? Offenbar, denn er bestand ja aus wirklichen Bäumen, wirklichen Steinen, wirklichem Wasser. Wirklich? Nein. Sie gaben das nur vor. Denn die Zwergkiefern standen nicht als Zwergkiefern da, sondern als angeblich haushohe

Kiefern; nicht als Pfütze kräuselte sich die Pfütze, sondern als Waldteich; nicht als Steine lagen die Steine herum, sondern als Felsen, kurz: *Die „Wildnis" stellt, obwohl unbestreitbar aus Naturstücken bestehend, Natur nur dar.* Die Alternative „*Wirklichkeit oder Bild*" hatte ihre Gültigkeit eingebüßt. Das Wirkliche war Bild.

Die eiserne Inkonsequenz

„Ich fürchte", meinte Prof. N. ängstlich, „Leute, die Sie nicht so gut kennen wie ich, könnten Sie beinahe für einen Nihilisten halten."

„Warum ‚könnten'? Und warum ‚beinahe'? Sogar ein doppelter Nihilist bin ich."

Pause. Dann geflüstert: „Was meinen Sie mit ‚doppelt'?"

„Daß ich unser Dasein und die Welt, in der sich unser Dasein abspielt, für *kontingent* halte. Und zweitens, daß ich die Frage, warum wir *sollen sollen,* nicht beantworten kann."

„Entsetzlich!" stöhnte er.

„Können *Sie*?"

Er blieb stumm.

„Und so entsetzlich, wie Sie glauben, ist das auch gar nicht. Ich kann mir diesen doppelten Nihilismus durchaus erlauben."

„Und warum das?"

„Deshalb, weil ich einen nicht ganz unbeträchtlichen Teil meines Lebens mit dem Kampf für das Überleben der Menschheit verbracht habe. Das heißt erstens, weil ich die Welt, bzw. die Menschheit nicht so behandelt habe, als wären diese kontingent, sondern als käme auf deren Fortbestand alles an; und zweitens, weil ich keine Minute damit vergeudet habe, mich zu fragen, aus welchem Grunde ich so gehandelt habe, wie ich es getan habe. In anderen Worten: wenn ich auch als philosophischer Theoretiker uns Menschen keine Mission oder ‚Bestimmung' zugestanden habe und wenn ich uns Menschen auch für kein essentielles, gar unentbehrliches Stück des Universums, gar für dessen Ziel oder Krönung gehalten habe (was, mehr oder minder ausgesprochen, fast alle Philosophen getan haben) – *mich als handelnden Menschen hat mein theoretischer Nihilismus niemals beeinflußt.* Nostra res agitur. Womit ich meine, daß ich, der handelnde Mensch, mir keinen Augenblick lang von mir, dem theoretischen Menschen, durch philosophische Argumente ausreden lasse, daß es weiter die Menschenwelt geben solle, geben müsse. Auf diesem Überleben bestehe ich mit *eiserner Inkonsequenz.* Und da ich nicht daran zweifle, daß es für dieses Überleben gewisse conditiones sine quibus non gebe, halte ich es für die rechtmäßige Aufgabe heutiger philosophischer Anthropologie, diese Bedingungen auszufinden, herzustellen oder zu sichern."

„Nein, so was!" stöhnte er. Ob er das deshalb stöhnte, weil er mich verstanden oder weil er mich nicht verstanden hatte, daß weiß ich nicht.

Rundfunk. Bruckners Siebte

Alle neun Symphonien sind (im Unterschied zu denen aller anderen Symphoniker) immer dieselbe Symphonie –, was der Größe der fixen Idee aber kaum abträglich ist.

Obwohl es nichts gibt, worüber ich nicht etwas zu sagen hätte; obwohl ich also sehr viel mehr sujets habe als Bruckner, der offenbar nur ein einziges gehabt hatte, das zu preisen er niemals müde wurde (anderes als preisen konnte er auch nicht) –, gehöre ich doch, wie Bruckner, zu den sich immer Wiederholenden. Und wenn mich der Gedanke an den Tod ängstigt, so allein deshalb, weil ich fürchte, morgen nicht mehr dasselbe mitteilen zu können, was ich heute, gestern und vorgestern mitgeteilt habe.

Bahnabteil. Sehr hochmütiger Geistlicher

„Sie glauben also wirklich, daß alles Natur sei? Und daß Sie alles mit Ihren Naturwissenschaften erklären und beantworten können?"

„Woraufhin halten Sie mich denn für einen Idioten? Für jemanden, der die Tatsache, daß es Natur gebe, erklären wolle? Gar durch ein Naturereignis?"

„Sondern?"

„Erklären nehmen doch allein *Sie* sich heraus. Wenn Sie die Existenz der Welt dem Schöpfungsakt eines *Gottes* ..."

„Eines Gottes?" rief er indigniert.

„Darauf kommt es mir hier wirklich nicht an. Also: *des Gottes.*"

„Gottes!"

„Allright. Wenn Sie die Existenz der Welt dem Schöpfungsakt Gottes zuschreiben."

„Und wie wollen *Sie* die Existenz der Welt erklären?"

„Gar nicht will ich das. Das nehme ich mir nicht heraus. Seit siebzig Jahren verharre ich in einer pausenlosen Ungläubigkeit."

„Unglauben", verbesserte er.

„Nein, Ungläubigkeit. Denn die unerklärliche Welt habe ich ja keinen Augenblick lang bestritten oder bestreiten können. In einer Ungläubigkeit, die man Ihnen, Sie Ärmster, von früh auf mißgönnt hat."

„Mißgönnt?"

„Ja, gewiß. Aufs respektloseste. Da man Ihnen ja, noch ehe Ihr θαυμάζειν oder gar Ihr Fragen hatte ausbrechen können, Ihren Mund gestopft hat. Mit einer Antwort."

(Pause.)

„Und wie erklären *Sie* . . ." fragte er schließlich.

„Theologen sind offenbar schlechte Zuhörer", antwortete ich.

„Warum?"

„Weil Sie unfähig zu sein scheinen aufzufassen, daß ich mich weigere, an der Hybris, der bequem gewordenen Hybris, Erklärungen zu versuchen, teilzunehmen. Daß ich dazu zu fromm bin." Dieses Wort „did the trick". Er hatte wohl mein „zu fromm" wiederholen wollen, aber sein Mund blieb offen.

Damit hörte unser Gespräch auf. Nach einer halben Stunde notierte er sich etwas und hob dabei noch einmal seinen Kopf, um einen flüchtigen Blick auf mich zu werfen. Ich aber glaubte, den Scheiterhaufen zu riechen.

Bundesdeutscher Rundfunk.
Geistliche Jugendsendung

Wenn ich höre: „Bleibet rein!" dann sträuben sich mir die Haare. Ich sehe die Unberührbaren auf dem Pflaster von Calcutta vor mir und die Leichenberge von Majdanek, durch die Europa judenrein gemacht worden war. Das Wort gehört in das Zelotenlexikon. Reinheitswahn?

Aufgeschobener Mord!

Herr L., Bankier, einer der Honoratioren
der Gemeinde, bezeichnete sich,
als er meinen „antijüdischen Atheismus"
angriff, durchweg als „meine Wenigkeit"

Nicht alles, was unter einem Scheffel steht oder sich unter einen solchen stellt, ist deshalb auch schon ein Licht. Es gibt Leute, die sich vor uns verbergen, um uns durch ihre Unsichtbarkeit, bzw. durch deren Exhibierung weiszumachen, sie seien Lichter, nur eben zu bescheiden, um ihre Leuchtkraft zu zeigen.

Ich antwortete: „Darf ich Eure Wenigkeit darauf aufmerksam machen, daß ich mein ganzes Leben hindurch den Grundsatz beachtet habe, niemals mit Wenigkeiten umzugehen" –, woraufhin er empört den Saal verließ und aus Solidarisierung zwei andere Wenigkeiten ihm folgten, so daß ich mit der Bemerkung schließen konnte: „Drei Wenigkeiten weniger im Raum."

Die Reaktion war deprimierend. Selbst die Jugendlichen wagten es nicht, mit mir zu sympathisieren. Sofern sie den Vorgang überhaupt verstanden hatten.

Innenstadt. Spaziergang mit L.

Ein Rabbi kam uns entgegen. L., auf Urlaub aus Sydney, grüßte ihn, obwohl er ihn natürlich nicht kannte: ein schönes Solidaritätssignal eines Geretteten hinüber zu einem gleichfalls Geretteten. Ich, der ich den Mann gelegentlich an jüdischen Feiertagen im TV gesehen hatte und (obwohl ich mich schämen würde, mich meines Judeseins zu schämen) durch ihn immer wieder in die Versuchung geführt worden war, mich dessen doch zu schämen – was ich ihm nicht verzeihen konnte, *ich* also grüßte ihn nicht, blickte sogar ostentativ von ihm fort.

„Warum diese Nichtachtung?" fragte L. befremdet und so, als hätte ich durch diese nicht nur ihm persönlich, sondern allen in Auschwitz Ermordeten einen Tort angetan.

„Drei Typen von Geistlichen", antwortete ich, „ertrag ich absolut nicht."

„Nun?"

„Erstens diejenigen nicht, *deren Tonfall*, zugleich gelangweilt, schmalzig und pathetisch, von der Trivialität ihrer Ansprachen zu schweigen, jedem, der moralisch nicht ganz unmusikalisch ist, *sofort verrät, daß sie* von dem, was sie da deklamieren, *kein einziges Wort glauben.*"

„D'accord. Und zweitens?"

„Zweitens verachte ich, und diese noch tiefer, *diejenigen, die sich,* da es ihnen zu unbequem wurde, ihr Leben lang täglich zu simulieren, *mit Erfolg eingeredet haben, nicht zu simulieren, die sich also wirklich dazu gebracht haben, zu glauben.*"

„Ebenfalls akzeptiert. Und drittens?"

„Was drittens?"

„Wie steht es mit denen, die wirklich glauben?"

„Was meinst Du mit ‚wirklich'?"

„Die von früh auf ..."

„Ist lange Dauer ein Garant der Wahrheit?"

„Aber die vielleicht sogar Opfer dafür gebracht haben?"

Pause.

„Bitte erlasse mir die Antwort auf diese Frage. Sonst könnte unsere Freundschaft, die viele Jahrzehnte überdauert hat, zu Bruch gehen."

Pause.

Sie *ist* zu Bruch gegangen. *Durch* diese Bitte.

In Gesellschaft mit jüdischem, christlichem und mohammedanischem Studenten

Als die Wörter „*Toleranz*" und „*Freiheit der Religionen*" immer wieder, und immer wieder selbstgefällig, verwendet worden waren, machte ich offenbar ein bedenkliches Gesicht.

„Ja, sind Sie denn nicht auch für Freiheit der Religionen", fragte da der jüdische Student. „Und nicht auch für Toleranz?" fragten die zwei anderen.

Pause.

„Nun?"

„Den Religionen", antwortete ich, „die wir bekennen – ich persönlich bekenne keine –, gehören wir kaum je aus freien Stücken an, sondern durch den Zufall, daß wir gerade in diese, und in keine andere, hineingeboren worden sind. Unsere Zugehörigkeit ist also *ein Stück Unfreiheit.* Und das um so mehr, als ja die dogmatischen und ritualen Systeme, die unsere Religionen darstellen, durchweg unsere Freiheit beschneiden: uns nämlich vorschreiben, was wir zu glauben oder nicht zu glauben, zu verehren oder zu verabscheuen, zu tun oder zu unterlassen haben – kurz: sie selbst sind *Systeme der Unfreiheit.*"

Die drei blickten einander verquält an, fanden aber kein Gegenargument.

„Wenn nun", fuhr ich fort, „,*Freiheit der Religionen*' gewährleistet wird, so bedeutet das mithin, daß es uns erlaubt wird, bei denjenigen Systemen der Unfreiheit, in die wir durch Geburt, also unfrei, hineingeraten sind, zu verbleiben, und andererseits, daß die diese Systeme verkörpernden Organisationen, also die Kirchen, *die Freiheit* genießen, *ihre spezifischen Freiheitsberaubungen zu praktizieren.* Das Ganze läuft unter dem Namen ,*Toleranz*'. Könnt Ihr finden, daß das mit Freiheit sehr viel zu tun hat?"

Pause.

„Aber ich gehöre doch *gerne* meiner Religion an!" widersprach schließlich einer von ihnen.

Das Eis war gebrochen.

„Und ich meiner!" rief der zweite solidarisch.

„Und ich meiner!"

Ich nickte. „Eben!" schloß ich. „Daß man selbst *das* hat erreichen können, das ist die Klimax der Unfreiheit!"

Stücke aus einem Interview

I

Auf R.'s Frage, wo und von welchen Schriftstellern ich meine, wie er behauptete, „literarische Virtuosität" gelernt hätte, antwortete ich: „Von keinem Schriftsteller. Keiner ist mein Lehrer oder literarisches Vorbild gewesen."

Er gab mir einen ungläubigen Blick.

„Mein Leben lang habe ich außer Zeitungen wenig gelesen. Schändlich wenig. Schauen Sie sich hier um. Verdient, was hier herumsteht, den Namen ,Bibliothek'?"

„Kaum", gab er zu.

„Ich bin also ungebildet. Jedenfalls literarisch ungebildet. Geformt worden bin ich in meiner Jugend ausschließlich durch Musik und bildende Kunst. Die ich beide auch aktiv betrieben habe. Wie man zu schreiben hat, das habe ich von den großen Komponisten gelernt. Und von den großen Malern. Nicht von Goethe. Oder von Hegel."

„Sonderbar!" fand er kopfschüttelnd.

„Nicht so sonderbar, wie Sie glauben. So hat Ingres einmal (erzählt Nietzsche) seinen Schülern angeraten, *Musiker zu werden, um besser zu malen.* (Wille zur Macht Nr. 105: Si je pouvais vous rendre tous musiciens, vous y gagneriez comme peintres.) Mein Fall."

II

„Haben Sie Bangkok nicht als außerordentlich exotisch empfunden?"

„Nein. Nicht als besonders. Ein Berliner oder Wiener, der seinem Kind ins Gesicht schlägt, ist für mein Gefühl viel exotischer."

„Das meine ich nicht. Sondern die Rituale, die Sie dort gesehen haben."

„Gewiß. Es gibt für mich nichts Fremdartigeres als Rituale. Aber ob die in Bangkok stattfinden oder nebenan, das gibt nicht den Ausschlag. Ich wüßte nichts, was mich ‚ungläubiger' und sprachloser machte, als der Anblick des Priesters, der die Oblate zum Zwecke der Verwandlung dem Gläubigen in den Mund schiebt. Das geschieht keine dreihundert Meter von hier entfernt. Und ich kenne keinen exotischeren Ton als den des Schofarhorns."

„Des was?"

„Never mind. Aber für die Ohren meiner Ahnen war dieser Ton der ihres Gottes gewesen."

„Womit Sie sagen wollen?"

„Daß für mich Bangkok hinter meiner Wohnungstür beginnt. Nicht nur gilt – das habe ich wiederholt ausgesprochen –, daß ich überall zu Hause sei, mindestens überall dort, wo Menschen entrechtet werden, das befördert die Solidarisierung ..."

„Ubi male, ibi patria?"

„Wenn Sie so wollen. Was aber mindestens ebenso gilt, ist, daß ich auch hier auf exotischem Terrain lebe. Schon hinter der Wohnungstür meines Etagennachbarn. Bangkok ist überall."

III

Auf seine Frage, ob ich denn als blutiger Laie über die atomare Frage zu sprechen ein Recht hätte, antwortete ich: „Nicht die Laien sind blutig, sondern die Experten."

Nach dem Aufwachen

Habe so Monströses geträumt, daß daneben die abenteuerlichsten Bilder Boschs oder Breughels oder Poes oder Kafkas blasse Varianten der Tageswirklichkeit sind, beinahe Fibelbilder. Im Augenblick, da ich den Alb am Schlafittchen zu greifen und in Worte zu übersetzen versuchte, zerrann er: offenbar reicht die Sprache (im besten Falle) für die Fixierung der Tageswelt, für das „Es" nicht.

Bedenke: so träumen nun Millionen und Milliarden von Wesen in jeder Sekunde, und so haben Milliarden seit eh und je geträumt, und so werden sie weiterträumen; und nicht nur wir Menschen, denn daß der im Schlaf plötzlich hochschreckende Gasparone geträumt hat, ist unbezweifelbar; und was von ihm gilt, gilt wiederum von allen Lebewesen; den gestrigen, heutigen und morgigen.

Neben diesen Milliarden sekündlich auf- und niedertauchenden Storyfetzen und Bildern sind die hunderttausend Gemälde im Louvre und die Millionen Bücher im British Museum nur ein paar kaum erwähnenswerte Spritzer, die aus dem Dunkel der Nacht versehentlich in unsere Wachwelt hinaufgesprüht worden sind.

Kurzes Gespräch über Ketzereien

„Welchen Glaubenssätzen gegenüber sind Sie denn – entschuldigen Sie bitte, aber als das bezeichnet man Sie – so ketzerisch?"

„Diesen leichten job ..."

„Was meinen Sie damit?"

„... den job, gegen Glaubenssätze ketzerisch anzugehen, diese leichte Aufgabe überlasse ich anderen."

„Ach! Und wogegen ketzern Sie?"

„Gegen ... Gebilde, die sich als Glaubenssätze gar nicht präsentieren und sich als solche auch gar nicht so ohne weiteres erkennen lassen."

„Von was für ‚Gebilden' sprechen Sie da?"

„Von *Wörtern.*"

„Von Wörtern?"

Ich nickte. „Denn diese sind ausnahmslos Behauptungen."

„Wörter – Behauptungen?"

Ich nickte weiter. „Es mag zwar Behauptungen geben, die sich aus Wörtern zusammensetzen. Aber viel wichtiger ist es, daß umgekehrt Wörter aus Behauptungen bestehen, daß sie die Vorurteile des Alltags sind und damit eben Glaubenssätze. – Womit die Frage, die Sie anfangs gestellt haben, beantwortet wäre."

Beim Friseur nach der russischen Besetzung von Afghanistan

„Dem Russen werden wir's schon zeigen!" prahlte er, während er mir die Augenbrauen stutzte. Ich mußte eine Weile stillhalten. Endlich war es soweit.

„*Was* werden wir ihm zeigen?"

Keine Antwort.

„Und wer ‚*wir*'? Sie und ich? Oder auf welche Verbündete rechnen Sie bei Ihrem kühnen Unternehmen?"

„Sie sind aber komisch!"

„Sie sind nicht der erste, der das findet."

„Glaub ich Ihnen gerne."

„Und warum *dem* Russen? Gibt es nur *einen*?"

„Alles drehen Sie einem im Munde um!" Er rasierte meinen Nacken.

„Wissen Sie, woran mich das erinnert?"

„Na?"

„An die Redensart ‚*der*' Jude muß verschwinden."

„Damals war ich noch ein Kind."

„Das damals gut zugehört und sich alles gut gemerkt hat."

„Und was meinen Sie damit?"

„Daß, solange man noch in der Mehrzahl von *Juden* gesprochen hatte, jeder noch hatte sagen könne: aber *einen* kannte ich, der war nett. Es gibt Ausnahmen."

(Pause.)

„Da man aber platonisch . . ."

„Wie bitte?"

„... da man nun aber *der* Jude sagte, statt ‚Juden', gab es keine Ausnahmen mehr. Die Einzahl ‚*der*' war das Signal der Gnadenlosigkeit. Unausgesprochen bedeutete es ‚*alle*'. Damit die ausnahmslose Ausrottung aller."

Er rasierte meine Kehle. Wieder mußte ich stumm bleiben.

„Und warum haben Sie *mir* das erzählt?" fragte er schließlich, als ich zahlte.

„Weil Sie angekündigt hatten, Sie wollten es *dem* Russen zeigen", antwortete ich und suchte nach Trinkgeld.

„Darf ich Ihnen bescheiden noch etwas auf den Weg geben, Herr Doktor?" fragte er zum Schluß ebenso ölig wie feindselig.

„Bitte?"

„*Alles* nehmen sie einem fort!" zischte er.

„Daß man Ihnen Ihren Laden genommen hat, kann ich nicht erkennen."

Er zuckte mit den Schultern.

„Und *ich* habe Ihnen etwas fortgenommen?"

„Der Sozialist."

„Der."

„Und jetzt wollen Sie mir auch noch mein Sprechen fortnehmen!"

„Ihres?"

„Habe die Ehre."

Als ich heimging, dachte ich an Emigration. Aber abgesehen von meinem hohen Alter, wohin? Gibt es denn Länder ohne gnadenlosen Singular?

Zusatz während der Reinschrift: In Speers Erinnerungen lese ich eine Erklärung der Vertreter der SS 1942: „Nach der Auffassung des Reichsmarschalls (Göring) müsse davon abgegangen werden, daß der Jude unentbehrlich sei." Der.

Nahe der Seitenstettergasse

Dort ging ein Jude im Kaftan. Welch ein Mut! Aber vielleicht Mut nur aus Angst davor, Vorschriften zu verletzen. – Die Blicke, die man auf ihn warf, waren voll Empörung. Darüber, daß er nicht vergast worden war. – Nicht wer anderes glaubt als man selbst, gilt als zu verbrennender Häretiker, sondern wer anders *ist*.

Auf den Scheiterhaufen verbrannt hat man nicht die sich von den christlichen Dogmen unterscheidenden jüdischen Lehren, sondern die sich in ihren Sitten von den Christen unterscheidenden Juden. Die Gedanken mögen, wie man singt, „frei" sein. Höchstens *die.* Sitten sind es jedenfalls nicht.

Lektüre in Korinther I, 4

Schämte mich dieser Demut. –

Was aber Demut unter Menschen betrifft: Wenn es – was zutrifft – unmoralisch ist, einen Mitmenschen zu *demütigen,* dann kann das gelungene Resultat der Demütigung: also die *Demut,* keine Tugend sein. Sondern eine Beschädigung. Wenn nicht sogar ein Laster.

Kurzes Gespräch mit einem neunzigjährigen, auch heute noch linientreuen Kommunisten

„Wie könnte ich an der Wahrheit zweifeln?" fragte er zweifelnd, „wo doch Elise" – das war seine damalige Frau – „dafür gefoltert worden ist?"

„Du meinst: ‚wie dürfte ich?'"

Nach einer Pause, sehr leise: „Vielleicht."

„Beweist Deine Treue – nein: beweist das Martyrium – die Wahrheit der Sache, für die ein Märtyrer stirbt?"

„Nicht *ein* Märtyrer. Gestorben ist *sie.*"

„Entschuldige. Beweist *ihr* Tod die Wahrheit der Sache, für die sie gestorben ist?"

Die Pause nach dieser Frage dauerte länger als die nach der ersten Frage.

„Vielleicht nicht", gab er schließlich, völlig stimmlos, zu. Nach diesen zwei Worten wischte er umständlich an seinen Augen.

Ich tat, als sähe ich das nicht. Und blieb den Abend über bei ihm.

Spaziergang im Kaiserpark von Ischl. „Nach Auschwitz"

Jemand, der zufällig aufgeschnappt hatte, daß ich als G. A. angesprochen worden war, holte mich ein, ob er mich einen Augenblick lang begleiten dürfe.

„Bitte."

Ein Milchgesicht. Etwa dreißigjährig. Scheu und aufdringlich stellte er sich als ein „Lyriker" vor und zog sofort ein vergilbtes Zeitungsblatt aus der Tasche, vermutlich als Ausweis, wohl ein Gedicht von ihm, oder *das* gedruckte Gedicht von ihm, das ich aber ablehnte. Er habe „nämlich" meine Eintragungen „Nach Holocaust" gelesen und gehe seitdem „sozusagen schwanger" mit einer Elegie darüber. Was ich dazu zu sagen hätte? Ob er das tun dürfe? – Er ging respektvoll zu meiner Linken.

„Ihre Sorgen möcht ich haben", brummte ich, um ihn abzuschütteln, und schritt aus, so rasch ich konnte. Aber natürlich blieb er mir zur Seite.

„Unterdessen", erläuterte er unberührt, „habe ich nämlich auch von dem kühnen dictum Adornos gehört, daß man nach Auschwitz eigentlich nicht mehr dichten dürfe."

Glaubte er, sich bei mir dadurch liebkind zu machen, daß er Adornos Bemerkung ein „dictum" und dieses „kühn" nannte? Ob ich das „dictum" unterschriebe? Und ob es sehr kühn wäre, dem zuwiderzuhandeln, also trotzdem danach noch zu dichten? Sogar „*darüber*"?

„Was Sie bloß mit der ‚Kühnheit' haben!"

Also: ob das „*ungebührlich*" wäre?

„Dieses Oberlehrerwort ist noch lächerlicher!"

Offenbar gab es nichts, was ihn beleidigen konnte.

Also ob das „*unmoralisch*" sei?

„Auch dieser Ausdruck macht den Kohl nicht fett. Die Frage ist reine Wichtigtuerei. Lyrik ist folgenlos. Wer liest schon Gedichte? Zwanzig oder hundert."

„Celan ..."

„Dessen läppische ‚Fuge' zu lesen oder (denn wer liest sie schon?) zu erwähnen, ist nichts als eine snobistische Variante von Wiedergutmachung."

„Ach!"

„Gleichviel, davon ob ein paar Avant- oder Aprèsgardisten mehr oder weniger Gedichte machen oder lesen, gleich ob *nach* Auschwitz oder sogar *über* Auschwitz – davon hängt überhaupt nichts ab: nicht, ob Auschwitz vergessen wird oder aufbewahrt; und gewiß nicht – was viel wichtiger ist – ob Auschwitz wiederholt werden wird oder nicht."

„Wiederholt!" rief er in törichtem Schrecken. „Um Gottes willen!" An diese Möglichkeit oder Wahrscheinlichkeit hatte er offenbar noch nie gedacht.

„Lassen Sie da Gott aus dem Spiel: Er wird es nicht verhindern. Auschwitz *wird* wiederholt werden."

„Ach!"

„Gleichviel, mit der Erlaubtheit von Lyrik nach oder über Auschwitz beschäftigen sich allein Leute, die an die Sache selbst ..."

„Auschwitz?"

Ich nickte. „... überhaupt nicht denken. Nur läppische Snobs."

Selbst diese zwei letzten Wörter, die ich gerne sofort, nachdem ich sie ausgesprochen, zurückgenommen hätte, trieben ihn nicht fort. Auch Schüchterne können Kletten sein.

„Ja, was soll man denn dann tun?" fragte er.

„Ich weiß nicht, was Sie damit meinen", antwortete ich.

„Tun muß ja nicht unbedingt im Lyrikschreiben bestehen; oder darin, daß man *programmatisch* keine Lyrik schreibt."

„Gewiß nicht", gab er zu, obwohl er sich andere Aktionsarten vermutlich nicht vorstellen konnte.

„Wer versuchen will einzugreifen, der muß schon versuchen, an andere Medien heranzukommen. An solche, die, statt wie die geschriebene (oder verdrängte) Lyrik zehn Avantgardisten, Millionen von Zeitgenossen erreichen. Und der muß versuchen, diese Millionen auch wirklich zu *erschrecken.*"

„Zu erschrecken?"

Ich nickte.

„Sie meinen Rundfunk und Fernsehen."

„Und über diese Medien muß man zu verbieten versuchen – nein: nicht *verbieten,* aber doch aufs unzweideutigste von dem abraten, *was heute ‚nicht mehr geht'. Was heute ‚unmoralisch' wäre.*"

„Und was wäre heute ‚unmoralisch'?"

„Auch mein Rat", antwortete ich, die wirkliche Antwort noch hinauszögernd, „ist natürlich kraftlos im Vergleich mit dem, was heute wirklich zählt: mit den Gebirgen von überall gelagerten atomaren Sprengköpfen und angesichts des mancherorts schon vorbereiteten Auschwitz. Was wir dagegen tun können, ist sogar beinahe unwirklich."

„Aber was ist unmoralisch? Wovor würden Sie, statt vor dem *Dichten,* warnen?"

„*Würden* ist falsch. Wovor ich hiermit warne, nein, was ich bekämpfe, ist das *Glauben.*"

„Das Glauben?"

„Dichtung lesen, das tun nur wenige. Aber *das Glauben, das grassiert unter Millionen.*"

„Zu denen auch ich gehöre", gestand er kühn.

„Aufs gedankenloseste", ergänzte ich. „Und was ich vor allem als heute, wie Sie sagen: ‚ungehörig' oder ‚unmoralisch' bekämpfe, ist das *Beten:* denn fast jeder, der glaubt, der betet auch. Millionen glauben sogar allein deshalb, weil sie, wie paradox das auch klingen mag, beten."

„Und davor warnen Sie?"

„Ja. Weil es irreführend ist. *Auf feierliche Weise irreführend. Und deshalb unmoralisch.*"

„Ich habe immer nur gehört, daß Moral ohne Religion letztlich unmöglich sei."

„Weil niemand die Befehle und Verbote sanktioniere", ergänzte ich.

„Richtig. – Und nun behaupten Sie das Gegenteil? Daß Religion unmoralisch sei?"

Ich nickte.

„Und das würden Sie veröffentlichen?"

„Ja. Daß nach Auschwitz und Hiroshima nur Gedankenlose noch an Gott glauben können. Und das spreche ich hier nicht zum ersten Male aus."

„Das ist nun wirklich kühn!" fand er, teils erschreckt, teils bewundernd.

„Schon wieder dieses alberne Wort! Nein, von ‚kühn' kann gar keine Rede sein!" berichtigte ich. „Ich habe nie etwas dabei riskiert! Gar nichts! Denn es hat niemals Empörung ausgelöst. Schrecklicherweise niemals. Noch nicht einmal Kritik. Noch nicht einmal Erwähnung."

„Und wie würden Sie Ihre Verbote begründen?"

„Ich habe nichts verboten. Dazu fehlt mir jede Macht. Nur vorschlagen kann ich."

„Und wie begründen Sie Ihren Vorschlag?"

„Bei der Auswahl der Gründe lasse ich Ihnen freie Hand. Entweder damit, daß ein Gott, der Auschwitz nicht verhindert hat oder der das nicht gekonnt hat oder der das vielleicht nicht einmal versucht hat oder

der das vielleicht noch nicht einmal gewollt hat oder der vielleicht noch nicht einmal Notiz davon genommen hat, daß Auschwitz geplant und dann durchgeführt wurde – also daß *ein solcher Gott nicht anbetungswürdig ist.*"

Er biß auf seine Unterlippe.

„Oder damit – dieser Grund bezieht sich im Unterschiede zum vorigen nicht auf ihn, sondern auf *uns* – daß es *würdelos unsererseits* ist, wenn wir einem solchen Wesen glauben, dieses das ‚höchste' nennen oder es anbeten oder zu ihm beten, also ihn um etwas bitten."

(Pause.)

„Ich bin als Christ aufgezogen worden", flüsterte er dann. Immerhin sein zweiter Widerspruchsversuch.

„Was hat die Wahrheit, um die es hier geht", fragte ich unwirsch, „mit Ihren Kinderjahren zu tun?"

Er machte eine Geste, die so aussah, als wollte er sagen: „Schließlich müssen Sie ja doch zugeben, daß ...", fand aber keine Worte. Ich weigerte mich, irgend etwas zuzugeben.

„Den dritten Grund wollen Sie also nicht mehr hören?"

„Also?" fragte er wie ein zum Tode Verurteilter.

„*Beten darf man nämlich vor allem deshalb nicht, weil die Tatsache, daß Auschwitz geschehen ist, beweist, daß es Gott überhaupt nicht gibt. Ins Leere hineinzubeten,* ist eine nicht nur frustrierende, sondern – verzeihen Sie schon – auch eine *metaphysisch komische Beschäftigung.*"

Er öffnete seinen Mund mehrere Male, aber diesmal gelang ihm noch nicht einmal das Flüstern.

„Treffen Sie Ihre Wahl unter den drei Gründen! Ich empfehle Ihnen den dritten. Er ist der sauberste."

Aber nun hatte er doch genug.

„Auf soviel ..."

„Sprechen Sie ruhig das Wort ‚Hohn' aus. Oder das Wort ‚Härte'!"

Er verbeugte sich bereits – dies war sein dritter Protest –, drehte sich um sich selbst und begann, den Weg zurückzustolpern.

„Hohn und Härte entstammen der Menschenliebe!" waren meine letzten Worte. Ich glaube sogar, daß ich sie gerufen habe.

Aber gehört oder gar aufgefaßt hat er diese Erklärung wohl nicht mehr.

„Nun haben wir vier Stunden lang über Metaphysik geredet", nahm P. nach einer Kaffeepause das Gespräch wieder auf, „aber kein einziges Mal ist das Wort ‚Ethik' über Ihre Lippen gekommen."

„Das ist durchaus möglich", gab ich zu.

„Das sagen Sie so, als läge Ethik weit ab von allen Ihren Interessen."

„Das ist noch nicht einmal ganz falsch", gab ich zu. „Als Philosophierender interessiere ich mich in der Tat für Ethik nur nebenbei."

Er glaubte, falsch gehört zu haben. „*Sie* sagen das?"

„Warum nicht?"

„Warum nicht! *Sie,* der Sie Jahrzehnte als Moralist verbracht haben. Und als solcher ..."

„... notorisch bin."

„Nein, geschätzt worden sind."

„Unter diesen Umständen darf ich es mir ja vielleicht erlauben, Ethik nicht so tierisch ernst zu nehmen. Selbst die Moral nicht."

„Das ist wahrscheinlich wieder einmal eine Ihrer philosophischen Koketterien."

Ich schüttelte meinen Kopf.

„Was ich damit meine, ist natürlich, daß die Ethik neben die Metaphysik zu stellen, einfach komisch wäre. Richtiger, denn das geschieht ja, komisch *ist.* In der Unermeßlichkeit des Universums ist Moral eine quantité négligeable. Und der Denker, der in der Architektur seines Systems das ‚Sollen' als Äquivalent oder Pendant dem ‚Sein' gegenüber oder rangmäßig gleichstellen würde – die Redensart ‚Sein und Sollen' ist ja in unser aller Munde –, der philosophiert, wie feierlich sein Vokabular auch sein mag, aus der anthropologischen Froschperspektive, um nicht zu sagen: aus einer *anthropologischen Mikrobenperspektive.* Unter den Millionen Spezies von Lebewesen, die es gibt, sind wir vermutlich die einzige, die das Pech gehabt hat, daß sie keine Weise ihres Benehmens als Mitgift mitbekommen hat; die so unfertig, so mißlungen ist, daß sie *Moral nötig* hat, daß sie *sollen muß.* Moral ist das Krankheitssymptom einer einzigen Spezies. Unserer. Galaxien, Gestirne, Bäume, Frösche oder Protozoen brauchen nicht nur keine Moral, sie haben von ‚Sollen' auch niemals etwas läuten hören. Ist es nicht lächerliche Egozentrik, wenn wir dieses Symptom so ernst nehmen wie das Ganze des Seienden? Und wenn wir die Ethik so behandeln, als wäre sie ein ebenbürtiges Pendant der Kosmologie?" (Nachtrag beim Korrekturlesen: Origenes ist wohl der einzige gewesen, der „kosmologische Ethik", nämlich die Sündigkeit der Sonne, in Betracht gezogen hat.)

Dieser Gedanke war ihm zu neu, als daß er sogleich auf ihn hätte reagieren können. Schließlich fragte er, freilich so, als versuchte er nur: „Sie würden also behaupten, daß Sie sich Ihr Leben lang mit etwas Sekundärem abgegeben haben?"

Ich dachte nach.

„Hätte ich als ein Gestirn oder als ein Baum oder als ein Einzeller mich: Günther Anders, zu beurteilen, dann würde ich Ihre Frage, ohne zu zaudern, mit Ja beantworten."

„Aber?"

„Da ich aber zufälligerweise ..."

„Sie meinen: leider."

„Ich sagte: zufälligerweise als Mensch zur Welt gekommen bin, habe ich mich damit abfinden müssen, die ‚second choice' zur ‚first choice' zu machen. Also über Auschwitz und Hiroshima zu philosophieren statt über Sonne und Mond."

„Und das bedauern Sie?"

„‚Bedauern' ist kein Wort dafür! Womit ich das verdient habe, das werde ich niemals verstehen. Bei wem ich mich über diese Benachteiligung beschweren sollte, das weiß ich freilich ebenfalls nicht."

Kaisergarten Ischl.
Organisierte Schizophrenie

Als ich durch den Garten ging, dröhnte mir, von Schritt zu Schritt lauter werdend, das Schlußstück aus Mussorgskis „Bildern" entgegen: „Das große Tor von Kiew". Das Portable stand neben dem amerikanischen Studenten Miller, der in einem Buch las.

„Was lesen Sie denn da?" fragte ich ihn.

„Nietzsche. ‚Warum ich so gute Bücher schreibe.'"

„Und das gleichzeitig? *Diese* Musik und *dieses* Buch?"

„Background", erklärte er.

„Was ist Background wofür? Mussorgski für Nietzsche? Oder Nietzsche für Mussorgski?"

„Mutually, I guess." Das große Tor dröhnte weiter.

„Ist es Ihnen nicht klar, daß Sie, solange Sie das ‚große Tor' hören, *überwältigt* werden? Und nicht nur das. Daß Sie Ihr Überwältigtwerden auch genießen? Masochistisch?"

„Masochistisch?" fragte er ungläubig zurück.

Ich nickte.

„Aber es ist doch ein ‚cultural value'! Und gilt doch sogar als ein ‚classic'!"

„Manches gilt als manches. Und dieses Überwältigtwerden, das genießen Sie gleichzeitig mit dem *übermütigsten Dokument der Selbstvergötterung*? Das können Sie?"

„Aber das gilt doch gleichfalls als ein ‚cultural value'. Und als ein ..."

„Classic", ergänzte ich. „Und wie fühlen Sie sich nun dabei? Überwältigt oder übermütig?"

„Offen gesagt: Diese Frage habe ich mir nicht ..."

„Außerdem also gedankenlos. – Und glauben Sie, daß solche ‚emotionale Schizophrenie' ..."

„Wie?"

Ich nickte.

„Ein fabelhaftes Wort! Das muß ich mir notieren!"

„Hold your horses!"

„Wo haben Sie das denn her?"

„Von nirgendwo. Oder richtiger: von Ihnen. Ich hab's von Ihnen abgelesen."

Er blickte mich ungläubig an. Sogar etwas stolz.

„Wirklich von mir?"

„Lassen wir das. Glauben Sie, daß der Zustand, in den Sie sich da hineinbringen – sofern er *ein* Zustand ist, denn die zwei: Mussorgski und Nietzsche, bzw. deren Effekte widersprechen ja einander –"

„Vielleicht."

„Was heißt da ‚vielleicht'? Ja, glauben Sie, daß Ihnen diese emotionale Schizophrenie bekömmlich ist? Und daß, wer sein Leben so verbringt, es menschenwürdig verbringt?"

Er zuckte mit den Schultern. „Aber wäre es nicht eine furchtbare Vergeudung?"

„Was?"

„Daß da der Mussorgski herauskommen könnte, ohne ..."

„Bitte drehen Sie ihn ab, während wir miteinander sprechen!"

Er drehte ihn nicht ab, sondern nur leiser.

„Ab", bat ich bestimmter.

Er tat es. Plötzlich hörte man eine Amsel singen.

„Na, wie ist das?" fragte ich erleichtert.

„Offen gesagt; so als hätte ich ein Stück Brot fortgeworfen."

„Und das fällt Ihnen, dem Kind der Wegwerfgesellschaft, so schwer?"

„Komischerweise *ja*."

„Auch darin seid Ihr alle schizophren!" schloß ich, verabschiedete mich und ging ohne Musik und ohne Buch durch den Park weiter, weder identisch mit Mussorgski, noch mit Nietzsche, noch mit beiden zugleich. Der Amsel antwortete eine zweite.

Nietzsche-Lektüre

Er ist wohl der vorurteilsloseste unter meinen geistigen Ahnen gewesen – eine Tugend, die er freilich Defekten verdankte: dem totalen Ausfall privater und politischer Bindungen. Denn für den überhaupt nicht Gebundenen, überhaupt nicht Liebenden und sich auf Praxis überhaupt nicht Einlassenden ist es unvergleichlich viel leichter, total vorurteilsfrei zu werden und zu bleiben als für den Liebenden und Tätigen. Vielleicht sogar unvermeidbar. – Gleichviel, wenn Nietzsche (Wille z. Macht, Nr. 751) proklamiert, *„man hat kein Recht, weder auf Dasein, noch auf Arbeit, noch gar auf ‚Glück': es steht (sc. in dieser Hinsicht) mit dem einzelnen Menschen nicht anders als mit dem niedrigsten Wurme*", dann macht er uns darüber hinaus ja sogar das Recht streitig, mit dem Worte „Recht" einen Sinn zu verbinden, diesen Ausdruck also in den Mund zu nehmen.

Eigentlich ist dieses dictum Nietzsches völlig unbekannt, mindestens völlig folgenlos geblieben. Wohl deshalb, weil es zu extrem war, als daß es hätte rezipiert, verstanden oder überliefert werden können. Wer einstimmt in die These, daß er kein Recht darauf hat, dazusein, der kann sich gleich aufhängen. Und der Arbeiter, der es akzeptiert, daß er kein Recht auf einen Arbeitsplatz hat, der hat dadurch ein Recht auf jeden anarchistischen Akt.

Wäre aber Nietzsches ungeheuerliche Rechtsaberkennung rezipiert, verstanden und überliefert worden, dann hätte die Empörung über sie unschwer zum emotionalen Generalnenner für alle Menschen aller

Länder, aller Klassen, sogar der „Guten und Bösen" werden können. Denn nicht einmal in der nun zweihundertjährigen Geschichte des Anarchismus hat es je Theoretiker oder Demagogen gegeben, denen es eingefallen wäre, das Recht, von Anrechten zu sprechen, abzuleugnen. Auch Stirner macht da keine Ausnahme. Umgekehrt hat es nie einen Anarchisten gegeben, der nicht auf irgendwelche Rechte Ansprüche angemeldet hätte.

Was freilich nicht verhindert, daß theoretisch Nietzsches philosophische These unwiderlegbar ist; denn es ist ja metaphysisch völlig unklar, *was* ein Recht sei, welche *Seinsart* ihm zukomme und von wo es seine Legitimität ableiten sollte.

Aber bekämpfbar ist Nietzsches These natürlich. Nein, mehr als das: wir müssen sie sogar bekämpfen. Auch wenn wir uns dadurch zu Nichtphilosophen machen.

Hörte eine Rundfunkansprache des Gewerkschaftsführers

Gestern meinte C. aufs einfältigste, jedermann habe ein „*Recht auf einen Arbeitsplatz*". Wenn ich, der ich mit Recht als ein Linker verschrien bin, diesen Satz, der sich leicht hinschwätzt, bezweifle, so wird man mich ja nicht als „reaktionären Klassenfeind" zu bezeichnen wagen. Als Philosophierender frage ich: „*Woraufhin haben wir eigentlich diesen Anspruch, dieses ‚Recht'? Was für eine Sorte von Seiendem ist dieses angebliche Recht?*"

Nein, C. hat sogar gesagt: jedermann habe ein „*heiliges* Recht auf einen Arbeitsplatz". Heilig? Wie kommt er, der Vulgärmarxist, dazu, dieses angebliche Recht „heilig" zu nennen? Woraufhin ist er dazu legitimiert, sich die sakrale Vokabel für einen völlig weltlichen Anspruch auszuleihen? Und hinter der natürlichen, völlig begreiflichen Gier des Arbeitslosen auf einen Arbeitsplatz einen Heiligenschein anzubringen?

„Heilig?" *Wer* hat diesen Anspruch auf einen Arbeitsplatz *geheiligt?* Hat man z. B. auch ein „heiliges Recht" auf einen Arbeitsplatz, an dem man Vernichtungswaffen oder auch nur dehumanisierende Produkte mitherstellt? (Oder nicht vielmehr das „heilige" Recht darauf, einen solchen Platz zu verweigern? Freilich, wer kann sich das schon leisten?) Aber ganz abgesehen von diesem wahrhaftig nicht exzeptionellen Fall – wenn das Recht auf einen Arbeitsplatz „heilig“ wäre –, noch einmal: *wer* hätte dieses Recht geheiligt? Denn „ganz von sich aus“, einfach „*so*“ kann ja ein Ding oder ein Recht oder ein Anspruch nicht „heilig“ sein. Würde sich nicht – diese Überlegungen klingen, obwohl extrem irreligiös, sonderbar religiös – derjenige, der ein Recht geheiligt hat – und das könnte ja nur ein Gott sein, oder gar Gott –, ipso facto darum kümmern, daß dem von ihm „geheiligten“ Anspruch Genüge getan werde? Oder mindestens getan werden könne?

Kurz: die Verwendung des Wortes „Heiligkeit“ ist für ernste und unkorrumpierbare Atheisten sinnlos und anstößig geworden. Die mit den ersten Ursprüngen des Tabuismus anerkannte Zerfällung der Welt in Sakrales und Profanes hat ihr Ende gefunden.

Oder doch nicht? Denn etwas gibt es ja, das ich (und, wie ich mir einbilde, sogar unabdingbarer als die Mehrzahl meiner Zeitgenossen) als „heilig“ anerkenne: das Menschenleben. Und nicht nur das Leben des Menschen.

Sollte meine Anerkennung dieses Tabus eine Inkonsequenz, also eine Blamage sein? Ein Rest, von dem ich mich als Philosophierender eigentlich distanzieren müßte?

Vielleicht. Aber diese „Blamage“ nehme ich in Kauf, und auf Konsequenz pfeife ich in diesem Fall. Hier erreiche ich die Grenze meines „Nihilismus“. Und ich bestreite hiermit deren Unüberschreitbarkeit.

Schluß einer Diskussion

„*... und zum Schluß darf ich ja wohl mein Einverständnis ...*“

„Nein!“ unterbrach ich ihn, obwohl er im Begriff stand, mir zu schmeicheln, „das dürfen Sie nicht!“

Er schnappte nach Luft. Die Zuhörerschaft nicht minder.

„Sind Sie sich denn nicht im klaren darüber, daß Sie eine *Sklavensprache* sprechen? Was heißt ‚*darf*‘? Welchen Erlaubenden unterstellen Sie denn? Der Ihnen selbst dann, wenn Sie Ihr Einverständnis ausdrücken wollen, erst grünes Licht geben muß? *Wir dürfen nicht dürfen*!“

„Aber Herr Doktor“, beteuerte er, grau im Gesicht, „das ist doch eine bloße Redensart!“

Ich schüttelte meinen Kopf. „Bloße Redensarten gibt es nicht. Man spricht nicht nur, wie man ist, man wird auch, wie man spricht!"

Da stieg ein Murmeln aus dem Publikum, das offenbar fand, daß ich jemandem seine Freiheit streitig machte.

„Man wird doch noch so reden dürfen", begann einer, „wie . . ."

„Sie meinen: *Sie wollen unfrei sein-dürfen*?"

Votivkirche

Kam am offenen Portal vorbei. Orgeldröhnen schwoll heraus. Trat, ängstlich „gegen den Strom anschwimmend", hinein. – Wahrhaftig: die Tatsache, die ich vor dreißig Jahren in der ersten TV-Analyse formuliert hatte (Antiquiertheit des Menschen I, S. 100 ff.) und die dann in der glücklichen Formulierung eines anderen weltbekannt geworden ist: das *„the medium is the message"* ist eine uralte Tatsache. *Was* da auf der Orgel gespielt wurde, weiß ich nicht nur nicht, das war auch völlig gleich; vermutlich war es eine von einem mittleren Organisten „komponierte" oder improvisierte Reger- oder Heillernachahmung. Noch nicht einmal, ob die Musik „gut" oder „schlecht", authentisch oder second hand gewesen ist, könnte ich sagen. Das alles gibt es auf der Orgel kaum. Denn ihr Brausen selbst ist eine so triumphale und überwältigende „message", daß sie sogar mit den dümmsten und unoriginellsten Aussagen überwältigen kann; was heißt „kann", da sie „can't help overwhelming."–

Wenn die schweren Kirchenglocken dieser Kirche dröhnen, dann fragt ja auch niemand, *was* sie dröhnen oder ob sie *„originell"* dröhnen oder *wer* das Dröhnen komponiert habe. Mutatis mutandis.

Auf keinem Instrument kann man so schwindeln wie auf einer Orgel. Gäbe es Gott, dessen aeterna gloria durch das Orgelspiel ja angeblich zelebriert wird – würde er wohl spüren, wie schlau und systematisch er da beschwindelt wird?

Kaisergarten Bad Ischl. Aberglaubengespräch

Warum nur die Theologen und die Geistlichen so oft hinter mir her sind? Direkte Mission versucht keiner von ihnen. Diesmal war es ein Jesuit, der sich für meinen Nichtglauben interessierte. Die Attraktionskraft des Lasters?

„Auch aus Ihrer Perspektive“, begann er vortastend, „werden Sie ja wohl die Rechtmäßigkeit der Unterscheidung zwischen Glauben und Aberglauben akzeptieren?“

„Wie kommen Sie darauf? Was ich akzeptiere, was nicht zu akzeptieren auch mir nicht freisteht, ist die Tatsache, daß diese Unterscheidung in der Religions- und Kirchengeschichte getroffen wird und gang und gäbe ist.“

„Gang und gäbe. – Sie glauben also nicht an die Rechtmäßigkeit dieser Unterscheidung?“

„Nein. Auf diesen Gedanken bin ich noch nie gekommen.“

„Sondern?“

„An deren Opportunität.“

„Was meinen Sie damit?“

„Daß ich es für schieren Aberglauben ...“

„Also doch Aberglauben?“

„Gewiß! An dessen Verbreitung habe ich niemals gezweifelt! Viel weniger als Sie!“

„Also?“

„*Daß ich es für schieren Aberglauben halte, sogar für den schlimmsten, zu glauben, daß es rechtmäßig sei, zwischen Glauben und Aberglauben eine Trennungslinie zu ziehen.*“

„Ach!“

Ich nickte.

„Meinen Sie damit“, fragte er schließlich unsicher (wohl sogar mit schlechtem Gewissen, denn vermutlich sah er meine Antwort voraus), „daß in gewissem Sinne auch Aberglaube eine Art von Glaube sei?“

„*Umgekehrt. Daß in gewissem Sinne auch Glaube eine Art von Aberglaube sei.*“

Pause.

„Sie akzeptieren also gar keine Unterscheidung?“ fragte er stimmlos.

„O doch! Als ‚*Glauben*‘ bezeichne ich, wie das der allgemeine Sprachgebrauch tut, *denjenigen Aberglauben, der von den jeweils Herrschenden geboten, vertreten oder mindestens geduldet wird.*“

Pause.

„Halten Sie als Jesuit den Protestantismus für einen Glauben oder für einen Aberglauben?“

„Wir dulden ihn ja“, meinte er ausweichend.

„Im Zeitalter des Pluralismus bleibt Ihnen kaum etwas anderes übrig. – Als Glauben oder als Aberglauben?“

Darauf antwortete er nicht.

„Wird der Protestantismus durch Ihre Duldung wahr?“

Pause.

„Ihr Ungläubigen versteht es ganz schön, uns in Verlegenheit zu versetzen.“

„Das hoffe ich aber sehr“, schloß ich, „um so mehr, wenn Ihr uns darum bittet.“

„Das Beste aus Reader's Digest“

In einem Aufsatz wird die „unwiderstehliche Willenskraft“ von „Tatmenschen“ wie Alexander, Caesar, Napoleon und Hitler – auch der gehört bereits in die weltgeschichtliche Elite – bewundert. Dubito. Diese „Tatmenschen“ halte ich nicht für besser als ihre Antipoden, die Zögerer; für ebenso defektiv. Vermutlich sind sie einfach *unfähig, zwischen Trieb und Akt eine humane Zwischenphase einzuschalten, außerstande, etwas* erst einmal *nur zu wünschen oder zu erwägen.*–

Sie bewundern? Bewundern wir Vergewaltiger?

München. Preisverleihung in der Akademie

Nachher berichtete mir W., daß im hiesigen „Institut für Zeitgeschichte“ Konvolute von Zeugnissen dafür vorliegen, daß die deutschen Streitkräfte von 1941 an nicht nur über die Ausrottung der Juden durch Himmlers Leute Bescheid gewußt, sondern selbst Aktionen, bei denen Millionen draufgegangen seien, durchgeführt hätten, und daß das Vokabular der von der Generalität verfaßten Vertilgungsdekrete gegen Widerständler, Juden und Bolschewiki sich überhaupt nicht von dem Vokabular Himmlers oder sogar Streichers unterschieden habe. „Wer hat die Legende von den unbefleckten Händen der Wehrmacht erfunden und durch wen hat sich diese so lange halten können?“ fragte ich. „Das ist evident: die Weißwäscherei ging von der gegenwärtigen Wehrmacht aus, der alles daran gelegen habe, die ‚Tradition des sauberen Soldatentums‘ weiterzureichen.“–

Gleichviel, wovor die Generäle, von denen sich viele bei der Partei liebkind zu machen wünschten, gewarnt hätten, seien nicht etwa die Massenexekutionen gewesen oder die Teilnahme an diesen. *Verboten* hätten die Generäle vielmehr denen, die nicht eigens dazu abkommandiert waren, diesen „Aktionen“ als bloße Zaungäste beizuwohnen. Damit schändeten sie die Ehre der Wehrmacht. – Jetzt weiß ich, was „schänden“ ist. Und was „Ehre“.

„Kopf hoch!“ meinte ein würdig aussehender, weißhaariger Offizier, nachdem W. mir diesen Bericht erstattet hatte. „Schließlich ist das heute doch Ihr großer Ehrentag!“

„Ich habe soeben etwas von Ehre erfahren“, antwortete ich, „was mir den Genuß *meiner* Ehrung nicht gerade steigert.“

„Darf ich fragen, was?“

„Sie sollen sogar!“ Und ich berichtete.

„Nestbeschmutzer!“ zischte er da und verließ mich hackenschlagend.

Krankenhaus

Ein Assistenzarzt erzählte mir, ein türkischer Bursche sei ins Hospital eingeliefert worden, dessen Kopf von Läusen nur so wimmelte. So etwas habe er noch niemals gesehen. Als ich ihm zu bedenken gab, daß auch wir: die die Oberfläche unseres Planeten bewimmelnden Lebewesen, wir Menschen nicht ausgenommen, vielleicht auch nur Läuse unseres Sterns seien, die Parasiten der Erde, von der wir uns ernähren, da blickte er mich an wie einen Ketzer. „Sie sind beleidigt wie ein Gläubiger“, meinte ich kopfschüttelnd. „Und Sie wollen ein Naturwissenschaftler sein?“

Er blieb stumm.

„Sie glauben an ‚nach seinem Bilde‘?“

Das Hospital war ein geistliches. In der Ecke hing der Gekreuzigte. Also wagte er nicht zu antworten.

„Wer weiß, ob nicht auch die Läuse des Burschen so selbstbewußt sind wie wir Parasiten! Und nicht auch sie sich verstehen als Bilder ihres Gottes!“

Da war er draußen.

Nietzsche-Lektüre

Die übliche Charakterisierung Nietzsches, bzw. seine dem Marxismus, auch der Psychoanalyse angeblich entgegengesetzte Attitude beruht auf einem kapitalen Mißverständnis. Nietzsches zornige These ist, daß die „Schlechtweggekommenen" – darin bestehe das Christentum – gesiegt und über die Wohlgeratenen: die Elite triumphiert haben. *Er behauptet also den Sieg der Unterdrückten als Faktum.* Umgekehrt sieht Marx in der Moral das *von den Herrschenden den Beherrschten aufgezwungene* und von diesen introzipierte und akzeptierte *System der Befehle;* und diese These vertritt auch Freud, wenn er als Befehlsautorität auch nicht die herrschende Klasse einsetzt, sondern den herrschenden Hordenurahn.

Gespräch mit dem Astrophysiker

Br. E., der Astrophysiker, hatte versucht, mir etwas über „himmlische Kollapse", also über den Sturz in die schwarzen Löcher zu erklären. Offenbar machte ich, als er geendet hatte, ein nicht ganz zufriedengestelltes Gesicht.

„Sollte ich mich undeutlich ausgedrückt haben?" fragte er.

„O nein!" widersprach (oder richtiger: bestätigte) ich. „Auf *Ihre* Art waren Sie gewiß sehr deutlich."

„Was meinen Sie mit ‚auf Ihre Art'?"

„Daß Sie – aber vermutlich unterscheiden Sie sich da von keinem Ihrer toten und lebenden Kollegen – die Hauptsache unterschlagen haben."

„Unterschlagen? Das, was wir beobachten und was wir erschließen zu dürfen glauben – denn heute beschränken wir uns ja schließlich nicht mehr nur auf Teleskope –, das teilen wir ja mit. Einander und auch der Welt."–

Ich schüttelte meinen Kopf.

„Warum schütteln Sie Ihren Kopf? Weil wir manches aus militärischen Geheimhaltungsgründen nicht mitteilen dürfen?"

„Nein. Was ich meine, ist viel grundsätzlicher. Weil Sie nämlich die unerläßlichste Frage auslassen."

„Welche?"

„Die kategoriale."

Das verstand er nicht.

„Die nach dem *Typ des Geschehens,* den Sie meinen. Stets sprechen Sie nämlich von *Prozessen,* die *‚vor sich gehen'* oder *‚sich abspielen'* oder (mehr oder minder gesetzmäßig) *‚ablaufen'*."

„Und?"

„Fehlt Ihnen da nicht etwas?"

„Was sollte mir da fehlen?"

„Sollte es Ihnen wirklich niemals aufgefallen sein, daß alle diese Ausdrücke alles offen lassen?"

„Was?"

„Genauer: daß sie alle ‚*aktiv-passiv-neutral*' bleiben?"

„Was bleiben sie?" Den Ausdruck hatte er natürlich niemals gehört, da ich ihn eben improvisiert hatte.

„Der Ausdruck ist Ihnen deshalb unverständlich, weil Ihnen die Sache, die Sie treiben, unbekannt ist."

„Was?"

„Ja, da staunen Sie! Und weil Sie noch nicht einmal auf den Gedanken kommen, nach dieser Sache zu fragen."

Er blickte mich argwöhnisch an.

„Und dieses Noch-nicht-einmal-Fragen, das verstimmt mich eben."

„Gegen mich?"

„Nicht speziell gegen Sie. Denn das, woran ich Anstoß nehme, ist natürlich eine Kollektivborniertheit. Ein Defekt *aller* Naturwissenschaftler around the globe."

Er blickte mich an, als spräche ich Chinesisch.

„Ich weiß: Sie halten mich für einen Laien."

„You said it."

„Akzeptiert. Das ist die Definition des Philosophen durch den Einzelwissenschaftler."

„Fehlt nur, daß Sie sagen: durch den Fachidioten."

„You said it", meinte *ich* nun.

Pause.

„Also, worauf wollen Sie hinaus?"

„Wenn, wie Sie es geschildert haben, enorme kosmische Massen zusammenstürzen – *tun* die da etwas – oder wird ihnen da etwas *angetan? Aktiv oder passiv?*"

Er blickte mich verdutzt an. „Es *geschieht eben*!

„Sie machen es sich doch nicht weis, daß das eine akzeptable Antwort sei. Ganz abgesehen davon, daß dunkel bleibt, wer oder was das ‚es' ist, das ‚geschieht'."

„Ich bin Astrophysiker und kein Sprachforscher."

„Auch diese Antwort ist inakzeptabel. Als Astrophysiker *sprechen* Sie immerhin. Und mit dem, was Sie sprechend aussagen, müssen Sie ja wohl etwas meinen. Und auch *wissen, was Sie meinen.*"

Er brummte etwas Unverständliches.

„Also aktiv oder passiv?"

„Ja, glauben Sie denn wirklich", versuchte er stotternd – und sein Stottern bewies, daß er zum ersten Male in die Nachbarschaft dieses Gedankens geraten war – „daß diese Begriffe ‚aktiv' und ‚passiv' hier angewendet werden können? Oder dürfen?"

„*Müssen*", antwortete ich.

„Sie halten sie also für universal anwendbar?"

„Für *universell verbindlich.*"

„Das ist Ihr Ernst?"

„Mein voller Ernst. – Ein Geschehen (aber da bediene ich mich schon wieder eines in Ihrem Stil ‚neutralen' Ausdrucks), das außerhalb dieser Alternative stünde, scheint mir undenkbar. Offenbar ist das Begriffspaar ‚aktiv-passiv' ein *Kategorienpaar.*"

„Meines Wissens hat Kant dieses Paar in der ‚Kritik der reinen Vernunft' nicht verwendet."

„Gewiß nicht. Wohl deshalb nicht, weil auch *er* stillschweigend von der Tatsache der aktiv-passiven Naturwissenschaften – und das war für ihn die Physik – ausgegangen war. Aber sehen wir von ihm ab. Daß, wenn etwas geschieht, ein ‚movens' unterstellt werden muß, hat ja schon Aristoteles, als er den Begriff des ‚unbewegten Bewegers' einführte, gewußt."

„Kommen Sie mir nicht mit einem primum movens!" wehrte er ab. „Gott fehlte mir gerade noch!"

„Keine Sorge!" beruhigte ich ihn. „Wir brauchen gar nicht wie Aristoteles vom ‚unbewegten Beweger' des ihm damals als Universum geltenden Planetensystems zu sprechen. Unser Problem erhebt sich vor jedem unscheinbarsten Zwischenfall, vor jedem kleinsten Gravitationsexempel." –

Ich hob einen Kiesel auf und ließ ihn zu Boden fallen.

„Nun?" fragte ich, „was ist da eben ‚vor sich gegangen'? (Natürlich ist auch dieser Ausdruck bereits ein Präjudiz.) Ist er *gezogen* worden?"

Er antwortete nicht.

„Wenn ja, dann ist er *von* etwas gezogen worden. Dann hat es ein aktiv ziehendes Etwas gegeben."

Er machte eine fahrige Geste, konnte aber die zu dieser eigentlich gehörenden Worte nicht finden.

„Wie ist es möglich", fuhr ich fort, „daß der Mittelpunkt der Erde, gewissermaßen unser kleines terrestrisches schwarzes Loch, also ein *Nichts*, ‚*ziehen*‘ kann?“

Er machte einen gequälten Eindruck. „*Wirklich* ziehen kann der natürlich nicht.“

„Aber *unwirklich*?“

Das beantwortete er nicht mehr. Denn plötzlich geschah etwas: er machte eine wilde, fortwischende Bewegung und schrie: „Nun aber Schluß mit diesem Blödsinn! Schändlich genug, daß ich mich darauf überhaupt eingelassen habe!“

Aufregungen anderer machen mich stets sanft.

„Wenn der Mittelpunkt der Erde nicht das agens gewesen ist, das den Kiesel zu sich gezogen hat, dann bleibt eben allein die Möglichkeit übrig, daß sich der Kiesel dem Erdmittelpunkt wild entgegengestürzt hat; oder weniger pathetisch: daß er sich aus eigenen Stücken auf den Weg gemacht, sich also *aktiv* benommen hat. Tertium non datur. Seine Motive und die Art seiner Sehnsucht nach Vereinigung mit dem Erdzentrum kenne ich natürlich und leider genausowenig wie Sie!“

„Blöder Hund!“ schrie er da, sprang auf, stolperte und fiel der Länge nach hin. Ich half ihm auf, es war ihm nichts passiert. „Aktiv oder passiv?“ erkundigte ich mich, während ich ihn abstaubte. Aber er antwortete nicht mehr.

Taufe

Ein Lexikonmitarbeiter fragt bei mir an, wie er meine „Philosophie“ nennen solle; er scheue sich, sie einfach der „Phänomenologie“ oder dem „Existenzialismus“ oder dem „Marxismus“ oder gar der „Kritischen Theorie“ zuzuzählen.

Womit er recht hat.

Komischerweise bin ich von mir aus niemals auf den Gedanken gekommen, mein längst schon mündiges Kind zu taufen. Das habe ich nun nachgeholt. Den Anfrager habe ich nun autorisiert, meine Theorie analog zu Schellings „Identitätsphilosophie“ als „*Diskrepanzphilosophie*“ zu bezeichnen: denn Ausgangspunkt aller meiner Analysen sei die zuvor nie in diesem Maße in den Mittelpunkt gerückte Diskrepanz zwischen den Kapazitäten der einzelnen Vermögen des Menschen: daß wir mehr herstellen als vorstellen können. Und Inhalt meiner Bücher – nicht nur der zwei Bände der „Antiquiertheit“ – sei die Darstellung der Folgen dieser Diskrepanzen.

Spielten: „*Was wird im Jahre 2081,* sofern dieses noch stattfinden sollte, *von unseren heutigen Größen noch da sein und gelesen werden?*" Ich war dazu ausersehen, Heidegger zu behandeln. „Was in siebzig Bänden steht", antwortete ich, „wird, in einem einzigen zusammengefaßt, überliefert werden. Denn er hatte nur eine einzige Idee, eine idée fixe: die ‚*ontologische Differenz*', die zwischen Sein und Seiendem. Daß er diesen einen Gedanken, der ihn offenbar seit den zwanziger Jahren keinen Moment lang losgelassen hat, in siebzig Bänden hat auswalzen können, wäre schier unbegreiflich, wenn wir eben nicht annehmen müßten – und das ist mir völlig begreiflich –, daß er *unfähig gewesen ist, einen Augenblick nicht daran zu denken.* Weitgehend bestehen seine Werke in den ‚Beweisen' dafür, daß eigentlich alle Philosophen, es sei denn, sie hätten am Wichtigsten und Einzigen vorbeiphilosophiert, *seine* Philosophie (wenn auch nicht zureichend artikuliert) ‚eigentlich' gemeint hätten; alle seien also Heideggerianer ‚avant la lettre' gewesen.

Daß er seine der aristotelischen Metaphysik entnommene Frage, was das Seiende sei, in siebzig Bänden nicht beantwortet hat, ist um so begreiflicher, als bereits die Frage *total sinnlos* ist, da unklar bleibt, was für ein ‚was' er in der Antwort erwartet, denn die Frage verlangt ja ein dem ‚Sein' vorgelagertes Etwas, eine Antwort wie: ‚das Sein ist ein . . .', so wie die Frage nach dem ‚was' des Löwen eine Antwort wie die subsumierende ‚ein Säugetier' verlangt. Eine solche Subsumierung kommt als Antwort auf die Frage nach dem ‚Wesen des Seins' natürlich nicht in Betracht – sofern es überhaupt einen Sinn hat, dem Sein ein, von diesem unterschiedenes, ‚Wesen' zuzusprechen. Der Grunddefekt, der gewissermaßen die Basis seines Werkes darstellt, besteht bereits darin, daß er das Staunen, nein: den Schrecken darüber, daß es Seiendes gibt, in eine *Problemformel* ummünzt, und diese Ummünzung in eine Frage, die die *Möglichkeit einer Beantwortung* präjudiziert. Das habe ich bereits vor fünfzig Jahren, wahrhaftig am falschen Ort, in meiner Einleitung zur Musikphilosophie ausgesprochen, wohl mit beinahe denselben Worten. – Die Ummünzung des Schreckens in ein Problem findet selbst dort noch statt, wo er uns, statt dem ‚Wesen vom Sein' nachzujagen, die berühmte Frage ‚warum etwas sei und nicht vielmehr nichts' vorlegt (eine Frage, die er freilich *übernimmt,* denn sie kommt schon bei Leibniz, Weisse und Schelling vor). Diese Frage ist stets die Grundfrage dessen, der, aus dem Glauben herauskommend, ob er es weiß oder nicht, ob er es zugibt oder nicht, an Gott als den Schöpfer der Welt nicht mehr glauben kann; die Frage des, wie ich es in meinem Kafkabuch nannte, ‚*verschämten Atheisten*', für den die Welt plötzlich zu etwas wird, was kontingent, unbegründet und ungerechtfertigt herumexistiert. –

In die Geschichte eingehen wird er als der, der seinen berechtigten Schrecken (den ich teile und den ich in meiner ‚Kosmologischen Humoreske', fröhliche Wissenschaft treibend, verspottet habe) *in eine Frage verfälscht, die Frage in eine Theorie verwandelt* und *aus dieser ein monumentales Lehrgebäude gemacht hat.*"

Abendarbeit

L. blickte mir am Abend über die Schulter. „Du kommst wohl nicht recht vorwärts?" fragte sie. Offenbar hatte sie erkannt, daß ich noch auf derselben Seite 7 schrieb, auf der ich schon am Morgen geschrieben hatte.

„Doch", antwortete ich, „ich komme in jedem Moment vorwärts."

„Aber zu langsam?"

„Wenn es *das* nur wäre!"

„Sondern?"

„Mir geht es wie einer Ameise", erklärte ich, „die auf einem pausenlos praller werdenden Ballon kriechend dessen Nordpol zu erreichen versucht. Obwohl sie unbeirrbar vorwärts krabbelt und ihr Ziel niemals aus den Augen verliert, entfernt sich dieses doch von Augenblick zu Augenblick immer weiter von ihr."

„Und wer bläst Deinen Ballon auf?" fragte sie.

„Wenn ich das wüßte", antwortete ich, „dann könnte ich meinen Stift niederlegen. Denn das einzige Ziel, auf das ich aus bin, ist ja, die Antwort auf diese Frage zu finden."

Las wieder Hohnworte über den Ausspruch,
Religion sei Opium fürs Volk

Und hatte das hundert Prozent sichere Gefühl, daß Marx diesen Ausdruck *Kant* entliehen hatte und machte mich ans Graben. Und siehe da: ich wurde fündig. Auf S. 243, Anm., der „Religion innerhalb der Grenzen ..." heißt es, daß der Geistliche, der den Sterbenden, statt dessen Gewissen „aufzuregen" und zu „schärfen", tröste, diesem gleichsam Opium fürs Gewissen gebe – eine „*Verschuldigung an ihm* (dem Sterbenden) *selbst und anderen ihn Überlebenden*".

Die Blutbuche

Schlenderte gestern abend mit L. durch den Park. Sie war entzückt von einer Rotbuche, auf die die letzten Strahlen fielen. Ich schüttelte meinen Kopf. „Warum schüttelst Du den Kopf?" fragte sie.

„Weil sie augenlos ist. Und von ihrem Rotsein nicht das mindeste weiß. Auch die Bäume rechts und links haben ihr Rotsein niemals gesehen. Sie alle sind blind. *Die ganze Welt ist blind. Sie sieht nur aus. Aber sie sieht nichts. Eine ungeheure Blindenanstalt.*"

Da wurde sie grau im Gesicht und erbrach sich.

Und selbst heute früh verübelt sie mir die Wahrheit so, als hätte ich ihr gestern einen ganz persönlichen Tort angetan, so als hätte ich ihr etwas aus der Hand geschlagen und zertreten.

Wie sie das Philosophieren haßt!

Abend mit London-Times-Kommentator

Seine London Times erscheint schon seit Wochen nicht mehr. Nichtsdestotrotz hat er, wie alle seine noch unter Vertrag stehenden Kollegen, täglich seinen Beitrag abzuliefern und sein Niveau darf er nicht sinken lassen. Ob jemand seine Texte liest, weiß er nicht. Deren spätere Publikation scheidet als Möglichkeit aus; er stellt bewußt erstrangige Makulatur her.

Sein Seinsbeweis, der Jahrzehnte lang gegolten hatte: „*ich werde gedruckt, also bin ich*" hat ausgesetzt.

„Das ist Ihr Cartesianismus?" fragte ich.

Er zuckte mit den Achseln. „Aber etwas", fuhr er dann fort, „habe ich schließlich doch dabei gelernt."

„Und das wäre?"

„Wie es der Majorität zumute ist."

„Welcher Majorität?"

„Nun, wie es den Milliarden von Mücken und Heringen und Lilien und Menschen, unseren anonymen und echolos herumexistierenden Zeitgenossen zumute sein muß. Wie elend.“

„Muß?“ fragte ich zurück. „Sind Sie denn so sicher, daß die Lilien auf dem Felde unter ihrer Ruhmlosigkeit leiden? Daß auch *sie* auf unseren unrühmlichen Seinsbeweis gierig sind? Ist es nicht möglich, daß die uns durch ihren Mangel an Ruhmsucht überlegen sind? Und schließlich . . .“

„Schließlich was?“

„Unterstellt selbst, wir *seien* berühmt – wären wir das nicht gerade bei den Lilien? Bei den nirgendwo Berühmten?“

Die Antwort, die er nur mir nach einer Pause gab, war nicht gerade rühmlich. „Man darf niemals zu Ende denken“, sagte er nämlich. Womit er das Gespräch abschnitt.

Einem ehemaligen SS-Mann die Hand verweigert

Ist nicht vielleicht meine seit 1914 zelotische Empörung über das, was Menschen Menschen angetan haben und antun (und antun werden) – ich wage es kaum, diese Frage niederzuschreiben; sie widerspricht allem, was ich mein Leben lang empfunden habe – ist diese Empörung nicht vielleicht kindisch gewesen? Und inkonsequent? Welchen unnaturalistischen, unrealistischen, unreellen, letztlich vielleicht sogar religiösen Menschbegriff und -maßstab hatte ich da hinter dem, was ich vom Menschen verlangte (anfangs sogar erwartete) verborgen gehalten? Darf denn einer, der so unerschütterlich an keinen Gott glaubt wie ich, die Idee eines nach Gottes Bilde geschaffenen Menschen aufrechterhalten? Müßte ich nicht *gerade auf Grund meines Unglaubens toleranter und nachsichtiger gegen die Menschen sein*? Ist es nicht unangemessen und selbstgerecht, vom Menschen Moral zu verlangen? Gar – unmoralisch?

Vietnam attackiert Kambodscha

Wer sich erfolgreich gegen einen überlegenen Angreifer verteidigen will, muß sich diesem angleichen, dessen Technik übernehmen, namentlich dessen Waffentechnik: er ist, wenn er auch dem Schein nach als Sieger ausgehen sollte, ein Besiegter. Stellt sich nicht heute der Sieg der Vietnamesen über die Amerikaner als solch ein Pyrrhussieg heraus? Haben sie nicht von den Besiegten – zuviel gelernt?

B. inoperabel krebskrank. Metastasen überall. Er erklärte mir, als spräche er von einem Fremden:

„Nein, das ist keine Krankheit wie andere. Sie besteht vielmehr darin, daß mein *Organismus ‚sich nicht mehr zusammennehmen‘* kann, daß er unfähig oder unwillig ist, seine Zellen unter seiner Zentralgewalt zu halten. Organisationsschwäche oder -unlust. Vielleicht eine physiologische Art von Selbstmord?

Die wuchernden Zellen leben zwar *von* meinem Organismus, aber *nicht als Zellen des* Organismus. Trotzdem wäre es falsch, sie als Fremdkörper zu bezeichnen. Vielmehr *werden* sie, durch Loslösung und Entfremdung von meinem Organismus, *zu* Fremdkörpern. *Selbstparasitierung*. Solange meine Krankheit anhält, ist diese ein Kampf zwischen dem Ganzen und seinen Teilen. Mein Tod wird der Sieg der Teile über das Ganze sein, freilich ein Pyrrhussieg, da die Krebszellen mit dem Organismus mitsterben werden.

Interessant wäre es zu untersuchen, ob unter den Krebskranken die Zahl der Willensschwachen oder derer, die ‚sich nicht zusammennehmen können‘, oder derer, die sich selbst hassen, besonders groß ist. Ich gehöre wohl zu keiner der drei Kategorien. Auf jeden Fall ist diese Krankheit *die* philosophische Krankheit.“

Abendgesellschaft nach Adorno-Vortrag

Als ich ihm sagte, viele seiner Seiten habe er in His-Dur geschrieben, war er – was ich erhofft hatte – der einzige, der das verstand. Und er dankte mir dafür, daß ich so diskret sei, meine Bemerkung in his-Moll zu machen. Die Umsitzenden blickten uns zwei, die wir nichts weniger als Spießgenossen sind, so an, als sprächen wir ein nur uns bekanntes Geheimidiom. Und wirklich brachte die Dummheit der anderen es mit sich, daß wir einen Moment lang Augurenblicke wechselten.

Unterhaltung

Als ich dem arbeitswütigen G. gegenüber beiläufig erwähnte, daß es Arbeit, gemessen am Alter der Menschheit, erst seit einer relativ kurzen Zeit gebe, da schnappte er nach Luft.

„Ist Ihnen nicht gut?“

„Da kann einem wahrhaftig schon schlecht werden!“

„Warum?“

„Soviel verplemperte Zeit!“

„Verplempert?“

„In der hätte gearbeitet werden können.“

„Was? Von wem? Wofür?“

„Als wenn es bei gutem Willen nicht für jeden immer ein Was und ein Wofür gegeben hätte!“

Das bezweifelte ich.

„Und die Zeit?“ regte er sich von neuem auf, „die verplemperte Zeit, in der man hätte arbeiten können?“

„Die hat es die längste Zeit über wahrscheinlich gar nicht gegeben“, beschwichtigte ich ihn. „Und hat wahrscheinlich erst an demjenigen Tage angefangen, an dem das Arbeiten angefangen hat. Glauben Sie vielleicht, Adam und Eva hätten an ihrem nackten Handgelenk Armbanduhren getragen? Oder reden Sie sich vielleicht ein, daß Seiendes, das nicht arbeitet . . .“

„Schande“, zischte er.

„. . . also z. B. Bazillen oder Fichten oder Flundern Zeit hätten, die sie verplempern könnten?“

Er gab mir einen langen mißbilligenden Blick. „Nein“, schloß er dann unsere Unterhaltung und schüttelte feierlich seinen Kopf, „mit so ernsten Dingen treibt man keinen Spaß.“

Nach Herumwühlen in Manuskriptkisten

In den molussischen Apokryphen heißt es, dem Gott Bamba sei die Welt, die er aus Langeweile geschaffen, bald über den Kopf gewachsen. Diese, und damit auch die Menschheit, existiere nur deshalb noch, weil es keinen „Meister“ gegeben habe, den er um Widerruf hätte anrufen können. Und wenn er unsichtbar sei, so allein deshalb, weil der Ozean des von ihm Geschaffenen über ihm zusammengeschlagen und er in dieser Flut längst schon ersoffen sei.

Wahrhaftig, es gibt Kleinere, denen Ähnliches zugestoßen ist.

Beim Abstauben von alten Skripten

Atome, also Kleinstentitäten, gibt es offenbar nicht. Das scheint auch die Grundthese der modernen Atomphysik zu sein, da diese ja immer weiter nach Elementen der Elemente forscht. Nicht nur gilt, daß die Welt als ganze, also extern, infinit ist – diese Unendlichkeit ist für uns gewissermaßen alltäglich –, sondern auch, daß jedes endlich Seiende *intern unendlich* ist. Dieser zweiten Unendlichkeit sind wir uns gewöhnlich nicht bewußt – dem „ozeanischen Gefühl" des Schwimmens im Unendlichen entspricht keines des „Selbst-unendlich-Seins". Und es ist schwer, uns an den Gedanken der internen Unendlichkeit zu gewöhnen. Auch wenn wir technisch unfähig bleiben, das Spalten ad infinitum fortzusetzen – ontologisch beweist diese Unfähigkeit natürlich nichts. Eigentlich müßten wir, so scheint mir, im Zeitalter der Atomspaltung auf *das Wort „Atom"* verzichten, da dieses ja gerade das Unspaltbare bedeutet. Daß dieses Wort erst seit dem Tage, an dem es sich herausgestellt hat, daß es technisch möglich ist, das bisher als unteilbar Mißverstandene effektiv zu zerteilen – daß dieses Wort erst seit diesem Tage in aller Munde ist, ist wahrhaftig absurd.

Gespräch mit einem Redakteur der St. Zeitung

R.: „Würden Sie nicht vielleicht einmal unserem Blatt mit einem Beitrag die Ehre geben?"

A.: „Wenn Sie das im Ernst meinen . . ."

R.: „Aber ich bitte Sie!"

A.: „. . . dann haben Sie entweder nie etwas von mir gelesen."

R.: (stammelt)

A.: „In diesem Falle wäre Ihre Bitte leichtfertig."

R.: (stammelt)

A.: „Oder Sie haben etwas von mir gelesen."

R.: (stammelt)

A.: „In diesem Falle würden Sie Ihr Blatt zu unterwandern versuchen. Wozu ich Ihnen herzlichst gratulieren würde. Worüber soll ich denn schreiben?"

R.: „Das überlasse ich vollkommen Ihnen."

A.: „Gut. Dann bringen Sie dieses Gespräch."

Bis heute hat er es nicht gebracht.

Rundfunk – Hörte Palestrina

Oft ertrag ich Musik nicht mehr. Tonale noch weniger als atonale. Am tiefsten irritieren mich a-capella-Chöre, obwohl (nein: *weil*) diese eine perfekte Harmonie und Seligkeit vorspiegeln. Diese Vorspiegelung einer falschen Tatsache: nämlich einer angeblichen Gemeinschaft, die nirgends existiert oder existieren wird, müßte als öffentliche Irreführung verboten werden. Blochs Umdeutung der Vorspiegelung in einen „*Vorschein*" der kommenden beatitudo ist eine Irreführung zweiten Grades. Daß er auch sich selbst irregeführt hat, macht die Sache nicht entschuldbarer. Als Zeitgenosse Hitlers und Stalins hätte er es wahrhaftig besser wissen können. Besser wissen müssen.

Brand in der Mariahilferstraße

Der Feuerwehrmann ist der Zwilling des Pyromanen. Auch er kann vom Feuer nicht lassen; er ist von diesem sogar so unwiderstehlich fasziniert, daß er aus ihm seinen Lebensberuf macht, während der Brandstifter sich damit zufriedengibt, seinen Feuerdurst nur nebenberuflich und gelegentlich zu löschen. Ob einer zum Feuerwehrmann oder zum Brandstifter wird, das hängt vermutlich oft von einem winzigen Zufall ab. Manche sind beides zugleich gewesen – Nietzsche zum Beispiel.

Während meines Kampfes gegen die Atomgefahr habe ich mich zwar immer als Feuerwehrmann gefühlt. Dagegen zähle ich, wenn ich philosophiere, zu den Brandstiftern, in deren Reihe zu gehören ich mir als Ehre anrechne. Von Anaxagoras an sind wir als solche klassifiziert, verfolgt und umgebracht worden. Schändlich diejenigen Philosophen, denen es niemals zugestoßen ist, als Brandstifter beargwöhnt oder in flagranti ertappt zu werden.

Beisetzung Prof. P. – Nichtgehaltene Grabrede

„Seine ‚Ergänzungen zur Vorgeschichte der Elfenbeinschnitzereien im Nordburgund des frühen 14. Jahrhunderts unter besonderer Berücksichtigung des Motivs kauernde Martha' stellen gewiß einen der relevantesten deutschsprachigen Beiträge zu diesem Thema dar. Wir werden den teuren Toten niemals vergessen."

Relevante Behandlung dieses Themas. Aber *ist dieses Thema relevant*? Wenn ja, *für wen*? Und ist *der* relevant? Wenn ja, *wofür*? Wenn diese drei Fragen vom Autor nicht beantwortet werden können, nein: noch nicht einmal verstanden werden können, dann gilt die Behandlung des Themas als akademisch solide.

Gehe in dich: Hast du Relevantes beigetragen?
Wenn ja, für wen? Und ist *der* relevant? Wenn ja, *wofür*?

Nach schlafloser Föhnnacht

Lag stundenlang schlaflos. Mit offenen Augen. Ohne bestimmte Leiden, Wachträume, Erinnerungen oder Sorgen. Tabula rasa. Aber ich *war* aufs intensivste, um nicht zu sagen: aufs euphorischste – was aber auch nicht Plotins ἕνωσις glich, denn von einem ἕν war nichts zu merken, was stattfand war allein das εἶναι.

Ich „*war*" also. Ist „Sein" ein Verbum? Wenn ja, ein aktives? Oder ein passives? Oder sollte diese grammatikalische Unterscheidung ontologisch unzulänglich sein? Liegt *Sein* vielleicht *vor* dieser Alternative?

Die erste Wahl lautet: „passiv". Daß ich bin, scheint mir zu geschehen. I can't help being. Und bestimmt nicht die Theologie, die einen „ins Sein rufenden" und die Welt „im Sein erhaltenden" Gott unterstellt, unausgesprochen das Sein als Passivum? Ist nicht in den Augen des Gläubigen die Welt und er selbst pausenlos – „*geseit*"? Und nicht sogar auch in meinen atheistischen Augen? Da sich ja auch der Atheist nicht rühmen kann, fichtisch „sich selbst gesetzt" zu haben? Hatte ich also vorhin, als ich auf so intensive und euphorische Weise das Sein erfuhr, als ein „*mit Sein beschenkt sein*" *erlebt*?

Und erlebte ich nicht in Anfällen von Schwermut oder Ekel das Sein als ein „zum Sein verdammt sein"? Oder? Stimmt überhaupt das „I can' t help being"? Kann ich nicht aufhören zu sein, wenn mir dieses nicht mehr beliebt? Und darf ich nicht, wenn mein Nichtmehrsein Ergebnis eines freien Aktes wäre, auch das Weiterleben *(= nicht Selbstmord begehen)* als eine Aktivität bezeichnen?

Nein. Wenn überhaupt, könnte das, da wir die einzigen Wesen sind, die mit sich Schluß machen können, allein von uns Menschen gelten. Und auch auf uns trifft die Gleichung „Sein = Nicht Selbstmord begehen“ nur in ganz exzeptionellen Fällen zu. Nur selten ist unser Sein ein einem Entschluß entsprungenes *Bleiben.* Und selbst, wenn wir einen solchen Bleibe-Entschluß eigens fassen, entschließen wir uns dann nicht gerade zur *Fortsetzung der Passivität*?

Stimmt das alles wirklich? Wenn ich, erlebnishungrig oder geradezu programmatisch, „mein Leben lebe“, mich „auslebe“, ist dann nicht Sein (= Leben) Aktion? Ist es dann nicht mindestens, sofern dieser grammatikalische Ausdruck ontologisch verwendet werden darf, *transitiv*? Das kann ich nur fragen.

Wie unerträglich eng unser Ontologisieren in das Korsett der Sprache eingeschnürt ist! Wenn uns der frühe Heidegger sprachlich Exorbitantes zugemutet hat, so tat er das nicht völlig grundlos. Für ontologische Untersuchungen sind schließlich die plumpen Geräte unserer Alltagssprache nicht gemacht worden (oder nicht entstanden). Gleichen wir Ontologisierenden nicht Physikern, denen es nahegelegt wird oder die sich selbst dazu zwingen, die Atomspaltung mit Taschenmessern zu bewerkstelligen?

Im Zoo gewesen

Wölfen oder Aasgeiern oder Zierfischen den Besitz des Gottesbegriffs oder der Gottesvorstellung zuzuerkennen, das würde uns – *so* eitel sind wir und so stolz auf unser Monopol, selbst auf unser *Demutsmonopol* – als Sakrileg gelten. Warum eigentlich? Warum sind diese angeblich von Gott geschaffenen Kreaturen zu gering, um ihren Schöpfer (si esset) meinen oder auch nur – das ist die erste Form des Meinens – vermissen zu können? Auch nur vermissen zu dürfen? Warum mißgönnt Er sich ihnen? Si esset. Läuft nicht der Monotheismus auf einen Monoanthropoismus hinaus: darauf nämlich, daß es nur eine einzige Spezies gibt, die den Gottesbegriff besitzt? Müßte nicht die Tatsache, daß die Zahl derer, die ihn meinen können oder dürfen, so lächerlich gering ist, jeden Gläubigen als Ungerechtigkeit aufs tiefste verwirren? „Müßte“ vielleicht. Aber ich bin niemals jemandem begegnet, der darüber auch nur einen Augenblick lang gestaunt hätte. Und müßte nicht jeder Theologe die Frage stellen, warum Gott es für ratsam gehalten habe, anonym hinter der überwältigenden Majorität seiner creata zurückzubleiben? Si esset. Der Schöpfer scheint bei dieser –

aber das hätte er sich, si esset, allein zuzuschreiben – total unberühmt zu sein. Offenbar ist er – si esset – genauso *kreaturverlassen,* wie wir gottverlassen sind. Warum? Analog müßte jeder Theologe darüber bestürzt sein, daß Gott seine Anonymität gerade und nur vor *uns*: vor dieser infinitesimalen ethnischen Minderheit des Universums gelüftet hat. Womit haben *wir Menschen* das eigentlich verdient, als „auserwähltes Volk", als *Juden des Universums,* auf der Welt zu sein? Und schließlich müßte jeder Theologe fragen, was diese Auslese über *Gott selbst* aussagt. Aussagen *würde,* si esset. Gerechtigkeit gewiß nicht. Einfach unfaßlich ist es, mit welcher Hartnäckigkeit Millionen von Menschen Jahrtausende lang diese doch wahrhaftig nicht an den Haaren herbeigezogene Frage *nicht* gestellt haben. Ist es nicht hoch an der Zeit, parallel zur positiven Geschichte der Philosophie und Theologie eine *negative Geschichte* zu schreiben: eine *Geschichte der Fragen, vor denen sich die Menschheit gedrückt hat, und der Motive, aus denen sie sich vor diesen gedrückt hat?*

Nietzsche-Lektüre

Es gibt keine verächtlichere Maxime als die *„amor fati"*. Denn im Unterschied zu jenen Menschen, die, voll von odium fati, die kontingente und unabweisbare und unwiderrufbare Tatsache, daß sie gerade *sie* sind und niemand anderer und daß sie ausgerechnet in diesem Weltaugenblick leben und in keinem anderen – als *Schande* zur Kenntnis nehmen und das zumeist mit Recht; oder im Unterschied zu jenen Allerweltsfatalisten, die alles ihnen Zustoßende brummend einstecken, reden es sich die ausdrücklichen Verkünder des amor fati aufs unredlichste post festum ein, daß sie sich die Schläge, die auf sie niedergefallen sind, gewünscht haben. Diese Schläge heißen sie dann willkommen, sie „schalten sich" metaphysisch mit ihnen „gleich". „Serves me right" ist ihre von schlechtem Gewissen diktierte, schadenfrohe und würdelose Floskel.

Letztlich ist „amor fati" eine sich männlich gerierende Version von Demut. – Und das gilt erstaunlicherweise nicht nur von Feiglingen, sondern auch von ernstesten Denkern, selbst von tollkühnen, denen man eigentlich nichts weniger als Jasagerei nachsagen kann. So auch von Nietzsche, der den Ausdruck niemals ohne Ehrfurcht oder Stolz verwendet hat. Wie er das mit seinem Rebellentum und mit seiner Verachtung aller Sklavenmoral hat kombinieren können, bleibt unbeantwortbar. Und ebenso unbegreiflich ist es, daß weder Heidegger noch Jaspers in ihren dickleibigen Nietzsche-Darstellungen diesen Widerspruch auch nur mit *einem* Worte erwähnt haben.

Der Theologe K. hat mich, der ich mich irgendwo ausdrücklich als Atheisten bezeichnet habe, einen „Materialisten" genannt

Daß, wer die Existenz Gottes nicht nur bezweifelt – Zweifel ist bereits ein unentschuldbares Entgegenkommen –, sondern glatt ableugnet, daß ein solcher Leugner durch seine Ableugnung eo ipso alles als „Natur" oder als Materie oder gar als „mechanische Natur" betrachte, diese primitive Unterstellung machen allein Analphabeten den Philosophen. Ich kann mich nicht daran erinnern, in irgendeinem meiner philosophischen Texte die Vokabel „Materie" verwendet zu haben. Und selbst wenn ich „Materialist" wäre (worunter ich mir nur wenig vorstellen kann) –, nichts schiene mir weniger natürlich als die Tatsache, daß es Natur, bzw. Materie *gebe*. Seit ich zu philosophieren begann, also seit sechzig Jahren, habe ich die zwei Wörter meines Wissens niemals in den Mund genommen.

Freilich, die Gegenvokabel „*Geist*" habe ich nicht weniger strikt vermieden, nein: noch nicht einmal vermieden. Denn ich kann mich nicht daran erinnern, jemals in die Versuchung geraten zu sein, sie zu verwenden. Philosophische Stümper ahnen gar nicht, wie mühelos man Jahrzehnte lang ohne diese beiden Vokabeln philosophieren und wie viele Funde man ohne diese Unterscheidung machen kann.

Ob ein Denker als ernst, vorurteilsfrei und unbefangen einzustufen ist, wird *entschieden durch die Radikalität seiner Vokabelskepsis.*

Am 75. Geburtstag

I

„Was darf ich Ihnen zu Ihrem Wiegentage schenken?" fragte mich mit den besten Absichten mein Nachbar zur Linken.

„Das ist außerordentlich freundlich von Ihnen", antwortete ich, „aber machen Sie sich bitte keine Umstände."

„Von Umständen kann gar keine Rede sein!" versicherte er.

„O doch", antwortete ich unüberlegt. „Auch *mir* würden Sie nämlich Umstände machen."

„Ihnen? Wie das?"

„*Ich liebe es nämlich nicht, zu haben.*"

„*Was zu haben?*"

„*Zu haben.*"

Da runzelte er seine Stirne. Noch niemals bin ich so gehässig angeblickt worden.

II

Doch: heute.

Der Nachbar zur Rechten hatte nämlich beobachtet, daß der Geldbriefträger aus meiner Wohnung trat. „Könnten Sie mir nicht vielleicht ... sagen wir ... etwa 5000 ..."

Der Briefträger hatte mir nur 2000 gebracht, die ich benötigte.

„Ist es so eilig?" fragte ich zurück.

Er nickte.

„Darf ich wissen, wofür ..."

„Ich möchte gerne einen Video-Recorder haben."

„Ich nicht. – Und was würden Sie davon haben?"

„Ich würde ihn *haben*."

„Ich fragte Sie, was Sie *davon*, daß Sie ihn *haben*, haben würden?"

Wie gesagt: da kam der Blick, der noch gehässiger war als der des Nachbarn zur Linken.

Der Physiker B. behauptete,
ich sei „unwissenschaftlich"

„Was verstehen Sie unter ‚wissenschaftlich'?"

„Daß wir die von jedermann nachprüfbaren Gesetze finden, die ausdrücken, welche, und zwar welche gleichen Effekte unter gleichen Voraussetzungen, also bei wiederholten Experimenten, jedermann erwarten darf und muß."

„Diese Aufgabe ist total unwissenschaftlich", widersprach ich, „und nichts als die Folge einer ganz unkritischen Metaphysik!"

„Kommen Sie mir hier nicht mit Metaphysik!" rief er.

„Ich Ihnen?" fragte ich zurück. „Sie mir! Mit einem metaphysischen Vorurteil!"

„Ach! Und zwar welchem?"

„Mit der Voraussetzung, daß die Welt sich gleichbleibe, daß sich ihre Ereignisse wiederholen."

Er schwieg.

„Wäre es nicht denkbar, daß die Welt ein Prozeß ist, ein in jeder Sekunde neuer? Daß es also, im Großen gesehen, Wiederholungen gar nicht gäbe?"

„Das wäre das Ende der Naturwissenschaft!" rief er und schlug die Hände über dem Kopf zusammen.

„Wo steht, daß es Wissenschaft geben müsse? Im übrigen ist die Welt nicht für die Wissenschaft da. Sondern, wenn überhaupt, die Wissenschaft für die Welt."

„Auch diese Behauptung ist unwissenschaftlich", schloß er. Worin ich ihm gerne recht gab.

Zooportal Berlin

Kam am Zooportal gegenüber dem Bahnhof vorbei und war stark gelockt, einzutreten. Da fiel mir ein, daß ich – es muß im Winter 1929 gewesen sein, also vor einem halben Jahrhundert – mit Hannah hier gestanden hatte und sie dazu zu überreden versucht hatte, mit mir einzutreten: ich würde ihr frischgeborene Murmeltiere zeigen.

„Murmeltiere?" wiederholte sie, als mutete ich ihr Marskreaturen zu.

„Ja, Murmeltiere", wiederholte ich so harmlos wie möglich. „Murmeltiere sind auch. Und leben auch ‚nur einmal, das kommt nicht wieder'. Und dieses eine Mal sind diese ärmsten sogar dazu verurteilt, ihr Leben in der Budapester Straße zu absolvieren."

Da sprach sie das große Wort aus – ist es wirklich so groß gewesen? –: *„Ich interessiere mich ausschließlich für Menschen."*

Wenn jemand menschlich und warmherzig gewesen ist, so gewiß die damalige Hannah. Aber sonderbarerweise berührte mich die Apodiktik, mit der sie erklärte, sich ausschließlich für Menschen zu interessieren, als unmenschlich. Als unmenschlich gegen alles Nichtmenschliche. Beinahe als: gnadenlos. Mit welchem, gewiß sehr heftigen Gegenwort ich auf diese ihre Erklärung reagiert habe, weiß ich nicht mehr. Auf Anhieb würde ich denken: mit dem Wort *„Rassistin"* – was freilich nicht stimmen kann, da dieser Ausdruck erst später, als Kampfvokabel gegen den Nationalsozialismus, in Umlauf gekommen ist.

Aber diesem Ausdruck muß mein empörtes Wort entsprochen haben.

Auf dem eisigen Wege nach Hause haben wir wohl kein Wort mehr miteinander gewechselt. Doch. Ich habe sie gefragt: „Hältst Du uns Menschen für das ‚auserwählte Volk'?" Aber auf diese Frage hat sie nicht geantwortet. Daß ihre Antwort „ja" gelautet hätte, ist heute, da ihre Bücher vorliegen, wohl nicht mehr zu bezweifeln.

Helgoland von Bruckner

Da strömt aus dem Radio ein Männerchor, die Intervalle sind als Chorintervalle ganz ungewöhnlich schwierig, aber alles geschieht makellos. Ein mir unbekanntes nach-wagnersches Requiem?

Weit gefehlt.

Da hat sich im Jahre 1892 aus patriotischer Beglücktheit darüber, daß Helgoland deutsch wurde, richtiger: daß England die ihm gleichgültige Felseninsel gegen Barzahlung an Wilhelm II. zedierte, der Oberösterreicher Bruckner – was ging ihn das an? – und warum brachte dieser Handel sein unmaritimes Herz in solches Wallen? – da hat sich also Anton Bruckner, an der Donau sitzend, veranlaßt gefühlt, dieses politische Nordseegeschäft in einer hochkomplizierten Kantate zu glorifizieren. Für wessen Ohren hat er das eigentlich getan? Wen hat er mit dieser raffinierten Polyphonie beeindrucken wollen? Die „blauen Jungs" aus Cuxhaven? Oder den Prinzen Heinrich, den Oberkommandierenden der deutschen Flotte? Lag auch für ihn „die Zukunft auf dem Wasser"?

Daß der von ihm vertonte Triumphtext von einem Autor namens Silberstein stammte, macht das Werk noch um eine winzige Spur komischer. Vollends absurd wird aber dessen Übertragung dadurch, daß, wie ich am Ende erfuhr, der das Deutschwerden der winzigen britischen Felseninsel feiernde Männerchor – *ein britischer Chor* gewesen ist: der berühmte „Ambrosian choir", und daß Briten es gewesen sind, die diesen Jubel als Platte herausgebracht haben. Gibt es ein Kulturgebiet, in das ebensoviel Stupidität und Gesinnungslumperei investiert wird, wie in das Gebiet der Musik?

L.'s Hund marode

Welch ein Segen das Sprechen ist, erkennen wir erst durch die sprachlosen Tiere. L.'s Hund kann, wohl von Afterjucken gepeinigt, nicht schlafen; jedenfalls ist er die ganze Nacht hindurch scheuernd um sich selbst rotiert, vielleicht um sich durch Scheuern Erleichterung zu verschaffen.

Aber nur vielleicht. Mein Mitleiden muß gegenstandslos bleiben; nur *daß* er leidet, ergreift mich. *Was* ihn quält, bleibt in ihm begraben. Etwas zu *zeigen,* ist er genauso unfähig, wie mein Zeigen zu verstehen. Und ist ihm genauso verwehrt, wie etwas *zu sagen.* Also bleibt ihm nur zu jammern, und trotz seines unwiderstehlich flehenden Blicks kann er um nichts Bestimmtes bitten. Übersetzte man seine Blicke, die gewöhnlich „haben!" meinen, so würden sie nur „loswerden!" lauten. Meine Versuche, ihn auszufragen, bleiben vergeblich: aber nicht nur meine Wörter erreichen ihn nicht – das bin ich gewohnt – noch nicht einmal – was er sonst, wie ich glaube, versteht – deren tröstender *Ton.* Als ich den so Zärtlichkeitsgierigen zu streicheln versuchte, schnappte er nach meiner Hand. Zum ersten Male in der langen Geschichte unserer Beziehung. Offenbar ist für ihn, den in sein Leiden Eingesperrten, alles, inklusive ich, sein Feind. Zu welch robinsonhaftem Dasein solche Kreaturen verurteilt sind! Und wie völlig unverdient unser Glück ist: die Tatsache, daß wir, ein einziges Mal zum Leben zugelassen, ausgerechnet als Menschen in die Welt haben eintreten dürfen, also als Wesen, die die Göttergabe mitbekommen haben zu sagen, was sie leiden.

Berlioz' „Harold en Italie" im Radio

Noch heute das modernste Instrumentalkonzert. Und zwar deshalb, weil der Solist alles Primadonnenhaften oder Heroischen entkleidet ist. Nicht zufällig bezeichnete Berlioz die Rolle der solistischen Viola als nur „obligat". Denn das Individuum kommt nicht auf seine Rechnung, kommt gegen das drohende Kollektiv des Orchesters nicht auf. Einsam seufzt der Fiedler am Rande der Straße, auf der triumphal und dröhnend die Armee oder die Masse vorbeizieht. Zum ersten Male in der Geschichte der Musik (und bis heute wohl zum letzten Male) ist ein Solist als *negativer,* als von vornherein besiegter, *Held* konzipiert worden. Kein Wunder, daß Paganini, der naiv ein Violakonzert bei Berlioz in Auftrag gegeben hatte, beleidigt das Konzert als für seine Exhibitionslust ungeeignet refüsiert hat.

Nach fünfundfünfzig Jahren
zum ersten Male, wieder voll Bewunderung, in Husserls
„5. logischer Untersuchung" gelesen

Sein Leben lang war er mit dem Herumflicken an seinem Netz beschäftigt gewesen. Als ich ihn als Zweiundzwanzigjähriger, also vor mehr als einem halben Jahrhundert, naseweis fragte, ob er sich nicht vielleicht ein Seil über dieses Netz spannen oder gar auf diesem Seil dann tanzen wolle, da hat er mich zuerst fassungslos unter seinen Brillenrändern angeblickt. Dann aber war plötzlich der in seiner Würde beleidigte Ordinarius in ihm aufgewacht. „*Ich* tanzen?" fragte er, als wäre das das Unmoralischste, was man einem wohlbestallten, ordinierten Philosophen unterstellen konnte. In der Tat hat er mich, seinen Doktoranden, als ihm „zu Ohren gekommen war, daß ich eine Faschingsnacht kostümiert durchgetanzt hätte", zu sich bestellt, um mir fürs Leben mitzugeben: „*Ein Phänomenologe tanzt nicht und zu allerletzt kostümiert!*" Als ich ihm antwortete, ich hätte nicht als Phänomenologe getanzt und mich nicht als solcher kostümiert, fragte er – und das meinte er – zurück: „*Sondern als was?*"

Von einer Zeitschrift um eine
Definition von Faschismus ersucht:

„Diejenige Herrschaftsform, die das Müssen in ein Sollen und dieses dann in ein Dürfen umlügt."

Die Gedichtsammlung „Der Tod ist ein Meister
aus Deutschland" eingetroffen

Trotz „gelungener" Beiträge – und das gilt auch von meinem – völlig unangemessen. Adornos dictum, daß nach Auschwitz nicht mehr gedichtet werden könne – im Sinne von „dürfe" – bestätigt sich. Wahrscheinlich muß sein Wort sogar erweitert werden: daß nun nicht mehr geglaubt, gedankt oder gebetet werden könne – im Sinne von „dürfe".

Daß nach Auschwitz noch-religiös-sein Gedankenlosigkeit beweise und unmoralisch sei.

Bei der Vorbereitung des „Negativen Katechismus"

Neben den klassischen Gottesbeweisen hat es noch einen, einen schändlichen, gegeben, der niemals als ein solcher erkannt, geschweige denn bekämpft worden ist. Er lautet: „*Ich gehorche, also ist Gott.*" Kant ist, wenn auch nicht sein Erfinder – denn befolgt worden ist er vor ihm millionenfach –, so doch sein Formulierer. In der „Religion innerhalb ..." (S. 166, Anm.) heißt es: „Wenn nun aber die strengste Beobachtung der moralischen Gesetze als Ursache der Herbeiführung des höchsten Guts (als Zwecks) gedacht werden soll ..., so muß ein allvermögendes moralisches Wesen als Weltherrscher angenommen werden, unter dessen Vorsorge dieses geschieht, d. i. die Moral führt unausbleiblich zur Religion." Man lasse sich nicht durch das Wort „höchstes Gut" in die Irre jagen. Da es im Text zehn Zeilen danach heißt: „da das Gebot: gehorche der Obrigkeit ... moralisch ist", stellt die oben gewählte Kurzfassung: „*ich gehorche, also ist Gott*" keine Übertreibung dar.

Ich sagte beiläufig, Auschwitz sei zwar nicht „typisch deutsch", wohl aber durch den deutschen Geist vorbereitet gewesen

Und zwar genauer: auch durch Kant. Denn er ist trotz aller Beispiele, die das Gegenteil beweisen, der Formulierer und der Glorifizierer des Kadavergehorsams gewesen, des Gehorsams des blinden Tötens, den, was das Tun anrichtet, nicht nur nichts angeht, sondern nicht angehen *darf*. Was ich als die programmatische Telos-losigkeit des heutigen Tuns verflucht habe, das hat *er* vor zweihundert Jahren gepriesen. Von Kant zu Eichmann ist, wie beklemmend das auch klingen mag, zuweilen kaum mehr als ein kleiner Schritt: „*Was brauchen sie den Ausgang ihres moralischen Thuns und Lassens zu wissen, den der Weltlauf (??) herbeiführen wird? Für sie ist genug, daß sie ihre Pflicht tun.*" Und: *diese Gesetze „gebieten schlechthin, es mag auch der Erfolg derselben sein welcher er wolle, ja, sie nötigen sogar, davon gänzlich zu abstrahieren, wenn es auf eine besondere Handlung ankömmt, und machen dadurch die Pflicht zum Gegenstande der größten Achtung, ohne uns einen Zweck (und Endzweck) vorzulegen und aufzugeben.*" (Religion innerhalb ..., S. 165, Anm.) Mein Deutschland, mir graust's!

Ordnung muß sein

Wenn ein zu hundert Hieben verurteilter russischer Soldat beim Spießrutenlaufen schon vor dem hundertsten Hieb starb, dann wurden die noch fehlenden Hiebe dem Leichnam versetzt. (Kropotkin, Memoiren, Bd. 1, S. 71) „Denn wo kämen wir hin", hätte der für die untadelige Durchführung des Spießrutenlaufens verantwortliche Hauptmann fragen können, „wenn fällige Hiebe unverwirklicht im Nichts herumschweben würden?"

Wenn der in seiner Kindheit geprügelte R. heute noch unter den Traumata leidet, so gleichen diese den postumen Hieben. Und wie oft werden aus den beabsichtigten hundert Hieben dann viele tausend!

Im Zoo. Heu fressende Bergziegen

Sie zerrte rasend gierig an ihrem Heuballen, so als fürchtete sie, die Nebenziegen könnten ihr alles wegfressen. Gleichviel: durch ihre Gier hob sie sich ontologisch ab von den Kunstfelsen, in denen sie herumstakte, da diese schließlich nur *waren*, aber *nichts nötig hatten* (haben konnten).

Also ein Monopol? Freilich nur ein negatives. Denn Gier bedeutet ja: *Nicht weiterleben können ohne Einverleibung dessen, worauf man aus ist.*

Und doch ein nicht nur negatives Monopol. Denn Nötighaben ist ja zugleich ein: *es sich leisten können, nötig zu haben.* Aussein-können auf etwas. Und als solches ist *der Defekt zugleich die Urform der „Intentionalität". Und damit – der Seele. Diese ist* – das klingt wiederum negativ – ein *Symptom des Bedürfnisses,* also der Fragilität und der Sterblichkeit. Aber nicht nur *das,* denn das Lebewesen *darf* nötig haben, da es die Not stillen kann. Das Lebendige beschränkt sich nicht darauf, wie der aristotelische Gott „for the hell of it" zu schauen, vielmehr blickt es aus nach (Beute oder Erfolgen). Und dieses Ausblikken ist die Urform des Seelischen.

Die vulgär platonisierende und vom Christentum übernommene Dichotomie in „sterblicher Leib“ und „unsterbliche Seele“ gehört offenbar zu den unausrottbaren Vorurteilen Europas. Der Gedanke, daß Seele gerade das Charakteristische des *sterblichen* Seienden sein könnte, klingt in unseren Ohren skandalös. Aber es hilft nichts: Seele haben = nötig haben; Nötighaben = sterblich sein.

Oder anders: kein Lebendiges ist autark, jedes vielmehr heteronom, angewiesen auf ... Wenn wir – also Organismen wie diese an ihrem Heuballen zerrende Ziege – nicht nur steinhaft herumexistieren, sondern intentional leben, mithin seelisch sind, so nicht deshalb, weil wir anderes Seiendes überträfen, sondern umgekehrt deshalb, weil wir auf Welt angewiesen, also *weltbedürftig* sind. Wir *müssen* – dies ist der ursprüngliche, von Husserl nicht nur nicht durchschaute, sondern noch nicht einmal *erfragte „Sinn“ unserer Intentionalität: aus sein auf etwas.* Transzendenz ist mithin primär also kein positiver Zug des Lebewesens, sondern Ausdruck seiner *Defizienz; kein Ehrenzeichen, sondern ein Stigma. Aussein-auf-etwas vollzieht sich primär als Hunger und Trieb,* bzw. als vom Hunger und Trieb diktierte *Jagd.*

Ich höre: „krudester Materialismus!“ Schief. Denn *Bedürfnis ist keine Materie, kein physikalisches oder chemisches Etwas.* – Erst durch sein Angewiesensein auf anderes, also durch seine Defizienz, wird das Lebendige, das ein Stück Welt ist, zu etwas, was Welt *meint.* Wenn es einen eleatischen, einen völlig unbedürftigen Gott gäbe: dieser hätte, da er zu seinem Dasein Welt nicht benötigen würde, keinen Bezug zur Welt, er wäre mithin akosmisch und damit – denn Seelisch-sein besteht in Bezug auf die Welt – etwas *Unseelisches.* Auf unsere Seele stolz zu sein, haben wir also kaum Ursache. *Warum man ihr: dem Stigma der Bedürftigkeit, mithin der Sterblichkeit, Unsterblichkeit zusprechen sollte,* warum der Hunger des Leibes weniger sterblich sein sollte als der hungernde Leib, oder gar unsterblich – das ist schlechthin uneinsehbar.

Und nun liegt meine Ziege gesättigt und mit geschlossenen Augen, beschäftigt damit, Heu in Ziegenfleisch zu verwandeln. Das war dem Gras ebensowenig in der Wiege gesungen worden wie der Ziege, daß sie einmal als philosophisches „Problema“ dienen würde.

„Sie immer mit Ihrer Genauigkeit des Denkens!"

Nichts alberner als zu glauben, daß, wer genau denken könne, nicht fühlen könne, und daß Denken nicht leidenschaftlich sei. Das glauben allein Sentimentale. Umgekehrt muß unser Fühlen genau so genau sein wie unser Denken. Und unser Denken genau so passioniert wie unser Fühlen. Das weiß nur der nicht, der weder fühlen noch denken kann. Einer Quatschenden glaube ich nicht ihre Liebe.

Nicht nur gilt, daß, wer nicht genau denken kann, auch nicht genau fühlen könne, sondern auch umgekehrt, daß, wer nicht genau fühlen kann, auch nicht genau denken könne. Wer die zwei als antipodische Tätigkeiten oder Zustände hinstellt oder, sich auf sein Fühlen berufend, das Denken verächtlich macht, der weiß ebensowenig, was Fühlen ist, wie was Denken ist; der kann weder das eine noch das andere. Das Tristan-Vorspiel ist bis aufs letzte Detail genau „durchgefühlt". Verändere nur einen einzigen Ton: das unsägliche Sehnen wird unglaubhaft.

Ungenau gefühlt, und so offeriert, sind allein *kitschige Produkte,* die sich so aus emotionalen Schablonen zusammensetzen, wie triviale Reden sich aus Denkschablonen zusammensetzen.

Bad Ischl, Balkon.
Über uns ausgestirnter Augusthimmel. Er sah verflucht ewig, harmonisch und ptolemäisch aus

„Die Welt!" hauchte L. benommen. Ich aber, obwohl nicht weniger benommen als sie, war dieser Sache gar nicht so sicher.

Wenn das, was die Astronomie und Kosmogonie seit Jahrzehnten mit ziemlicher Gewißheit annimmt, zutrifft: daß nämlich die galaktischen Systeme nach einer Explosion, also seit dem sagenhaften „big bang" entsetzt in unvorstellbarer Geschwindigkeit auseinanderrasen – bleibt dann der singularische Artikel *„die"* in dem Ausdruck „die Welt" noch rechtmäßig? Meinen wir nicht mit dem Ausdruck „die Welt" eigentlich ein Etwas, das *als eines* mit sich selbst identisch ist, d. h. *bleibt?* Einen Kosmos? Ein *System?* Heimlich sogar ein *endliches?*

Und gerade diesem Identischbleiben wird ja durch das explosive Geschehen kontinuierlich „zuwidergehandelt". Sind wir denn noch dazu berechtigt, dieses Etwas, zu dessen Wesen (sofern dieser Begriff hier noch erlaubt ist) es gehört, daß es das *Nicht-mehr-eines-Seiende* ist, zum Subjekt einer Aussage zu machen? Nein. Gehört es nicht vielmehr zum „Wesen“ dieses auseinanderrasenden, von uns „Welt“ genannten Etwas, daß es ein *„Etwas“*, bzw. *ein* Etwas eben *nicht* (mehr) ist und gewissermaßen nicht sein *will.*

Oder sollte die ungeheure „Explosion“, die da vor sich geht, dem immer größer und praller Werden eines pausenlos aufgeblasenen Gummiballons gleichen, der trotz seiner ununterbrochenen Umfangsvergrößerung doch immer noch als *er* bleibt? Gibt es etwas, was für eine so elastische und nicht platzende „Haut“ spräche? Reinste Phantasie!

Ad hominem: Ist es nicht Anmaßung, wenn wir, die wir physisch außerstande sind, die Desintegration aufzuhalten oder rückgängig zu machen, die von Sekunde zu Sekunde insularer werdenden Entitäten doch noch *im Begriff* als *ein* Seiendes zusammenfassen? Kümmern sich denn die einander fliehenden Galaxien darum, daß wir (die exzentrischen Bewohner eines exzentrischen Planeten einer exzentrischen Sonne in einer exzentrischen Galaxie) sie so behandeln, als wenn sie doch noch zusammengehörten und eine einzige Familie bilden?

Ja: Familie. Diese Analogie ist gar nicht so falsch. Unterstellen wir einmal, die Mitglieder einer Familie stöben aus irgendeinem Grunde entsetzt auseinander bis in die entferntesten Winkel der Welt, sie vermieden jede Art von Kommunikation – dürften wir dann diese zentrifugalen Bruchstücke noch als *eine* Familie zusammenfassen und zum Subjekt einer sie alle „treffenden“ Aussage machen? „*Gibt*“ es dann noch „die Familie“? Noch als *ein* Etwas? Beweisen nicht die Fliehenden durch ihr Fliehen, daß sie nicht mehr „zusammengefaßt“, als *eine* Familie nicht mehr angesprochen werden dürfen? Nicht mehr angesprochen zu werden wünschen?

Bleibe allein auf dem Balkon

Fange noch einmal von vorne an – die Wiederholung des kaum denkbaren Gedankens ist unvermeidbar.

Bleibt nicht der Singular „*die* Welt“ doch rechtmäßig? Nämlich dann, wenn wir den Ausdruck als die Summe oder den Inbegriff alles Seienden, auch „aller *Welten*“ definieren?

Noch einmal: Nein. Abgesehen davon, daß sich unter der „Summe“ oder dem „Inbegriff“ der wohl infiniten Onta nichts vorstellen läßt – eine effektive „Zusammenfassung“ des Auseinanderstrebenden übersteigt ja unsere Macht; wie sollten wir uns denn dem Explosionsgeschehen entgegenwerfen, wer sollte die „Ausreißer“ denn wieder einfangen? Und übersteigt diese „Zusammenfassung“ nicht auch die Macht und die Tendenz der Milliarden von Elementen, da diese ja offensichtlich auseinanderstreben?

In anderen Worten: Wenn wir die faktisch unmögliche oder nicht angestrebte „Zusammenfassung“ eben durch das bloße Aussprechen des Singulars „die Welt“ doch durchzuführen versuchen, dann verletzen wir damit die Grundregel der Wahrheit, die der *adaequatio rei et intellectus*. Um unwahr zu sein, brauchen Begriffe durchaus nicht erst in bestimmte Aussagen eingesetzt zu werden; schon *als solche* können sie Aussagen sein, und zwar falsche Aussagen. Und das, befürchte ich, gilt auch von dem Wort „Welt“. Es ist wohl unhaltbar.

Läuft diese Negation eo ipso auf die Affirmation des Gegenteils heraus? Darauf, daß ich „Polykosmismus“, also die These, daß es „Welten“ gebe, bejahe?

Das lasse ich offen. Blick nach oben. Wenn der verflucht schöne Himmel über mir ahnte, was ich ihm da anhänge!

Ziehe mich in meine Bude zurück und schließe die Fenster. Kann aber die „Welten“ nicht ausschließen. Beweist meine Bezweiflung der Rechtmäßigkeit des Begriffs „Welt“ die Wahrheit eines „Polykosmismus“? So wenig wie die Bezweiflung der Rechtmäßigkeit des Monotheismus die Wahrheit des Polytheismus beweist. Was ich erst einmal von mir verlange – und das macht schon genug Schwierigkeiten – ist, mich jenseits der Alternative „*eine* Welt/*viele Welten*“ zu versetzen. Nur wenn diese Neutralität gelingt, winkt die Chance – nein: zwar nicht die positive, die Wahrheit in den Griff zu bekommen, aber doch die, der Unwahrheit zu entgehen.

Der Gedanke, den zu denken wir lernen müssen, ist also: Vielleicht gehört es zum „Wesen der Welt“, daß diese als *eine* – im Sinne von „einzige“ – nicht zu bleiben wünscht, zu bleiben sogar unfähig ist. Daß sie desintegriere, also zu „Welten“ werde. Nicht nur die Formel „A ist A“ gilt nicht mehr, auch nicht die Hegelsche „A ist non-A“, sondern die: „*A wird A's*“.

So scheint es. Aber nur dann, wenn man auf einem Auge blind ist. Denn andererseits scheint ja auch die Gegenformel zu gelten: „*A's werden A*". Womit ich meine, daß auf allen Einzelgestirnen statt *der Explosion Implosion* herrscht, daß die Gravitation ja die pausenlose Gier der Gestirne darstellt, sich zu kontrahieren, bzw. zu kollabieren, oder sub specie der Einzelelemente: zu Eins zu werden, die Vielheit im Orte ihrer Sehnsucht aufzugeben, sich in „black holes" zu stürzen, bzw. zusammen die „black holes" auszumachen – das Wort „sich zusammensetzen", das mir erst in die Feder floß, ist unerlaubt, da ja das Ziel der Sehnsucht punktuell, also ausdehnungslos (zugleich freilich der Inbegriff von Seiendem) ist.

Wie dem auch sei: was da, „Gravitation" genannt, vor sich geht, scheint das Gegenstück zu oder das Gegenteil von dem Explosionsgeschehen. Wie die zwei einander entgegengesetzten Vorgänge „zu einander stehen", das ist unvorstellbar. Daß sie (sofern der Ausdruck „Gleichzeitigkeit" hier noch irgendeinen Sinn hat) „gleichzeitig" vor sich gehen, kann nur schwer bestritten werden. Aber bloße „Gleichzeitigkeit" ist ja noch keine reelle Beziehung. „Irgendwie" müssen die zwei Vorgänge ja „ineinander" stattfinden, nein: sogar zusammen ein einziger Vorgang sein. Einerseits gehören wir in den Gravitationsbereich der Erde, die ihrerseits in den Gravitationsbereich der Sonne gehört, die etcpp . . ., aber andererseits gehören wir der Galaxie an, die nicht implosiv zusammen, sondern explosiv von ihrem Ausgangspunkt fortstürzt. Wie ähneln diese Überlegungen den vorsokratischen! (Damit meine ich Empedokles: „Bald wuchs es, nur Eines zu sein aus vielen, bald schied es sich wieder, vieles aus Einem zu sein . . . und dieser ständige Wechsel hört nimmer mehr auf!" Fragm. d. Vors., Diels-Kranz, Bd. 17.) Es ist kalt geworden. Fröstelnd zu Bett.

Heidegger-Lektüre

Daß wir vor einem halben Jahrhundert auf Heideggers „Eigentlichkeit" hereingefallen sind, so als wäre die etwas Neues gewesen! Letztlich ist der Aufruf zum Selbstsein *die verspätete Nachholung* der sehr dubiosen großbürgerlichen „*Selbstverwirklichung*", die für ihn, den aus dem Christentum kommenden Dorfjungen, etwas völlig Neues war. Der Ernst, mit dem er auf dem Selbstsein insistierte, ist noch geliehen von der Religion.

Machte mich viermal auf Stehparty unbeliebt

I

A: „Was für Pfingstpläne haben Sie denn?"

B: „We will make the Easter Island."

A: „Und was glauben Sie, wird die Osterinsel davon haben?"

B: „Bitte?"

II

A: „Und wie war gestern die Premiere?"

C: „Hochinteressant!"

A: „Inwiefern?"

C: „Bitte?"

III

A: „Und wie war vorgestern der Vortrag von S.?"

D: „Ungemein anregend."

A: „Wozu hat er Sie denn angeregt?"

D: „Bitte?"

IV

E: „Aber das glaube ich doch wirklich!"

A: „Das glaube ich Ihnen schon. Aber woraufhin glauben Sie denn, daß das Seiende sich nach diesem Ihrem Glauben richte?"

E: „Bitte?"

Radio: alte Platte –
7. Symphonie unter Furtwängler

Es war nicht auszuhalten: dem Dithyrambischen des letzten Satzes fehlte alle Raserei, er „wandelte". Woran ich die Richtigkeit oder Unrichtigkeit von Tempi messe: ob am normalen Atemgang oder an der normalen Herzfrequenz oder am normalen Gehtempo, ich weiß es nicht – jedenfalls „kam ich nicht mit", im invertierten Sinne: so langsam kann ich nicht rasen; immer war ich ihm um ein paar Atemzüge, um ein paar Herzschläge, um ein paar Schritte voraus, so daß ich schließlich das Radio ausschaltete. So wie ich es vor vierzig Jahren bei Toscaninis Siebenter, die er rossinihaft schnell nahm, tun mußte, weil ich Herzklopfen bekam und die Puste verlor. Daß Toscanini durch erhöhte Tempi (die seinem erhöhten Kammer-a entsprachen) „mitgerissen“ hat (mich freilich nicht, denn ich durchschnitt ja die Leine), das ist begreiflich. Womit dagegen der asthmatische Furtwängler Millionen immer wieder in Raserei hat versetzen und sich zum Dirigentenpapst Europas hat machen können, das bleibt nach wie vor rätselhaft.

Brief aus Chile

„Zwei Methoden verwenden wir, um heikle Wahrheiten aussagen und an den Mann bringen zu können. Die erste besteht darin, daß wir dasjenige, worauf es ankommt, in *Nebensätze* relegieren und umgekehrt. Wir haben die Erfahrung gemacht, daß Zensoren Nebensätze nicht lesen. Unsere Texte gleichen daher photographischen Negativen: was auf diesen weiß bleibt, sieht auf den Abzügen dann schwarz aus und umgekehrt. Da, zweitens, politische Texte durchweg in miserabelstem Stil geschrieben sind, versuchen wir, den unseren die höchste Qualität zu verleihen. Noch immer ist diese das allersicherste Versteck gewesen.

Im Unterschied zu pseudoradikalen Dichtern, die so eitel und so dumm sind, als Schafe im Wolfskleid herumzulaufen (und die wegen dieser Verkleidung begreiflicherweise von einem Tag zum anderen verschwinden), laufen wir als Wölfe im Schafskleid herum – und laufen noch immer herum.

Oder, in den Worten unseres besten Formulierers: *die Schönheit ist das Tarnkleid der Wahrheit.* Kein Turm steht so selten unter Beschuß wie der Elfenbeinturm. Zwischen dessen Zinnen schieben wir die Mündungen unserer Gewehre. Und wenn wir schießen, glaubt niemand, selbst von den Unsrigen niemand, selbst wenn wir es eingestünden, niemand, daß *wir* es gewesen sein könnten.“

Nach Besuch im Naturhistorischen Museum

Die Unzahl der existierenden Arten und Exemplare ist sinnlos, dadurch atemberaubend.

Vor fünfundfünfzig Jahren waren wir von Heideggers berühmter „ontologischer Differenz“, also von der Unterscheidung zwischen dem „Sein des Seienden“ und dem „Seienden“, von der *Suprematie des*

Seins über das inferiore „nur Seiende“ und von seiner, bzw. Leibniz’ Frage, wozu es „Seiendes gebe und nicht vielmehr nichts“, so besoffen, daß wir das Seiende selbst verächtlich beiseiteschoben und es den Fachidioten überließen, sich, wenn sie Lust dazu hätten, damit abzugeben. Selbst in meiner dreißig Jahre später geschriebenen „Kosmologischen Humoreske“ klingt trotz ihres Hohns diese Besoffenheit und diese Verachtung noch nach.

Aber es gibt etwas, was metaphysisch nicht weniger ungeheuerlich, nicht weniger atemberaubend ist, als die singulare Leibnizsche Tatsache: etwas, worüber sich Heidegger niemals geäußert hat – nämlich die Tatsache, *daß sich dieses Sein nicht in einem einzigen On* (das die Möglichkeit von Sein ausreichend und für alle Zeiten hätte bezeugen können) *verkörpert hat, sondern in Milliarden von für diesen Beweis völlig überflüssigen Spezies, Exemplaren, Naturprozessen.* Um diese Fülle und Diversität von Seiendem, die nicht nur überflüssig ist, sondern auch aus der ontologischen Grundtatsache nicht abgeleitet werden kann, um die haben wir uns damals in Freiburg und Marburg überhaupt nicht gekümmert. Atome, Heringe, Saturnringe waren nicht Einai, sondern nur ganz vulgäre Onta, an denen wir unsere noblen Finger nicht beschmutzen wollten.

Die eigentlich sehr nahe liegende Einsicht, daß wir uns damals als Theologen benahmen, richtiger: daß Heidegger ein *„verschämter Theologe“* gewesen ist, die ist keinem von uns gekommen. Denn es ist ja wohl evident, daß das nur *Seiende* mit den creata zusammenfiel, denen per definitionem ein geringerer Seinsgrad zukam als dem creator, und daß das *Sein* (das Heidegger, um durch diese orthographische Archaik dessen Spektakularität noch mehr hervorzuheben, zuweilen sogar mit einem y schrieb), daß also dieses „Seyn“ *den Platz Gottes einnahm.* Aber nicht nur wir Schüler durchschauten das nicht, vermutlich auch Heidegger selbst nicht.

Nun, ich habe reichlich nachgeholt. In den sechs Jahrzehnten meines Philosophierens ist das Ontische, also das Empirische gewiß nicht zu kurz gekommen. Im Gegenteil: im 2. Bande meiner „Antiquiertheit des Menschen“ habe ich sogar die Rechtmäßigkeit der Unterscheidung zwischen philosophischen und „nur empirischen“ Erkenntnissen ausdrücklich in Frage gestellt; z. B. eine „philosophische Anthropologie“ deshalb als dubios bezeichnet, weil sie im besten Fall Apriorisches über Aposteriorisches aussagen kann, da, daß es Menschen gibt, auch nur ein empirisches und in keiner Weise notwendiges Faktum sei. (Nichtsdestoweniger fühle ich mich auch heute noch, wenn ich medias in res unserer Welt hineinspringe, als Renegat der Ontologie.)

In den frühen Dreißiger Jahren hatte ich den Versuch unternommen, die „ontologische Differenz" zu entwerten, bzw. sie zu „deontologisieren": und zwar dadurch, daß ich sie als bloße Folge der uns Menschen spezifischen und monopolistischen Position in der Welt erklärte, als einen Unterschied, der außerhalb der Menschwelt sinn- und gegenstandslos sei: nur deshalb, so lief damals mein Argument, weil wir *frei* sind: sowohl zur Negation wie zur Praxis, weil wir das Nichtvorhandensein von Etwas feststellen können, und weil wir als homines fabri fähig sind, Nichtvorhandenes *zum Sein zu bringen,* können wir den Begriff des *Seins* als unterschieden von dem des *Seienden* denken. Zu sagen, es *gebe* diesen Unterschied, wäre sinnlos: was es gebe, sei allein unsere Unterscheidung. Wenn Kiefern oder Flundern Metaphysik trieben, dann kämen sie nicht auf den Gedanken, die Onta zugunsten des Einai zu diskriminieren. – (Aber war es nicht andererseits ein circulus vitiosus, den Begriff des Seins aus dem spezifischen Seinsmodus des Menschen, nämlich aus seinem Freisein, abzuleiten?)

Im Abteil nach München

Ein korpulenter Geistlicher, wie von Grützner gemalt, gewiß zwanzig Jahre jünger als ich, hatte nach langem Halsverrenken herausgekriegt, daß ich in einem Band Nietzsche las und sprach mich daraufhin an. Vermutlich roch er die mögliche Errettung einer halbverlorenen Seele und versuchte, mich in ein Gespräch über Atheismus zu ziehen. Dabei berief er sich auf das Dasein der Religion, so als beweise dieses die Wahrheit ihrer Dogmen. Als ich diesen circulus vitiosus „nicht ganz überzeugend" nannte und ihm zu bedenken gab, daß, wenn ein Schluß von der Wirklichkeit des Glaubens auf die Wirklichkeit des Geglaubten erlaubt wäre, auch Zeus wirklich gewesen sein müsse, lachte er laut und fröhlich auf und fragte, ob ich denn wirklich hoffte, ihn mit „solchen Tricks" hineinlegen zu können, was ich mit einem „leider nicht" beantwortete. Und als ich ihn dann ernsthaft fragte, warum er lache, antwortete er so prompt, als hätte er sich auf diese Frage vorbereitet. Beim griechischen Glauben an Zeus, meinte er, könne es sich ja, da Zeus nicht existiert habe, um ein wirkliches Glauben gar nicht gehandelt haben. Diesen Schluß bezeichnete ich bedauernd, da er aus der Nichtexistenz des Geglaubten auf die Nichtexistenz des Glaubens schloß, als einen zweiten circulus vitiosus, der überdies im Widerspruch zu seinem ersten stünde, woraufhin er mich, da ihm die Argumente ausgingen, in sehr freundlichem Tone einen „leider hoffnungslosen Intellektuellen“, dann sogar einen „intoleranten, daher unchristlichen Menschen“ nannte. – Aus Angst vor einer Fortsetzung dieses wenig fruchtbaren Gesprächs wich ich ins Nebenabteil aus.

Nach einer halben Stunde klopfte es vorsichtig an der Gangtür. Er war es. Ob er eintreten dürfe. „Aber gewiß“, sagte ich ärgerlich. Er mache sich Vorwürfe, gestand er; vielleicht sei er aus Glaubenseifer etwas zu hitzig geworden.

Einen Moment lang fühlte ich mich zwar versucht zu antworten: „Nicht zu hitzig, sondern zu dumm.“ Aber da es wohl keinen Geistlichen, auf welcher Sprosse der Hierarchie auch immer, gegeben hat oder gibt, dem ein Laie dieses Wort je ins Gesicht gesagt hätte (gewiß wäre er vor Unglauben umgekippt, und das wollte ich nicht verschulden), versicherte ich ihm stattdessen, daß auch ich zuweilen für meine Wahrheit in Feuer geriete. Er konnte zwar die Bemerkung „für Ihren Irrtum“ nicht unterdrücken, aber da er erkannte, daß ich nicht feindselig geantwortet hatte, dankte er doch und zog sich beruhigt in sein Abteil zurück.

Traf mitternachts S., der verstimmt
aus dem Parsifal kam

„Worüber schüttelst Du Deinen Kopf?“ fragte ich. „Über die Unsinnigkeit des Stücks?“

„Das sowieso“, meinte er. „Ich habe erst gar nicht versucht, es zu verstehen.“

„Über den Pseudosakralismus?“

„Darauf hatte mich Nietzsche vorbereitet.“

„Sondern?“

„Sondern darüber, daß man es Kerlen erlaubt hat, während der – entschuldige schon – grandiosen Musik in diese hineinzusingen. Und darüber, daß kein Mensch im Publikum gegen diese Ungehörigkeit protestiert hat.“

Zoo Schönbrunn

Wir Menschen – die Juden unter den Tieren.

Und manche von ihnen werfen uns tatsächlich unverhohlen antisemitische Blicke zu. Namentlich wenn wir miteinander sprechen. Dann hassen sie uns so, wie Analphabeten den Anblick Lesender hassen.

Am Sterbebette

„Wenn Du stirbst", erklärte sie dem hoch Fiebernden, „trete ich in die Kirche ein!"

„Erpressung!" schrie er. „Unter diesen Umständen bleibt mir nichts anderes übrig als zu überleben."

Und prompt ließ er sein Fieber fallen.

Seit Jahrzehnten zum ersten Male
wieder Lessings „Ringfabel" gelesen.
Sie ist einfach empörend

„Drei mal drei macht neun", sprach A.

„Das ist *Deine* Meinung!" höhnte B.

„Sondern?"

„Natürlich sechzehn!"

„Nein!" rief C. „Natürlich vier!"

„Psst!" machte da Nathan der Unweise. „Warum regt Ihr Euch so auf? Schließlich leben wir im Zeitalter des Pluralismus! Und der Toleranz! Gottseidank! Also hat jede Meinung gleiches Recht. Das gleiche Recht darauf, als Wahrheit aufzutreten. Solange nur jeder von Euch das Recht des Anderen auf seine Meinung respektiert und an die seine wahrhaftig glaubt . . ."

„Was soll das heißen?" schrie da A. „Ich habe keine Meinung!"

„Sondern?" fragte Nathan zurück. „Und erhebst trotzdem Anspruch darauf, als Wahrheit geduldet zu werden?"

„Nein!" regte A sich auf. „Ich erhebe durchaus nicht den Anspruch darauf, *geduldet* zu werden!"

„Sondern?"

„Sondern anerkannt zu werden!"

„Diesen Anspruch, mein Lieber, erheben die Sprecher *aller* Meinungen. Warum solltest Du größeren Anspruch darauf erheben dürfen als die Anderen? Wäre das fair?"

„Was denn sonst?" schrie A zurück. „Wenn jede Meinung das Recht darauf hat, als Wahrheit aufzutreten, dann erkennt Ihr ja die Wahrheit nur noch als Meinung an, als eine unter anderen! Also ausgerechnet als das, was sie gerade *nicht* ist! Wenn das nicht der Inbegriff von Unfairness ist! Von Unfairness gegen die Wahrheit!"

„Das ist *Deine* Meinung!" höhnten da Nathan, B und C unisono, worauf A, der erkannte, daß er gegen solche Majorität niemals würde aufkommen können; fortschlich und sich am erstbesten Baum aufhängte.

Gespräch mit einem Zwölfjährigen,
der, als ich den Namen „Hitler" aussprach,
diesen Namen niemals gehört hatte

Im Imperium Romanum hatte es die sog. *„damnatio memoriae"* gegeben, d. h. das Verbot, einen Verurteilten zu erwähnen – und damit sich und andere an ihn zu erinnern. Solche damnatio, fürchte ich, ist ein universales Prinzip der Weltgeschichte. Das heute Geschehende weiß nichts von dem, was gestern geschehen ist. Die sechzig Millionen Toten des letzten Weltkrieges sind für nichts und wieder nichts gestorben. Die Erinnerung und Erwähnung an sie braucht nicht eigens untersagt zu werden, denn Sich-selbst-vergessen ist identisch mit dem Weitergehen der Geschichte, die als pausenlose Selbstunterschlagung „Geschichte" eigentlich schon gar nicht mehr genannt werden dürfte.

Beim Bücherabstauben

In meinem alten Euklidband seit sechzig Jahren zum ersten Male wieder geblättert. Welch absonderliche Welt!

Denn Planimetrie ist eine *Wissenschaft von Nichtseiendem.* Flächen „gibt" es nicht. Höchstens, pragmatisch, Anbauflächen. Nomaden erfinden keine Planimetrie. Philosophisch gesehen, sind ihre Lehrsätze *noch nicht einmal falsch.* Vielmehr bleiben sie reine Märchen („es war einmal ein echtes Dreieck ..."), da es absurd wäre, Aussagen, die ausschließlich von nichtexistierenden Gegenständen innerhalb einer nichtexistierenden Dimension handeln, „Wahrheit" oder „Falschheit" nachzusagen.

Oder anders: Das ganze Gebäude der Geometrie ist eines von Konditionalsätzen. Allein dann, wenn das, wovon die Rede ist, (Wittgensteinisch gesprochen) „*der Fall*" wäre, allein dann, wenn es also zweidimensionale Räume, genannt „Flächen", gäbe, könnten Sätze über diese „wahr" sein. Platons Verbot, Nichtgeometrikern den Zutritt zur Philosophie zu erlauben, gehört auf den Kopf gestellt: *Für Nichtphilosophen sollte das Weichbild der Planimetrie off limits bleiben,* weil Nichtphilosophen sich Illusionen über die Seinsart der euklidischen „Tatsachen" machen könnten. Was heißt „könnten"?

Bad Ischl.
Schulmädchen mit Sammelbüchse vor Dorfkirche

Fünf Freiheiten waren den molussischen Bürgern verbürgt:

Erstens die Freiheit, sich der Freiheit berauben zu lassen – diese Freiheit nannten sie die „Freiheit der Religion".

Zweitens die Freiheit, bei dieser Beraubung mitzuhelfen – diese Freiheit nannten sie „Praktizieren".

Drittens die Freiheit, für dieses Mithelfendürfen auch noch zu zahlen – diese Freiheit nannten sie „Kirchensteuer".

Zehn Minuten lang habe ich die Szene beobachtet. Keiner von den Dörflern, die die Kirche verließen, hat es gewagt, nichts in die Bettelbüchse zu werfen. Offenbar genießen sie auch noch eine *vierte* Freiheit: die, sich gegenseitig zu bespitzeln, und schließlich die *fünfte,* dieses Bespitzeltwerden nicht nur als rechtmäßig anzuerkennen, sondern als ein Recht, auf das sie Anspruch haben.

Nach jahrelanger Pause wieder in der
„Kritik der praktischen Vernunft" gelesen

Bin zwar von dem berühmten Satz über den „bestirnten Himmel über mir und das moralische Gesetz in mir" ergriffen; aber . . .

Wir *Menschen* haben wenig Anlaß zu „Bewunderung und Ehrfurcht" vor diesem „Gesetz" – schon der Singular ist ganz fragwürdig; wenn ein Singular erlaubt ist, dann nur der: „das Sollen". Auf keinen Fall sind wir dazu berechtigt, das fragwürdige „moralische Gesetz" mit dem „bestirnten Himmel" in einem Atem zu rühmen. Denn dieses

„Gesetz“ ist ein ausschließlich anthropologisches Faktum, etwas, was es außer bei uns nirgendwo gibt – und darüber hinaus eines, das nicht gerade zu unseren Gunsten spricht. Gräser, Hunde, Gestirne *„sollen nicht“: sie brauchen nicht zu sollen.* „Brauchen nicht“: damit meine ich, daß das „Sollen“ nur die Antwort auf einen Defekt von uns ist, auf unser, wenn man so will, *„peccatum originale“*, nämlich auf die Tatsache, daß unsere Instinkte für unsere Lebensführung nicht ausreichen; daß wir vielmehr von der Natur „nicht zu Ende geschaffen“ worden sind, daß wir unfestgelegt, offen (liebenswürdig formuliert: frei) geblieben sind; daß wir unfähig wären, gesellschaftlich weiterzuexistieren, wenn wir uns nicht, das von der Natur Unterlassene nachholend, selbst Gesetze geben und befolgen würden – kurz, es bleibt uns gar nichts anderes übrig: *wir müssen sollen.* Warum diese durch unser „peccatum originale“ uns auferlegte Tatsache unser Gemüt mit immer neuer und zunehmender Bewunderung erfüllen soll, das bleibt mir, obwohl ich in dieser Hinsicht nicht blind bin und oft, auch von mir selber, als Moralist verhöhnt worden bin, leider unbegreiflich. – Gleichviel, die philosophische Grundfrage – das wußten unabhängig voneinander Marx und Nietzsche, wenn auch keiner diesen Ausdruck verwendet hat – die Grundfrage muß die nach den *„Bedingungen der Nötigkeit“* sein, nicht die transzendentale nach den *„Bedingungen der Möglichkeit“*.

T. fragte mich, warum ich mich niemals „fügen“ könnte

„Entschuldigen Sie bitte“, sprach Thomas Morus zu dem Geistlichen, der ihn widerwillig zum Richtblock begleitete, „daß ich der Versuchung, meinem Gewissen zu folgen, so selten habe widerstehen können. Das Fleisch war zwar zuweilen willig, aber der Geist war immer schwach.“

„Sie meinen?“ fragte der Geistliche verwirrt.

„Genau, was ich gesagt habe“, antwortete Morus und legte willig sein Haupt auf den Richtblock.

I

Nein, kein Seiendes, kein Fels oder Baum (vom Sein, sofern es so etwas „gibt", zu schweigen) nimmt Notiz von meinem Ontologisieren.

Welche Selbstwichtignahme, welcher Größenwahn der Philosophie bei Heidegger! So als hinge das „Seyn" und dessen Geschick von unserem Philosophieren ab, so als könnte dieses ohne uns „keinen Nu lang leben"! Oder als sei das Philosophieren vom „Seyn" selbst zugeschickt, ein „Seinsgeschick", was immer dieser mythologisierende Ausdruck bedeuten mag; oder als sei es uns gerade *nicht* zugeschickt, da sich ja angeblich das Sein von Plato an nicht ohne unsere Schuld verberge (wie immer das Sein das anstelle).

Diese Selbstwichtignahme finden wir mutatis mutandis schon bei Hegel: und zwar deshalb, weil dieser das Seiende letztlich als *Geschichte*, diese als Geschichte des *Geistes*, diesen schließlich als *Philosophie* ansah und deren Kehrepunkt und Kulmination in seiner eigenen Philosophie sah. Freilich hat sich bei ihm der Geist, trotz aller Negativität (oder: vermittels dieser) dem allerhöchsten Positiven entgegenentwickelt, eben zu seinem eigenen System, während er bei Heidegger mit dem Sündenfall Platos bis heute nihilistisch degeneriert ist und nun eine „Kehre", genannt „Heidegger" (zuweilen auch ein „neuer Gott" oder „Götter"), benötige und sogar – nichts ist leichter bei der Hand als Hölderlins dubiose Beteuerung, daß „das Rettende" mit der wachsenden Gefahr mitwachse – erwarten lasse. Die Tatsache, daß Heidegger als dieses Rettende eine Zeitlang Hitler angesehen hat, darf nicht unterschlagen werden, weil sie anzeigt, wie sinnleer und vor allem wie niveaulos diese seine Heilserwartung gewesen ist.

II

Aber was kümmern sich die Onta, links die Felswand, rechts die Bäume, um seine Ontologie? Diese werden von uns Philosophen gewissermaßen *„unter Narkose"* behandelt: so daß sie von der Behandlung nichts spüren. Oder richtiger: wir Philosophen *„träumen"* nur davon, daß wir das Seiende „behandeln"; die Dinge werden von uns nicht etwa (wie von Holzfällern) wirklich affiziert, sie spüren und wissen nichts von ihrer Behandlung – was freilich Heidegger seit seiner „Kehre“ als die Tugend der Philosophie anpreist, weil diese darin bestehe, die Welt *„sein zu lassen“;* ein Ausdruck, der nichts anderes ist, als die *Abwehr der Technik,* da diese die Dinge unterwerfe und benutze, also verändere. Ein sonderbarer full-time-job für Philosophen, „sein zu lassen“.

III

Der erste Satz der Metaphysik – wenn dieser an den ersten Satz des „Materialismus“ gegen den „Idealismus“ anklingt, so ist das kein Zufall – müßte lauten: Das Seiende hängt nicht von Ontologie ab, sondern diese von jenem; das Seiende ist keineswegs ein metaphysisches, vielmehr ist das Metaphysische etwas Seiendes – und zwar ein solches rarissimum, daß das Sein wahrhaftig nie Ursache hat (oder gar dazu verpflichtet wäre), die spleenige Existenz von uns Philosophen zur Kenntnis zu nehmen. Das Sein würde uns, wenn es von uns erführe, verlachen. Aber noch nicht einmal diese Mühe hat sich der Wald, als ich ihn durchschlenderte, gemacht. *Er* ist es, der „sein läßt“: nämlich uns.

R. schrieb mir in ein Geburtstagsgeschenk: „amor fati“

Da lobe ich mir den radikalen Fatalisten, der es gelassen zur Kenntnis nimmt, daß alles, was ihm zustößt, selbst das von ihm Gewollte, gemußt ist. Aber dieses Müssen selbst zu *wollen,* nein: gar, was ja der Ausdruck besagt, zu *lieben* – diese *metaphysische Gleichschaltung ist das Würdeloseste, was es gibt.*

Am Nacktstrand

Als „schön“ gelten die sekundären Geschlechtsmerkmale. Wohl die Brüste, wohl das magische Dreieck, nicht die Vagina. Wohl der kräftige Brustkorb, nicht der Penis. Vermutlich darf man Rilkes Behauptung aus der ersten Elegie: „Denn das Schöne ist nur des Schrecklichen Anfang“ variieren: nämlich das Wort „Schrecklichen“ durch „Herrlichen“ ersetzen. Im Kulminationsaugenblick schließen wir die Augen, und die Kategorie „schön“ ist versunken.

Frau Sp. protzte damit, hochberühmt zu sein

„Ich bin hochberühmt", quakte die Kröte, die sich spektakulär aufgebläht hatte.

„Was Sie nicht sagen, schöne Frau!" meinte der Fuchs. „Wo wohnen Sie denn?"

„Bekanntlich im siebten Tümpel linker Hand."

„Und dort sind Sie hochberühmt?"

„Das kann man wohl quaken!"

„Und wo ist der siebte Tümpel linker Hand hochberühmt?"

„Bekanntlich weit und breit!"

„Und wo ist ‚weit und breit'?"

Die Kröte hielt ihre Linke hinter ihr Ohrloch. In dieser Stellung befand sie sich, als der Fuchs zuschnappte.

„Nun erfährst Du", brummte er, nachdem er sie unzerkaut geschluckt hatte, „wo Du hochberühmt bist." Mindestens in diesem Augenblick konnte unsere Kröte schon nicht nur nicht mehr quaken, sondern auch schon nicht mehr hören. So hat sie ihrer ersten Chance, einmal außerhalb der Krötenwelt berühmt zu werden, niemals teilhaftig werden dürfen. Requiescat in pace!

„Du mit Deinem Denken!" verhöhnte mich G.

„Mein Denken ist sehr viel leidenschaftlicher als Dein Fühlen!"

„Du mit Deinem Fühlen!" verhöhnte mich F.

„Mein Fühlen ist sehr viel genauer als Dein Denken!"

Drei Tage nach dem Tod seines Sohnes
sprach L. ernst und trivial:

„Was eingetreten ist, das hat wohl eintreten *müssen.*"

„Woraufhin nimmst Du das an?" fragte ich.

„Weil es sonst nicht hätte eintreten können."

„Das Geschehen also als Beweis für sein Geschehenmüssen?"

Er schien nachzudenken.

„Könntest Du nicht mit gleich großem Recht behaupten: was eingetreten ist, das hat wohl eintreten *dürfen*?"

„Warum?"

„Weil, wenn Dein Gott es nicht hätte durchgehen lassen, es nicht eingetreten wäre. Das Geschehen also als Beweis seines Geschehendürfens?"

Er wurde noch nachdenklicher.

„Ich gehe sogar noch einen Schritt weiter."

„Ja?" fragte er hoffnungsvoll.

„Und könnten wir nicht mit ebenso großem Recht argumentieren: was eingetreten ist, das hat eintreten *sollen*?"

„Warum?" fragte er, noch hoffnungsvoller.

„Weil Dein Gott das Geschehene, wenn dieses nicht moralisch erforderlich gewesen wäre, niemals hätte veranlassen oder schicken können. Das Geschehen also als Beweis seiner eigenen moralischen Qualität?"

„Es mußte also und durfte und sollte eintreten? Meinst Du das im Ernst?" Er hing an meinen Lippen.

„Was ich im Ernst meine – und nun nimm Dich zusammen – ist, daß meine zwei Vorschläge genauso wenig taugen wie Dein Vorschlag. Du wirst schon ‚so' zurechtkommen müssen."

Eisenbahnfahrt zu dritt

I

Der Eine war ein kleiner Unternehmer. Der andere ein Schweißer. Sie schienen sich völlig einig zu sein: sie benutzten ein und dasselbe Vokabular. Statt sich des alten und soliden Wortes „Arbeiter" zu bedienen, sprachen sie ausnahmslos von „Arbeitnehmern". Wie betrügerisch, wie feige (und zwar in beider Munde) diese Ausweichvokabel! Baß erstaunt wäre dieser „Arbeitgeber", wenn sich ein „Arbeitnehmer", z. B. dieser Schweißer, arbeitslos geworden, die Freiheit herausnehmen würde, sich eine Arbeit wirklich zu *nehmen*.

Nicht weniger unredlich war ihr Zungenschlag, mit dem sie zur Abwechslung vom „arbeitenden Menschen" sprachen. Offenbar klang der Ausdruck in beider Ohren so schön nach Humanität, so wenig nach Klasse.

„Und auch *ich* bin schließlich ein arbeitender Mensch", meinte der Unternehmer, „oder glauben Sie vielleicht, ich hätte mehr Mußezeit als Sie?"

„Dergleichen hat unsereins auch niemals behauptet", bestätigte der „Arbeitnehmer". „Und die Verantwortung, die Sie schließlich tragen."

„Eben!" bestätigte der arbeitgebende arbeitende Mensch.

Da schaltete ich mich ein: „Warum sagen Sie eigentlich immer ‚arbeitender Mensch'?" fragte ich, so als hätte ich diesen Ausdruck zum ersten Male gehört. „Ist das Wort nicht ein Pleonasmus?"

„Ein was?" Ihr Haß auf Bildungswörter brachte die zwei noch enger zusammen.

„Wer würde denn auf den Gedanken kommen, daß von arbeitenden Tieren die Rede sei?"

Arbeitgeber und -nehmer blickten sich nun vollends komplizenhaft an. Als wir in Bad Ischl ankamen, erwiderte keiner von ihnen meinen Gruß. Ich war ihr gemeinsamer Feind. Mit Recht.

II

Einen C zusammen verprügeln zu dürfen, bindet die zwei Prügler A und B auch dann, wenn deren Interessen sonst einander nicht ähneln, sogar einander widersprechen. Nein, noch schlimmer: man erfindet das Verprügeln und den zu verprügelnden C deshalb, *um* den Gegensatz der Interessen von A und B in deren Augen unsichtbar zu machen. C ist in der Tat unentbehrlich für das Staatswohl. Gewöhnlich nennt man ihn „Jude".

Werbung im Time-Magazin:
„Don't overdo it! Let's do it for you!"

I

Was soll ich mich noch anstrengen,
selbst zu rechnen?
Konzerte zu hören?
zu bereuen?
zu verdauen?
Krieg zu führen?

„We'll do it for you."

Fortschritt = Delegieren. Delegieren = Nichttun. Nichttun = Vegetieren. Fortschritt = Vegetieren.

II

In Molussien delegierte der Bräutigam seinen Computer ins Brautbett. Und die Braut ihre Computerin. Die zwei Apparate trieben es, wie auch immer. *Sie* dagegen, die Delegierer, schliefen den Schlaf der Unschuldigen, jeder den seinen, jeder in seinem Bett; das Vegetieren taten sie noch selber.

III

Etwas noch selbst zu tun, galt als altfränkisch und gewissermaßen als das negative Monopol der Ärmsten.

Las in Newsweek – „He gave his blood"

In meiner Jugend bedeutete der Ausdruck noch „pro patria mori".

Heute gibt es im Süden der USA Tausende von Negern und Mexikanern, die sich, mangels besserer jobs, wöchentlich ein bis zwei Mal ihr Blut abzapfen lassen. Für den Bluthandel, der ebenso blüht wie der Drogenhandel. Vom Honorar für ihr „gegebenes Blut" leben sie dann bis zur nächsten Blutabgabe. In der Zeit dazwischen „stellen sie neues Blut her".

They can't help producing it. Jetzt weiß ich, was „Produktion" ist.

Nach Jucknacht

Schmerzen, selbst scharfe Gelenkschmerzen, kann ich, wenn ich mich beobachtend auf diese konzentriere, umfunktionieren, nämlich in neutrale Sinnesqualitäten verwandeln; in solche, die mich so wenig affizieren wie etwa die Qualitäten Blau oder Es-Dur. Natürlich gibt es ein Intensitätsmaximum, hinter dem mir dieses Verwandeln nicht mehr gelingt. Aber den Nullpunkt der Schmerzen kann ich doch beträchtlich hinausschieben und mich dadurch arbeits- und gesellschaftsfähig erhalten.

Niemals dagegen gelingt mir die Umfunktionierung, wenn meine Operationsnarbe zu jucken beginnt. Warum ist man dieser rasendmachenden Empfindung anders ausgeliefert als der Schmerzempfindung? Und warum ist man verzweifelt, wenn man einen juckenden Körperteil nicht erreichen kann? Und warum gibt es ein angeborenes, selbst Tieren und Säuglingen selbstverständliches Tun dagegen (das freilich vergeblich bleibt und sogar zur Steigerung der Verzweiflung führt): nämlich die absichtliche Erzeugung von Schmerz, die das Jucken zudecken soll durch *Kratzen.* Eine analog angeborene Bekämpfung des Schmerzes gibt es nicht.

In zahlreichen Kulturen hat es die Herstellung des Juckens, nämlich das Kitzeln, als Folter gegeben. Diese Folterart war deshalb besonders niederträchtig, weil sie den Gekitzelten zum Lachen bringt und ihm *extreme Lust* verschafft – aber eine so ambivalente, um nicht zu sagen: dialektische, daß er diese mit Händen und Füßen abzuwehren versucht. Darüber hinaus ist das verzweifelt kreischende Lachen des Gekitzelten Lustquelle für den Kitzler, der um so lieber weiterkitzelt, je wilder der Gekitzelte um sich schlägt. Die Ähnlichkeit mit der Vergewaltigung ist unbestreitbar. Handelt es sich nur um eine zufällige Ähnlichkeit?

Hier also das Ende der Freiheit. Wenn meine Operationsnarbe zu jucken anfängt, dann kann ich nichts mehr „umfunktionieren", sondern nur auf das Morgengrauen hoffen.

II

Mit Recht habe ich vor achtundfünfzig Jahren, als ich als Kandidat Husserls öfters mit ihm spazierenging, das *Jucken* als Gegenbeispiel gegen die von ihm angenommene generelle Geltung der *Intentionalität* angeführt und ihn dadurch in Verwirrung versetzt. Ich hatte recht damals, denn das Jucken wird nicht *so* als Gegenstand empfunden wie der sichtbare Gegenstand vom Sehenden gesehen wird. Der Unterschied zwischen „intentionalem Akt" und „intentionalem Objekt" ist gelöscht, bzw. er existiert *noch* nicht. Das Empfinden und das Empfundene sind noch in Deckung. Falsch wäre zu sagen: ich empfinde das Jucken; richtig heißt es: es juckt mich. Daß Akt und Gegenstand zusammenfallen, hat gewiß auch damit zu tun, daß das Jucken fast stets *an der Grenze von Leib und Außenwelt:* auf der Haut vor sich geht. Es ist gewissermaßen eine Verunsicherung des Unterschieds von Außen und Innen.

Die Jucknacht war zwar zum Wändehochlaufen. Aber fruchtlos ist sie nicht gewesen. Rache ist süß.

Gesellschaft bei R.'s

L. hatte, ohne jede Protzerei, völlig beiläufig erwähnt, daß ich in den Zwanzigern ein bißchen herumgedichtet, ein bißchen herumgemalt und ein bißchen herumkomponiert – kurz: dilettiert hatte. „Geradezu stupend!" rief da Frau Dof. „Wie übernatürlich vielseitig Sie sind! Geradezu ein Universalgenie! Ich liebe Universalgenies!"

„Hold your horses!" bat ich.

„Nur nicht so bescheiden!" kreischte sie. „Das paßt nicht zu Universalgenies. Wie ist solche Vielseitigkeit nur möglich?"

Da ging ich darauf ein: „Das Umgekehrte ist ungleich verwunderlicher!"

„Das Umgekehrte?"

„Warum sollten z. B. Laternen, die ausschließlich Gänse ausleuchten können, nicht dagegen Hühner – warum sollten derart beschränkte oder spezialisierte Laternen die ‚natürlichen Laternen' sein?"

Sie blickte mich ebenso verständnislos wie gierig an.

„Nein, liebe Frau D., von Natur aus gibt es derartig spezialisierte Laternen nicht. Unnatürlich oder, um Ihr Wort aufzunehmen, ‚geradezu stupend' sind allein die spezialisierten Laternen."

Frau Dof war enttäuscht. Offenbar liebte sie es nicht, am Bewundern gehindert zu werden.

„Und untersuchungsbedürftig und -würdig wären allein diejenigen Laternenfabrikanten", fuhr ich fort, „die ein Interesse daran hätten, so beschränkte Laternen herzustellen und diesen weiszumachen, sie seien die ‚natürlichen Laternen'."

Da wurde Frau Dof nun doch etwas mißtrauisch.

„Und zum Schluß: warum sollte mir denn das, was Ihnen zusteht, nicht ebenfalls zustehen?"

„Was steht mir denn zu?" fragte sie unsicher.

„Beschränkt sich denn, liebe Frau D., Ihre Beschränktheit auf ein einziges Gebiet?"

Aber diese Abfuhr zu verstehen, war Frau D. zu beschränkt.

„Das natürlich nicht", antwortete sie nämlich sinnlos, womit sie unserer Unterhaltung ihre würdige Abrundung verlieh.

Besuch beim Komponisten E.

Als ich bei ihm eintrat, saß er über einer Partitur. Er war rot im Gesicht, sein Atem flog, er schrieb, als würde er gehetzt. Er blickte sich nicht um.

„Was ist los?" fragte ich ihn.

„Stör mich nicht!" zischte er. „Ich schreibe ein Prestissimo."

„Und? Die Sache läuft?"

Er blickte auf. „Läuft? Kriecht! Und selbst wenn es ein Adagio wäre, was ich schreibe, das Schreibtempo wäre langsamer als das des Adagios. Aber ein Prestissimo! Da habe ich mich in zwei tempi zugleich zu bewegen! In dem *gemeinten Tempo* des Stückes und im *wirklichen Tempo* der Niederschrift. Niederschreibend jage ich dem Stück nach. Ja, glaubst Du vielleicht, solch ein Wettlauf sei ein Vergnügen? Wo man weiß, daß man ihn verlieren *muß*!"

„Ja, warum fängst Du dann überhaupt erst an?"

„Wer sagt, daß ich anfange? Noch niemals habe ich angefangen! Banause Du! Wenn man sich zur Niederschrift hinsetzt, ist man natürlich immer schon mittendrin! Und nun bitte nichts als raus!"

Der Staatsanwalt R. hat vorhin auf dem „Graben"
seine rauchende und blue jeans tragende,
etwa zwölfjährige Tochter verleugnet

Als der Admiral, aus der Höhe herabsegelnd, würdevoll auf dem Farnkraut Platz nahm, da saß auf diesem, gierig fressend, eine winzige grüne Raupe.

„Vater!" rief sie stürmisch, und der grüne Schleim trat ihr aus den Mundwinkeln, „Du hier?"

Hätte sie Arme gehabt, sie hätte ihn umschlungen.

„Grünes Ding", zischte der Admiral und trat angeekelt zurück, „wer bist Du überhaupt?"

„Aber Vater!“

„Und was unterstehst Du Dich, mich zu duzen? Und das mit vollem Munde! Und“ – er blickte sich ängstlich um – „vor allen Schmetterlingen!“ Und erhob sich, bebend vor Scham, Entrüstung und Selbstgerechtigkeit, um in die seinem Töchterchen noch nicht vergönnte Bläue hochzuflattern.

Gespräch mit dem Textilfabrikanten L.

Alle Bedürfnisse von L. sind weit über den Rand hinaus erfüllt; er kann noch nicht einmal seine Zinseszinsen aufessen, er dürfte sich also das allerkomfortabelste Rentnerleben leisten, und das um so mehr, als er familienlos ist und unter einer chronischen Hepatitis leidet. „Was haben Sie nur davon, *noch* mehr zu haben, als Sie haben?“ fragte ich ihn, vermutlich naiv, denn für Haben hatte ich mein Leblang niemals Verständnis gehabt.

„Ist das Ihr Ernst?“ fragte er langsam zurück und warf mir einen prüfenden Blick zu. „Soll ich vielleicht eine mögliche Prachternte, und die steht mir ins Haus, am Stengel verfaulen lassen?“

Nachdem ich diese Frage betont ausdruckslos mit einem „Warum nicht?“ beantwortet hatte, blickte er mich empört an. Das Gelb seiner Augäpfel war erschreckend. „Verschwender!“ schrie er schließlich und wies mir die Tür.

*Fernsehen: Korea –
Park Chung Hees Beerdigung*

Was nutzt uns Künstlern alle sogenannte „Freiheit der Kunst“, wenn nach unserem Tode jedermann mit unserem Werke ad libitum herumwirtschaften kann? Da hat man bei der Beisetzung des blutbeschmierten Diktators von Südkorea Chopins Trauermarsch geblasen. Geblasen! In Korea! Chopin! Wenn der das geahnt hätte, als er sein Thema vor hundertfünfzig Jahren auf seinem dünnstimmigen Pariser Piano ausprobierte!

Schon heute, zu meinen Lebzeiten, verwenden CSU-Bonzen von mir geprägte Neologismen – gegen unsereins. Und etwas gegen diesen Mißbrauch unternehmen zu wollen, wäre natürlich ganz vergeblich.

Wenn Kunstwerke nach einer gewissen Frist als „frei“ gelten, so bedeutet das nichts anderes, als daß wir, ihre Produzenten, postum oder schon zu Lebzeiten nicht mehr über sie verfügen, also *unfrei* gemacht werden und daß jedermann mit den Worten „ich bin so frei" zulangen kann.

Bad Ischl. Radio

Welches Instrument ist uns Männern angemessen?

Hörte soeben im Radio ein Concerto grosso von Telemann für Piccolo solo, Streicher und basso continuo. Der Gedanke, daß es ein Mann ist, der diese Balletschritte macht und die in die höchsten Koloraturhöhen verlegten agréments bläst, ist komisch. Ähnliches gilt von der Violine, die ebenfalls auf die höchsten Höhen der einen Saite hinaufklettert, außerdem unselbständig, weil monodisch, jeder Harmonie fremd und auf Begleitung angewiesen ist. Auch das Cello paßt mir nicht, weil es, sofern es nicht einfach die Baßfundierung abgibt, professionell melancholisch nichts kann als klagen. Ein Mann, der von Beruf elegisch ist und sich dafür bezahlen läßt, ist gleichfalls komisch.

Nein, es bleiben allein die Tasteninstrumente, Klavier und Orgel, die den Spieler instandsetzen, alle Höhen und Register souverän, nein: gottgleich zu beherrschen. Nein, es bleibt allein das Klavier. Denn die Orgel sagt immer nur – darin den dröhnenden Kirchenglocken nicht unähnlich – das Überwältigtsein aus.

Kaisergarten. Bad Ischl

Als der Theologe D. von meinem Nichtglauben gehört hatte, sprach er – denn er war so beschränkt zu glauben, daß, wer nicht glaube, das Wissen vergöttere: „Da sieht man, wohin Bacons ‚*quantum scimus, tantum possumus*' hinführt."

„Was Sie von mir zu wissen glauben", antwortete ich, „ist die Umdrehung meiner Position!"

„Was?"

„Ich und Bacon? Auf den Kopf gestellt gehört er!"

„Was?"

„Ja! Auf den Kopf gestellt! Denn was ich predige..."

„Was?"

„Jawohl: predige. Was bleibt mir in meiner Verzweiflung denn anderes übrig?"

Er war überzeugt, einen Irren vor sich zu haben.

„Was ich predige, müßte ja lauten: ‚*Quantum possumus, tantum non scimus!*‘ Auf Deutsch: dem, was wir können, kommt unser Wissen und Verstehen überhaupt nicht nach!“

„Und diesen Unsinn soll man verstehen?“ fragte er selbstgefällig.

„Jawohl: *sollte* man. Nach Auschwitz. Und nach Hiroshima.“

Zermatt

Programmatisch braungebrannt und wie das Plakat eines für Zahnpastawerbung sein strahlendes Gebiß ausstellenden Filmalpinisten, kommt der Hochgebirgsmaler R. – seine Matterhörner schmücken alle Hotelvestibüls der Umgebung – aus der Gletscherhöhe zurück. Lächerlich verspätet spielt er sich als Nietzscheaner auf.

„Schön sonnig oben gewesen?“ frage ich ihn mit betontem understatement.

„Schön sonnig?“ wiederholt er verächtlich. „Aus dem Reiche jenseits von Gut und Böse komme ich!“

Diese Redensart kann ich schon nicht mehr hören. Zugegeben, daß Nietzsche – die Naturwissenschaftler waren ihm längst schon, freilich weniger prätentiös, vorausgegangen – sich als erster Philosoph emphatisch „*jenseits*“ des Begriffspaares gestellt hat. Aber hat er nicht dieses durch die Emphase der Bestreitung immer noch viel zu ernst genommen? (Siehe Nietzsche, Wille zur Macht, Nr. 580: „Wir ziehen vor, was nicht mehr uns an ‚Gut und Böse‘ erinnert. Unsere moralistische Reizbarkeit und Schmerzfähigkeit ist wie erlöst in einer furchtbaren und glücklichen Natur, im Fatalismus der Sinne und der Kräfte. Das Leben ohne Güte. – Die Wohltat besteht im Anblick der großartigen Indifferenz der Natur gegen Gut und Böse.“) Ist nicht die „moralische Differenz“ etwas ausschließlich Anthropologisches, also ein metaphysisch so infinitesimal winziges Phänomen, daß selbst die *Indifferenzaussage,* also die Beteuerung, die Natur ignoriere dieses, noch immer eine anthropozentrische Großtuerei *darstellt?* Noch nicht einmal gleichgültig steht die Natur dieser Unterscheidung gegenüber. Nicht im Traum fällt es ihr ein, das Begriffspaar Gut-Böse auch nur zu ignorieren.

Der hochgeehrte Rabbi E. gestorben

Von ihm erzählt man sich, er habe in seiner Jugend darauf gebrannt, zur Bühne zu gehen. Als er, um in die Schauspielschule aufgenommen zu werden, Reinhardt die Rolle eines Rabbiners vorgesprochen habe, habe dieser sich nach drei Minuten die Ohren zugehalten und „Aufhören!" gerufen. „Diesen salbungsvollen Ton, mein Lieber, wird Ihnen kein Publikum im kleinsten Provinznest abnehmen! Auf offener Bühne wird man Sie ausbuhen! Und die Theaterkritiker werden Ihren Himmelsblick als total unglaubhaft verhöhnen! Sogar die ungläubigsten! Und sogar mit Recht!"

Da sei der junge E. in Tränen ausgebrochen. Sogar aufs glaubhafteste.

„Soviel liegt Ihnen daran?" habe Reinhardt voll Mitgefühl gefragt. E. habe, seine Tränen schluckend, genickt. Reinhardt dachte nach. „Da gibt es nur einen einzigen Ausweg", habe er schließlich gesagt. „Was Sie benötigen, mein Lieber, ist ein Publikum, das weder Recht noch Lust darauf hat, Sie auszubuhen oder auszulachen. Und eine Aktivität, die der Zeitungskritik von vornherein entzogen ist!" „Was meinen Sie damit?" fragte der unbedarfte E. „Gerne rate ich Ihnen zu einer solchen Notlösung nicht", sprach Reinhardt und klingelte bereits nach dem nächsten Examinanden. „Sie werden, fürchte ich, damit fürlieb nehmen müssen, den Schein durch die Wirklichkeit zu ersetzen. Da gehen Sie kein Risiko ein."

Und so ist der gestern verstorbene Rabbi E. zu seinem Beruf gekommen. Dessen Ausübung soll er sogar mit den Jahren heiß geliebt haben. Friede seiner Asche!

Radio. Schönberg-Serenade

Schopenhauer hat in seiner „Welt als Wille und Vorstellung" im Baß den Gravitationsgrund gesehen, der das über ihm spielende vegetative, animalische und humane, musikalische Geschehen teils fundierte, teils in sich zurückzog. Das gilt namentlich von der Baß-Tonika. Daß die Befreiung von der Baß-Tonika im selben Jahrhundertviertel vor sich gegangen ist, in dem wir gelernt haben, als Fliegende die Gravitation zu überlisten, das scheint mir kein Zufall. Schon in seiner vor-atonalen

Zeit muß das *Sich-freimachen von der Gravitation,* das „Schweben“, eine große Rolle für Schönberg gespielt haben. Sonst hätte er nicht Georges hieratisches Gedicht „Entrückung“ („Ich fühle luft von anderen planeten“) vertont. Daß er ausgerechnet den statuarischen George gewählt hat, ist wohl trotz aller Verschiedenheit der beiden ebenfalls kein Zufall: denn von beiden gilt, daß sie Jugendstil mit Unerbittlichkeit zu kombinieren versucht und ihre Werke mit den absoluten Maßstäben prophetischen Zelotentums gemessen haben.

(Nachtrag: In der Tat hat Schönberg selbst die Atonalität mit dem Fliegenkönnen parallelisiert: „Wenn man daran denkt, daß, so wie die Töne zu den Dreiklängen und diese zur Tonalität ziehen, uns die Schwerkraft zur Erde abwärts zieht und *uns das Flugzeug trotzdem von ihr weg in die Höhe führt.*“) (In: „Gesinnung oder Erkenntnis?“, in: 25 Jahre Neue Musik, Universal-Edition, Jahrbuch 1926.)

Rundfunk. Mehr oder weniger offizielle
Round-table-Konferenz über Kernkraftwerke

Wenn Politiker, Physiker und Ingenieure, die die „Problematik atomarer Kraftwerke“ diskutieren, den Ausdruck *„Faktor Mensch“* in den Mund nehmen und einräumen, daß „dieser Faktor doch nicht ganz unberücksichtigt bleiben dürfe“, so tun sie das niemals mit gutem Gewissen. Was sie meinen, ist: doch *noch* nicht ganz. Eigentlich dürfte es in ihren Augen diesen „Faktor“ überhaupt nicht geben. Jedenfalls bedeutet für sie der Ausdruck (der schließlich ursprünglich einmal den *„Machenden“* gemeint hatte) nur noch etwas *Negatives:* nur noch dasjenige, was aufgrund seiner „Ungenauigkeit“ und „Unverläßlichkeit“ nur schwer einkalkuliert werden und jederzeit etwas Falsches anrichten könnte. Kurz: ein mögliches, leider noch nicht entbehrliches Element innerhalb der Maschine. Heimliches Ideal ist die „unmanned factory“, die keine Arbeiter, mithin angeblich auch keine Fehlerquelle, mehr enthielte.

Irgendwie schienen die Diskutanten freilich außerdem zu wissen, daß wir Menschen auch insofern „Faktoren“ sind, als wir (was dem aktiven Wort „Faktor“ widerspricht) zu *Opfern* der Installation werden könnten und vielleicht auch als solche *„mitberücksichtigt“* werden sollten. Aber das erwähnten sie nur „irgendwie“ und eben als ein „vielleicht“. Denn sie schämten sich. Wahrscheinlich sind sie außerdem zu tief daran gewöhnt, in uns ausschließlich die *Konsumenten* von Produkten zu sehen, um den Gedanken, daß umgekehrt die *Produkte uns konsumieren* könnten, denken oder gar festhalten zu können.

Im Rundfunk. Symphonie Köchel 297

Lebendiger könnte kein Brio pulsieren. Diese Symphonie hat er mit jagender Feder in drei oder vier Tagen niedergeschrieben, nachdem ihm seine Mutter, die ihn mühselig nach Paris begleitet hatte, gerade fortgestorben war, also wahrhaftig „mutterseelenallein", in einer erbärmlichen Bude auf der Îsle de France. Aber die Partitur war bestellt; sie mußte, wollte er nicht verhungern, termingerecht abgeliefert werden – und siehe da: lebendiger könnte kein Brio sein.

(Anderes Beispiel: an den Partituren der zwei temperamentmäßig völlig verschiedenen „Italienischen" und „Schottischen" Symphonien hat Mendelssohn gleichzeitig gearbeitet.)

Was beweist, daß keine kunstphilosophische Vorstellung falscher ist als die, das jeweilige Kunstwerk sei „Ausdruck" einer jeweiligen „Stimmung" des Komponisten: seinen Schmerz und Jammer hat Mozart in seinem opus 297 wahrhaftig nicht ausgedrückt.

Nicht so, wie einem zumute ist, schreibt man – das glauben nur Banausen. *Umgekehrt ist einem so zumute, wie man schreibt. Stimmung ist nicht Ursprung der Arbeit, sondern deren Effekt.* Mißtraue Künstlern, die um zu schaffen, auf die „rechte Stimmung" warten müssen. Wer etwas zu sagen hat, kann es immer sagen. Wer warten muß, taugt nichts.

Etwas marode

Sitze trotz Fieber, aber wahrhaftig nicht aus Tapferkeit, sondern aus Vergnügen und Prophylaxe, am Schreibtisch. Was für mich gilt, ist nicht: „dum spiro spero", sondern „dum laboro spiro".

Dr. P. begraben

Vor fünf Jahren hatte ich ihn, den Herzspezialisten, zum letzten Male konsultiert. Damals hatte er mir nach mehrmaligem Räuspern ernst eröffnet, daß ich bei meinem „fortgeschrittenen Alter" – das dürfe er mir nun nicht mehr verschweigen – „nicht mehr allzu große

Hoffnungen hegen dürfte". Da ich schon seit Jahren nichts derartiges mehr „gehegt" hatte, hatte ich sofort meinen Taschenkalender gezückt und, nachdem ich diesen durchblättert, Dr. P. geantwortet: „Bedaure Doktor. Ist nicht. Überzeugen Sie sich selber! Wie dringlich die Angelegenheit Ihnen auch sein mag, kein freier Tag, keine freie Stunde, keine freie Minute. Wo soll ich denn das fällige Ereignis noch hineinquetschen?"

Dr. P. blickte mich blöde an.

„Und selbst", fuhr ich fort, „selbst wenn ich für dieses Ereignis noch eine freie Sekunde ausfindig machen sollte, wie lange sollen denn, abgesehen von dieser Sekunde, die meine geringere Sorge ist, die großen Ferien *danach* dauern?

„Wie bitte?" Sein Gesicht war noch blöder geworden.

„Nur so ungefähr?"

Woraufhin er, der auf Grund seiner Beschränktheit unfähig war, unfeierlich zu sein, mißbilligend seinen Kopf geschüttelt und die bedeutenden Worte gemurmelt hatte: „Mit so etwas . . ."

„Nur mit so etwas", hatte ich geantwortet, „womit soll man denn scherzen, wenn nicht mit Ernstem?"

Und nun ist *er* es, dem „so etwas", Jahrzehnte vor dem ihm eigentlich zustehenden Termin, zugestoßen ist. Während ich, der nahezu Achtzigjährige, den Beginn meiner längst schon fälligen großen Ferien noch immer munter vor mir herschiebe und morgen seinem Sarge, durch den Schnee stapfend, werde folgen müssen.

Las auf der Rückfahrt von München
einen negativ-utopischen amerikanischen Roman
von einem gewissen Nick Carlton

In diesem Schmarren kommen monströse Städte mit hundert Millionen Einwohnern vor. Halte diese Prophezeiung für danebengetroffen. Wenn es Riesenstädte gibt, die wie Tokio, Seoul oder Mexiko City auch heute noch weiterwachsen, so nur deshalb, weil sie noch in Schwung sind, weil sie sich noch nicht haben „derfangen" können. Was bevorsteht, ist umgekehrt Dezentralisierung, bzw. Streuung. „Streuung" wird morgen die wichtigste politische, ökonomische und militärische Kategorie sein. Was „gestreut" werden wird, weil muß, sind Bevölkerungen und Industrien. Systematisch wird man deshalb systematische Zentralisierung auflösen und die enormen Agglomerationen in kleinere Entitäten auflösen müssen. In gewissem Sinne findet „Streuung" bereits heute statt. Freilich keine von zuvor konzentrierten Industrie-, zumeist Energieanlagen, vielmehr der gestreute Aufbau von Installationen, die vorher nicht existiert hatten: in China.

Wenn wir die Enormität der Konzentrationen nicht mehr leisten können, so aus zwei Gründen:

erstens deshalb, weil die Energienetz-Systeme desto gefährdeter und damit desto gefährdender sind, je mehr Benutzer an ihnen hängen und von ihnen abhängen; weil ein einziger winziger Defekt innerhalb eines monströs großen Energieversorgungsnetzes monströs große Folgen haben: nämlich Millionen von Betrieben und Haushalten ausfallen lassen kann. *A network is as weak as it is concentrated.*

zweitens deshalb, weil bei der Enormität der heutigen Waffeneffekte ein einziger Treffer in eine Zentrale die Gefahr monströser Verluste, um nicht zu sagen: die Gefahr der Vernichtung bedeutete. Im Kriege ist die Gefahr um so größer, je konzentrierter Millionen Bevölkerungsmassen und die Großindustrien an einem einzigen Platze zusammengeballt sind. Eine heutige Wasserstoffbombe, auf die Zwölfmillionenstadt Mexiko City geschossen, könnte diese zwölf Millionen in einem einzigen Augenblick auslöschen.

Zu den durch Ballung gefährdeten Objekten gehören natürlich auch die Waffen selbst, z. B. auch die Abschußrampen für atomare „missiles", die, wenn zentralisiert angelegt, durch einen einzigen feindlichen Angriff lahmgelegt werden könnten. Schon vor fünfzehn Jahren habe ich der Anti-Atombewegung den Slogan übergeben: „*Rampen für Raketen/sind Untergangsmagneten.*"

Die Streuung der Waffenindustrie ist also ebenso geboten wie die von Bevölkerung und Zivilindustrie.

Die beste Lösung der Streuungsaufgabe sind die atombestückten Unterseeboote, die, da sie unterwegs sind, isoliert und gewissermaßen *nirgendwo* auftreten, und die unter Wasser optimal untreffbar bleiben. Nun, natürlich können Bevölkerungen und Industrien nicht in U-Boote verpackt werden. Die Reaktion auf die Enormität möglicher Waffenwirkung (und zwar eines einzigen Schusses) muß in einer systematischen *De-enormisierung der Ziele* bestehen, in einer systematischen Dezentralisierung der Bevölkerungen und Industrien, also in einer Verkleinerung oder Auflösung der Monsterstädte. Diese Dezentralisierung wird freilich, wie paradox das auch klingen mag, nur dann möglich sein, wenn sie zentral geplant und dirigiert wird – eine enorme administrative Aufgabe, die von totalitären Staaten vermutlich ungleich „besser" durchgeführt werden kann als von den Staaten der westlichen Welt; oder eine Aufgabe, die die Totalisierung der noch nicht totalitären Staaten erforderte, und eine Aufgabe, die Jungks These, das Atomzeitalter totalisiere die Staaten, zusätzlich bestätigt.

Was für militärische Taktiken der Vergangenheit bis herunter zum Feldwebel längst unter dem Titel „Ausschwärmen" geläufig gewesen und auch stets *die* Methode der Guerillas gewesen war: die Verdünnung der Truppen zwecks Vermeidung von Verlusten, das wird bald zur offiziellen Friedenstaktik, bzw. Vorkriegstaktik für die Weltbevölkerung und für deren zivile Einrichtungen werden müssen.

Hundert-Millionen-Städte? Lächerlich. Da sieht man einmal wieder, wie phantasielos die heutigen Berufsphantasten sind und wie unfähig, sich mehr auszumalen als die quantitative Steigerung der gestrigen oder heutigen Verhältnisse. Qualitative Umschläge kommen in utopischen Romanen kaum je vor. Hundert-Millionen-Städte? Umgekehrt werden unsere heutigen Städte (sofern sie nicht vorher durch Atomkrieg verwüstet sein sollten) bald in „ghost cities" verwandelt sein, in „slums ihrer selbst", und nur noch ein paar Jahre lang werden sie einigen Tausenden von Hobos als viel zu große, um sie schlotternde, Behausungen dienen – Verwahrlosten, die die verödeten Häuser plündern werden, um schließlich, sofern sie nicht von selbst verhungern, von der Waffen-SS über den Haufen geknallt zu werden.

In der Bahn in Heideggers
„Nietzsche", Bd. 1 gelesen

Da hat er also die Kühnheit gehabt, in allem Ernst den Plural „Götter" niederzuschreiben. Kühnheit? Nichts zwielichtiger (aus weltgeschichtlicher Perspektive: nichts komischer) als solche *Götterei*. Nichts feiger. Denn obwohl er offenbar nicht mehr glauben konnte, hat er sich nicht dazu aufraffen können, daraufhin den Atheismus als seine Position zu denken, geschweige denn zu proklamieren – ich höre ihn brummen: „In welche Gesellschaft geriete ich da!" – und ist deshalb, mindestens verbal, aus dem jüdisch-christlichen Monotheismus in die entgegengesetzte Richtung ausgewichen: eben in den Plural

„Götter“ oder in den sonderbaren „unbestimmten Singular“: „ein Gott“. Flucht nach vorne? Sondern ins Nirgendwo!

Wessen Einverständnis oder gar Applaus mag er bei dieser Häretikerkomödie im Auge gehabt haben? Nichts war jedenfalls risikoloser als solche polytheistische Häresie – diese konnte höchstens einen Verblüffungseffekt auslösen; nicht anders als sein früheres Plädoyer für „Entschlossenheit“, in dem er es ja auch völlig offen gelassen hatte, zu was er und wir (pardon! vielmehr das „Dasein“) entschlossen sein sollten, bis er oder das Dasein sich probeweise zu Hitler entschloß. Auch dieses Plädoyer war schon risikolos gewesen. Dazu kommt, daß Heidegger seine „Götterei“ ja niemals in Form einer unzweideutigen These vorgelegt hat, daß er sein Alibi stets offengelassen, von „Göttern“ oder „einem Gott“ immer beiläufig gesprochen hat, ohne sich auf etwas Bestimmtes, für das er hätte dingfest gemacht werden können, festzulegen. Risikolos war seine Rede von Göttern schließlich auch deshalb, weil er kaum Exkommunikation, geschweige denn Scheiterhaufen zu gewärtigen hatte: schließlich hatte sich die Kirche ja seit einem Jahrtausend auf kein europäisches Heidentum mehr gefaßt machen müssen, sich vielmehr nur noch auf die Auseinandersetzung mit innerchristlichen Häresien, vor allem aber mit dem Atheismus konzentriert. Vermutlich hat sie Heideggers polytheistische Glossen nur als ungefährliche Spinnerei eingestuft; und die Theologiestudenten, die sich so gerne in die Höhle des ontologischen Löwen hineingetraut haben, um dessen Grollen fleißig mitzuschreiben, die haben auf seine Wörter wohl nur mit Verdutztheit reagiert, weil es so etwas wie Vielgötterei in Europa seit Ewigkeiten nicht mehr gegeben hatte. Wie wenig ernst ihm seine „Götterei“ gewesen ist, das wissen wir nun seit seinem Tode, da er ja testamentarisch verfügt hatte, als verlorener Sohn zurückzukehren, nämlich kirchlich beigesetzt zu werden. Was denn auch geschehen ist. – Sonderbar, wie viele bedeutende zeitgenössische Dichter und Denker feige gewesen sind! Und gerade die verbal verwegensten.

Totensonntag

Als wir zurückgekehrte Emigranten vor fünfundzwanzig Jahren um Dein offenes Grab herumstanden, da meinte Dein Freund E. D., Schauspieler über Dein Grab hinaus: „*Nun bist auch Du, Berthold, zu*

Deinen Vätern versammelt." So hatte einst der Engel am Grabe Josuas gesprochen. Aber an Deinem Grabe?

Dürfen wir denn (so dachte ich damals vor fünfundzwanzig Jahren) so sprechen, als gäbe es eine Warte- und Empfangshalle, in der die Familie Deiner Ahnen ungeduldig bereitstünde, um Dich, den verlorenen Sohn, den nun Heimgekehrten, fröhlich in die Arme zu schließen?

Nein, Berthold, diese Erfahrung hast Du ja unterdessen machen müssen – nein, solche Väter haben wir nicht, keine, die sich versammeln und zu denen Du Dich hättest versammeln können. Weil nämlich Dein Vater ganz woanders liegt als hier, nämlich in Auschwitz, sofern man da von „liegen" noch reden darf, und dessen Vater – nein, dessen letzten Ort hast selbst Du, als Du noch als Lebender unter uns verweiltest, nicht mehr nennen können. Denn die Gräber der Vorväter verdämmern im Hintergrunde, jeder von ihnen ist vom anderen unerreichbar weit entfernt, keiner von ihnen weiß etwas von den anderen und von deren letzten Plätzen: wirklich beginnt die Diaspora erst post festum. Und keiner von ihnen hat damals vor fünfundzwanzig Jahren merken können, daß Du damals begonnen hattest, hier, ausgerechnet hier an diesem zufälligen Platz Wien, Dich zu „versammeln" – oder eben Dich *nicht* zu „versammeln".

Nicht zu unseren Vätern kehren wir zurück, da wir in einem „Grund" zugrundegehen, der viel „gründlicher" ist, als es die Versammlung unserer Väter wäre. Denn zugrundgehen bedeutet, wieder zu Staub zu werden.

Und da auch Du nun seit fünfundzwanzig Jahren Staub bist, vermißt Du auch Deine Väter nicht, und Deine Väter, die vor Dir zu Staub geworden waren, haben Dich auch nicht vermißt. Staub vermißt nicht Staub. Wie wenige von uns hier oben Zurückgebliebenen bringen den Mut auf, dieser unfeierlichen Wahrheit ins Auge zu blicken! Und sich dessen bewußt zu sein, daß wir unser Lebewohl, obwohl es Dir gegolten hatte damals, ins ganz Leere hineingerufen hatten. Und auch ich bleibe selbst heute noch trotz meiner Einsicht unfähig, diese Einsicht festzuhalten, da ich Dich ja anrede, als könntest Du mich hören, und auch ich kann mein Gedenken nicht schließen, ohne zu flüstern: „Lebewohl!"

Bei C.'s sind Zwillinge angekommen:
ein Junge und ein Mädchen

Da lagen sie also, die zwei, auf der Kommode, ihre schrumpeligen roten Gesichter waren ununterscheidbar, auch die petite difference war noch très petite; Namen haben sie noch nicht, aber bereits winzige, in Falten halbversteckte Andeutungen von Brustwarzen. Bei *ihr* kann man das zur Not noch durchgehen lassen, obwohl es auch in diesem Falle unbegreiflich ist, daß sie *deshalb* heute schon etwas hat, weil sie es in fünfzehn oder zwanzig Jahren vielleicht benötigen könnte, daß also das Künftige als causa finalis zurückgreifend das Gegenwärtige aufbaut. Aber bei *ihm?* Warum hat *er* die Wärzchen? Bei ihm kann man sich ja noch nicht einmal auf die unsolide *causa finalis* herausreden. Hat etwa die Natur, als er noch unspezifisch im Schoß seiner Mutter wuchs, zu ihm gesprochen: „Sicher ist sicher. Weiß ich, ob ich Dich zu einem Männlein oder zu einem Weiblein werden lasse? Und wenn zu einem Männlein – schaden können die zwei Kleinigkeiten ja gewiß nicht"? Oder sind die zwei Wärzchen etwa, obwohl noch im Wachsen, nur *Rudimente*? Sollten auch wir Männchen einmal als säugefähige Säugetiere funktioniert haben? Und über unseren, vermutlich schon Millionen Jahre alten, Funktionsverlust auch heute noch nicht recht informiert sein?

Oder – es ist nicht auszudenken – sollten die zwei die ersten scheuen Ansätze zu etwas sein, was erst kommen soll? Die Ankündigung eines sich durch Jahrmillionen anbahnenden Hermaphroditismus? Sollten wir einmal als säugefähige Säugetiere funktionieren? Und über dieses Ziel gleichfalls noch nicht informiert sein?

K. fragte mich, warum sich unter den Emigranten
so viele „philosophische Talente" befunden hätten

„Vor allem deshalb", antwortete ich, „weil bis auf schmähliche Ausnahmen die Philosophierenden Hitlerdeutschland verlassen hatten, denn *Philosophieren* ist ja das Gegenteil von ‚*doxa*', geradezu das *Sich-nicht-gleichschalten*. Aber auch deshalb, weil wir (was heißt wir? die von Dir Gemeinten sind ja bis auf mich, den zufällig Letzten, nicht mehr am Leben) in der Fremde, *in den Fremden*, notgedrungen *Nicht-dazugehörige* waren. Das heißt positiv: weil wir an keinerlei Sitten klebten, von keinerlei Vorurteilen verstopft waren – und das ist eben *die* Chance des Philosophierens. Schon vor fünfzig Jahren habe ich in einem Vortrag über Kafka dessen Affinität zur Wahrheit damit erklärt, daß er nirgendwohin gehört habe, als Jude nicht zur christlichen Welt, als nichtreligiöser Jude nicht zu den Juden, als Deutschsprechender nicht zu den Tschechen, als deutschsprechender Jude nicht zu den Deutsch-Böhmen, als Böhme nicht zu den Österreichern, als Österreicher nicht zu den Deutschen – kurz: daß er ein absolut Wurzelloser gewesen sei und daß darin eben seine große Chance der ungetrübten Erkenntnis (und damit auch der ungetrübten Sprache) bestanden habe. Nun, wie ihm ist es (abgesehen von ein paar schäbigen Renegaten, die versucht haben, die zufällige Küste, an die sie verschlagen worden waren, in eine Heimat umzulügen und sich an die Küstenbewohner anzuschmieren) auch uns Flüchtlingen gegangen. Da wir dazu gezwungen und bald auch darin geübt waren, von fremdem Land zu fremdem Land zu fahren, haben wir, im Unterschied zu allen Verwurzelten, das Glück gehabt, wirkliche Erfahrungen zu machen und in keinem beschränkten Horizont eingesperrt zu bleiben. So waren wir bald – und dieser scheinbare Widerspruch ist die erste Voraussetzung allen Philosophierens – *an das Fremdsein der Welt gewöhnt* (aber nicht an die fremden Welten X oder Y). Kurz: wir sind *die Gelegenheit der Wahrheit* gewesen, deren Kairós, wenn wir mit diesem Wort einmal ganz ungriechisch statt des rechten Augenblicks für ein Tun den *rechten Täter für ein Tun* bezeichnen dürfen. ‚Philosophische Talente' – diesen Ausdruck hattest Du vorhin in den Mund genommen –, die etwa musikalischen Talenten entsprächen, gibt es nicht. Glaube mir – und das sage ich ohne jede Bescheidenheit: *auch ich bin nicht ‚philosophisch begabt'*. Nicht einem Talent entspringt unser Philosophierenkönnen, sondern einem Schicksal, einer, wie Adorno es genannt hat, ‚Beschädigung' unseres Lebens. Die beschädigten Austern könnten ein Lied davon singen. Nicht jeder Beschädigte wird freilich automatisch zu einem Philosophen, dazu gehört eben außerdem der Entschluß, diesen Schaden willkommen zu heißen, ihn in eine Tugend, eben in die Gelegenheit der Wahrheit umzuwandeln. Und diesen Entschluß haben in der Tat viele von uns Emigranten getroffen. Und damit wäre Deine Frage beantwortet."

Schrieb für einen Sammelband über „philosophische Anthropologie"

Die Menschen sind die Juden unter den Tieren: die Unnatürlichen, die Ausnahme, die Auffälligen unter den ihnen an Zahl millionenfach überlegenen Spezies und Exemplaren. Nicht fixiert auf eine vorbestimmte Lebenswelt, auf einen bestimmten Benehmenskodex oder auf eine bestimmte Sprache, sondern *dazu gezwungen, aber auch fähig dazu, in diversesten Welten, Sitten und Sprachen zu leben.* Die Menschen sind die *„auserwählte Spezies"*. Es würde mich wenig verwundern, wenn unter den Tieren ein dem Antisemitismus ähnliches, antimenschliches Ressentiment, ein *„Antianthropismus"* herrschen würde.

Andersherum: *der Jude ist der Mensch in der Potenz,* da er noch einmal von den übrigen Menschen so absticht, wie der Mensch von den Tieren. Womit aber *nicht* etwa gesagt sein soll, daß er im theologischen Sinne *auserwählt* sei. Auserwählt ist er, wie der Mensch unter den Tieren: zu größerem Leiden und zu längerem Leben. Und das bedeutet weder größere Ehre noch größeres Glück.

Straßenbahnhaltestelle. Zwei dunkle Zwanzigjährige sprechen vehement aufeinander ein

Es wird wohl, obwohl jedes dritte Wort „Scheiße", jedes vierte „Möse" und jedes fünfte „VW" lautete, arabisch gewesen sein. Zwar können sie vermutlich nicht mehr richtig arabisch, aber richtig deutsch auch noch nicht. Zwar duzt man sie, aber zurückduzen dürfen sie nicht. Zwar leben sie hier seit zehn Jahren, aber gelten weiter als „von dort unten". Zwar verkaufen sie die hiesigen Zeitungen, aber lesen können sie diese nicht. Zwar sind sie als Dreckarbeiter willkommen, gelten aber deshalb selbst als Dreck. Zwar verdienen sie gut, müssen aber ein unfaires Gutteil ihrer Entlöhnung für Wuchermiete zurückerstatten. Zwar sitzen sie vor eigenen Farbfernsehern, aber nur deshalb, weil sie an der abgebildeten Welt selbst teilzunehmen nicht das Recht haben. Zwar besitzen ein paar von ihnen eigene Autos, aber wohin sie auch fahren, niemand redet mit ihnen. Fazit: die Abers überwiegen die Zwars um ein Vielfaches.

Die neue jugoslawische Putzfrau,
zum erstenmal meine kleine Bibliothek erblickend:

I

„*Soviel Buch!*“ Sie schlug die Hände über ihrem Kopf zusammen. „*Du nicht glauben Gott!*“
Jedes Buch war in ihren Augen vermutlich eine Gegenbibel. Mindestens eine Nichtbibel.

II

„Du nicht glauben Gott“. Ich noch viel Schlimmeres nicht. Denn mein Nichtglauben besteht nicht nur in Zarathustras Formel „Gott ist tot“, nicht nur in der bloßen, heute schon trivial gewordenen Bezweiflung der Existenz Gottes, nicht nur in einer Ableugnung, die die Möglichkeit anderer Credos noch offenließe, sondern darin, daß ich *nicht mehr ans Glauben glaube,* nicht mehr verstehen kann und auch nicht mehr verstehen zu können wünsche, was mit dem Wort „Glauben“ heute noch gemeint sein könnte.

III

Das „*ich glaube, also ist es*“ (ich weiß: ein solcher Syllogismus wird niemals ausgesprochen) scheint mir nicht nur so falsch wie das Cartesianische „Cogito“, sondern betrügerisch. Da versage ich mich nicht nur, da versage ich. Obwohl mich Theologen immer wieder, wie verschworen, einen „homo religiosus wider Willen“ nennen (was mich oft mit Argwohn gegen mich erfüllt), versage ich da so vollständig, wie Marswesen beim Anblick eines Betenden oder eines Rituale Absolvierenden versagen würden. Aber warum Marsmenschen? Wie jeder von uns beim Anblick exotischer Kultausübungen versagt. Dieser Vergleich trifft genauestens. Denn jede Religion ist für mich ein Exotikum.

IV

Wie gesagt: nicht nur dem Geglaubten, dem Dogma, glaube ich nicht; eigentlich bezweifle ich sogar, daß dem Wort „Glaube“ irgend etwas in der Wirklichkeit jemals entsprochen habe, daß der Akt oder der Zustand, den die angeblich Glaubenden seit Paulus „Glauben" genannt haben, wirklich existiert habe oder existiere. *Ich glaube, daß sie nur glauben, daß sie glauben* – wobei das erste „glauben" ein putare, das dritte ein credere ist, das mittlere kaum bestimmt werden kann. Im Tertullianischen (oder pseudo-Tertullianischen) „*credo quia absurdum*" war allein der *Glaubensinhalt* (z. B. Christi Tod) als absurd gemeint gewesen. Oder richtiger: war der Glaubensinhalt, weil der Vernunft unzugänglich, in die Kompetenz des Glaubens abgeschoben worden. *Was ich glaube, ist dagegen, daß der Akt des Glaubens selbst*, gleich auf welchen Inhalt er sich bezieht, *absurd ist.*

V

Heute, da an jeder Straßenecke neue Sekten des Unsinns und der Unbildung verhökert werden, Sekten, deren Dogmen nicht nur den Juden ein Skandal und nicht nur den Griechen eine Torheit sein sollten – heute ist nichts wichtiger, als diese tabula-rasa-Stellung unzweideutig auszusprechen. Und nicht minder wichtig scheint es mir zu betonen, daß mindestens *mein* Nichtglauben (trotz der beharrlichen Identifizierung von Unglauben und Materialismus durch die professionell Gläubigen) kein Effekt von Materialismus sein kann, da ich im Laufe meines Lebens niemals mit Naturwissenschaftlern in Kontakt gekommen bin. Radikal atheistisch ist schließlich auch der Buddhismus gewesen, ohne je durch eine materialistische Naturwissenschaft, die es damals ja gar nicht gab, verführt worden zu sein.

Wenn meine jugoslawische Putzfrau ahnte, welche Gedanken sie mit ihrem Ausruf „Soviel Buch! Du nicht glauben Gott!" in Gang gebracht hat. Ich sollte ihren Stundenlohn erhöhen.

Gespräch in einer Trafik mit einem Einbeinigen aus dem Rußlandfeldzug

Hitler nannte er noch immer, nach vierzig Jahren, den „Führer". Der Mörder gedenkt man länger und pietätvoller als der Ermordeten. Die Krüppel sorgen für den Nachruhm.

Dem Bernhardiner des Physikers A. ist ein Dachziegel auf den Kopf gefallen. Tot

„Entsetzlich dieser Zufall!" kondolierte ihm sein Kollege. A. hatte seinen riesigen Köter heiß geliebt. „Zufall?" fragte er gedehnt. „Sie sind mir ein schöner Naturwissenschaftler!" Der Kollege wagte nicht, darauf zu antworten. „Wenn", erklärte A. mit gepreßter Stimme, „als der Ziegel sich löste und Hektor vorbeitrottete, das, was geschehen ist, *nicht* geschehen wäre – das ist ja gar nicht auszudenken! Das wäre ja Hochverrat! Dann hätten ja die Naturgesetze gestreikt! Dann wäre ja die Welt kaputt! Dann könnte ich ja meinen Laden zumachen!" Das schrie er, so als hätte sein Kollege ihm etwas Unverzeihliches vorgeworfen. Als dieser auf Zehenspitzen herausgeschlichen war, wischte A. an seinen Augen herum und stöhnte: „Das hätte gerade noch gefehlt!" Aber wohlgemerkt: nicht etwa „hatte" stöhnte er. Sondern „hätte".

FAZ naiv: „Offenbar gibt es noch immer Tausende von Zeitgenossen, die den Unterschied zwischen legal und moralisch nicht auffassen können"

Nur Tausende?

Denn daß es *zwei Kommandoposten,* zwei Instanzen gibt, die konkurrierend Anspruch auf uns erheben und denen wir buridanisch gleichzeitig nachzukommen verpflichtet sind – kurz: daß wir *„müssen" und „sollen"*, daß es *Recht* gibt *und Gewissen,* das ist das Unnatürlichste, was man uns zumuten kann. Wenn die meisten Menschen, wie die FAZ schreibt, „noch immer" unfähig sind, diesen Dualismus „aufzufassen" und außerstande bleiben, den zwei Autoritäten, die nicht nur Verschiedenes, sondern zumeist einander Widersprechendes verlangen, zugleich zu genügen, so hat sie völlig unrecht. Denn diese Unfähigkeit ist berechtigt. Es kann gar keine Rede davon sein, daß wir Menschen von Natur aus für Matth. 22, für Doppel-Loyalität geschaffen sind. Kants Unterscheidung zwischen „legal" und „moralisch", bzw. zwischen „Gemußtem" und „Gesolltem" gehört nicht zum Wesen des Menschen und ist keine eigentlich philosophische; vielmehr ist sie „nur" eine verspätete Apriorisierung des Unterschieds zwischen Staat und Propheten, oder Kaiser und Papst, oder positivem Recht und Gewissen – also ein *geschichtliches* Faktum. Ich möchte wahrhaftig wissen, was in den Köpfen von Kongonegern vor sich ging, als man ihnen gleichzeitig Nächstenliebe und Loyalität gegenüber Leopold dem Blutigen einbläute – womit aber nichts gegen die Intelligenz der Kongoneger ausgesagt ist. Denn „natürlich" ist eben allein die Situation, in der es nur eine einzige Autoritätsquelle, nur eine einzige Befehlsinstanz gibt – gleich, ob die „Gott" heißt oder den Namen eines sich göttliche Autorität anmaßenden Staates trägt. Es beweist keineswegs Rückständigkeit, wenn immer wieder theokratische Autoritäten als Heilsbringer bejubelt werden. Damit meine ich nicht nur die Vergötterung Khomeinis, sondern auch die Hitlers.

Nach philosophischer Rundfunk-
Vorlesung von E. F.

„Wie seicht dieser F. ist!"

„Wenn er nur *das* wäre. Aber er ist, Gott sei's geklagt, sogar *tief*!"

„Was stört Dich an dem Wort *tief*?"

„Daß es noch nicht mal seicht, sondern nur sinnlos ist. Ist der Pythagoreische Lehrsatz tief?"

„Nein, nur wahr."

„Warum *nur*? Mir genügt das."

Sylvester. Versuchten ein
Gesellschaftsspiel: welches Bild von der Hölle
sich jeder von uns mache

Außer einer Frau, die mit dem Worte „Auschwitz" antwortete, hatte keiner ein Bild. Niemand glaubt mehr an die Hölle. Nicht nur in der Zeit nach „Gottes Tod" leben wir – das pfeifen die Spatzen schon nicht mehr vom Dache –, sondern auch in der *nach des „Teufels" und der „Hölle" Tod.* Das Verlöschen dieser Figur und dieses Ortes ist, ohne daß wir es bemerkt hätten, vor sich gegangen. Wahrhaftig kein geringes Ereignis in der Spätgeschichte des Christentums.

Ich antwortete: „Den Gedanken an ein ewiges Höllenfeuer kann ich nicht nachvollziehen, weil es unser Nichtgestorbensein nach dem Tode, unser dann-noch-leiden-Können unterstellt, eine *‚negative Unsterblichkeit'* also. Nichts ist heute unvorstellbarer und unglaubhafter als diese Vorstellung. Was uns heute erschreckt, mindestens erschrekken *sollte* – denn der Mangel an Erschrecken ist erschreckend –, ist keine Ewigkeit, sondern das *zeitlose Nichtmehrsein;* wobei ich nicht das individuelle Nichtmehrsein meine, vor dem die Menschen gewöhnlich zittern, sondern das Nichtmehrsein der Menschheit, nein: des irdischen Lebens. Was ich als Schreckbild vor mir sehe, ist der kahl und blind um die schwarze, weil ungesehene, Sonne rotierende Globus, der nicht mehr ‚Erde' heißen wird; der Zustand, in dem es niemanden mehr geben wird, der wüßte, daß es *uns* gegeben hat, und in dem unsere Millionen von Taten und Untaten, Werken, Schmerzen und Freuden nicht nur vergeblich, sondern nichtig gewesen sein werden. In diesem ‚negativen Futurum II': ‚Wir werden nicht gewesen sein' besteht mein Bild von der Hölle."

Zu meiner Überraschung verstummten sie. Nach einer Weile aber murmelte ich, gewissermaßen als Amen, aber nicht nur als Amen für meine Erklärung, die Claudius-Worte: „. . .und ich begehre, nicht Schuld daran zu sein."

Im Konzert: „Bilder einer Ausstellung"

I

Nach dem atemberaubenden Schlußstück „Das große Tor von Kiew" stöhnte der Herr neben mir: „Überwältigend!" Niemand hörte mehr den Masochismus, der aus diesem Ausdruck spricht. Denn „überwältigt sein" das bedeutet ja: k. o. sein, die totale Niederlage.

Und diese führt man sich nun am Sonntagvormittag im Philharmonischen Konzert zu Gemüte, für die zieht man sich fein an und für die zahlt man sogar. Und je dröhnender man zu Boden geschlagen wird, je überwältigter man ist, um so frenetischer applaudiert man danach. Und mancher von ihnen behauptet sogar – so ungenau und sinnwidrig reden sie nicht nur, so ungenau und sinnwidrig *erleben* sie es wohl auch – sich durch die *Demütigung* – *„erhoben"* zu fühlen.

II

Ist der Ausdruck „Masochismus" erschöpfend? Als ihm (Mussorgski) dieser (auch mich) überwältigende musikalische Gedanke zum erstenmal „einfiel", als dieser als Schlag in ihn hineinfiel und als er ihn vielleicht in diesem selben Augenblick zum erstenmal spielte – war er da wirklich *nur* der Erschlagene? Oder nicht zugleich auch ein (in die Tasten schlagender) Schläger? Nur das Opfer? Nicht zugleich auch der Täter? War es nicht er selbst der ihn überwältigte?

Und wir Zuhörer? Trifft es denn zu, daß wir nur Masochisten sind? Identifizieren wir uns nicht zugleich mit diesen gewalttätigen Schlägern? Applaudieren wir denn am Schluß allein deshalb, weil wir das Geschlagen-werden genossen haben? Oder nicht auch aus Co-Titanismus; deshalb, weil wir das Schlagen des Gewalttäters mitgemacht und mitgenossen haben?

Wohl beides zugleich. Wie merkwürdig das auch klingen mag, es besteht kein Zweifel: der musikalische Zustand – sowohl der Mussorgskis, wie der des Pianisten, wie unser eigener – ist sadistisch *und* masochistisch, also *aktiv-passiv-neutral.*

III

Der ganze Brucknerkult läuft auf einen solchen *Genuß der Demütigung* hinaus. Die skandalösen Demütigungsgeräte, also die Symphonien – nennt man dann „Kulturwerte". Und diesen widmet man dann nationale Festtage, an denen man eine ganze Stadt (Linz) in eine unentrinnbare Stereoklangwolke einhüllt. Da sich niemand dem Terror dieser aus tausend Lautsprechern dröhnenden Wolke entziehen kann, d. h.: da nun, weil niemand forthören kann, jeder hört, nennt man das Spektakel eine *„Demokratisierung der Kulturwerte"*.

IV

Sowenig Mussorgski oder Bruckner sadistisch gewesen sind, sowenig ist Mahler, trotz des unbestreitbaren Vorkommens trivialer Themen, trivial gewesen. Denn keiner von ihnen hat „sich selbst" ausgedrückt. Wie beliebt auch der Ausdruck „selfexpression" sein mag und wie gerne diese auch als Mittel zur „Selbstverwirklichung" gepriesen wird – sich selbst drückt man kaum je aus; und warum man sich dadurch, daß man das Seine aus sich herausdrückt, „verwirklichen" soll, das bleibt vollends schleierhaft.

Wenn Mahler banale, sogar vulgäre Melodien verwendet hat, so nicht deshalb, weil *er* banal oder gar vulgär gewesen wäre – davon kann gar keine Rede sein; banal oder gar vulgär war vielmehr die Welt (zumeist die der Kindheit), die er, gerade weil diese *unheimlich* oder *einschüchternd,* also *nicht er selbst* war, heraufbeschwört, um sie loszuwerden. Aus den Geistermärschen spricht nicht *er,* sondern die mährische Feuerwehr, die den Knaben zu Tode erschreckt hatte.

Anderes beschwört er, um es anzuprangern und dadurch zu eliminieren – der Ausdruck „Ausdruck" gewinnt seinen originären physiologischen Sinn wieder: in vielen Fällen ähnelt das Sich-ausdrücken einer Darmentleerung oder dem Sich-erbrechen; d. h.: dasjenige, was wir ausdrücken, ist gerade dasjenige, was wir *nicht* sind, nicht bei uns behalten wollen.

Also das *Fremde.* Unter Umständen sogar das Feindliche, das uns „Überwältigende". Wer Mahler der Vulgarität zeiht, der müßte auch Sophokles, weil er den blutverschmiert geblendeten Oedipus vorführte, der Blutrünstigkeit oder des Sadismus anklagen (was dem Elektra-Strauss gegenüber berechtigt wäre).

Rezitation und Gesang Goethescher Gedichte in der N.-Schule

I

Deklamation von Gedichten ist unerträglich geworden. Es gibt keinen Vortragsstil, der nicht falsch klänge: fatal geziert oder fatal pathetisch; keinen Rezitator, dem wir glauben können, daß er mit dem Ich, das das Gedicht unterstellt, identisch sei. Und kein Publikum, das sich mit denjenigen deckte, die die Wörter „Du" oder „Ihr" als Angesprochene unterstellten. Niemandem kann ich glauben, daß er „Menschen forme", oder daß „ich kaum einen Hauch verspüre". Nur schwer kann man die Frage: „Warum teilt er das uns oder mir mit?" zurückhalten. Obwohl unrezitierbar und unerträglich für den Hörer – als stumme *Leser* können wir Gedichte durchaus noch aufnehmen; die Ersatzrezeption „Lesen" überlebt die eigentlich gemeinte Rezeption, das *Hören.* Vielleicht ist das deshalb der Fall, weil wir uns dabei keinen bestimmten Ton vorstellen müssen, so wie wir uns ja auch beim Lesen der „Kunst der Fuge" keine bestimmten Instrumentalfarben vorzustellen brauchen.

II

Was vom Rezitieren gilt, gilt erst recht vom Liedgesang; der ist einfach unausstehlich. Wenn mir jemand singend mitteilt, daß er „es gern in alle Rinden einschnitte", dann frage ich mich nicht nur, warum er ausgerechnet mir das mitteilt und warum auf so unalltägliche Weise; dann fühle ich mich sogar versucht, die Polizei wegen drohender Baumbeschädigung zu benachrichtigen. Und wenn mich jemand fragt, wer „so spät durch Nacht und Wind reite", dann drängt es mich zurückzufragen: „Woher soll *ich* das wissen?" Seine Frage ist um so weniger glaubhaft, als er sie ja sofort selbst beantwortet.

III

Seit etwa fünfzehn Jahren tauchen freilich wieder Lieder auf, von denen das *nicht* gilt. Die Studentenrevolten, Bürgerrechtsdemonstrationen und Anti-Vietnamkrieg-Bewegungen haben Singsituationen mit sich gebracht, in denen das gesungene Wort „ich" wirklich „mich", das gesungene Wort „wir" wirklich „uns" bedeutet; Situationen, in denen Jugendliche anderen Jugendlichen von den Zielen, die sie *gemeinsam* verfolgen, etwas vorsingen. Die – wie ich das Wort verabscheue! – „*Echtheit*" der Situation läßt sich nicht bestreiten. Erstaunlich ist es auch, daß (was es seit Jahrhunderten nicht mehr gegeben hat) in diesen Fällen Komponist und Sänger zuweilen wieder identisch sind und daß es in diesen Fällen auf die dichterische oder kompositorische Originalität der Vorsänger kaum ankommt. (Durchweg ahmen sie übrigens Brecht und Eisler nach; die Nachahmungen sind durchweg unsäglich banalisierend und primitivisierend. Die zwei sind aber durch diese weltweiten Nachahmer zu den einflußreichsten Künstlern der Jahrhunderte geworden, da ihre Wirkung weit über den Umkreis der Kunst hinausreicht.)

IV

Übrigens wäre es eine höchst genante Situation, wenn sich die „echten" Liedermacher in einem konventionellen, von Konzertabonnenten besuchten Konzertsaal produzieren würden. Diese empfänden es nämlich begreiflicherweise als indiskret und unverschämt, wenn man ihnen nahelegen würde, sich mit einem gesungenen „Du“ oder „Ihr“ oder „Wir“ wirklich zu identifizieren, wenn man sie also um den zu ihrer gewöhnten Kunstrezeption gehörigen Betrug betrügen würde.

Was aber den Liedersänger betrifft, so würde er sich auf dem Podium, auf dem gestern Fischer-Dieskau gestanden hatte, wirklich blamieren: und zwar deshalb, weil seine zur Klampfe gesungenen Anti-Reaktoren-Verse musikalisch, namentlich harmonisch, analphabetisch und banal sind und vorgestriger als alles, worauf selbst die konservativsten Konzertbesucher mit Recht Anspruch erheben. Außer von Dreiklängen (gerne Molldreiklängen, weil das „Ernst“ beweist), Quart-, Sext- und Dominantsept-Akkorden scheinen in der Tat die Liedermacher und ihre analphabetischen Zuhörer von nichts Notiz genommen zu haben. Selbst vom Jazz nicht, der, mit ihren rohen Musiken verglichen, höchst raffiniert, um nicht zu sagen „klassisch“ ist. „Dann schon lieber den Pierrot Lunaire!“ hörte ich einen ganz konservativen Konzertbesucher ausrufen.

Las eine vita Khomeinis

Nie zuvor ist es geschehen, daß ein Mann eine Revolution oder Konterrevolution in seinem Lande aus einer Entfernung von Tausenden von Kilometern geschürt und in Gang gebracht hätte. Napoleon und Hitler waren zwar von außerhalb gekommen, aber als sie handelten, immerhin im Lande gewesen. Was wir nach Paris verschlagenen Emigranten in den Dreißiger Jahren, weil die Technik noch nicht so weit fortgeschritten war, noch nicht konnten, er konnte es: In Frankreich lebend, aber von seinem Exilland nicht weiter Notiz nehmend, hatte er regelmäßig Bänder besprochen, die dann in den Iran geflogen, dort vervielfältigt und in allen Moscheen abgespielt, also von Millionen gehört wurden. Ohne die Höchstblüte der „westlichen Technik“ hätte also seine Stimme zu Hause im Iran niemals ankommen und niemals wirksam werden können. Aber wozu hat er diese Höchsttechnik benutzt? Ausschließlich dazu, um zelotisch gegen die technischen Wunderwerke zu eifern, allgemeiner: um die in der Technik inkarnierte „atheistische Welt des Westens“ zu verfluchen; und um seine Landsleute, wenn nicht sogar alle dem Islam zugehörigen Völker, zum Koran (der natürlich nicht antitechnisch, sondern nur vor-technisch gewesen war) zurückzurufen. *Technische* (also atheistische) *Mittel setzt er ein für die Wiederbelebung des Glaubens, das Übermorgen für die Renaissance des Vorgestern.* Elektronische Propaganda trieb er für die Rechtlosigkeit der Frauen oder für die Auspeitschung von Homosexuellen.

Leicht könnte einem angesichts dieses Vorgangs das Wort „dialektisch" auf die Zunge geraten. Zu leicht. Denn das Wort ist hier unangebracht. Und zwar deshalb, weil das Wort „Dialektik" stets die Verwandlung, den „Umschlag" eines A (These) in ein dem A widersprechendes B (Antithese) anzeigt. A wird gewissermaßen „von sich aus" zum B. Von einem solchen Umschlag von A in B kann hier aber nicht die Rede sein. Denn hier gibt es von vornherein A *und* B, zwei unabhängig voneinander entstandene und einander widersprechende „Thesen", gleichzeitig. In diesem Falle Islam *und* Technik. Das Faktum, daß diese zwei gleichzeitig existieren in *einer* Welt und in dieser miteinander kollidieren, ist kein dialektisches Faktum. Vielmehr ist es, wenn man den Namen eines Kunststils zur Charakterisierung geschichtlicher Vorgänge verwenden darf, ein „*surrealistisches Ereignis*". Ein „surrealistisches" deshalb, weil es zum Surrealismus als Kunststil gehört, daß in ihm zwei unabhängig voneinander entstandene, toto coelo verschiedene, sogar in ihrer Seinsart einander widersprechende Sujets gleichzeitig auftreten, nein: ineinander verwachsen. (Beispiele: die knospenden Maschinen Dalis oder die elektrisch angeschlossenen Rosensträucher Max Ernsts.)

Wenn im Fall der Khomeinischen Verwendung von Technik gegen Technik doch von „Dialektik" gesprochen werden darf, so allein deshalb, weil Technik grundsätzlich expandiert, und zwar grenzenlos – was notwendigerweise zur Folge hat, daß sie in Non-A-hafte Gebiete hineingerät, die sie nun vereinnahmt, bzw. infiziert. Technik schaltet, wo immer sie hineinkommt, alles gleich; und sie versucht, überall hinzukommen. Das bedeutet aber nicht, daß A in ein B „umschlägt", vielmehr daß A alles B- und C- und Z-hafte sich anverwandelt, alles „A-haft" macht. Ebenfalls gilt aber, daß B etc. (das Fremde), wenn es dem Einfluß von A widerstehen will, dazu genötigt ist, sich auf die Mittel A's einzulassen, sich dieser zu bedienen, sich mit diesen gegen A zu wehren, in gewissem Sinne A zu akzeptieren – kurz: daß es um zu siegen, vorher kapitulieren muß.

Unser Fall: Der Islam kann, wenn er das Eindringen der verhaßten Herrschaft der atheistischen Technik abwehren will, nicht umhin, sich gerade der Mittel seines verhaßten und ihn vereinnahmenden Feindes zu bedienen.

À la longue wird Khomeini seine Ziele nicht erreichen können, triumphieren wird umgekehrt, gleich, ob er siegt oder besiegt wird, die Welt der Technik, die er übernimmt, um mit deren Hilfe die Welt der Technik abzuwehren.

Dieser Vorgang ist nicht neu. Wer zum Beispiel im Vietnamkrieg gesiegt hat, das steht heute durchaus noch nicht fest. Vielleicht ist der Sieger nur scheinbar der Sieger gewesen; vielleicht hat er sich an den von ihm angeblich besiegten Amerikanern (die sich eine Niederlage leisten konnten) infiziert. Und dieses nun allerdings dialektische Ereignis wird wohl auch das Schicksal Khomeinis sein.

Vortrag über Epiktet

Der Enthusiasmus über Epiktet, den der greise Professor M. bewies, kann ohne Kenntnis seiner vita vermutlich nicht verstanden werden. M. hatte nämlich, obwohl er das als Altphilologe gar nicht nötig hatte, im Jahre 1938 seine Segel unverzüglich nach dem Winde gestellt. Er weiß wohl gar nicht, aus welchem Grunde er auch heute noch Epiktets Sklavendevise, *nichts anderes zu wollen als das, was ohnehin geschehe*, so begeistert bejaht. Aber als ich ihn in der Diskussion fragte, ob man nicht diese Devise als eine „*erbärmliche metaphysische Gleichschaltung*" bezeichnen könne, da zuckte er zusammen und war plötzlich grau im Gesicht.

T. bittet mich um die bisherigen Rezensionen
der vor mehr als einem halben Jahr
herausgekommenen „Kosmologischen Humoreske"

„Ich muß Dich enttäuschen. Nicht eine einzige ist erschienen. Niemand weiß etwas dazu zu sagen; vielleicht wagt sich auch niemand an einen Text, der in kein bestimmtes Genre einzuordnen ist, gar an einen philosophischen, der auf die in der Philosophie so übliche Seriosität verzichtet. Dabei halte ich diese vor nahezu dreißig Jahren geschriebene Erzählung noch immer für meinen originellsten philosophischen Text, sogar durch seinen Ton für ein Unikum im philosophischen Schrifttum. Offenbar ist es (was ich nicht verstehe) niemandem gegeben, zu verstehen, daß philosophieren nicht unbedingt tierisch ernst sein muß. Selbst die über Nietzsches ‚Fröhliche Wissenschaft' geschrieben haben, haben das in entsetzlich unfröhlichem Ton getan. Die Sprache, in der sich Leibniz, Schelling und Heidegger über die schwer bestreitbare Tatsache, daß es etwas gebe *‚und nicht vielmehr nichts'*, ausließen, ist völlig inadäquat gewesen. Humoristisch hätten sie über sie schreiben müssen – deshalb, weil sie *komisch* ist. Denn *komisch ist alles, was, ohne katastrophal zu sein, ist, obwohl es eigentlich nicht sein kann.*

Komisch war z. B. das von mir im 2. Band der ‚Antiquiertheit' geschilderte happening: der striptease eines Mädchens auf einer Kafkatagung. Komisch, weil es etwas war, was es doch einfach ‚nicht geben konnte'. Dabei war dessen Nichtkönnen noch ein ganz harmloses. Unmöglich war der Auftritt ja allein aus Palmström-Gründen: weil er den gerade geltenden Regeln und Vorurteilen zuwiderlief, weil nicht sein konnte, was nicht sein durfte. Wie ungeheuer ist neben diesem Widerspruch derjenige, der darin besteht, daß es eine Welt gibt, obwohl das Axiom ‚*ex nihilo nihil*' unabstreitbar hinter dem Rücken der Welt gilt und weitergelten wird. *In der Tat ist die Existenz der Welt das unüberbietbare happening.* Wenn Frau Nu, die Verkörperung des Nihil, über die Ankündigung Bambas, etwas oder sogar eine *Welt* herzustellen, in ein Lachen ausbricht, an dem sie beinahe erstickt, so tut sie das (oder so geschah ihr das) mit vollstem Recht. Umgekehrt beweisen diejenigen, die in dieses Lachen nicht einstimmen, dieses noch nicht einmal zu verstehen mögen, *metaphysische Inkompetenz.* Heidegger hat von dem Defekt „Seinsvergessenheit" gesprochen. Ist diese nicht durch das Nicht-mitlachen-können, freilich in einem Sinne, der ihm, dem pausenlos Tierischernsten, ganz fernlag, bewiesen?"

Abendgesellschaft. Der Astrophysiker B.
und der Kunsthistoriker L. verhöhnten einander

Obwohl selbst „Kulturwissenschaftler", desertierte ich gestern abend wieder einmal ins Lager der Physiker. Und zwar deshalb, weil der Kunsthistoriker L., achtzig Jahre nach dem Buche über die „Grenzen der naturwissenschaftlichen Begriffsbildung" (das Rickert *so* gar nicht gemeint hatte), als philosophische Selbstverständlichkeit unterstellte, daß sich die Welt in zwei ebenbürtige und gewissermaßen symmetrische Äste „Natur" und „Kultur" gabele und dementsprechend die Wissenschaften in zwei ebenbürtige Fakultäten. Von Ebenbürtigkeit kann aber keine Rede sein. Kultur ist schließlich im Universum ein rarissimum. Wenn molussische Theologen lehrten, daß ihr Gott Bamba mit der „Caprice Kultur" nicht behelligt zu werden wünsche, einige Radikale unter ihnen sogar darauf insistierten, daß Bamba, wenn man dieses Gebiet (das er ja nicht selbst geschaffen habe und dem auch Religion und Theologie zugehören) erwähne, überhaupt nicht wisse, wovon die Rede sei, so ist das sehr plausibel. Denn warum sollte Kultur für Götter relevant sein? Wo gibt es denn schon „Kultur"?

In der Tat ausschließlich bei jener minimalen Minorität, die „Menschheit" heißt. Und wenn wir Menschen „Kultur" haben oder zahllose Kulturen, dann ja ausschließlich deshalb, weil wir Bamba nicht gelungen sind. Weil dieser uns vermutlich aus Unlust mitten im Kneten als unfertige, nämlich instinktlose und auf keine bestimmte Welt zugeschnittene Wesen hat stehen lassen, um sich der Erschaffung anderer Geschöpfe zuzuwenden. Wenn er es nicht liebte (sofern er diese Tatsache nicht längst schon verdrängt hatte), an solche Fragmente erinnert zu werden, dann ist das um so begreiflicher, als diese (also *wir*) zu seiner größten Überraschung oder Bestürzung nicht einfach zerfallen sind, sondern uns als fähig erwiesen haben – und das ist vermutlich präzedenzlos – „to make the best of our defects", unsere Unbestimmtheit zu überkompensieren, diese in „Freiheit" umzufunktionieren, und zwar dadurch, daß wir uns in Heimarbeit Welten, die uns „saßen", genannt „Kulturen", geschaffen haben.

Präzedenzlos? Überkompensieren? Freiheit? Gerate ich da nicht in das Preisen desen, was zu diskreditieren ich ausgezogen war?

Mehr nein als ja. Und das nicht nur deshalb, weil gar nicht feststeht, ob wir Ausnahmewesen, die wir uns selbst und unsere Welten selbst herzustellen gezwungen waren, wirklich privilegiert, nämlich glücklicher sind als die in ihren mitgegebenen Welten lebenden Lebewesen; sondern vor allem deshalb, weil wir angeblich Privilegierten im Ozean des Seienden, unter den Milliarden von Spezies eine so winzige Minorität darstellen, daß wir gar nichts darstellen, gewissermaßen unauffindbar bleiben, und daß es auf einen lächerlichen Größenwahn hinausliefe, wenn wir uns deshalb, weil wir zufällig dieser Minorität angehören, einbilden würden, wir seien ein „auserwähltes Volk" und der Wissenschaft von uns, also der *Kulturwissenschaft,* käme ein gleicher

Rang zu wie der Naturwissenschaft. Das sage ich, obwohl ich selbst als Kulturwissenschaftler klassifiziert werde. Es ist also durchaus rechtmäßig, daß einem Astrophysiker wie B. der Anspruch eines Geisteswissenschaftlers wie L., sich mit einer dem Gebiet „Natur" ebenbürtigen und symmetrischen Region zu beschäftigen, als lächerliche Anmaßung vorkommt. Und noch rechtmäßiger, daß er extrem idealistische Denker wie Fichte oder den frühen Heidegger, die nicht nur nicht den Primat der Natur eingeräumt, sondern dieser sogar keine ontologische Dignität zuerkannt haben, als Narren bezeichnete. „Das ist die letzte Variante der aus der Theologie stammenden Disqualifizierung des am creator gemessenen creatum", meinte er. Womit er recht hatte.

Angesichts des närrischen Hochmuts gegenüber der Natur, auf dem der Kunsthistoriker L. unbeeindruckbar verharrte, entschloß ich mich also, dabei unterstreichend, daß ich Kulturwissenschaftler sei, ins Lager des Physikers B. hinüberzuwechseln. Freilich nicht ohne von ihm, gewissermaßen als Gegengabe für mein Zugeständnis zu verlangen, daß *sein* Tun: das Treiben von Naturwissenschaft, genausowenig wie die Kulturwissenschaft der Natur zugehöre, sondern umgekehrt den von ihm bagatellisierten Kulturaktivitäten – wozu er sich mit einem halbherzigen „wenn es Ihnen darauf ankommt" bequemte.

Im Radio Mahler

Nietzsches *„die Welt ist tief"* – welch atemberaubend sinnlose Behauptung! Und da hat sogar noch einer kommen müssen, um sie, die von Nietzsche betörend gedichtete, auch noch betörend zu vertonen. Lessing oder Kant hätten Nietzsches Behauptung überhaupt nicht verstanden, *noch nicht* verstanden und sie höflich, aber sehr bestimmt beiseite geschoben. Tempora mutantur. Denn ich verstehe seine Feststellung, daß die Welt „tief" sei, wohl *nicht mehr*. Die aber dazwischen lebten: unsere Väter, die haben diese Raum-Metapher – denn um eine solche handelt es sich ja bei dem Wort „tief" – erstaunlicherweise ganz glatt und unerstaunt geschluckt. Nicht nur nicht gefragt haben sie, was Nietzsche mit seiner Feststellung gemeint haben könne; sie hätten noch nicht einmal begriffen, was und warum etwas an dieser Metapher fragebedürftig sein sollte. Und unsere ungläubigen Mütter und Tanten, die sich so gerne aufs vageste „religiös fühlten", die hätten, stolz auf diese Vagheit, die sie für die Tugend und das Verdienst ihres Fühlens hielten, unsere Frage nach dem Sinn der Vokabel „tief" als Beweis emotionaler Verkümmerung verhöhnt. „Was du nicht fühlst ...".

Was aber kann Nietzsche wirklich mit der Metapher gemeint haben? Daß sich *uns*, die wir im „seichten" Alltag leben, die Welt entziehe? Aber warum sollte die Tatsache dieses Sich-Entziehens der Welt oder die unserer Unfähigkeit, diese zu erreichen – warum sollten diese zwei bedauerlichen Tatsachen, statt uns zu frustrieren, als positive Mysterien uns so tief ergreifen, daß wir sie in Dichtung und Musik feiern müssen?

Wenn Nietzsche gemeint, nein: sogar damit geprahlt hat, die äußerste agnostische Reife erworben zu haben, also die Reife, „Gottes Tod" zu proklamieren, so hat er sich da wohl einer Selbsttäuschung hingegeben. Denn Gottes „Transzendenz" und sein „ineffabile esse" hat er durchaus nicht aufgegeben. Vielmehr hat er diese „Attribute" – und das verbindet ihn sogar mit den Mystikern und Pantheisten – aus himmlischer Höhe in die Welt selbst verlagert, sie also säkularisiert und so nun *„Tiefe"* genannt.

Ehe er, und gewiß nicht grundlos, Wagners „Parsifal" als christliches Weihespiel, sogar als „Operette" verächtlich machte, hätte er in seine eigene Brust hineinblicken sollen. Wenn er, der auch heute nach hundert Jahren noch immer Tollkühnste unter uns Philosophen, diesen Blick – „Nietzsche contra Nietzsche" – gewagt hätte, dann hätte er auch in deren „Tiefen" Anfälligkeit für Parsifalismus und auch in seiner eigenen Sprache „Weihespielereien" entdeckt. Nicht nur Wagner hat seinen Gral gehabt. Ob er dann seine hieratischen Zarathustratexte noch zelebriert hätte, oder die bereits zelebrierten noch hätte aushalten können?

Nach meiner kurzen Rede sprach mich
der führende Gewerkschaftler G. an

G: „Sie sind ja notorisch dafür, lieber Doktor, daß Sie hinter Ihrer Maske eines extrem Linken ein recht konservatives, ja sogar unmodern maschinenstürmerisches Gesicht verbergen."

A: „Ich habe mein konservatives Gesicht niemals maskiert. Im übrigen sind mir Ihre Verdächte um so amüsanter, als mich ein bei Ihnen beliebter Publizist jahrelang des Gegenteils verdächtigt hat: daß sich nämlich hinter meiner ‚maschinenstürmerischen' Maske ein Stalinist verberge."

G: „Nicht die Möglichkeit! Wer war denn das?"

A: „Sie werden staunen! Professor Torberg."

G: „Der? Der Romancier? Der ist doch hochgeschätzt!"

A: „Von wem?"

G: „Von jedermann. Und weswegen hat er Sie – ich kann das immer noch nicht glauben – so, wie Sie es meinen: ‚verdächtigt'?"

A: „Das ist ganz einfach: Seit Jahren hatte ich die Herstellung und Lagerung atomarer Waffen bekämpft. Da ich das getan hatte, noch ehe die Sowjetrussen die Wasserstoffbombe besaßen, konnte ich das in seinen Augen nur zu deren Gunsten, nein: in deren Auftrag, nur von diesen bezahlt, getan haben, um gegen die USA, bei denen er liebkind war, zu hetzen. Der Gedanke, daß man die Massenvernichtungsmittel auch aus anderen Gründen bekämpfen könnte ..."

G: „Aus welchem zum Beispiel?"

A: „... der ist ihm offenbar ebenso fremd geblieben wie Ihnen. Im günstigsten Falle. Denn alles sprach dafür, daß er im Interesse von jemandem gesprochen hatte: daß er sein Publikum daran hat hindern wollen, diesen Gedanken zu denken ..."

G: „Das ist eine Unterstellung. Wenn es ein Mundstück der bürgerlichen Freiheit gegeben hat, dann ..."

A: „Aber das hat doch damals jeder Blinde mit dem Stock gesehen."

G: „Ich bin nicht blind!"

A: „Sie meinen: Sie sehen noch nicht einmal, daß Sie nichts sehen."

G: „Soll das eine Beleidigung sein?"

A: „Wo denken Sie hin? Bloß eine objektive Feststellung."

G: „Gottseidank. – Aber wer hatte nun recht? Er, als er Sie des Stalinismus verdächtigte? Oder ich, als ich Sie ‚konservativ' nannte?"

A: „Leider Sie. Ich bin tatsächlich ein Konservativer."

Er strahlte: „Hatt' ich's doch gewußt!"

A: „Nichts hatten Sie gewußt: Denn wenn ich ein Konservativer bin, so allein deshalb, weil es heutzutage nicht genügt, ‚die Welt zu verändern', vom Interpretieren zu schweigen. Weil wir sie zuallererst einmal bewahren müssen. In diesem Sinne bin ich, sind wir: die Gegner der Atomrüstung und der Kernreaktoren, *Konservative.* Also im Sinne von *Konservatoren.* Dagegen sind jene Produzenten, Förderer, Verwender und Befürworter dieser monströsen Geräte – und zu denen gehören ja auch Sie –, die sich für politisch konservativ oder liberal oder sozialdemokratisch halten, die wahren *terroristischen Revolutionäre von heute.*"

G: „Scherzen Sie nicht über so wichtige Angelegenheiten!"

A: „Ich bin der Allerletzte, der darüber scherzt!"

G: „Und warum sind wir ‚terroristische Revolutionäre'?"

A: „Deshalb, weil Sie – als Ungläubiger nehme ich diesen feierlichen Ausdruck nur sehr ungern in den Mund – *den Schöpfungsplan im Ganzen zu revolutionieren wünschen;* mindestens zu revolutionieren in Kauf nehmen. Im Unterschied zu den altertümlichen, heute hochgespielten Twens, die ‚nur' – was auch schon entsetzlich ist – Einzelpersonen bedrohen oder gar umbringen, scheuen die heute allein ernst zu nehmenden Terroristen, zu denen auch Sie gehören, nicht vor der Gefährdung der Menschheit, nein: allen künftigen Lebens zurück."

G: „Diesen Vergleich mit den Terroristen muß ich mir energisch ..."

A: „Wenn sich die Terroristen den Vergleich mit Euereins verbitten würden, würde ich das verstehen."

G: „Sie gehen wirklich zu weit!"

A: „Ich? Sie! Glücklich waren die Zeiten, in denen sich Revolutionäre auf den Versuch beschränkten, Gesellschaftssysteme zu zerstören. Neben den Erfindern der Wasserstoffbombe und den Politikern, die täglich als Vertreter der ‚nuklearen Verteidigung' mit dieser drohen, sind die Robespierres und die Stalins Waisenknaben gewesen."

G: (nach langem Schweigen) „So unrecht scheint ja dieser Torberg gar nicht gehabt zu haben."

A: „Na endlich! Dieser Ausruf war längst schon fällig."

G: „Und sind Sie nun wirklich ein Maschinenstürmer?"

A: „Aber natürlich bin ich einer."

G: „Ich habe noch nie einen Linken, von den gebildeten Linken zu schweigen, getroffen, der sich dazu bekannt hätte ... Im Ernst, wie meinen Sie das?"

A: „Das Wort war vor hundert Jahren, und mit Recht, ein Hohnwort gewesen. Heute darf es das nicht mehr sein. Die es noch heute als solches verwenden – und phantasie- und gewissenlose Fürsprecher der atomaren Bestückung der Kriegs- und Friedenswelt haben mir dieses Wort, um mich lächerlich zu machen, an den Kopf geworfen –, die heute noch dieses Hohnwort ihren Urgroßvätern nachplappern, die haben sich nicht auf dem laufenden gehalten, die beweisen, daß sie aufs lächerlichste, nein: *aufs entsetzlichste obsolet* sind."

Er blickte mich höchst verblüfft an.

A: „Jawohl, auch von Ihnen spreche ich. Die Maschinenstürmer vor hundert Jahren hatten das, was die Maschinen schneller und besser leisteten, weiter zu Hause leisten wollen. Sie *waren also nicht gegen die Produkte als solche gewesen, sondern gegen die maschinelle Herstellung der Produkte.* Davon kann heute keine Rede mehr sein. *Wir verlangen nicht, Atombomben oder Reaktoren in Heimarbeit herzustellen.* Was wir verlangen, ist vielmehr die Nichtherstellung von Atombomben. Wer diesen Unterschied nicht auffassen kann, der ist beschränkt. Und zwar aufs gefährlichste!"

G: „Unverschämtheit!"

A: „Diese ist heute Pflicht!"

Er war fassungslos.

A: „Was aber die Hohnwörter ‚Maschinenstürmer' und ‚Konservativer' betrifft, so trage ich sie wie Orden. Was wir tun, das tun wir nicht, um die Gewissenlosen zu beschämen, sondern um das Schlimmste zu verhüten. Die Menschheit erhalten zu wollen, ist nicht nur keine Schande, umgekehrt *die* Pflicht. Neben der andere Ziele: etwa die, diese oder jene Parteienmehrheit zu erhalten oder dieser und jener Industrie auf kurze Zeit Auftrieb zu verschaffen oder die Arbeitslosigkeit zu vermeiden, einfach läppisch sind!"

Da sprach er: „Das werden Sie bereuen." Und stand auf.

Besuch am Schreibtisch

„Woher weißt Du alles", fragte mich X, „was Du in Deinen Büchern aufgeschrieben hast?" Er war wohl, da er in meinem Arbeitszimmer kaum ein Buch entdeckte, nicht nur erstaunt, sondern auch mißtrauisch, so als müßte er mir eigentlich das Recht auf Einsichten absprechen. „Oder hast Du statt Lektüre viel empirische Feldarbeit betrieben? Experimente angestellt? Statistiken durchgeführt?"

„Nichts dergleichen. Was erst einmal das Fehlen philosophischer Bücher betrifft, so muß ich ein Geständnis machen. Ich habe deshalb keine, weil ich keine verstehe. Lesen fällt mir schwerer als Schreiben. Mich in fremden Wäldern, selbst auf von Freunden schnurgerade angelegten Parkwegen zu orientieren, bereitet mir viel größere Mühe als selbst einen Garten anzulegen, und wäre es ein Irrgarten, und mich in diesem zurechtzufinden. Und was die ‚Feldarbeit' angeht, so reicht mir das ungeheure Feld, das wir, jeder von uns, ohnehin minütlich vor Augen haben. Wer, um Phänomene wie die meinigen: das Fernsehen, die Art des heutigen Arbeitens oder die Angstlosigkeit der Weltbevölkerung in apokalyptischer Zeit, zu durchschauen, eines Laboratoriums bedarf oder einer Enquête oder einer Statistik, der beweist damit nicht nur, daß er auf beiden Augen blind ist, sondern auch, daß er sich selbst nichts zutraut. ‚Wissenschaftlich' ist nur das Tarnwort für Unselbständigkeit und Einfallslosigkeit. Im übrigen können wir sogar auf die Besichtigung des ‚Feldes', das wir, sofern wir leben, vor Augen haben, weitgehend verzichten: Empirie läuft auf Phantasielosigkeit hinaus. Als ich vor dreißig Jahren meine Analyse des TV vorlegte – und angeblich trifft diese auch heute noch zu –, hatte ich noch nicht ein einziges Mal ferngesehen. Die Anschaffung hätte ich mir gar nicht leisten können, Empirie wäre mir viel zu kostspielig gewesen. Was ich vom Hörensagen wußte, reichte vollständig, um mir das Weitere vorzustellen.

Die Phantasie ist das Auge von heute; namentlich seitdem die Welt durch erfinderische Phantasie selbst phantastisch geworden ist. Und was ich gekonnt habe, das müßte eigentlich jeder können. Einer Sonderbegabung bin ich mir nicht bewußt. Viel wahrscheinlicher ist es, daß die Majorität unter einem Sonderdefekt leidet. Warum sollten wir nicht fähig sein, uns dasjenige, was unseresgleichen er-phantasiert und verwirklicht hat, nach-zu-phantasieren? Also das, was sich die Erfinder ausgedacht hatten, ebenfalls auszudenken?"

„Vielleicht", räumte er ein, „vielleicht hast Du recht damit, daß wir Menschen fähig sein sollten, Menschengemachtes ‚nachzudenken'. Aber Deine Forderungen beschränken sich ja nicht auf solche Artefakte. So sollst Du Dich neulich ja sogar, obwohl Du, wie Du vorhin nicht ohne Selbstgefälligkeit zugegeben hast, in Naturwissenschaft ein blutiger Laie bist, über *Gravitation* ausgelassen haben. Und die gehört doch gewiß nicht zu den menschengemachten Dingen, sondern zur außermenschlichen Welt."

„Dein Einwand erschreckt mich nicht."

„Und warum nicht?"

„Weil diese Tatsache noch lange nicht bedeutet, daß wir Menschen ‚außerweltlich' seien."

„Was meinst Du damit?"

„Daß wir selbst Stücke der Welt sind und als solche z. B. auch der Gravitation unterworfen sind. Wäre es so abnorm, wenn wir als Teile und Teilhaber der Welt über das, dessen Teile und Teilhaber wir sind, ein wenig Bescheid wüßten?"

„Du spielst auf Plotin an? Und auf Goethe: ‚Wär nicht das Auge sonnenhaft'?"

„...-haft ist ganz falsch. Ist viel zu wenig. *Wir sind* nicht ‚welthaft', also von der Art der Welt. Sondern *selbst Welt.* Und *als Weltstücke wissen wir über die Welt Bescheid.* Der Hund, der dem ihm zugeworfenen Stück Wurst zielsicher entgegenspringt und dieses am richtigen Punkt und in der richtigen Sekunde aufschnappt..."

„Instinkt!" meinte er abschätzig.

„... ist ein bloßes Wort; dazu eines, das das Phänomen entwerten soll. Aber keine Erklärung."

Er zuckte mit der Schulter.

„Der Hund, der die Wurfkurve abzuschätzen weiß, der weiß eben Bescheid über die Gravitation. Keine einzige Bewegung könnte er durchführen, sein Blutkreislauf bliebe unmöglich, wenn er nicht imstande wäre, die Gravitation, also sein Gewicht einzukalkulieren."

„Du meinst also, er wisse etwas von Naturwissenschaften?"

„Nicht das mindeste. Aber etwas von Natur. Die er mit-ist. Also von sich."

„Und?"

„Quod erat demonstrandum. Was von ihm gilt, gilt mutatis mutandis natürlich auch von uns. – Da auch wir Natur sind... mit-sind. Wenn wir etwas vor dem Hund voraus haben, so vielleicht, daß wir Gewußtes zuweilen auch aussprechen können. Und das ist es, was auch ich zu tun versuche."

Bad Ischl.
Spaziergang mit Dr. L. vom Inhalatorium

Er „philosophierte" pausenlos und setzte als selbstverständlich voraus, daß die Welt in „belebte" und „unbelebte" Natur zerfalle.

„Hören Sie auf mit dieser Klippschulenunterscheidung!" unterbrach ich ihn schließlich.

„Warum Klippschulen?"

„Weil sie eine ontologische Seichtigkeit sondergleichen beweist!"

„Aber jedermann ..."

„Das beweist nichts. Können Sie mir denn sagen, worin ‚Sein' bestehen sollte, wenn nicht in ‚Lebendigsein'?"

Er stieß mit der Schuhspitze einen Stein vor sich her. „Und der?"

„Wenn Sie von dem aussagen, er *sei*, aber er sei leblos, worin besteht denn dann überhaupt der Zustand oder die Tätigkeit seiner *Seierei*?"

„Was meinen Sie mit der Frage, worin seine – was hatten Sie gesagt?"

„*Seierei*".

Er stieß ihn wiederum vor sich her. „Also woraus seine Seierei besteht? Aus chemikalischen Elementen natürlich!"

„Daraus besteht natürlich der Stein. Aber darin besteht nicht die Tatsache, daß er da-ist."

„Haarspaltereien!"

„Oder meinen Sie, die besteht in gar nichts? Die gebe es gar nicht? Und wir könnten ebensogut behaupten, er sei gar nicht? Und sein Sein und Nichtsein seien gleich?"

„Das natürlich auch nicht", gab er zu und wiederholte sein Spiel mit dem Stein.

„Na also!"

„Und deshalb würden Sie also behaupten, er sei belebt?"

Wir blieben vor dem Kiesel, der arglos dalag und keine Ahnung hatte, welcher Streit auf seinem Rücken ausgetragen wurde, stehen. Zu seinem großen Erstaunen schüttelte ich den Kopf. „Sie werden sich entscheiden müssen", meinte er. Er spürte Oberwasser.

„Daß *dieses* Stück belebt, also ein Organismus sei, das würde ich niemals behaupten."

„Sondern?"

„Daß es entweder ein *Konglomerat* von Lebendigem sei oder ein *Partikel.* Nein, sogar beides. Und zwar gleichzeitig. Und das sogar grundsätzlich!"

Da wurde er plötzlich ein Mensch. Denn er beugte sich hinunter und sprach: „Armer Stein, was du alles für Pflichten erfüllen mußt!"

Der Stein aber war zu sehr mit seiner Seierei beschäftigt, als daß er einen Dankespieps hätte von sich geben können.

Ein harmonisch und metrisch ganz anspruchsloses Lied, wohl von Silcher oder so, „Das kranke Kind", in trostlosem d-Moll. Aber mit Hallwirkung à la Hollywood. Und mit Hintergrundchor. Nein, nicht „Hintergrund". Denn den wortlos summenden Stimmen fehlen, wie in Debussys „Sirènes", Tenor und Bass; dadurch schweben sie gravitationslos in der Höhe – kurz: es sind singende Engel (von denen im Text keine Rede ist), die die Sterbende in himmlische Ränge (von denen ebensowenig die Rede ist) hinaufziehen.

Dazu kommt, daß der Arrangeur, um zu verhindern, daß wir in zu tiefen Schmerz absinken und um den Jammer zu schönen, die zweite Strophe um einen Halbton angehoben, also von d-Moll zu dis-Moll verschoben hat. Daß er das an sich sinkende Moll ansteigen läßt, ist schon allerhand, das läuft auf ein verlogenes Glücksversprechen hinaus, auf eine Ableugnung des Todes. Analog hat er die dritte Strophe von dis-Moll zu e-Moll hinaufverschoben, bis das Mädchen am Liedende seine Seele sogar in einen blühenden E-Dur-Dreiklang hinein aushauchen läßt – das Gis ist das endgültige happy-end der Sterbeszene.

Schwindeleien von solcher Niedrigkeit gibt es, außer im Geschäft und in der Politik, wohl nur in der Musik. Deren Tricks gehen deshalb durch, weil sie – sprachlose Sprache, die sie nun einmal ist – stets beteuern kann, nichts Bestimmtes behauptet zu haben; in anderen Worten: weil sie von Natur aus eine *Dimension des Alibis* ist. Der Arrangeur würde vermutlich, wenn man ihn einen schnöden Betrüger nennen würde, mit Empörung reagieren – was natürlich eine zweite Lüge wäre.

Radio. Abschluß des „Liedes von der Erde": „Ewig, ewig!"

I

Habe das Radio kurz vor dem Abschluß abgestellt. Das Gift dieser Musik war nachgerade unerträglich geworden. Das ewig sich wiederholende Absinken der Altstimme um eine große Sekunde, ohne daß es dieser vergönnt würde, in die Tonika einzumünden und in dieser zu ersterben, das begann mich opiathaft einzulullen.

Aber nicht minder unerträglich wurde mir die Wiederholung des *Wortes „ewig"*. Ob ich der Erste bin, der auf dieses Wort so allergisch reagiert? Wahrscheinlich der Erste, der den Finger auf die Giftigkeit dieser Vokabel legt. Aber bald werden die Gebildeten, analog zum „Tod Gottes", auch vom *„Tod der Ewigkeit"* sprechen. Die heute sich ausbreitende Angst davor, daß es mit uns: den Menschen, über kurz oder lang „aus" sein könnte, ist dem Fortleben des Pathoswortes nicht gerade günstig gewesen. Zuviel hat sich in den letzten Jahrzehnten als „un-ewig" entpuppt. Und wenn wir einem Bereich Ewigkeit noch zuerkennen, dann höchstens noch dem *toten Seienden:* etwa dem kahl um die Sonne rotierenden Globus.

Aber da greife ich vor.

Eigentlich widersprach das Wort „ewig" dem für das neunzehnte und auch noch für unser Jahrhundert charakteristischem Zeit- und Lebensgefühl, das sowohl dem Fortschrittsglauben, wie dem Entwicklungsglauben, wie dem Historismus entstammte. Wenn die Vokabel trotzdem so glatt aus der Religion in die säkulare Lyrik und Musik hatte eindringen und sich in dieser so fest hatte halten können, so deshalb, weil sie (im Unterschiede etwa zu dem Worte „Gott") dogmatisch nichts Bestimmtes zu präjudizieren scheint. Zumindest nichts Supranaturales. Selbst Atheisten können die Zeile „O Ewigkeit, du Donnerwort!" mitverstehen, sogar sich durch diese betroffen fühlen. Gleichviel. Die Substrate, denen Ewigkeit ehemals zugesprochen worden war, sind ausgewechselt worden: weder Gottes Ewigkeit, noch die Unsterblichkeit der Seele, noch die Zeitneutralität der Ideen ist in den dieses Wort verwendenden lyrischen Dichtungen der vergangenen hundert Jahre heraufbeschworen oder gepriesen worden, sondern stets *die Ewigkeit der* (mehr oder weniger monistisch vorgestellten) *Natur.* Das gilt auch von der „Ewigkeit", die im „Lied von der Erde" besungen wird; und im Konzertsaal sitzen Mahlers Zeitgenossen Haeckel und Bölsche und nicken beifällig.

II

Ewigkeit=Ewigkeit der Natur galt übrigens auch schon von Nietzsches „Ewigkeit". Diese war freilich ein Fall für sich, weil sie einen (sonderbarerweise von keinem post-Nietzscheaner aufgenommenen) archaisch-griechischen Sinn hatte. Denn nicht deshalb galt ihm die

Welt als ewig, weil sie sich ad infinitum immer weiter, oder gar vorwärts bewegte, sondern umgekehrt deshalb, weil sie gewissermaßen uhrzeigerhaft nach Absolvierung ihres kosmischen Pensums dieses selbe Pensum immer wieder von vorn anfangen und zyklisch wiederholen mußte. Wenn der Ausdruck „mußte" trifft: in Nietzsches Augen ist ja die *„ewige Wiederkunft"* kein kosmischer Fluch, sondern, wie seine Lieblingsdevise *„amor fati"* (die nicht außerhalb seiner Lehre von der ewigen Wiederkunft gesehen werden darf) beweist, etwas durchaus Positives, wenn nicht sogar *das* Positive schlechthin. Darin hat er wohl als Einziger den Hauptlehren und den mit diesen verbundenen Hauptgefühlen seines Jahrhunderts: denen Hegels, Darwins und denen der bürgerlichen und proletarischen Vertreter des Progreß- und Evolutionsglaubens widersprochen. Da er die Welt *nicht als in der Zeit, sondern die Zeit als in der ewigen Welt* befindlich betrachtete, waren alle seine Betrachtungen in der Tat *„unzeitgemäß"*.

III

Die Vokabel ist dann reibungslos in den Wortschatz des Jugendstils (ohne den es das „Lied von der Erde" nicht gegeben hätte) hineingeglitten. So war z. B. die pseudoreligiöse, aus Raum, Sonne und Nacktheit bestehende Welt von Fidus auf geradezu *penetrante Art „ewig"*. Und ebenso glatt ist dann die Vokabel aus dem Jugendstil in das Vokabular des pseudoreligiösen Expressionismus hineingewandert. Erst in den Zwanziger Jahren, als die miserable Nachkriegswelt die strahlende Ewigkeit Lügen strafte, hat das Wort seine Pathoskraft eingebüßt. Ich glaube nicht, es auch nur in einem einzigen meiner nach 1920 geschriebenen Gedichte verwendet zu haben (vorher hatte ich es maßlos strapaziert). In Brechts umfangreichem lyrischen Opus kommt es meines Wissens auch nicht mehr vor; hätte man ihn darauf aufmerksam gemacht, dann hätte er voll Genugtuung die Hände gerieben. Heute ist das Wort nur noch eine beteuernde Pathosvokabel, das Monopol von geschichtlich instinktlosen, geistig und emotional zurückgebliebenen kleinbürgerlichen Dichterlingen, deren Nasen selbst heute noch nicht den Hautgoût, der dem Worte längst schon entströmt, wahrnehmen.

Was von den Dichtern gilt, gilt von den Denkern ebenfalls: unter den ernst zu nehmenden kenne ich keinen einzigen, der sich an diesem Worte noch metaphysisch aufgeilte oder der so dümmlich wäre, zu glauben, mit dessen Hilfe jemanden hinter dem Ofen hervorlocken zu können.

Abgeschafft worden ist die Vokabel freilich nicht. Abschaffungen finden nur in offenen Diktaturen statt. Vielmehr ist sie, wie viele ihresgleichen (z. B. wie die Wörter „Tugend“ oder „begnadeter Künstler“ oder „ideal“) sanft in die „Ewigkeit“ eingegangen, ohne daß irgendwer davon Notiz genommen hätte. Notiz von den Lücken nehmen ausschließlich die nach einem halben Jahrhundert heimkehrenden Emigranten. – Jedenfalls habe ich das „Lied von der Erde“ verfrüht abgestellt und das fatale Wort in meine „Proskriptionsliste“ aufgenommen.

IV

Im Begriff der „Ewigkeit“ hatten sich ganz verschiedenen Plätzen entsprungene Quellen vereint. Der Begriff war überdeterminiert. Als „ewig“ hatte im Laufe der Geschichte (u. a.) gegolten:

1. der angeblich unverändert und unveränderbar auf gleicher zyklischer Bahn rotierende Sternenhimmel
2. die nicht erzeugten und nicht zerstörbaren platonischen Ideen nebst den Wahrheiten der Mathematik und der formalen Logik
3. Gott als selbst nicht sterblicher Schöpfer seiner sterblich gemachten Geschöpfe
4. die Spezies der Lebewesen
5. die unsterbliche Seele des Menschen
6. die nicht endende Dauer der Höllenstrafen
7. die Gültigkeit der Naturgesetze
8. die Gültigkeit des Naturrechts, des Dekalogs, der sog. „Grundwerte“
9. Bestand von Herrschaftsverhältnissen
10. der Schönheitskanon der Klassik.

Wenn sich ein Strom aus so vielen und so verschiedenen Quellen speist, dann ist die Gefahr, daß er versiege, sehr gering. Und es ist vielleicht unfair, Mitmenschen, selbst Mit-Philosophen, zuzumuten, die für die Anzweiflung des Sinnes des Begriffs erforderliche Unvoreingenommenheit aufzubringen. Die zehn Modelle von Ewigem sind durchweg unglaubhaft geworden und haben sich durchweg als nichtewig entpuppt. Das im einzelnen nachzuweisen, erspare ich mir. Nur zwei der Modelle greife ich heraus:

1. Die Ewigkeit der Ideen ist uns, die wir als Kinder des technischen Zeitalters täglich neue Ideen, die es gestern nicht gegeben hatte, selber schaffen und die Erfahrung machen, daß diese Modelle genauso sterblich oder zerstörbar sind wie die ihnen nachgebauten Produkte, fremd geworden.

2. Ebensowenig können wir heute noch die lebenden Spezies als „ewige“ Modelle akzeptieren: bereits deshalb nicht, weil täglich einige von ihnen aussterben, bzw. durch uns ausgerottet werden – was den Gedanken, daß die „ewigen Ideen“ von ausgerotteten Spezies auch heute noch irgendwo „herumwesen“, absurd macht. Auch deshalb nicht, weil wir seit der Evolutionstheorie die Spezies nicht mehr als bei „Weltbeginn“ ein für alle Male vorgeprägte und sich gleichgebliebene patterns ansehen können, sondern als Resultate von zahllosen Mutierungen; und natürlich auch deshalb nicht, weil wir uns ja instandgesetzt haben, uns selbst auszurotten, mithin als Spezies vielleicht nicht mehr weiter, geschweige denn definitiv, existieren werden.

V

Unterstellt selbst, es gebe etwas, das ewig wäre: einen im Dauerbrodeln dieser Welt wie ein Fels feststehendes Etwas, dessen „Sein“ mit „Bleiben“ zusammenfiele – warum sollte dieses der Zeit Enthobene auf unsere Ehrfurcht größeren Anspruch erheben dürfen als Sterbliches? Warum sollte der Fels besser sein als der Strom oder der Ozean? *Warum ist das Attribut „ewig“ besser als das Attribut „zeitlich“*? Versteht sich das denn von selbst? Oder ist diese Wertung nicht ein Vorurteil, von dem uns freizumachen, uns durch unsere jüdisch-christliche und unsere griechische Tradition schwerfällt? Zielt nicht der Buddhist darauf ab, die *ewige* Kette der Inkarnationen endlich einmal zu durchschneiden? Bedeutet das nicht, daß er die *Ewigkeit als* eine *Misere* ansieht? Und ist nicht vielleicht die molussische Hypothese, daß Ewigkeit allein demjenigen Seienden zukomme, das *der Zeitlichkeit unfähig, also tot* sei, erwägenswert? Warum sollte uns eine solche Unfähigkeit mit mehr Ehrfurcht erfüllen und auf unsere Lobpreisung größeren Anspruch haben als das sterbliche Lebendige?

VI

Die Unterscheidung zwischen „aeternitas“ und „sempiternitas“ ist mir natürlich nicht unbekannt. Auch ich unterliege emotional noch der Diktatur dieser Unterscheidung (obwohl ich diese als ein Vorurteil verdächtige); auch ich würde es als mindestens abgeschmackt, letztlich wohl sogar als blasphemisch, empfinden, wenn das „Lied von der Erde“ statt mit „ewig, ewig!“ mit „semper idem“ (seit Jahrzehnten der Werbeslogan einer Schnapsfirma) ausklänge. Fraglich ist es nur eben, ob die Unterscheidung zwischen „ewig“ und „immer“ rechtmäßig sei, ob ihr auch wirklich ein Unterschied zugrunde liege, ob die distinctio auf einer reellen differentia beruht. Und da neige ich eben zum Nein.

VII

Wir müssen uns von dem Pathos- und Feierlichkeits*vorurteil,* das wir mit dem Worte verbinden, endgültig freimachen. Und nicht nur damit aufhören, uns von diesem weiter metaphysisch erhitzen zu lassen, wie das das „Lied von der Erde“ noch zu tun versucht, sondern es lernen, ihm gegenüber kalt zu bleiben. Offenbar habe ich das Vorurteil, obwohl von ihm noch immer beeindruckbar – emotionale Vorurteile lassen sich eben noch schwerer über Bord werfen als theoretische –, schon weit hinter mir zurückgelassen und bin dem leisen Nachklang gegenüber, der mich noch erreicht, schon tief mißtrauisch: Denn die Schlußworte des „Liedes von der Erde“ habe ich ja nur noch als Beteuerung gehört oder wie einen Versuch, mich in Versuchung zu führen. Und dieser Versuchung habe ich ja widerstanden, das Radio abgestellt und, statt deren Süße zu verfallen, diese Reflexionen niedergeschrieben.

VIII

Seit wir das Seiende nicht mehr griechisch als räumlich Bleibendes uns vorstellen, sondern als einen Prozeß – schon Hegel hätte für seine Philosophie den Titel „Sein und Zeit“ wählen können –, dürfte als „*ewig*“ allein die Tatsache gelten, daß sich das Seiende *unaufhörlich verändert;* also absurderweise *die Zeit selbst.* (Daß Gottfried Benn, eine Generation *nach* Mahler, aus dessen „Ewigem“ das, nun von Hindemith komponierte, „Unaufhörliche“ gemacht hat – aber wie lange ist auch das schon wieder her! – ist kein Zufall gewesen.) In anderen Worten: „ewig" sind allein die zwei Tatsachen, daß die Zeit ihren Fortgang niemals unterbricht, daß es kein nunc stans gibt und daß sie nicht chiliastisch abbricht. *Aus dem Gegenteil von Zeit ist die Ewigkeit nun zu deren Charakter geworden;* das Wort bezeichnet nun statt des Bleibens nur den *„progressus in infinitum"* – natürlich nicht „Fortschritt", auch nicht im Sinne von „ewiger Wiederkunft", sondern einfach im Sinne von „Weitergang".

Ganz abweisen können wir freilich den Gedanken des Zeitendes (und damit auch den des Endes dieser „Ewigkeit") deshalb nicht, weil eben der Untergang der Menschheit denkbar ist, und dieser auf den *Untergang von Zeit und Ewigkeit* hinauslaufen würde. *Zeit gibt es vielleicht nicht ewig.* Und auch Ewigkeit nicht. Der Mensch ist nicht – mit Heidegger – der Hirte des Seins. Sondern der Hirte der Zeit. Und sogar der Ewigkeit, da diese nirgends mehr sein wird, wenn einmal wir nicht mehr da sein werden.

IX

Der Hauptmann im „Woyzeck" wird von Woyzeck rasiert und bittet diesen darum, sich Zeit zu nehmen. „Er hat noch seine schöne dreißig Jahr zu leben, dreißig Jahre! macht dreihundertundsechzig Monate und Tage, Stunden, Minuten! Was will er denn mit der ungeheuren Zeit all anfangen? ... Es wird mir ganz angst um die Welt, wenn ich an die Ewigkeit denke. Beschäftigung, Woyzeck, Beschäftigung! *Ewig das ist ewig, das ist ewig, das siehst du ein;* nun ist es aber wieder nicht ewig und das ist ein Augenblick, ja, ein Augenblick. – Woyzeck, es schaudert mich, wenn ich denke, daß sich die Welt in einem Tag herumdreht, was eine Zeitverschwendung, wo soll das hinaus? Woyzeck, ich kann kein Mühlrad mehr sehn, oder ich werd melancholisch."

Aufwachend

Einmal dazusein, nein: dagewesen zu sein, und das ausgerechnet als Mensch und ausgerechnet hier und ausgerechnet heute, und ausgerechnet als ich – und sich bei dieser Häufung von Kontingenz als Mittel- und Höchstpunkt der Welt zu benehmen, das ist einfach läppisch.

Philosoph sein bedeutet, die Komik dieser Prätention jeden Augenblick spüren. Ohne Sinn für Komik ist niemand des Namens „Philosoph" würdig.

Las in Lukács' Ästhetik

Bald fortgelegt! Wie banal! Ist das wirklich *seine* Banalität gewesen? Dem molussischen Schauspieler L. hatte der Gott Bamba zu spielen nur unter den zwei Bedingungen zugestanden: daß dieser sich auf eine einzige Rolle beschränke, nämlich auf die eines Schmierenschauspielers, und daß er in dieser Rolle en suite auftrete. L. war so bühnensüchtig, daß er die zwei Bedingungen ohne zu zögern annahm. In der Tat spielte er bei der Premiere seinen Schmierenschauspieler, namentlich dessen großen Monolog, mit solcher Verve, daß er umjubelt wurde. Aber sehr lange hielt dieser Jubel nicht an. Je hinreißender er nämlich seinen läppischen Monolog deklamierte, um so weniger war sich das Publikum im klaren darüber, ob L. ein großer Schauspieler, der einen Schmierenschauspieler hervorragend verkörperte, oder ob er nicht einfach selbst ein Schmierenschauspieler war. Gleichviel, eines Abends gab es erste Buhrufe und die Zahl solcher Buhrufe steigerte sich von Abend zu Abend. Aber vielleicht hatten diese Unzufriedenen gar nicht so unrecht, vielleicht sogar von Abend zu Abend weniger unrecht. Je länger L. seine Rolle spielte, um so mehr benahm er sich nämlich auch außerhalb des Theaters wie ein Schmierenschauspieler, so daß seine Kollegen seine Gegenwart mieden. Vermutlich hatte er sich an dem von ihm Verkörperten angesteckt, bis er schließlich identisch mit diesem geworden war. Offenbar konnte er das ursprünglich hohe Niveau seines Spielens von dem niedrigen Niveau der von ihm gespielten Figur nicht mehr unterscheiden. Sogar auf seinem Sterbebett hat er noch den großen Monolog aus seiner Rolle deklamiert – und dabei soll er durchaus nicht wie einer gewirkt haben, der sich über sich selbst lustig machte. Und die ihn zu Grabe trugen, sollen sogar uneinig über das Gewicht des Leichnams gewesen sein.

Kant-Erinnerung

Glaubte mich heute früh vage daran zu erinnern, daß meine widersinnig klingende Behauptung, unsere für Erfahrung notwendigen apriorischen Formen seien selbst nicht notwendig, schon von Kant ausgesprochen worden sei. Nach vielstündiger desorientierter Sucherei bin ich fündig geworden. Hier die erstaunliche, in ihrer Entschiedenheit unüberbietbare Stelle (Kritik d. reinen Vernunft, Elementarlehre II. Teil, I. Abtl. 1. Buch, 2. Hauptstück): „Von der Eigentümlichkeit unseres Verstandes aber, nur vermittels der Kategorien und nur gerade durch diese Art und Zahl derselben Einheit die Apperzeption a priori zustande zu bringen, läßt sich ebensowenig ... ein Grund angeben, als *warum wir gerade diese* und keine andere *Functionen zu urtheilen* haben, und *warum Zeit und Raum die einzigen Formen unserer möglichen Anschauung sind.*" Die zwei Wörter „warum ... gerade" bezeichnen, mindestens indirekt, die Kontingenz. Sie besagen: *Die Tatsache, daß es gerade diese apriorischen Formen der Erfahrung gibt,* die bleibt selbst unbegründbar; richtiger: *ist selbst ein nur aposteriorisch feststellbares Faktum.*

Analog meine ich, um zweihundert Jahre verspätet: Wie offenbar es auch sein mag, daß die diversen Fähigkeiten des Menschen (Sprache, aufrechter Gang, Geselligkeit, Arbeit, etc.) nicht nur empirisch feststellbare und nur zufällig gekoppelt auftretende Einzelzüge sind, sondern einander bedingen und ein in sich zusammenhängendes und einsehbares System bilden, so evident ist es doch andererseits, daß die *Existenz von Wesen,* in denen diese Systematik sich verwirklicht, *nicht notwendig* ist, daß also *die Tatsache unserer Existenz eine kontingente* bleibt.

Freilich können wir – wie widerspruchsvoll das auch klingen mag – von dieser Tatsache nicht behaupten, daß wir von ihr nur aposteriori wüßten. Diese Behauptung wäre deshalb falsch, weil es zum „Wesen" von uns kontingenten Wesen gehört, die Tatsache, daß wir *da* sind und *so* sind, *wie* wir sind, und sogar *die* sind, *die* wir sind, selbstverständlich zu finden. Den Zufall erfahren wir also nicht als Zufall, nicht in aposteriorischer Erfahrung, vielmehr als eine absolute Selbstverständlichkeit: *jedes Individuum ist sich selbst apriori da.* Diese Illusion der Selbstverständlichkeit teilen wir vermutlich mit allen Lebewesen, mit jedem Protozoon, jeder Ameise, jedem Walfisch, jeder Rübe und was es an von uns als solche nicht erkannten Lebewesen sonst noch auf der Welt geben mag. L.'s Hündchen Gasparone ist, das kann ich beschwören, im Aufwachen noch nie darüber verwundert oder gar erschrocken gewesen, daß er ausgerechnet *er* (einmal auf der Welt und dann gerade *er*!) ist. Ein dem Grabbeschen Wort: „einmal auf der Welt, und dann ausgerechnet als Klempner in Detmold!" entsprechendes Wort könnte er niemals aussprechen. Das chimärische Apriori ist also durchaus kein anthropologisches Monopol, im Gegenteil: wenn es hier ein Monopol gibt, dann besteht es umgekehrt in der Tatsache, daß einige von uns, gewissermaßen „*ontologisch Verrückte*", fähig sind, ihr kontingentes Da- und Sosein als erstaunlich zu erkennen; die also die „*ontologische Freiheit*" besitzen, von der angeblichen Selbstverständlichkeit des Ich-Seins Abstand zu nehmen. Diese Verrückten heißen „Philosophen". Natürlich behaupte ich nicht etwa, daß alle Menschen diese Freiheit besitzen, wohl aber halte ich es für möglich, aber vielleicht ist auch das schon ein Zeichen von anthropologischem Größenwahn –, daß es unter anderen Lebewesen den Kontingenzschock *nicht* gibt und daß *wir Menschen,* da wir diesen Schock erfahren können, *die „Philosophen unter den Tieren"* sind. Und *in doppeltem Sinne „Philosophen" sind diejenigen* unter uns, die nicht nur dann und wann, in vorübergehenden „Kontingenz-Anfällen" über ihre Kontingenz verblüfft sind oder erschrecken oder von dieser – auch diesen amor fati soll es ja geben – entzückt sind, sondern diejenigen, *die unfähig bleiben, diesen Schrekken auch nur einen Augenblick lang loszuwerden. Philosophieren ist in der Tat ein stupor ininterruptus.* Es beginnt nicht nur, mit Aristoteles, als Staunen. Es setzt sich fort als *Nicht-nichtstaunen-können.*

Natürlich haben wir Menschen, sofern wir (was unfeststellbar ist) die einzigen Lebewesen sein sollten, die so „frei", also fähig sind, von ihrem Gerade-ich-sein zu abstrahieren und sich selbst nicht als apriori vorzukommen, kein Recht darauf, auf dieses Monopol stolz zu sein. Kein Mensch kann etwas dafür – auch *das* gehört zu seiner Kontingenz –, als Mensch (also mit dem Monopol, seine Kontingenz zu erkennen) zur Welt gekommen zu sein. Und warum sollte Erschrecken-können oder gar -müssen ein Ehrentitel sein? Wer sich mit dieser „Sonderstellung" des Menschen im Kosmos brüsten würde, der würde sich (wenn es eine höhere Instanz gäbe, vor der man sich blamieren könnte) metaphysisch blamieren.

Aber kehren wir zu unserem Hauptgedanken zurück: zu unserer Beschränkung auf „Gelegenheitsphilosophie". Da nicht nur das Dasein dieses oder jenes Individuums oder dieser oder jener Spezies in der Welt nicht notwendig ist, da es vielmehr auch *plausibler* wäre, wenn es überhaupt keine Welt gäbe, als daß es, wie es unerhörter- und ungehörigerweise der Fall ist, sie gibt, haben wir *auch* die Ontologie zur bloß empirischen Wissenschaft zu degradieren; oder ihr, wenn wir sie noch als „Philosophien“ bezeichnen, den Namen “*Gelegenheitsphilosophie*“ zu geben. Freilich kenne ich keinen Denker, der diese einleuchtende Schlußfolgerung gezogen oder gar programmatisch ausgesprochen hätte. Offenbar ist ihre Angst so groß wie die vor der Selbstdegradierung. Gleichviel, auf den Namen „Philosophie“ kommt es nicht an. Wenn wir ihn nicht mehr verwenden wollen, sollen oder dürfen, das wäre auch kein Unglück – außer vielleicht für jene Männer, die ihr Leben nicht aushalten, wenn sie sich nicht durch Zugehörigkeit zu einer bestimmten Fakultät identifizieren.

Diejenigen Denker, die, von Leibniz bis Heidegger (und wahrhaftig mit vollstem Recht), darüber gestaunt haben, und die aus dem Staunen darüber, daß „es Seiendes gibt und nicht vielmehr nichts“, niemals haben herausfinden können, die haben also über ein *empirisches Faktum* gestaunt; über ein nicht notwendiges, nein: über eines, das nicht nur auch nichtsein könnte, sondern dessen Nichtsein, wenn dieses „bestünde“, eigentlich „natürlicher“ und plausibler wäre als dessen unbestreitbares Doch-sein (s. dazu d. V. „Kosmologische Humoreske“, Ffm. 1978, S. 7 ff.). Dasjenige, worüber die Philosophen von Leibniz bis Heidegger gestaunt haben, das war also ein Faktum, das „eigentlich“ (das heißt: wenn die Gesetze der Logik, z. B. „ex nihilo nihil“, in voller Kraft wirksam wären) gar nicht bestehen dürfte und das deshalb „eigentlich“ auch gar nicht zum Gegenstand des Philosophierens gemacht werden kann – kurz: ein *absurdes Faktum*. Es ist wahrhaftig kein Zufall, daß die Kategorie des Absurden, die nie zuvor eine entscheidende Rolle gespielt hatte, nein: einfach nicht „dagewesen“ war, nun, etwa vor vierzig Jahren, in den Vordergrund getreten ist. Von dem Augenblick an, in dem die Denkenden aus der (längst schon durch den Siegeszug der Naturwissenschaft geltenden, aber nicht eingesehenen) Tatsache von Gottes Tod ihre Konsequenz zogen, war die Welt keine „geschaffene“ mehr, sondern einfach ein grund- und nutzlos herumexistierendes Etwas. Also ein absurdum.

Wo und durch wen autorisiert stünde es denn geschrieben, daß es Philosophie „geben“ müsse? Im zweiten Bande meiner „Antiquiertheit des Menschen“ habe ich es ausdrücklich offengelassen, ob die Art meines Denkens noch „philosophieren“ genannt werden könne, dürfe oder solle. Dem „Tode“ des Wortes „Philosophie“ würde ich keine Träne nachweinen. Man hatte ja auch „philosophiert“, ehe dieser griechische Name sich durchsetzte. Ich bestreite freilich nicht, daß meine Skepsis gegenüber der Rechtmäßigkeit von Philosophie die bisherigen philosophischen Zweifel übertrifft, da diese ja – vielleicht mit den großen Ausnahmen Pyrrho und Descartes – im Rahmen von Philosophie ausgebrochen waren, deren Existenzrecht die Philosophen nicht bezweifelt hatten.

Andererseits hat natürlich meine Skepsis gegenüber der Rechtmäßigkeit oder der Möglichkeit von Philosophie nichts gemein mit der positivistisch-wissenschaftsgläubigen Bezweiflung des Sinnes und der Legimitität von Philosophie. Mit dem Verhältnis Philosophie/Wissenschaft haben meine Überlegungen nichts zu tun, wie denn die Wissenschaften innerhalb meines Erfahrungs-, Tätigkeits- und Denkhorizonts im besten Falle eine ganz periphere Rolle gespielt haben. Umgekehrt halte ich die Einzelwissenschaftler, die den Wahrheitsanspruch oder die Wahrheit von Philosophie mit ihrer eigenen Elle messen zu können und zu dürfen glauben, obwohl sie ja selbst (wenn zumeist auch ahnungslos) philosophische Voraussetzungen oder Vorurteile vertreten, für Dilettanten oder für komische Dogmatiker.

Immer wenn mich solche Dogmatiker verhöhnen, dann trete ich prompt als konservativster Metaphysiker auf, um die Höhnenden noch mehr zu reizen: Als *„ancilla scientiarum“ ist die Philosophie nicht minder tief entehrt denn als „ancilla theologiae“*. Und die Befreiung oder das Freibleiben der Philosophie von dem Herrschaftsanspruch der Wissenschaften ist genauso erforderlich wie die (auch heute noch nicht ganz gelungene) Befreiung von dem Herrschaftsanspruch der Theologie. Sogar erforderlicher, also unabdingbar: denn eine mit der weltzerstörenden Macht der heutigen Wissenschaften vergleichbare Macht hat ja kein Glaube und keine Kirche jemals besessen. Nicht „ancilla“ zu sein, ist also heute nicht nur ein die „Würde“ der Philosophie betreffendes Gebot, sondern eines, das die Weiterexistenz der Menschheit betrifft.

Vor mehr als einem Jahrhundert hat Marx das Ende der Philosophie, und zwar als frohe Botschaft, vorausgesagt – mindestens erhofft –, womit er, Philosophie und Hegelsches System identifizierend, das Ende des philosophischen Systems gemeint hat, das durch den Triumph der Revolution, also durch die Verwirklichung des „Reiches der Freiheit“, überflüssig gemacht sein würde.

Als er das Ende der Philosophie voraussagte, setzte deren Niedergang in der Tat bereits auf breiter Front ein. Freilich nicht in dem von Marx gemeinten Sinne. Gleichviel, das geschah teils dadurch, daß sich ihre Töchter: die Naturwissenschaften an ihre Stelle schoben, teils dadurch, daß die Philosophie selbst, eingeschüchtert durch die unvergleichliche Methodenstrenge und die triumphale Verwertbarkeit der von ihren Töchtern gemachten Erfindungen, jeden Stolz beiseite schob und versuchte, es ihnen gleichzutun: sich also selbst in eine von ihnen, in eine „Wissenschaft" zu verwandeln. Selbst der Philosophie Husserls kann der Vorwurf nicht erspart bleiben, daß sie, sich erniedrigend, versucht habe, sich zur Wissenschaft unter anderen zu machen, also sich zu „vertöchtern".

Newsweek:
Gerüchte über Uran-Diebstähle in den USA

Bis vor kurzem war ich überzeugt davon gewesen, daß es heute keine Revolution mehr geben könne, weil Revolutionäre niemals über Armeewaffen ebenbürtige Waffen verfügen: nicht über Panzer, nicht über große Geschütze, nicht über schwere Bomber; daß das *Gefälle* zwischen dem Rüstungsstand des Staates und dem, selbst optimalen, möglicher Revolutionäre *so* groß sei, daß es zu einer erfolgreichen Revolution niemals mehr würde kommen können, daß wir mithin nun in einem endgültig nachrevolutionären Zeitalter leben – was natürlich nicht bedeuten konnte: in einem Zeitalter nach stattgefundenen Revolutionen, sondern in einem nach *möglichen* Revolutionen.

Hatte ich gemeint. Aber mit Recht? Wie ist unsere heutige Situation?

Einerseits sind die heutigen Waffen zu monströsen, gewissermaßen „*absoluten*" geworden, d. h. zu solchen, mit deren Hilfe wir, modo negativo omnipotent, die Menschheit auslöschen können. Andererseits gibt es Terrorismus in internationalem Ausmaß, und dieser ist stetig im Wachsen. Haben wir nicht durch die Gleichzeitigkeit dieser zwei Tatsachen ein neues geschichtliches Stadium erreicht?

Wer sich auf das Zurückblicken beschränkt, der wird diese Gleichzeitigkeit als ganz zufällig ansehen. Aber dieser „Blick zurück" ist beschränkt. Was zählt, ist nicht nur, ob zwei Phänomene einer und derselben *Wurzel* entspringen, sondern auch, ob sie, obwohl verschiedenen Wurzeln entstammend, *zusammen einen einzigen Effekt* ausüben können. Und das ist der Fall: Terrorismus *im* Atomzeitalter ist etwas anderes als Terrorismus *und* Atomzeitalter. Das gilt um so mehr, als die Möglichkeit des gemeinsamen Effekts das *Wesen unserer Epoche* ausmacht und als *dieses Wesen in der Macht besteht, das Leben universell auszulöschen;* und daß das universell gilt, d. h. *daß sich jedermann, jeder Terrorist, in den Besitz dieser Macht setzen könnte.*

Die Gleichzeitigkeit der zwei Phänomene als zufällig zu bezeichnen, ist also (auch wenn man den Begriff des „Zufalls" daraufhin umdefinieren müßte) sinnlos, in gewissem Sinn sogar unmoralisch. Konkret: Im Unterschied zu den vorgestrigen (in imperialistischen Nebenkriegen auch heute noch eingesetzten) „*konventionellen*" Großwaffen können *die wirklichen Größtwaffen in die Hände von Terroristen fallen.* Im Unterschied zu Geschützen, Panzern oder Bombern sind Uranium, bzw. Plutonium *stehlbar.*

Außerdem wird bald jeder bessere Klempner in der Lage sein, „kleine" Atomwaffen – was heute so „klein" heißt – zusammenzulöten. Wird solche Bedrohung abgewehrt werden können? Kaum. Selbst ein totalisierter Atomstaat würde sich vermutlich nicht als fool-proof bewähren. Und das bedeutet, daß sich das Gefälle zwischen den in Staatshänden liegenden monströsen Waffen und denen der Terroristen vermindern wird, sich bald eingeebnet haben wird – wenn es sich nicht sogar „*umdrehen*" wird. Damit meine ich folgendes: die Wahrscheinlichkeit, daß sich Regierungen in einem ausbrechenden Bürgerkrieg der „absoluten Waffen" bedienen würden, ist ganz klein. *Die Waffen wären unpraktisch, weil zu groß.* Die Verwender würden sich, da sie sich selbst mit in den Abgrund reißen würden, auf die kleineren Waffen beschränken, da diese die besseren, nein: die einzig möglichen wären. Dieser dialektische Umschlag des Großen ins zu Große und dadurch Unverwendbare und der des Kleineren ins Brauchbarere hatte sich zwar seit Erfindung der schweren Artillerie (die in Bürgerkriegen auch nur selten verwendet wurde) vorbereitet, ist nun aber erst zu voller Wirklichkeit ausgereift. Natürlich darf man, nein: muß man unterstellen, daß sich auch die Terroristen oder Desperados dieser neuen Dialektik bewußt sind. Aber das bedeutet natürlich nicht, daß sie aus ihren Einsichten die Konsequenz des Verzichts ziehen würden. Umgekehrt glaube ich, daß herostratische Versuchungen um so größer werden, je größer das Zerstörungspotential ist, daß die Versuchung schließlich unwiderstehlich werden wird: daß also irgendwer irgendwann irgendwo das, was er tun kann, auch wirklich tun *wird*, und das nicht nur deshalb, weil er es kann, sondern deshalb, weil der Effekt der denkbar monströseste wäre. Das Gefälle zwischen den in Staatsländern liegenden Monsterwaffen und denen der Terroristen könnte sich also u. U. *nicht nur ausgleichen, sondern umkehren.* Vielleicht werden die Terroristen Waffenüberlegenheit erwerben.

Aus einem Interview 1980

„Sie sind also mit dem Effekt Ihres Hierseins . . "

„Hiergewesenseins . . ."

„Sie sind also mit dem Effekt zufrieden?"

„Effekt? Das weiß ich freilich nicht. Vielleicht hat es nur ein Echo erzeugt, einen gewissen Grad von Bekanntheit. Aber *bei wem* ist man denn schon bekannt? Bei denen, die das Schicksal der Welt dirigieren? Vielleicht bleibt mein Hiersein völlig wirkungslos. Adorno ist hochberühmt geworden, aber er hat nicht das Mindeste bewirkt. Außer daß tausend Jüngere seinen Jargon nachplapperten."

„Hat er denn, der die Unmöglichkeit von Praxis und die Unmöglichkeit der Einheit von Theorie und Praxis gepredigt hat, eine Wirkung überhaupt noch angesteuert?"

„Das wage ich nicht zu beantworten. Aus Scheu nicht. Denn vermutlich ist er in seinem Gram darüber zugrunde gegangen, daß er, obwohl diktatorisch veranlagt, keine Zielsetzung mehr für möglich hielt und bieten konnte. Und darüber, daß er aus diesem Gram eine Philosophie gemacht hat. Und aus Gram darüber, daß er gegen die begreiflichen jungen Verspötter solcher Philosophie die Polizei herbeigerufen hat. Ein wirklich tragischer Fall."

„Ist denn Ihre Situation von der seinigen so verschieden? Verhöhnen nicht auch Sie die Positivität naiver Zielsetzungen?"

„Vielleicht. Und trotzdem ist, abgesehen davon, daß er denkerisch begabter gewesen ist, als ich es bin, der Vergleich schief. Sogar ungehörig. Zwar steuere auch ich nicht eine bestimmte Zielwelt an, aber ich sehe und zeige auf Weltgefahren, vor denen er gerne seine sehr guten Augen verschlossen hat. Ich bin viel bescheidener (vielleicht aber auch viel anmaßender) als er. Denn mir genügt es – aber dies ist auch die größte Aufgabe, die es seit 1945 gibt –, dazu beizutragen, daß die Welt

– Kapitalismus hin, Kapitalismus her – überhaupt *bestehen bleibe.* Die Notwendigkeit dieses neuen Konservatismus hat er überhaupt nicht gesehen. Er war und blieb fixiert auf die Auseinandersetzung mit dem Zusammenbruch des revolutionären Marxismus. Außer dieser Tatsache (und seiner Musik) hat es für ihn nichts gegeben. Als ich ihn telefonisch darum bat, bei einer Anti-Atomdemonstration in Frankfurt mitzutun, antwortete er kalt abweisend, es sei nicht seine Art, hinter einer Fahne herzumarschieren. Als ich ihm daraufhin *vorschlug, vor* dieser zu marschieren, hängte er ab. – Nein, mit ihm wünsche ich nicht in einem Atem genannt zu werden."

„. . . und nun zum Abschluß. Sie selbst haben ja nun, wie man so sagt – entschuldigen Sie bitte diesen Ausdruck! – abgeschlossen."

Ich nickte ermutigend.

„Könnten Sie mir nun die Frage beantworten, ob Sie gerne dagewesen sind?"

„Aber ja", rief ich lebhaft, „sehr gerne!"

„Das glaube ich Ihnen nicht!"

„Aber ich bitte Sie! Woraufhin mißtrauen Sie mir?"

„Schließlich sind Sie ein kranker Mann! Und seit Jahrzehnten ein professioneller Schwarzseher!"

Ich schüttelte meinen Kopf. „Ihnen geht's offenbar auch nicht gerade blendend."

„Mittelprächtig."

„Können Sie von solchen Privata nicht absehen?"

„Ich versuche es."

„Schön. – Dann werden Sie mir ja zugeben müssen, daß die Welt eine *höchst erstaunliche Erfindung* ist."

„Eine was?"

„Eine höchst erstaunliche Einrichtung. – Und daß in dieser dazusein, in diese, gewissermaßen ohne Eintrittskarte, eingelassen zu werden, eine höchst verblüffende, unvorhersehbare, unverdiente, unverdienbare Erfahrung war. Eine, die zu machen nur den Allerwenigsten vergönnt ist."

Er runzelte die Stirne, so als verdächtigte er mich einer plötzlichen dementia postcox.

„Sie finden also", fragte er schließlich, „*es hat sich gelohnt*?"

„Welche Frage!" schrie ich ihn da an. „Warum halten Sie mich nicht nur für irrsinnig, sondern – was viel beleidigender ist – für undankbar?"

„Das habe ich nicht gesagt!"

„Aber gemeint!" Und entließ ihn.

Erhielt den Brief eines Redakteurs

In diesem kam die Floskel vor: „*Sie als deutscher Autor.*"

Ich antwortete:

„*Ich* ein deutscher Autor? Zwar schreibe ich ausschließlich deutsch und habe das mein Lebtag getan und tue das gewiß nicht schlechter als die meisten deutschen Schriftsteller. *Aber deutsch gut zu schreiben habe ich nicht durch Lektüre deutscher Literatur gelernt* – ich bin fast bücherlos aufgewachsen –, *sondern durch das Studium der stimmigen Artikulation und Konstruktionen der Musik.*

Ich ein Deutscher? Schreibe ich *als* Deutscher? In Deutschland gelebt habe ich weniger als ein Drittel meines Lebens. Empfinde ich Deutschland, das mich 1933 verjagt hat, als *mein* Land? Wie könnte ich das? Wie dürfte ich das? Jahrelang habe ich in Frankreich, in den USA, in Österreich gelebt. Schreibe ich *als* Franzose, *als* Amerikaner, *als* Österreicher? – Höchstens *als* Jude: aber auch das nur in dem negativen Sinne, daß ich als Jude dazu verurteilt war, *nirgendwo zuzugehören.*

Verurteilt? Dieses Schicksal war *nicht* etwa, wie die meisten Emigranten geklagt haben und wie auch ich selbst während meines siebzehnjährigen Exils geklagt hatte, *das Unglück meines Lebens.* Umgekehrt war *nirgendwo* zuzugehören *die Vergünstigung: nämlich fürs Philosophieren.* Denn *allein der Herumtreiber, allein der Herumgetriebene genießt die Chance der Vorurteilslosigkeit.*

Wer gefangen, auch freiwillig gefangen zuhause bleibt, bleibt befangen. Das gilt seit mindestens hundertdreißig Jahren. Husserls Verhöhnung von Keyserlings ‚Reisetagebuch' war spießigster akademischer Provinzialismus. Daß Marx und Nietzsche, auch Sartre, *unterwegs philosophiert* haben, ist kein Zufall. Wie eng wirkt daneben Heideggers Bodenstämmigkeit! Und seine Spielerei mit den Wörtern seiner Muttersprache, die, da unübersetzbar, selbst Vorurteile darstellen! Und wie charakteristisch, daß gerade *er,* der Nichtglobale, auf den stursten Nationalismus, auf den Hitlers, hereingefallen ist!"

Mein Glück. (Nicht gesendeter Teil eines Rundfunkinterviews über mein Leben)

„Darf ich Sie am Ende fragen – das gehört zu meiner ‚Mission' –, ob Sie ein glückliches oder ein unglückliches Leben geführt haben?"

„Jetzt weiß ich, was eine ‚Mission' ist. – Ein außerordentlich glückliches. Mindestens ein ganz ungewöhnlich begünstigtes."

„Ach!" Nicht nur überrascht klang das, sondern auch etwas enttäuscht.

„Warum ‚ach'?"

„Weil Sie – ich habe sogar von Ihrem Anti-Atom-Buch gehört –"

„Wie belesen Sie sind!"

„. . . als extremer Schwarzseher gelten."

„*Wo es schwarz ist, sehe ich schwarz.*"

„Also *doch* unglücklich!" Er schien bestätigt und etwas ermutigt.

„Über mich selbst bin ich das kaum je gewesen. Und wenn mal doch – was jedem zustoßen kann –, dann geht das keinen Hörer etwas an."

„Wenn ich Sie also fragen würde – auch das gehört zu meinem Auftrag . . ."

„Mission", verbesserte ich.

„. . . ob Sie gern jemand anderer sein würden oder wären?"

„Dann würde ich Ihnen sofort antworten, daß diese Frage töricht ist. Weil ein Anderer sein zu wollen keinem von uns psychologisch freisteht. Sie können nicht wünschen, Richard Wagner zu sein oder gewesen zu sein. Nur *anders* kann man sein wollen. Aber das eben *als man selber.*"

Diese Unterscheidung verstand er nicht.

„Kurios übrigens, daß Sie Ihre Fragen gerade *mir* vorlegen. Denn *ich* bin es gewesen, der, vor genau fünfzig Jahren, den Schrecken darüber, daß man *ausgerechnet man selbst ist,* formuliert hat."

„Ah! Wo denn?"

„In meiner ‚Pathologie de la Liberté'. ‚Kontingenzschock' taufte ich diesen Schrecken." (Die Wörter mußte ich für die Hörer vorbuchstabieren.)

„Und unter diesem Kontingenzschock leiden Sie heute nicht mehr?"

„Man gewöhnt sich."

„Durch die lange Zeit, die man ‚man selbst‘ ist?“

„Schau mal an! Und ‚Gewöhnung‘ ist sogar ein zu schwaches Wort. Unterdessen bin ich für diese Kontingenz sogar dankbar.“

„Bitte?“

„Das heißt: *ich bin gerne ich.*“

Er sah aus, als hätte er da einen ganz kapitalen Fisch gefangen. „Die werden ja staunen!“ rief er. Unter „die“ verstand er vermutlich seine Kollegen im Rundfunk. Um diesen Zwischenruf kümmerte ich mich nicht weiter.

„Begünstigt bin ich vor allem deshalb, weil ich das ziemlich seltene Glück gehabt habe, denjenigen Beitrag, den zu leisten mir – nehmen Sie diesen religiös klingenden Ausdruck bitte nicht wörtlich! – *aufgetragen* worden war, beinahe vollständig zu leisten.“

„So zufrieden sind Sie immer gewesen?“

„Natürlich nicht. Während langer Jahrzehnte, namentlich während der Exilzeit, blieb die Hoffnung, überhaupt je etwas von dem, was ich stur weiterschrieb und was ich nicht nur für nützlich, sondern – reichlich größenwahnsinnig – für erforderlich hielt, zu veröffentlichen, ganz illusorisch. In dieser Zeit war ich gewiß nicht glücklich.“

„Und das ist nun vorbei?“

„Beinahe.“

„Warum nur beinahe?“

„Weil fünfundsiebzig Prozent unveröffentlicht geblieben ist. – Aber lassen wir das. Wenn ich von meiner Begünstigung spreche, ist es nämlich ungerecht, mich auf das Heute zu beschränken und die Zeit *vor* der Frustration in mein Fazit nicht miteinzubeziehen.“

„Womit Sie meinen?“

„Zum Beispiel, daß ich mit Menschen unglaubliches Glück gehabt habe. Obwohl ich zuweilen jahrelang verdüstert und dadurch asozial gelebt habe, ergab es sich doch, ich weiß nicht wie, daß ich von der frühesten Studienzeit an mit sehr vielen von denjenigen Männern und Frauen, namentlich denjenigen Philosophen und Künstlern – ich hasse die Ausdrücke ‚bedeutend‘ oder gar ‚genial‘ –, die die vorurteilsfreiesten, antizipatorischsten, leidenschaftlichsten Sprecher und Fühler der Epoche waren, in freundschaftlicher oder noch näherer Beziehung stand – was freilich oft nicht vorhielt, weil Starrköpfe einander zwar anziehen, aber auf die Dauer schwer zusammenhalten können. Gleichviel, manche von diesen waren damals noch blutjung, noch nicht einmal Geheimtips, sondern, was Ruhm betrifft, noch ganz unschuldig; sie kamen gar nicht auf den Gedanken, daß sie einmal zu den Berühmtheiten der Epoche zählen würden, während andere, wie Brecht, die Erreichung dieses Ziels von früh auf pausenlos geschäftstüchtig organisierten. Ich hatte – nachträglich kann ich diese Tatsache nur schwer erklären – das ungesuchte Glück, mit diesen außergewöhnlichen Menschen verbunden zu sein; das waren in den Zwanziger und Dreißiger Jahren freilich kaum mehr als fünfzig, aber diese ‚rochen' einander und fanden, obwohl in den diversesten Ecken Mitteleuropas lebend, zueinander."

„Namen?"

„Die Nennung von Namen würde wie Prahlerei klingen. Schließlich konnte ich ja nichts für den außerordentlichen Rang und die ungewöhnlichen Begabungen dieser Menschen. Was allein zählt, ist, daß ich durch den Umgang mit diesen Besten niemals in Versuchung habe geraten können, mich selbst mit mittelmäßigen Zielen oder Leistungen zufriedenzugeben und nicht die höchsten Maßstäbe an Gesinnung, Geschmack, Denkniveau oder Gefühlsintensität zu stellen – kurz: Jahre hindurch hatte ich das Glück, Trivialem kaum zu begegnen, geschweige denn, mich mit solchem zu verbünden. Mißverstehen Sie das nicht dahin, daß ich auch politisch hochnäsig oder gar elitär gewesen sei. Im Gegenteil: *die Sorge der Elite* – und das gilt auch heute noch – *galt ja nicht der Elite, sondern immer der Zukunft der verelendeten Mitmenschheit.*"

„Und wann, würden Sie sagen, begann der Chancenreichtum Ihres Lebens?"

„Ich würde sagen: *von Geburt an.* Natürlich damals nicht aus dem ebengenannten Grunde. Aber die Vergünstigungen, die mir seit der frühesten Kindheit in den Schoß gefallen sind, die sind so unverdient groß und so unverdienbar gehäuft und kontinuierlich gewesen, daß ich mich oft frage, ob ich sie auch wirklich ausgenutzt und mich ihrer würdig und dankbar erwiesen habe."

„Dankbar wem gegenüber?"

Ich zuckte mit den Schultern. „Unsereinem."

„Was meinen Sie mit ‚unsereinem'?"

„Die *Ungläubigen.* Darauf werde ich noch zu sprechen kommen. Jedenfalls ist ‚unsereinem', wenn er Dankbarkeit verspürt, noch nicht einmal vergönnt zu wissen, *wem* er dankbar ist oder sein soll."

„Welche Vergünstigungen meinen Sie?“

„Da wir schon bei Gott oder Nichtgott sind, muß ich da eigentlich mit etwas anfangen, was in Ihren Ohren abwegig klingen wird, was aber gewiß nicht hoch genug eingeschätzt werden kann.“

„Sie machen mich neugierig. Wovon sprechen Sie?“

„Von einer, wenn Sie wollen, *metaphysischen Tatsache.* Wiederum von einer Kontingenz. Aber diesmal von einer höchst willkommenen.“

Er wartete.

„Anfangen müßte ich nämlich eigentlich mit der Tatsache, daß ich nicht wie andere Wesen, denen nicht mein Glück in den Schoß gefallen ist, *als irgend etwas*: als ein anonymer Regenwurm oder als ein gleichfalls namenloser und unerinnerbarer Kaktus oder als irgendein schwarzes Loch innerhalb einer fremden Galaxie zur Welt gekommen bin. Sondern *als Mensch. Ein einziges Mal dazusein* und *diesen einmaligen Aufenthalt als Mensch verbringen zu dürfen – wenn das nicht das große Los ist!*“

Er schien nachdenklich. „Das habe ich mir eigentlich niemals klar gemacht.“

„Was nicht nur Gedankenlosigkeit beweist, sondern Undankbarkeit. Sie sind nicht besser als die Mücken oder Frösche.“

„Bitte?“

„Vermutlich wundert sich keine Mücke und kein Frosch darüber, als Mücke oder als Frosch oder gerade als *diese* Mücke und *dieser* Frosch zur Welt gekommen zu sein. Es gibt nichts Tierischeres und nichts philosophisch Verwunderlicheres als diesen Mangel an Verwunderung.“

Darauf antwortete er nicht. Wer weiß schon, wie er reagieren soll, wenn er mit Mücken oder Fröschen verglichen wird?

„Und darüber hinaus“, fuhr ich fort, „bin ich ja nicht nur als Mensch zur Welt gekommen.“

„Sondern?“

„Sondern als einer, der durch das blutige und brandige Zeitalter, in das er hineingeboren worden ist, *heil durchgekommen* ist. Wenn *das* keine Vergünstigung ist! Als einer, der sich durch Zufall weder vor Verdun noch vor Stalingrad noch in Korea noch in Vietnam als sekündlicher Mörder und als sekündlich Ermordeter hat bewähren müssen. Als einer, dem die Auschwitzs und die Gulags erspart geblieben sind. Als einer, der das bißchen Misere, das auch er vorübergehend hat in Kauf nehmen müssen, nachträglich in Erfahrungen hat umfunktionieren und als Lehren hat verwerten können. Als einer, der nie dazu gezwungen war, Jahre als Heeres- oder Partei-, oder als Fabrik- oder Büroklave zu vergeuden, und es niemals nötig gehabt hat, sich trivialisieren zu lassen wie seine TV- oder Bildzeitungs-Zeitgenossen oder zum Zwecke des schieren Überlebens auch nur einen Zipfel seiner Menschenwürde abzuschneiden – wenn das alles zusammen nicht Glück war – welches Leben würden Sie denn dann glücklich nennen?"

Ich hielt es für möglich, daß er fragen würde, ob dieser Mangel an Erniedrigung nicht vielleicht einen Mangel an Erfahrung darstelle. Aber diese heikle Frage kam nicht, und ich hatte keine Ursache, sie ihm unter die Nase zu reiben. Statt dessen murmelte er zögernd:

„So habe ich mir freilich die Lebensbilanz eines notorischen Schwarzsehers nicht vorgestellt."

Dazu konnte ich nur mit den Schultern zucken.

„Und so begünstigt ist Ihr Leben von früh an gewesen?"

„Das habe ich ja bereits bejaht. Denn ich stamme aus einem Elternhaus, das gewiß das liebevollste, vernünftigste, glücklichste und chancenreichste gewesen ist, in dem ein Kind hatte aufwachsen können. Wenn aus mir, dem von früh an einfach alles geboten wurde, was zum Menschwerden beitragen konnte: Liebe, Spielfreiheit, Natur und Achtung vor allen Mitmenschen, allem Lebendigen und Mozartmusik, Rembrandtradierungen, selbst musizieren, selbst malen dürfen und alles fragen dürfen (sogar solche Tabufragen wie: ‚Wer hat den lieben Gott gemacht?'), der geduldige Antworten erwarten durfte (wenn auch nicht immer restlos zufriedenstellende) und der niemals ein zorniges oder gar wütendes Wort gehört hat und niemals geschlagen worden ist – also wenn aus einem Knaben nach solcher glücklichen und reichen Kindheit *irgend etwas* geworden ist, dann ist das gewiß *nicht sein* Verdienst. Und wenn nichts aus ihm geworden wäre, so wäre das nicht nur unbegreiflich, sondern die schwärzeste Undankbarkeit gewesen. Mehr über meine ungewöhnlichen und von mir heißgeliebten Eltern (die mir nun, da sie mein Alter nicht erreicht haben, wie junge Leute vorkommen) zu berichten, halte ich für überflüssig; nicht nur, weil ich schon zweimal über sie geschrieben habe (im Geleitwort zur 7. Auflage der ‚Psychologie der frühen Kindheit' und im ‚Bild meines Vaters', Vorwort zur 2. Auflage der ‚Allgemeinen Psychologie'), sondern weil sie über ihre Erziehungsprinzipien und damit indirekt auch über sich selbst, freilich ohne die mindeste Selbstgefälligkeit, ausführlich in der ‚Psychologie der frühen Kindheit' berichtet haben."

„Erstaunlich!"

„Das kann man wohl sagen. Und unverdient und beneidenswert. Wenn das möglich wäre: ich könnte mich selbst beneiden."

Pause. – Dann, zögernd: „Wenn man Sie hört, würde man eigentlich einen – entschuldigen Sie diesen Ausdruck; ich weiß, wie tief Sie ihn verabscheuen – außerordentlich *positiven* und wohlmeinenden, sanften Menschen erwarten."

„Aber?"

„Aber Sie gelten doch als zelotisch, als ein Verdüsterter, als ein Intoleranter, nein: sogar als einer, der Intoleranz geradezu gepredigt hat."

„Gepredigt habe ich wohl niemals. Außer vielleicht in meinen Manifesten gegen die Atomrüstung. Und wenn ich Intoleranz bewiesen oder verlangt habe, so zumeist *Intoleranz gegen Intoleranz.* Was schließlich mein ‚Zelotentum' betrifft, so ist dieser Ausdruck denkbar schief: denn Zelotismus erfordert Glauben und Enge – und beides ist mir gleichermaßen unnachvollziehbar. – ‚Verdüstert': – ja das gebe ich zu. Aber ich würde doch analog zu dem berühmten dictum Lessings: ‚wer nicht zuweilen seinen Verstand verliert, der hat keinen, den er verlieren könnte' sagen: ‚Wer nicht zuweilen oder gar endgültig seine Hoffnung verliert, der hatte keine Hoffnung, die er hätte verlieren können.' Meine ‚Verdüsterung', die mit dem Beginn des Nationalsozialismus einsetzte, etwa im Jahre 1927, nachdem ich Hitlers Buch gelesen hatte, und die in der Tat viele meiner menschlichen Beziehungen total vergiftet hat, auch die mit dem mir damals am allernächsten stehenden und allerwichtigsten Menschen. *Diese Verdüsterung* ist nicht nur keine Krankheit gewesen, sondern die angemessene, um nicht zu sagen: *die gesunde Reaktion auf das deutliche Näherkommen und dann das Eintreten des Nationalsozialismus.* Daß ich im Glück Geborener auf dieses Geschehen mit größerem Entsetzen reagiert habe als andere, das ist ja kein Wunder gewesen."

„Und Sie waren damals durch die Verdüsterung gelähmt? Verstummt wie Karl Kraus?"

„Davon kann überhaupt keine Rede sein. In diesen Jahren vor und während der Emigration habe ich mich theoretisch, didaktisch und belletristisch ununterbrochen nur mit diesem einen Thema des Nationalsozialismus beschäftigt; zuerst mit dem, was eintreten *würde*, dann mit dem, was eingetreten *war*. Das Geschriebene bestand nicht nur aus einer Aufklärung der Fehler derer, die falsch prognostiziert hatten, sondern aus einer Schilderung des Apparates des Faschismus, namentlich aus einer Schilderung des *Lügenmechanismus*. Nicht grundlos hieß der Untertitel des Buches ‚Lehrbuch der Lüge'. Die Form des Wälzers – denn zu einem solchen wuchs sich das Manuskript aus – war aber nicht akademisch, sondern *swiftisch*. An dem Buch, das ich schon 1931 begonnen hatte, arbeitete ich noch im Jahr 1938 in Amerika. Also von ‚Lähmung' keine Rede. Wohl aber von Verdüsterung. Denn ich – und nicht nur ich – schrieb ja ins Leere, noch nicht einmal für die Schublade, denn wer von uns Emigranten hätte schon über eine Schublade verfügt? Eine Veröffentlichung war natürlich unmöglich, und sie wäre auch sinnlos gewesen, da das Geschriebene ja für ‚drüben' bestimmt war: für das Deutschland *nach* Hitler. Daß jahrelang in eine ohrenlose Welt hineinzuschreien die Stimmung nicht gerade hebt, also die Verdüsterung steigert, das liegt ja auf der Hand."

Pause.

„Ich habe noch einige Fragen. Aber zuvor muß ich mich bei Ihnen entschuldigen, daß ich Sie an diese falsche Küste gelotst habe."

„Warum falsch?"

„Weil wir ja eigentlich über Ihre Kindheit gesprochen hatten. Was ich Sie vor dieser Exkursion hatte fragen wollen, ist nicht ohne Zusammenhang mit Ihren Erinnerungen an die Zeit vor fünfzig Jahren. Hat nicht der Hitler-Schrecken schon in Ihrer *Kindheit* begonnen? Der Vorbote des Nationalsozialismus hat sich ja in Form von Antisemitismus schon Jahrzehnte vor 1933 gemeldet. Sie sind ja als jüdischer Knabe ..."

„Sagen Sie ruhig ‚als Judenjunge'!"

„... aufgewachsen. Haben Sie darunter nicht zu leiden gehabt? Oder gehört auch das noch in das Kapitel ‚Begünstigungen'?"

„Beides. Ich bin in der Tat – das war schon 1917 – als Jude nicht nur gehänselt, sondern mißhandelt worden. Aber trotzdem und trotz der unsäglichen und selbst heute, nach vierzig Jahren, noch unglaubbaren Dinge, die danach geschehen sind – trotzdem halte ich *die Tatsache, daß ich als Jude geboren worden bin, für eine der größten Begünstigungen meines Lebens.*"

Er blickte mich entgeistert an. „*Sie* glauben an die *Auserwähltheit* Ihres Volkes? *Sie*?"

Ich schüttelte heftig meinen Kopf. „Wie es zu dieser Wahnidee hat kommen können, das habe ich anderswo zu erklären versucht (in dem Sammelband ‚Mein Judentum', Stuttgart 1978, S. 70). Was ich meine, würde im Gegenteil jeden orthodoxen Juden in Rage versetzen. Würde: denn als Ketzer werde ich von diesen nicht zur Kenntnis genommen."

„Und was meinen Sie?"

„Daß ich es als eine unüberbietbare *große Chance und Begünstigung* betrachte, *als Sohn von ganz und gar ungläubigen und traditionslosen Juden großgeworden zu sein.*"

„Ihre Eltern waren bereits Atheisten?"

„Ungläubige. Aber weder dieses Wort, noch das ‚Atheismus' ist jemals über ihre Lippen gekommen. Auch über die meines Vaters nicht, obwohl der ja Naturwissenschaften studiert und Nietzsche gelesen hatte. Aber er hielt sich lieber an das pseudoreligiöse Pathos des Zarathustra als an die Spätschriften Nietzsches. Die Zivilcourage, das Wort zu verwenden, hat er begreiflicherweise, vielleicht sogar verzeihlicherweise ..."

„Dieses letzte Wort glaube ich Ihnen nicht."

„Weiß ich, wie *ich*, wenn ich zu *seiner* Generation gehört hätte, geworden wäre? Gleichviel; den Mut, diese Wörter zu verwenden, hat er jedenfalls nicht aufgebracht. Das wäre auffällig gewesen und zu riskant in seiner schwer errungenen Professur. Also ‚anstößig'. Wohl auch in seinen eigenen Augen."

„Und trotzdem behaupten Sie, dieses Milieu sei für Sie eine Chance gewesen?"

„Ja. Sie haben eine Zwischenposition zwischen Religiosität und Irreligiosität bezogen, die mir dann den *Absprung ins Nichts erleichtert* hat. ‚Monisten' waren sie eher als Atheisten. So nannten sie z. B., um nicht als Materialisten zu gelten, den Wald ihr ‚Gotteshaus' – eine Redensart, deren Abgeschmacktheit heute nicht mehr erträglich ist. Gleichviel; was zählt, war, daß dieses Religionssurrogat mich nicht, wie das jede positive Religion mit ihren Dogmen und Riten getan hätte, festgelegt hat; daß ich *die Freiheit* genoß – ein Vorsprung, der von keinem aus einer bestimmten positiven Religion oder einem festgelegten Sitte-System Herkommenden eingeholt werden konnte: nicht zu wissen und nicht zu verstehen, was mit dem wunderlichen Wort ‚Glauben' gemeint sein könnte.

(Daß ich das stets, bis heute vergebens, aus Interesse an meinen Mitmenschen zu verstehen *versucht* habe, steht auf einem anderen Blatte.) *Die Tatsache der totalen Vorurteilsfreiheit unterstreiche ich aber deshalb so stark, weil sie die größte Chance des Philosophwerdens darstellt.* Und vor allem aus diesem Grunde habe ich von ‚*Begünstigung*' gesprochen."

„Sie leugnen im Ernst, bis heute zu wissen, was mit dem Wort ‚Glauben' gemeint ist?"

„Ja. Das leugne ich. Obwohl ich seit Jahrzehnten immer wieder die großen religiösen Dokumente und viel Theologie und Religionsphilosophie gelesen habe. Vermutlich viel mehr als Sie. Jeder Atheismus muß sich mehr mit Gott abgeben als der Theismus."

„Ist das Ihr Ernst?"

„Es ist nicht mein Wort." (Heidegger in seinem Nietzschebuch, Band II, S. 78)

„Und Sie wissen trotzdem nicht, was Glauben ist?"

„Als wenn *Sie* das wüßten. Nur glauben Sie, daß Sie es wissen. Weil Sie Angst davor haben, an Ihre Unwissenheit zu glauben."

Er verstand nichts. „Solchen Unglauben habe ich höchstens bei sturen Naturwissenschaftlern gefunden. Und wohl nicht einmal derart radikal."

„Weil auch *die* Angst vor der eigenen Courage haben. – Im *übrigen gehört es zur Unbildung der Gläubigen zu glauben, daß Unglaube mit Glaube an die Fähigkeit der Naturwissenschaft, die sog. ‚letzten Fragen' zu beantworten, irgend etwas zu tun habe.* Oder mit sog. ‚Materialismus'. Es gibt niemanden, der ein blutigerer Laie in den Naturwissenschaften wäre, als ich es bin. Und die Worte ‚Materialismus' oder ‚Materie' habe ich in den sechzig Jahren meines philosophischen Nachdenkens wohl niemals in den Mund genommen. Mein Unglaube, der ja nicht nur ein Unglaube an Gott, sondern an den Glauben ist, stammt also nicht aus einer Begegnung mit den Naturwissenschaften. Eine solche hat niemals stattgefunden. Und glauben Sie vielleicht, daß die zwei Denker, die am unverblümtesten Atheisten gewesen sind ..."

„Marx?"

„Nein, Nietzsche und Sartre – glauben Sie vielleicht, die hätten eine nähere Beziehung zu den Naturwissenschaften gehabt? Und seien daraufhin Atheisten geworden? Nietzsche war Altphilologe, und Sartre ging von Husserl aus."

„Ja, wenn nicht aus Glaube an die Naturwissenschaften, warum dann der Furor Ihres Nichtglaubens?"

„Furor? Ich habe Besseres zu tun, als die Verteidigung des Nicht zu meinem full-time-job zu machen. Die Beweislast liegt nicht bei unsereinem, sondern bei denen, die glauben."

(Pause.)

„Ist das alles nicht", fragte er schließlich – und zwar flüsternd, denn er fürchtete, mich zu beleidigen – *„reiner Nihilismus?"*

„Gewiß!" bestätigte ich fröhlich. „Warum die Flüsterei? Was haben Sie dagegen? Warum haben Sie Angst vor dem Wort? Ich habe nie gehört (aber ich weiß ja nicht Bescheid über Ihr Leben) daß Sie jemals protestiert hätten gegen etwas, das viel schlimmer ist als Nihilismus."

„Gegen was meinen Sie?"

„Gegen den *Annihilismus.* Nämlich gegen diejenigen Aktivitäten, die nicht nur verneinen, sondern die *Vernichtung* vorbereiten oder in Kauf nehmen."

„Mein Gebiet ist nicht Politik!" antwortete er. Die Worte klangen gequält.

„Schämen Sie sich nicht, die erbärmlichste Antwort der Kernphysiker nachzuplappern?"

Darauf antwortete er nicht.

„Gleichviel. Was meine Position betrifft, so ist sie jedenfalls und selbstverständlich nihilistisch. – In einem speziellen, vielleicht neuen Sinne nihilistisch."

„Inwiefern neu?"

„Weil es sich – und damit kommen wir wieder auf meine Kindheit und Jugend und auf deren Chancen zurück – weil es sich in meinem Falle nicht darum handelt, daß ich etwas, was ich zuvor geglaubt hätte, hätte verneinen oder über Bord werfen müssen. Wenn das keine Chance ist!"

(Pause.)

„Und wie haben Sie als Knabe zu den drei positiven Religionen gestanden, denen zu begegnen Sie doch auf der Schule nicht haben vermeiden können?"

„Erschrecken Sie nicht! Denn auch die Antwort auf diese Frage muß in Ihren Ohren ketzerisch klingen."

„Warum?"

„Weil mir diese positiven Religionen, die überdies durch die Religionslehrer sehr kümmerlich vertreten waren, unbegreifliche, exotische und absurde Zumutungen zu sein schienen, versteinerte Systeme von unbewiesenen und unbeweisbaren Vorurteilen, Verboten, Drohungen und Versprechungen, die widerspruchslos zu akzeptieren in meinen Augen einen beschämenden *Mangel an Menschenwürde* bewies. Kein Kunde in keinem Geschäft, so fand ich, würde sich etwas so ungeprüft aufschwatzen lassen, wie sich meine Kameraden, nein: überhaupt alle, die einem Glauben deshalb anhingen, weil sie in diesen zufälligerweise hineingeboren waren, ihre Religion aufschwatzen ließen."

Er biß sich auf die Lippen. „Das formulieren Sie so, als meinten Sie das heute noch so."

„Damals war ich vielleicht zwölf oder dreizehn. Unterdessen habe ich gelernt, daß, was neunundneunzig Prozent übernehmen, gar nicht, mindestens nicht primär, ein Glauben ist, sondern ein Sittensystem, das nicht mitzumachen, sie unfähig sind. Sie halten nicht diese oder jene Sitten ein, weil sie dieses oder jenes glaubten; umgekehrt glauben sie (oder glauben zu glauben) deshalb, weil sie dem unentrinnbaren Sittensystem, dessen Überbau der Glaube ist, zugehören. Aber als Dreizehnjähriger besaß ich diese Einsicht natürlich noch nicht. In einer Hinsicht bin ich freilich doch der Alte, oder richtiger: der Junge geblieben."

„Nun?"

„Nun werden Sie nicht schockiert sein, sondern perplex."

„Warum?"

„Weil meine Allergie gegen positive Religionen auch darin gründete, daß sie mir *sakrilegisch* vorkamen."

„Sakrilegisch? Ihnen?"

Ich nickte amüsiert. „Was, da staunen Sie! – Nun, dieser theologische Terminus war mir als Dreizehnjährigem natürlich noch unbekannt. Aber was mich empörte und was mir eben eine Art von Entheiligung der Welt, deren Rätselhaftigkeit mich nicht losließ, zu sein schien, war die Tatsache, daß die positiven Religionen es sich herausnahmen, vorgekochte Antworten auf Fragen zu erteilen, die wir eigentlich zu stellen gar nicht fähig waren, vielleicht zu stellen gar kein Recht hatten; jedenfalls, die keiner meiner Mitschüler zu stellen das

Interesse oder den Ernst oder die Lust gehabt hatte oder hätte. Höchstens ich. Was mich aufregte oder sogar empörte, war die Umkehrung der Reihenfolge von Frage und Antwort. Die Antwortlieferung ohne vorausgegangene Fragen schien mir eine Zumutung. Und die Annahme des Gelieferten demütigend."

„Das alles", fand er staunend, „ist für einen Knaben dieses Alters ..."

Ich schüttelte meinen Kopf. „Zur Bewunderung liegt gar keine Ursache vor. Vielmehr verdankte ich das alles – und damit kehre ich zum Anfang unserer Unterhaltung zurück – meiner ‚Begünstigung'. Von persönlichem Verdienst kann überhaupt keine Rede sein. Ebensowenig hatte das, und hat es noch heute, irgend etwas mit einem speziellen ‚philosophischen Talent' zu tun – wenn es so etwas überhaupt gibt. Sondern eben mit der Vernunft meines Vaters, der mich, obwohl selbst in vielen Hinsichten philiströs befangen, in kein religiöses oder ‚weltanschauliches' Korsett hineinzwang. Und der kulturgeschichtlichen Situation, in der ich *leer* bleiben konnte."

„Leer?"

„Ja, eben leer von religiösen oder anderen Vorurteilen. Natürlich ist das Wort irreführend. Denn andererseits war ja mein Knabenleben gefüllt (heute nennt man das programmatisch ‚kulturellen Pluralismus'), ja geradezu vollgestopft mit allem, was mich, und nicht nur künstlerisch, hatte ‚bilden' können. Auch mit Inhalten, die einander widersprachen. Aber entscheidend für mein Leben war eben nicht nur die Fülle, an der ich mir den seelischen Magen nicht verdorben habe, sondern diese ‚*Leere*'. Und, um mit einem Goethewort zu schließen: Ihr verdanke ich, was ich bin."

Kaisergarten Bad Ischl

„Sie haben wirklich noch nie gebetet?"

„Nicht ‚noch nie', sondern ‚nie'."

„Was beweist, daß es Ihnen immer viel zu gut gegangen ist." Der Ton seiner Mißgunst hatte etwas vom Ton der Schadenfreude an sich, sogar etwas vom Ton der Hoffnung. Darauf antwortete ich nicht. Mit gewesenen Leiden zu prahlen, widerstand mir. „Warten Sie nur, mein Lieber! Bis Sie etwas älter sind. *Not lehrt beten.*"

„Daß das Beten die Not als Lehrerin nötig hat, spricht, sofern Ihr Wort wahr sein sollte, nicht gerade für das Beten."

Auf diese Replik war er nicht vorbereitet gewesen. Hundert Schritte gingen wir wortlos nebeneinander. Beinahe hätte man denken können, er meditiere. Aber es war schiere Borniertheit, was ihn stumm machte.

„Wenn *ich* religiös wäre", sprach ich schließlich, „dann würde ich Ihre Devise ersetzen durch die: ‚*Glück lehrt beten*'."

„Was?" fragte der Gläubige ungläubig.

„Sie haben gar nicht so unrecht mit Ihrem Staunen", räumte ich ein. „Da Beten ja stets auf die Erfüllung eines Desideratum aus ist, müßte die Devise vielmehr lauten: *Glück lehrt danken.*"

Er war von neuem verdutzt. „Wofür?"

„Ich fürchte", antwortete ich, „Sie haben wirklich das Beten nötig. Beten Sie darum, danken zu können!"

Und verließ ihn.

Rundfunk. Fragment von Mozart Köchel 494 a

Niemals hat mir Musik, kein Trauermarsch und keine Dolchszene in Carmen, das Erlebnis des abrupten Sterbens so atemberaubend vermittelt wie das soeben gehörte Fragment eines Hornkonzertes. Mittendrin, in einem auf die Tonika (ich glaube: ein d) hinzielenden Lauf erleidet die Melodie auf dem Leitton, also dem cis, einen Schlaganfall und erreicht ihr Ziel nicht mehr. Niemals wird dieses cis erlöst werden. – So, mitten im Satz, soll H. gestorben sein.

Eine Frau – durch ein Versehen wurde das mitgesendet – brach nach dem „Schlaganfall" in eine kurze Lache aus, aber hoffentlich wohl so, wie manche Menschen bei Unglücksfällen, deren Zeuge sie werden, hilflos in Lachen ausbrechen. Sie sei entschuldigt.

Gesellschaft in Jerusalem

Als ein neoorthodoxer Schnösel uns Alten vorzuwerfen wagte, wir hätten unser ‚Judentum verraten', da fuhr ihm der greise Herr Kohnstamm über den Mund. Kohnstamm war, wie wir alle wußten, im Jahre 1944 aus einem Vernichtungslager in Polen entkommen.

„Seit wann sind *Sie* nicht mehr gläubig?" fragte ich ihn.

„Seit einem Appell im Lager", antwortete er heiser. „Wir hatten an einem glühenden Augustnachmittag mehrere Stunden lang in Reih und

Glied zu stehen. Einfach, weil das den Kerlen Spaß machte. Jeder Dritte von uns kippte um, aber ihnen helfen durften wir nicht. Plötzlich ertönte aus dem an der Barackenwand hinter uns montierten Lautsprecher vielstimmiger Gesang. Ein Choral oder so. Und die Worte lauteten etwa: *‚Habt keine Angst, ich bin bei Euch.*‘"

Pause.

„Seitdem glaube ich nicht mehr."

Dem bin ich nachgegangen. Es muß sich um die frühe Bachmotette „Fürchte dich nicht, ich bin bei dir" handeln (Bach Werkeverz. 228). Und als „ich" hat wohl nicht Gott gesprochen oder gesungen, sondern was Herrn Kohnstamm natürlich fernlag – Jesus. Gleichviel: *dieser* Zuspruch in *diesem* Lager! Wenn Bach, als er tröstlich komponierte, diese Lage vorausgeahnt hätte!

Bad Ischl. Die Beichte

Sie war einmal, in den Sechziger Jahren, Kommunistin gewesen. Nun ist sie eine Linkskatholikin. Geboren erst nach dem Kriege. Wir saßen auf einer Bank im Kaisergarten, und sie hatte gemerkt, daß ich zusammengezuckt war, als sie mir mitgeteilt hatte, daß sie nachher zur Beichte gehen würde. „Müßte", hatte sie, glaube ich, sogar gesagt.

„*Hat es denn in Ihrem Leben nichts gegeben*", fragte sie dann, „*was Sie bereut haben oder heute noch bereuen?*"

„Doch", antwortete ich nach einer Weile. „Es hat etwas gegeben. Aber ich warne Sie. Meine Antwort wird Sie erschrecken."

„Mache ich einen so schreckhaften Eindruck?" fragte sie leichtfertig.

„Also gut. Es gibt etwas, das fünfzig Jahre zurückliegt und das ich heute noch bereue. Und bis zu meinem letzten Tage noch bereuen werde."

„Und was für eine Tat war das?"

„*Eine Unterlassung.*"

„Und welche Unterlassung bereuen Sie?"

„*Daß ich jemanden nicht umgebracht habe.*"

Sie blieb stumm und rückte ans äußerste Ende der Bank, so als hätte ich ihr gerade mitgeteilt, daß ich jemanden umgebracht hätte.

„*Das* aus Ihrem Munde?" fragte sie stimmlos.

Ich nickte. „Gerade aus meinem."

(Pause.)

„Ich dachte", flüsterte sie, „daß Sie einer der wenigen sind, die das ‚Du sollst nicht töten!' ernst nehmen."

Ich nickte.

„Denn ich habe alles gelesen, was Sie über Massenmorde geschrieben haben. Gegen Auschwitz. Gegen Hiroshima. Gegen Vietnam." (Pause.) „Und nun *das*?"

„Eben."

„Was heißt ‚eben'?"

„Daß meine Reue aufs engste mit meinem Ernstnehmen des ‚Du sollst nicht töten!' zusammenhängt."

Das verstand sie natürlich nicht.

„Ich werde versuchen, es Ihnen zu erklären. – Im Jahre 1928 – ich war damals sechsundzwanzigjährig, also in jeder Hinsicht verantwortlich – hatte ich ‚Mein Kampf' gelesen – wofür ich von meinen Freunden, die Hitler idiotischerweise nur den ‚Anstreicher' nannten, durch den Kakao gezogen wurde. Nachdem ich die ersten fünfzig Seiten dieses gemeinen, haßfreudigen, zum Hassen aufreizenden, achtelgebildeten, feierlichen, rhetorisch mitreißenden ..."

„Was?"

„... unbestreitbar höchst intelligenten Buches ..."

Sie schlug sich auf den Mund und blickte mich ungläubig an.

„Erwarten auch *Sie* das Idiotenwort ‚Anstreicher'? *Heute* noch? Aus *meinem* Munde?"

Sie schüttelte langsam den Kopf.

„Also – nachdem ich die ersten Kapitel dieses Buches, von Seite zu Seite atemlos lesend, hinter mich gebracht hatte, wußte ich – und alle Menschen, die etwas Verstand im Kopf und etwas Anstand im Herzen hatten, hätten das ebenfalls sofort wissen müssen – da wußte ich also: *dieser Mann sagt, was er meint, und er meint, was er sagt.* Und er sagt es so vulgär, daß er *für Vulgäre unwiderstehlich* sein wird und selbst *Nichtvulgäre vulgär machen* und mitreißen wird. Und ich wußte schließlich: dieses Buch bedeutet nicht nur das Ende aller Menschenwürde, aller Hoffnung, alles Erbarmens, sondern schlicht und einfach *Weltkrieg. Den zweiten Weltkrieg. Die Verwüstung Europas. Den Tod von Millionen.*"

„Schon damals haben Sie das gewußt?"

„Wie alt waren Sie damals?"

„Noch längst nicht geboren."

„Entschuldigt. – Ja, schon damals. Hunderttausende haben das damals gewußt. Wenn auch die meisten sich absichtlich blind gestellt oder sich erfolgreich blind gemacht haben. Auch Berufspolitiker. Auch Sozialisten. Auch Kommunisten. Kurz: das in ‚Mein Kampf' Angekündigte vorauszusehen, war kein Kunststück und erforderte keine Prophetengabe."

„Und was bereuen Sie nun also?" fragte sie ängstlich, obwohl sie die Antwort natürlich schon kannte. Aber vielleicht hoffte sie auf irgendein Wunder.

„Sie sind doch sonst nicht auf den Kopf gefallen", fuhr ich sie ungeduldig an. *„Daß ich ihn damals nicht getötet habe."*

„Das kann ich nicht ertragen!" kreischte sie.

„Um die Ermordung von Millionen zu verhüten."

„Nicht aus *Ihrem* Munde!" schrie sie, als hätte meine Erklärung sie nicht erreicht. Und hielt sich die Ohren zu.

„Bedaure. Selbst heute noch sind Sie um nichts besser, als ich damals gewesen war. Nichts haben Sie zugelernt! Einfach nichts!"

Sie blickte mich erschreckt an.

„Kurz, und um Ihre Frage zu beantworten: *Was ich bereue, ist, daß ich damals zu feige gewesen bin.*"

Dazu äußerte sie sich nicht.

„Und zu doktrinär", vervollständigte ich.

Sie schrie nicht mehr. Sie war zu tief betroffen.

Aber gebrochen war ihr Widerstand nicht. „*Sie* doktrinär?" fragte sie dann, beleidigt darüber, daß ich das Idealbild, das sie sich aufgrund meiner Antiatombücher von mir gemacht hatte, ausradierte.

Ich nickte.

„Wo Sie doch immer wieder betont haben . . ."

„Was?"

„. . . *niemals* etwas *mitgeglaubt* zu haben. Und niemals einer philosophischen Schule angehört zu haben, und niemals einer Partei."

Ich blieb stumm.

„Ich weiß, das klingt schief. So als hätten Sie sich elitär zurückgezogen. Von denen, die das Elend der Welt bekämpfen."

Ich schüttelte den Kopf.

„Aber von *Dogmen* haben Sie sich doch stets distanziert! Und kein einziges jemals übernommen."

„Darin bestünde in der Tat“, gab ich zu, „die Ehre des Philosophen.“

„Aber?“

„Diesem Ehrenideal der Philosophen bin ich damals nicht gewachsen gewesen. Der Versuchung mitzumachen, habe ich offenbar gar keinen Widerstand entgegengesetzt. Auch mir ist das eben passiert. Sofern man von solcher Schwäche sagen darf, daß sie einem ‚passiere‘.“

„Welcher Versuchung? Welcher Schwäche? Wovon sprechen Sie eigentlich?“

„Sie kennen aus Ihrer linken Studentenzeit genausogut wie ich die berühmte und noble Maxime, daß Individuen – und nicht etwa nur einzelne Kapitalisten, sondern auch einzelne Staatsmänner, selbst einzelne Demagogen – *nicht schuldig seien,* daß unser Abscheu oder Haß *nicht diesen* zu gelten habe, daß wir *nicht sie* zu bekämpfen oder ...“

Ich zögerte, das Wort auszusprechen.

„Oder?“

„... oder zu töten haben.“

„Diese Maxime“, erklärte sie ausdruckslos, „ist mir nicht nur bekannt, sondern sie ist mir, als ich sie kennenlernte, sofort in Fleisch und Blut übergegangen. Und da sitzt sie unaustreibbar.“

„Das habe ich vermutet.“

„Nun?“

„Was ich fürchte, ist, daß wir mit dieser Maxime auf dem Holzwege sind.“

„Sie meinen doch nicht, dieses große moralische Prinzip sei ...“

„*Ist.* – Ist ein moralisch nicht zu verteidigendes Dogma. Ich aber, ich, der angeblich Unverführbare und angeblich von Vorurteilen nicht Tangierbare und angeblich alles selbst Prüfende – ich hatte diesem Dogma allzu gerne allzu festen Glauben geschenkt. Ohne es zu verifizieren. Aus Feigheit. Und allzu gerne hatte ich die damals usuelle Erweiterung und Verallgemeinerung dieses Dogmas übernommen: daß nämlich *Einzelaktionen jeder Art,* namentlich Attentate, grundsätzlich Beweise von Unreife und ‚anarchistisch‘ seien und damit sinnlos, nein: schädlich. Jedes attackierte oder gar getötete Individuum würde, so hatten wir gelernt, sofort durch ein anderes, nein: hydrahaft durch mehrere nachwachsende ersetzt werden, und das System, für das sie stünden, würde durch Attentate grundsätzlich nicht beschädigt, sondern umgekehrt sogar gestärkt.“

„Und das stimmt nicht?"

„*Nichts ist bequemer als solche ‚Grundsätzlichkeit‘*, als mit Genugtuung die Hände in den Schoß zu legen. Natürlich ist es heute, in meinem hohen Alter, billig zu proklamieren, die Hand zu erheben. Aber heute, im Atomzeitalter, und das heißt vermutlich: im Atomkriegszeitalter, würde ich doch behaupten: Wenn es heute einen *Politiker* gäbe – ich sage: *wenn* – der ein dem Hitlerschen entsprechendes Buch schriebe, der also *verkünden würde, es gäbe ‚höhere Güter als den Weltfrieden‘, und der seiner Bereitschaft, den Atomkrieg zu riskieren,* Ausdruck gäbe, nein: diese Bereitschaft *auch nur implizierte* –, dann wäre ich dafür . . ."

„Sagen Sie es nicht!" flehte sie.

„Für solche Rücksichtnahmen bin ich zu alt. *Dann wäre ich dafür, ihn zu töten!*"

Sie schüttelte langsam den Kopf. „Terrorismus", flüsterte sie.

„Terrorist", widersprach ich, „wäre allein derjenige, der Millionen, wenn nicht gar die Menschheit als ganze, durch atomare Erpressung, also durch Drohung mit Ausrottung, *terrorisierte.* Und der eingestandenermaßen dazu bereit wäre, die ‚Atomwaffe‘ auch wirklich einzusetzen. Den zu töten, das bedeutet vielleicht, nein: wahrscheinlich Abermillionen retten. Und wer diese Möglichkeit der Rettung aus Prinzipienreiterei verneint, also verhindert, der steht auf der Seite dieses Verbrechers."

Eine Weile lang saßen wir stumm nebeneinander.

„Ich weiß", nahm ich dann, nun in weniger emphatischem Ton, die Rede wieder auf, „wie schwer es ist, moralische Maximen aufzugeben, mit denen wir uns jahrelang identifiziert haben. Wir scheinen uns selbst dabei aufzugeben; wir scheinen durch solches Aufgeben gewissermaßen Selbstmord zu begehen."

„Auch *Sie* haben dieses Gefühl?" rief sie, und sie schien ein wenig getröstet zu erfahren, daß ich nicht minder litt als sie.

Ich nickte. „Aber ich glaube heute eben, daß wir furchtbar unrealistisch gewesen sind. Daß wir aufs sträflichste die Rolle unterschätzt haben, die das Dasein und die Herrschaftsposition *bestimmter Individuen* spielen. Jeden für ersetzbar zu halten, in jedem geschichtlichen Aktor allein die *Rolle* zu sehen, die jeder andere Schauspieler ganz genauso spielen würde, das beweist einfach Blindheit gegenüber der Wirklichkeit und der Buntheit der Geschichte. Truman war nicht einfach die Fortsetzung von Roosevelt, Chruschtschow nicht der Erbe der Stalin-Maske. Daß Hitler, wenn man ihn getötet hätte ...“

„Wenn *Sie* ihn getötet hätten.“

Ich nickte. „... daß er durch einen ihm in jeder Hinsicht gleichenden Hitler II. abgelöst und ersetzt worden wäre (wie ich es im Jahr 1933 naiv und doktrinär in einer meiner molussischen Geschichten fingiert hatte), das scheint mir durch nichts bewiesen. Zu glauben, daß der ‚historische Materialismus‘ als Philosophie realistisch gewesen sei, ist trotz der Tatsache, daß die Marxschen und Engelsschen Einzelanalysen durchweg gründlichste Kenntnis und ingeniöses Verständnis geschichtlicher Situationen verrieten, eine blanke Illusion. Da der Marxismus – kein Wunder im 19. Jahrhundert – im Gang der Geschichte ein ‚nach eisernen Gesetzen‘, also mit Notwendigkeit sich entwickelndes naturartiges Geschehen sah, konnten, nein: durften sich natürlich *die jeweiligen Figuranten der Notwendigkeit nicht fundamental voneinander unterscheiden.* Vorausgesehen hatten die sozialistischen Ideologen Hitler zwar nicht, ihn noch nicht einmal, als er bereits ‚da war‘, gesehen oder erkannt. Aber ihn zu töten, das hielten sie offenbar, da sie in ihren vulgärmarxistischen Kursen gelernt hatten, daß an jedermanns Stelle sofort ein gleicher Ersatzmann trete, nicht für nötig und nicht für moralisch geboten.“

(Pause.)

„Und nun noch – denn Ihre Zeit wird wahrscheinlich knapp – eine einzige Frage: was wissen Sie vom 20. Juli? Und wie stehen Sie dazu?“

„1944?“

„Ja. Zu dem Attentatsversuch Stauffenbergs?“

„Ich bewundere den Mann und habe die größte Achtung vor ihm. Er hat zu den nicht gerade zahlreichen Figuren gehört, die versucht haben, Deutschland und Europa im letzten Moment zu retten.“

„Das klang eben beinahe wie auswendig gelernt und aufgesagt.“

Dazu äußerte sie sich nicht. Dann: „*Sie* respektieren ihn nicht?“

„Ehre, wem Ehre gebührt. – Aber reden wir von Ihnen. Sie haben soeben selbst gesagt: *‚im letzten Moment‘*. Warum empfinden Sie die Tat, die Stauffenberg versucht hat, nachdem Hitler bereits viele Millionen Menschen und zahllose verwüstete Städte auf dem Gewissen hatte, diese Tat aus dem späten Jahre 1944 als rechtmäßig und moralisch? Warum bewundern und respektieren Sie die Täter – denn Stauffenberg war ja nicht der einzige –, die zehn Jahre hindurch der bloody mess, die Hitler, wie von ihm vorausverkündigt, angerichtet hatte, zugesehen hatten oder dieses Treiben als Wehrmachtsoffiziere mehr oder minder *mitgemacht* haben? Warum hat Sie diese Tatsache bei Ihrer Beurteilung und Verehrung nicht weiter gestört?"

Sie blieb stumm.

„Während Sie den Gedanken – ich sage ‚Gedanken', denn ich war ja damals zu feige gewesen und zu doktrinär, um das Erforderliche zu leisten, ich habe die Tat ja unterlassen – während Sie den Gedanken, daß man den Unsäglichen, nachdem er das geplante Unheil öffentlich und unzweideutig angekündigt hatte, *prophylaktisch tötet, als verabscheuungswürdig abweisen;* und während Sie bei meinem Geständnis, es zu *bereuen,* die Tat nicht gewagt zu haben, gellend kreischen? Denn das haben Sie vorhin getan! Ist das nicht unlogisch? Und inkonsequent? Und nicht nur falsch gedacht, sondern auch falsch gefühlt und falsch reagiert? Und Ihrer nicht ganz würdig?"

Sie blickte beschämt auf ihre Schuhspitzen.

„Sie haben recht", gab sie flüsternd zu.

„Danke", flüsterte ich.

„Und nun muß ich wohl zur Beichte." Sie versuchte, Haltung anzunehmen, und stand dann auf.

„Liegt das Beichten nicht gerade *hinter* uns? Hinter Ihnen und hinter mir?" fragte ich.

Aber das hat sie wohl nicht mehr gehört. Mit unsicheren Füßen stieg sie den Waldweg hinunter.

Bad Ischl. Sechs Uhr abends.
Allein im Park

Sehr zufrieden. Habe wohl das, was ich zu sagen habe, was vielleicht nur ich habe sagen können, im großen Ganzen gesagt. Könnte mich nun im hohen Alter nach vielen Stürmen beinahe glücklich nennen und abtreten, wenn nicht, ja wenn nicht die Weltsituation weiter so desperat wäre.

Morgenübel

Es ist wohl so weit. Soll also, was Millionen von Wesen zugestoßen ist und momentan zustößt, auch mir zustoßen. Bitte schön.

Bin weder ängstlich noch, wie Bloch kokett meinte, „neugierig". Es wird nichts als nichts sein. –

Dazusein ist quite an adventure gewesen. Und Welt und Leben sind schon erstaunliche Erfindungen, unvorhersehbare, unverdiente. Wenn der Erfinder wohl auch ein génie malice gewesen ist. Gleichviel: gelohnt *hat* es sich.

Die Stimmung des nahenden Endes ist keine wie andere; sie ist nicht gegenstandslos wie Melancholie. Die Evidenz des: „*Dies ist es*" gehört dazu.

Foppte ihn wieder

Wieder stand er ohne Klopfen im Zimmer. Einen Moment lang wurde es mir schwarz vor den Augen. Dann sah ich, wie er mich am Schreibtisch entdeckte, sich die Augen rieb, unglaubig auf das nicht berührte Bett blickte, seinen Kopf schüttelte. „Entschuldigen Sie bitte", sprach er schließlich, „ich muß mich schon wieder in der Türnummer geirrt haben." Und ging.

Wie oft werde ich ihn wohl so noch foppen können?

NACHWORT

I

Diese Sammlung entstand 1978/79 gleichzeitig mit der Arbeit am 2. Band meiner „Antiquiertheit des Menschen". Gewissermaßen hinter meinem Rücken. Während der langdauernden Arbeit an jenem Band trug ich flüchtig diejenigen Augenblickseinfälle, -beobachtungen und -erlebnisse in ein Heft ein, die in den Zusammenhang des systematischeren Buches nicht hineingehörten. Diese Skizzen und Stichwörter, die ursprünglich nicht mehr als zehn Zettel bedeckten, verwandelten sich dann zwischen 1979 und 1981 in den vorliegenden Band.

Während ich in dem genannten systematischen Buche und in den diesem vorausgehenden Schriften immer nur ein einziges Thema: das der möglichen Selbstausrottung der Menschheit, behandelt hatte und meine von Buch zu Buch heiserer werdende Stimme immer nur als Zelot erhoben hatte, habe ich mir hier endlich einmal Ferien vom Moralismus gegönnt, um in buntester Abwechslung die Reflexionen, denen eingestandenermaßen und offensichtlich kein Grundthema zugrunde liegt, vorzulegen. In der Tat spreche ich seit Jahren zum erstenmal über „Gott und die Welt" – über Natur, Kunst, Sprache, Liebe. Über die Welt freilich mehr als über Gott, denn dieser kommt, wenn auch gar nicht so selten, allein als nichtexistierender vor. Aber als solcher ist er wahrhaftig nicht folgenlos. Tatsächlich ist der Atheismus die einzige Basis, die allen Eintragungen gemeinsam zugrunde liegt.

II

Bekanntlich hat Goethe geäußert, seine Gedichte seien ausnahmslos „*Gelegenheitsgedichte*" gewesen, also solche, die ihm aufgrund eines bestimmten „gegebenen Anlasses" eingefallen seien. *Nicht* hat er gesagt: „*nur* Gelegenheitsgedichte". Mit dem gewöhnlich verächtlich zur Bezeichnung von Hochzeitscarmina oder dergleichen benutzten Ausdruck hat er nicht etwa seine Erzeugnisse abwerten, vielmehr das aus „Gelegenheiten" Entsprungene aufwerten wollen. Vermutlich war er sogar der Überzeugung, daß es keine Dichtung gebe, die nicht im Grunde „Gelegenheitsdichtung“ wäre.

Den Parallelausdruck „*Gelegenheitsphilosophie*“ habe ich vor fünfundzwanzig Jahren im 1. Band meiner „Antiquiertheit des Menschen“ (S. 8 ff.) zur Charakterisierung meiner damaligen Überlegungen geprägt und ihn dann im 2. Band (S. 417) wieder aufgenommen. Goethe folgend, hatte ich mit dem Neologismus nichts Geringschätziges, nichts Unseriöses gemeint, vielmehr ein Philosophieren, das, und zwar aus philosophischen Gründen, von singularen empirischen Tatsachen ausging, sich gewissermaßen im Senkrechtstart in den Himmel erhob. Letztlich war ich, als ich mich zu dem so journalistisch klingenden Ausdruck entschloß, davon überzeugt (und das bin ich auch immer noch), daß es kein Philosophieren je gegeben habe – und selbst die formale Logik und die Ontologie nehme ich dabei nicht aus –, das nicht „Gelegenheitsphilosophie“ gewesen wäre; sogar, daß es anderes Philosophieren gar nicht geben *könne*. Vorausgesetzt hatte ich dabei, daß die Unterscheidung zwischen philosophisch salonfähigen und „nur empirischen“ partikularen Tatsachen beliebig, mithin „unphilosophisch“ sei. So halte ich z. B. die (gewöhnlich zwar nicht ausdrücklich betonte, wohl aber vorherrschende) Unterstellung, daß es, und zwar berechtigterweise, eine „philosophische Anthropologie“ geben könne, nicht dagegen eine „philosophische Afghanologie“ oder eine „philosophische Schimpansologie“, für ein Zeugnis von kindischer anthropozentrischer Selbstgefälligkeit (s. Antiquiertheit II, 414). Auch das Vorkommen von Menschen ist „sub specie universi“ (wohl sogar „sub specie terrae“) nur eine empirische Tatsache; diese ist um nichts weniger kontingent als das angeblich philosophieunwürdige oder -ungeeignete Dasein von Afghanen oder Schimpansen – woraus folgt, daß seinen „Sinn“ zu erfragen, sinnlos ist, ebenso sinnlos, wie den „Sinn“ von Afghanen oder Schimpansen zu erfragen. Vielleicht gilt das sogar nicht nur von der Menschheit, sondern von der Erde, nein: von unserem Sonnensystem – etwas Ähnliches auszusprechen hat jedenfalls der junge Kant die damals tolle Kühnheit gehabt. („Der einzig mögliche Beweisgrund zu einer Demonstration für das Dasein Gottes“, 1763: „Wenn es ein nothwendiger Ausgang der Natur ist . . ., daß ein Weltsystem, wie dasjenige von unserer Sonne, endlich zu völligem Stillstand . . . gelange, so würde ich nicht . . . hinzusetzen: daß es nöthig sei, daß Gott es durch ein Wunder wieder herstelle . . . *Es darf uns dieses nicht als ein bedauernswürdiger Verlust vorkommen...*" Hartenstein VI, S. 66 ff. Das heißt: das Sonnensystem, um wieviel mehr der Mensch, ist nicht notwendig, also sinnlos.)

In der Tat wäre eine philosophische Anthropologie alleine dann „berechtigt" (jedenfalls als Thema nicht widersprüchlich), wenn man theologisch voraussetzte, daß Gott „dem" Menschen eine bestimmte Bestimmung zuerteilt, bzw. „den" Menschen allein wegen dieser Bestimmung, oder andersherum: die Welt *ihm* zuliebe geschaffen habe – Unterstellungen, die man als Agnostiker oder Atheist natürlich nicht in Betracht ziehen darf. Es ist kein Zufall gewesen, daß ich in meinem ersten philosophischen Flugversuch vor fünfzig Jahren („Die Weltfremdheit des Menschen", 1929) die Möglichkeit einer philosophischen Anthropologie bestritten habe; letztlich habe ich das damals deswegen getan, weil ich auch damals schon die Existenz Gottes, also eines „Bestimmers", nicht mehr akzeptiert habe. Wenn Heidegger zwei Jahre vor meinem „Weltfremdheits"-Vortrag, 1927, seine „Analytik des Daseins", also des Seins des Menschen, noch für das Herzstück der Ontologie, mindestens als das Absprungbrett in diese, hielt, so konnte er das umgekehrt allein deshalb tun, weil er sich, zwielichtig schon damals, nicht direkt zum Atheismus bekannte (wenn er freilich damals, im Unterschied zu seinem ein halbes Jahrhundert späteren, kirchliche Beisetzung vorsehenden Testament, auch keine ausdrücklich theistische Position bezogen oder gar geäußert hatte!). Daß er zwischendurch – aus Angst vor der „Gretchenfrage" – von „*Göttern*" geraunt hat, also den *Plural als religiösen Schlupfwinkel benutzt* hat, ist ja bekannt. Gleichviel: alle philosophischen Versuche, eine de-theologisierende Anthropologie zu entwerfen, also die „Bestimmung" oder „Sendung" des Menschen durch ein diesem angeblich zukommendes „*Wesen*" zu ersetzen, sind unredlich.

Was wir heute „das Wesen" (z. B. des Menschen) nennen, läuft in der Tat auf nichts anderes heraus als auf eine Sendung ohne Sender, auf eine Bestimmung ohne Bestimmer, auf einen Sinn ohne Sinngeber – mithin auf Unsinn.

Wenn ich die Rechtmäßigkeit des Begriffes „Wesen" in Zweifel ziehe, so denke ich dabei noch nicht einmal an den Darwinismus, der sich ja als stärkstes Argument zu meinen Gunsten anführen ließe, da Darwin ja die heute vorfindbaren Spezies nicht als vorgesehene verstanden hat, nicht als solche, die so sind, wie sie immer gewesen waren, nicht als konstant gebliebene und so weiterbleibende pattern, sondern als Ergebnisse von Überlebensexperimenten und -kämpfen, als ephemere Zwischenformen, die sich im Laufe der Erdgeschichte entwickelt und bewährt haben und die, sofern sie überhaupt bleiben, grundsätzlich veränderbar bleiben und die deshalb bleiben, *weil* sie sich verändern können. Da auch der Darwinismus bewundernswert a-platonisch ableugnet, daß „der Mensch" vorgeprägt, mithin *als* Mensch zur Welt gekommen sei, behauptet er, wohl zu Recht, daß er sich durch chronische Veränderung, durch Adaptierung an jeweils neue Lebensbedingungen, aus einem prähumanen Lebewesen langsam zum heutigen entwickelt habe – eine revolutionäre Theorie, die philosophische Anthropologen, selbst wenn sie sie nicht akzeptieren, nicht einfach hochnäsig links liegen lassen können, wie das z. B. Jaspers oder Heidegger getan haben, die meines Wissens den Darwinismus in ihren Tausenden von Seiten über „den Menschen" und dessen Geschichtlichkeit ignoriert, sich jedenfalls mit diesem als entscheidender Gegenthese nicht auseinandergesetzt haben. Dieser Anachronismus ist wahrhaftig um nichts weniger komisch, als es die der begrifflich so tief unter ihnen stehenden Fundamentalisten gewesen waren, die vor einem halben Jahrhundert das sog. „monkey trial" in Dayton gegen die Berücksichtigung des Darwinismus im Schulunterricht geführt hatten.

III

Es ist mir natürlich nicht unbekannt, daß Heidegger es stets von sich gewiesen hat, als Vertreter der „philosophischen Anthropologie" eingestuft zu werden; das schien ihm viel zu gering und einzelwissenschaftlich. „*Ontologe*" ist er gewesen, der freilich (mindestens vor seiner „Kehre") das Menschsein zum Herzstück der Ontologie machte, bzw. den Menschen, da dieser als einziges Wesen (woher wußte er das eigentlich mit solcher Bestimmtheit?) einen Bezug zu seinem Sein habe, zum einzigen „ontologischen" Wesen im Umkreis der Millionen von bloßen Onta ernannte. Aber da liegt der Hund begraben. Wenn er damals das Wort „Mensch" durch das ontologische Wort „Dasein" ersetzt hat, so nicht nur deshalb, um den Menschen davor zu schützen, etwas vulgär Ontisches, gar etwas Materielles zu sein, sondern auch, um ihm gut biblisch eine Seinsweise zu gewährleisten, die sich von der nur „vorhandenen", wenn nicht gar nur ihm zuliebe geschaffenen,

Natur wesensmäßig unterschied. Als ich einmal vor fünfundfünfzig Jahren in Heideggers Gegenwart zu behaupten wagte, der Mensch „*habe*" eine Seinsweise, stellte er sofort richtig: vielmehr *sei* er eine Seinsweise, und diese als „Dasein wesende Seinsweise" werde nur irrtümlich und vulgärerweise (von dieser selbst, die offenbar über sich selbst nicht allzu gut Bescheid wisse) „Mensch" genannt. Seine Scheu davor, den Menschen als ein Tier anzuerkennen, hätte jedem Fundamentalisten zu Ehre gereicht. Daß seine durch und durch antinaturalistische „Analytik des Daseins" sowohl von ihm selbst wie von seinen Jüngern, die ihm von 1920 an durch dick und dünn nachgerannt sind, als „revolutionär" hat mißverstanden werden können, statt als extrem reaktionär, beweist denselben Mangel an geschichtlichem Fingerspitzengefühl, den die Nachläufer Hitlers, also auch vorübergehend Heidegger selbst, bewiesen haben. Gleichviel, wenn dieser tief gekränkt durch die „*anatomische Analogik*" (also durch die Tatsache, daß Menschen wie Tiere Leiber, nein: gleiche Leibstücke wie Münder, Lungen oder Geschlechtsorgane besitzen) raunend behauptet, diese Analogik sei „*kaum auszudenken*" (Schrift „Über den Humanismus"), dann kann man dazu nur bemerken, daß Heidegger seine Fähigkeit, Dunkleres als diese Analogik auszudenken, unzählige Male bewiesen hat. Vielmehr hat er es einfach nicht über sich gebracht, seine religiösen Vorurteile und Hemmungen zu überwinden. Tatsächlich ist er nicht nur ein Philosoph *der* Angst gewesen, sondern auch einer *aus* Angst, der deshalb philosophiert hat, weil er es sich zu beweisen wünschte, daß wir, obwohl wir nicht gottgeschaffen, sondern eingestandenermaßen nur „geworfen", doch noch eine metaphysische Extrawurst darstellen. Durch seine ausschließliche Betonung unseres „*In der Welt Seins*" hat er die Tatsache, daß wir auch *Weltstücke* sind, unterschlagen – womit er dem auch ihm schon antiquiert vorkommenden Idealismus eine neue Spielart hinzugefügt hat. Wie peinlich, daß Lukács in seiner völlig verständnislosen, um nicht zu sagen (was das Vokabular betrifft) reaktionären Heideggerkritik ein bißchen recht gehabt hat, als er Heidegger einen „Idealisten" nannte.

IV

Zurück zum Hauptgegenstand. Wenn man die theologische These, der Mensch sei geschaffen, gar als „Krone der Schöpfung", *nicht* unterschreibt, wenn man also sein Vorkommen (trotz der staunenswerten Systematik seiner Attribute wie Vernunft, Sprache, Arbeit, Sozialität etc.) als eine nur kontingente und nur empirisch feststellbare Tatsache einstuft, dann *kann* nicht mehr eingesehen werden (dann *darf* es nicht mehr eingesehen werden können), warum der Mensch philosophiegeeigneter und -würdiger sein sollte als beliebige andere Wesen, Situationen oder Ereignisse. Oder ins Positive gewendet: dann darf es nicht mehr eingesehen werden können, warum nicht alle Millionen Spezies und Individuen, Situationen und Ereignisse, die in der Welt auftauchen und aus ihr verschwinden, genauso philosophiewürdig und -geeignet sein sollten wie wir Menschen und unser Sosein.

„Sub specie contingentiae" muß man sich schon entschließen: entweder kann man über nichts philosophieren oder über alles. Tertium non datur.

Wenn ich angesichts dieser Alternative für die Antwort „alles" votiere, so deshalb, weil ich außerstande bin, auf die schlechte Angewohnheit, die „Philosophieren" heißt, im hohen Alter zu verzichten, und weil es keinen anderen Namen für Reflektieren dieser Art gibt. Ob diese zwei Begründungen selbst sehr philosophisch seien, lasse ich dahingestellt.

Selektionskriterien, auf Grund deren man Gegenstände in philosophiewürdige und -unwürdige aufteilen könnte, gibt es also nicht. Oder vielleicht doch? Denn man könnte ja einwenden, der philosophische Anthropologe behandele, auch wenn sein Gegenstand: „der Mensch" so kontingent sein sollte wie jedes andere Wesen der Welt, doch *nur solche Attribute, die innerhalb des selbst kontingenten Systems „Mensch" nicht kontingent seien, also Apriorisches innerhalb des Aposteriorischen.* Auch wenn das Vorkommen von Menschen eine nur empirische Tatsache sein sollte – daß seine „Formen der Anschauung" oder seine Kategorien für sein Dasein und Überleben apriorisch seien, das werde dadurch ja nicht verhindert. Aber was besagt dieser Einwand schon, da ja die Gegenstände, denen apriori gewisse Attribute zukommen, selbst aposteriorisch bleiben? Wenn man diesen Gegenständen selbst nicht nachweisen kann, daß sie metaphysisch unentbehrlich, also notwendig seien? Was, wenn sie sub specie universi ebensogut *nichtsein* könnten wie die Afghanen oder die Schimpansen, ohne deren Existenz wir uns eine „komplette" Welt ja sehr wohl vorstellen können? Und selbst, *wenn* es einen Beweis dafür gäbe, daß die Menschen (oder die Afghanen oder Schimpansen) unentbehrlich seien – einen Beweis, der sich schwerlich erbringen ließe und von keinem Philosophen als erforderlich angesehen worden ist –, wäre damit denn nachgewiesen, daß der Welt selbst, für die diese Wesen angeblich unentbehrlich sind: also dem Universum selbst Unentbehrlichkeit zukomme? Unentbehrlichkeit wofür? Für wen? In anderen Worten: das Geschick der Philosophie (also die Frage, ob es eine solche geben kann) hängt von der *Kontingenz,* bzw. von der Entbehrlichkeit *der Welt* ab, da Philosophie Anderes oder „Besseres" als bloße empirische Forschung allein dann wäre, wenn das Dasein ihres Gegenstandes nicht kontingent wäre.

Welches metaphysische Fragethema bliebe denn in einer entbehrlichen Welt noch übrig? Wie und was sollten wir denn noch in einer als überflüssig unterstellten oder gar nachgewiesenen Welt philosophieren?

V

Ich wiederhole: auf die Überzeugung, mehr zu treiben als „Gelegenheitsphilosophie", hat allein derjenige ein Recht, der den Glauben hegt, daß dem Weltganzen und jeder Spezies, sogar jedem Individuum innerhalb dieses Ganzen eine *bestimmte Funktion,* genannt „Sinn", zukomme; negativ: daß es nichts Sinnloses gebe. Aber damit meine ich natürlich nicht, daß dieser naive Sinnglaube berechtigt sei, daß er als Legitimierung für ein Philosophieren, das prätendierte, anderes und mehr zu sein als Gelegenheitsphilosophie, ernst genommen werden dürfte. Was ich meine, ist vielmehr, daß nur diese Gläubigen *ehrlich* philosophieren, daß aber andererseits diese Ehrlichkeit nichts tauge, da sie kein Kriterium für Wahrheit sei.

Über die Unsinnigkeit, die Kategorie „Sinn" in einer entgotteten Welt blindlings weiterzuverwenden, habe ich mich in meiner Grabrede auf diesen Begriff (Antiquiertheit II, S. 362 ff.) ausgelassen. Was vom Begriff „Sinn" gilt, gilt natürlich genauso von dem Begriff *„Bestimmung"*, auf den letztlich der Sinn des Wortes „Sinn" hinausläuft. Es ist kein Zufall, daß diesem Worte „Bestimmung" auch heute noch zwei

Bedeutungen zukommen: daß es nämlich sowohl die von Gott dem Wesen angeblich mitgegebene *Rolle bzw. Mission* bezeichnet wie diejenige logische Operation, die man gewöhnlich „*Definition*" nennt. Kein Zufall. Denn abgesehen von den von uns selbst erzeugten Produkten (deren Definition sich in Bewandtnisbezeichnung und Herstellungsanweisung erschöpft), können wir allein dasjenige definieren, von dem wir, und zwar als mehr oder minder bewußte Theisten, annehmen, daß jemand, ein „Bestimmer", ihm eine „Bestimmung zugedacht" habe; eine Bestimmung, die wir dann als Definierende nur „nach-denken" und in Worte fassen. Der Begriff der Bestimmung ist primär kein logischer, sondern ein *theologischer;* womit ich – ich wiederhole die Warnung – natürlich nicht meine, daß wir uns, um gültig definieren zu können, bemühen sollten, gläubig zu werden – diese Folgerung wäre albern –, sondern umgekehrt, daß *ungläubige Denker ihre Finger vom Definieren lassen sollten.* Löwen oder Leberblümchen, also Naturwesen, bleiben undefinierbar. Nur von uns selbst hergestellte Produkte lassen sich definieren, Produkte, denen wir selbst ihre definitive Bewandtnis mitgeben – wozu auch von uns selbst geprägte Neologismen gehören.

Was meine philosophischen Schriften betrifft, so habe ich in diesen (eben außer besagten Neologismen) niemals etwas definiert – eine Tatsache, die verblüffenderweise von keinem Leser je bemerkt oder gar als Mangel an Prägnanz gerügt worden ist.

Für die verständnisvolle und kritische Hilfe, ohne die dieses Buch den geplanten Erscheinungstermin nicht hätte erreichen können, danke ich von Herzen Helga und Werner Fuld.

Wien, Juni 1981 G. A.

SACHREGISTER

NAMENREGISTER

DAS WERK VON GÜNTHER ANDERS
IM VERLAG C. H. BECK

Die Antiquiertheit des Menschen

Band 1: Über die Seele im Zeitalter
der zweiten industriellen Revolution
Nachdruck der 7. Auflage. 1987.
XII, 353 Seiten. Paperback
Beck'sche Reihe, Band 319

Band 2: Über die Zerstörung des Lebens im Zeitalter
der dritten industriellen Revolution
Nachdruck der 4. Auflage. 1988.
465 Seiten. Paperback
Beck'sche Reihe, Band 320

Die beiden Bände sind
auch in Leinenausstattung lieferbar

Die atomare Drohung

Radikale Überlegungen
5., durch ein Vorwort erweiterte Auflage. 1986.
XIV, 224 Seiten. Paperback
Beck'sche Reihe, Band 238

Hiroshima ist überall

Herausgegeben und eingeleitet von Robert Jungk
1982. XXXVI, 394 Seiten, 3 Abbildungen.
Broschiert

Besuch im Hades

Auschwitz und Breslau 1966. Nach „Holocaust" 1979
2. Auflage. 1985. 218 Seiten. Paperback
Beck'sche Reihe, Band 202

Wir Eichmannsöhne

Offener Brief an Klaus Eichmann
2., durch einen weiteren Brief ergänzte Auflage. 1988.
100 Seiten. Paperback
Beck'sche Reihe, Band 366

DAS WERK VON GÜNTHER ANDERS
IM VERLAG C. H. BECK

Mensch ohne Welt

Schriften zur Kunst und Literatur
1984. XLIV, 249 Seiten, 15 Abbildungen.
Broschiert

Tagebücher und Gedichte

1985. VIII, 394 Seiten.
Broschiert

Lieben gestern

Notizen zur Geschichte des Fühlens
2., durchgesehene Auflage. 1989. 138 Seiten.
Paperback
Beck'sche Reihe, Band 377

Der Blick vom Turm

Fabeln
Mit 12 Abbildungen nach Lithographien
von A. Paul Weber
3. Auflage. 1988. 104 Seiten.
Gebunden

Ketzereien

Durch ein Register ergänzte Auflage. 1991.
360 Seiten.
Broschiert